坚守与变革？
遭遇大数据时代的传统出版业

TRADITION
OR REVOLUTION?

TRADITIONAL
PUBLISHING
IN THE BIG DATA ERA

张 立 介 晶 梁楠楠 李大美 陆希宇 等 著

社会科学文献出版社
SOCIAL SCIENCES ACADEMIC PRESS (CHINA)

案例部分作者名单

（按正文案例编排顺序）

人民出版社案例：　　王　彤　黄　犟

知识产权出版社案例：　刘化冰　齐智征　赵　鹏

人民法院出版社案例：　张承兵

社会科学文献出版社案例：　刘　姝

皖新传媒案例：　　张凯磊　谭　娴　陈锐锋

神策数据案例：　　刘耀洲

中国知网案例：　　段飞虎　相生昌　冯自强

"壹学者"案例：　　张文飞

咪咕数媒案例：　　张燕鹏　孙　刚　斯　凌

知乎案例：　　北京知乎科技有限责任公司

罗辑思维案例：　北京思维造物信息科技有限公司

百度案例：　　张新雯　徐建春

无讼案例：　　欧红宇

塔防类网页游戏案例：　张其濛

魔方格案例：　周建飞

序　言
大力推动传统出版业数字化数据化转型

适逢大数据轰轰烈烈席卷全球之际，中国新闻出版研究院张立团队推出了《坚守与变革？遭遇大数据时代的传统出版业》一书。他们用严谨的学术态度和扎实的研究功底，为行业提供了一本非常有价值的研究报告，令人欣喜。张立希望我为此书写一个序言，主题是出版业与大数据的关系。我也就借题发挥谈点想法。

党的十九大报告提出，当前我国社会主要矛盾已转化为人民日益增长的美好生活需要和不平衡不充分发展之间的矛盾，进一步明确全面深化改革是解决当下社会矛盾的必由之路。社会矛盾的转换意味着人民群众的需求也在发生深刻变化，愈发从满足物质需求向满足精神需求方面倾斜。文化建设是满足人民精神需求的核心环节，而出版业作为文化建设的重要组成部分，是文化自信的基础，在社会主义文化强国建设中起着越来越重要的作用，担负传承文明、记录历史、传播真理、普及科学、资政育人的重任，是社会主义文化建设中的主力军、主战场和主阵地。

习近平总书记在实施国家大数据战略第二次集体学习会议上指出，大数据是信息化建设的新阶段。大数据正在改变各国综合国力，重塑未来国际战略格局，各国都把推进经济数字化作为实现创新发展的重要动能，在技术研发、数据共享、安全保护等方面进行前瞻性布局。由此可知，大数据也将改变整个出版业。当前，出版业正处于一个重要的战略转型期，各出版单位应在这一大背景下，按照中央的部署，围绕总局的重大工程和重大项目，抓住知识数据化新机遇，抢占数字出版新高地，谋划未来新发展。

一要落实国家大数据发展战略，加快完善出版业数字化基础设施建设。2013 年 7

月，习近平总书记视察中国科学院时指出："大数据是工业社会的'自由'资源，谁掌握了数据，谁就掌握了主动权。"党的十八届五中全会明确提出要实施国家大数据战略，这标志着大数据发展已成为国家战略层面的核心任务。我国出版业应做到审时度势、精心谋划、超前布局、力争主动，加快完善出版业数字化基础设施建设，推进出版业数字资源整合与数据开放共享，并推进出版业向数字化、数据化、智能化方向发展，形成数据驱动型创新体系和发展模式，切实发挥数据的基础资源和创新引擎作用。十五年前我就提出建立中国知识资源总库和数字复合出版技术系统的计划，经过三个五年计划的实施，使我国走在各国前列。但基础设施还不完善，出版业要进一步重视传统存量资源与新兴大数据资源的融合，实施出版流程再造，用新的生产工具和生产方式提高生产能力，满足人民群众日益增长的精神需要。同时，新的内容生产方式也需要新的内容审核与新的内容管理模式的探索，也要充分运用数据技术。只有这样，出版业才能在大数据时代续写辉煌，才能既提供精品，又去除杂芜，真正成为新时期宣传文化战线的主力军，与主流文化的身份相称。

二要坚持以供给侧结构性改革为主线，推动出版业与大数据的深度融合。出版业要深入贯彻落实供给侧结构性改革的方针，向互联网学习，深层次把握用户和市场需求，善于利用大数据技术工具分析用户场景，提供精准的知识服务。对于传统出版单位而言，应继续落实"去产能、去库存、去杠杆"的要求，通过对用户行为数据的采集、分析，进一步压缩库存，减少重复出版，提高出版资源利用效率和出版内容服务大众的精准性，以分众化、对象化、个性化读者为主导，生产更多适应当前消费需求的产品。出版单位要特别注意自身出版业务与大数据的深度融合，在选题策划、内容创新、产品营销、读者反馈等一系列出版流程中，学会合理运用大数据，从而科学准确判断市场需求，为广大读者提供高品质的精神食粮，在服务中实现出版业的发展目标。

三要坚持用改革创新的思路，推动出版业向数字化和数据化方向转型。改革是我们这个时代的主旋律，改革创新是破解难题的关键一招。出版业要坚持用改革创新的思路，推动产业向数字化和数据化方向转型。大数据，给我们带来了大的发展背景，同时，大数据也代表着一种新的内容生产模式的变化。出版单位如果停滞不前、固步自封，依然按照传统纸质出版物的生产模式组建生产流程，一定不能适应时代的要求，生存也很困难。所有出版单位应优化结构，把建立创新驱动机制放到出版工作的核心位置，使创新成为新时代出版人的内在追求。十八大以来，出版业数字化转型成绩突出，数字出版收入规模，从2012年的1900多亿元，增长到2016年的5700多亿元，年平均增长达30%以上，2017年有可能突破7000亿元大关。这些成绩的取得都与改革创新密不可分。可以说，改革为出版业数字化转型提供了强大的动力，创新则提供了机制和技术上的支撑。多年经验证明，改革创新是出版业充满活力的根本因素，转型升级更要如此。

四要坚持以人民为中心的发展思想，提升出版业运用大数据水平。出版业是为人民群众直接服务的行业，要学会运用大数据提高保障和改善民生水平，构建惠及广大人民群众的服务创新体系。要始终坚持以人民为中心的发展思想，加快"互联网+出版"进程，提升出版业运用大数据水平，让大数据更好地服务社会。早在"十一五"时期，原新闻出版总署就规划了国家数字出版的九大工程，列入了国家规划，陆续推进实施。2015年3月，国家新闻出版广电总局开展了数据化知识服务的试点工作。知识服务本身离不开大数据技术，同时知识服务也可以理解为是人工智能在出版业的具体应用。其核心点在于：通过知识服务，让传统出版业深入到各自的行业领域中去，用大数据技术，搭建数据采集与挖掘系统，建设平台和推送系统，与行业的用户需求和用户行为对接，使出版内容真正地服务每个用户个体，实现对人民文化需求的准确供给，提高出版业为人民服务的质量。

五要加大数字版权及个人隐私的保护力度，增强出版资源数据安全保护能力。出版业在发展大数据应用时，既要充满热情，又要保持清醒和理智。一方面要实事求是，根据出版单位的实际情况和技术水平、财务能力，找准切入点。同时，还要考虑大数据实施中的数据安全问题。出版单位是重要的信息安全部门，要高度关注数据安全问题，加强行业关键信息安全保护，强化国家关键数据资源保护，进一步增强数据安全预警和溯源能力。出版业要依法加大对技术专利、数字版权、数字内容产品及个人隐私等方面的保护力度，实现信息内容数据的可管可控，保障国家文化安全与国家信息网络安全，重视个人信息的安全守护，全方位增强出版资源数据安全和反破坏的防范能力。

党的十九大报告提出新型智库建设的要求，中国新闻出版研究院本身就肩负着行业新型智库建设的任务。近年来，研究院推出了不少具有智库性质的研究报告，对行业决策大有益处，在业界也产生了一定的影响。这一点值得肯定。该院张立等研究人员，潜心研究，汇聚众智，撰写出了《坚守与变革？遭遇大数据时代的传统出版业》一书。读了书稿，我认为该书至少有这样几个亮点值得一提：第一，在各行各业都盛谈大数据的今天，传统出版业和传统出版单位的数据规模究竟有多大？算不算大数据？其数据特点到底如何？该书创造性地对我国出版业近十年累计出版的书、报、刊等内容数据量进行了详细计算，让我们初步摸清了传统出版业的家底。第二，在此基础上，该书首次对传统出版单位已有的数据与互联网公司的数据进行比较，提出了内容数据与用户行为数据的区别，两者的区别看似简单，实际上这正反映了传统出版业在向大数据与知识服务转型时，应选择的方向。第三，该书剖析了大数据对传统出版业带来的影响与冲击，同时为出版管理机构和传统出版单位在大数据时代的发展提出了颇为中肯务实的建议。第四，该书案例丰富，不仅有传统出版单位开展大数据研发工作的案例，也有以百度等为代表的互联网公司的案例，内容翔实，分析细致，研究方法与研究成果富于创新性，读来令人思考，让人启发。相信该书的出版，将为业界提供一本大数据出版转型的重要参考，希望业内同志认真读一读。

2018 年 1 月 29 日

前　言

2015年9月,国务院印发《促进大数据发展行动纲要》,明确提出要发展大数据在工业、新兴产业、农业农村等行业领域应用,推动大数据发展与科研创新有机结合,推进基础研究和核心技术攻关,形成大数据产品体系,完善大数据产业链。

在国务院的部署与推动下,各行各业都在谋划自己的大数据中心和大数据产业,出版业也不例外。其实,人们对"大数据"的膜拜,再早可以追溯到《大数据时代》这本风靡一时的书,随着美国影视作品《纸牌屋》的播出和热评,使"大数据"又有了形象化的宣传效果。当人们热议"大数据"的时候,我们的出版业又拥有哪些数据呢?算是"大数据"吗?如果是的话,又该如何应用大数据技术呢?

基于以上原因,我们开始着手进行相关的调查和研究。首先,我们对我国出版业近十年出版的书刊报内容数据量进行了详细的测算和统计,同时也对近十年来的发行数据、印刷复制数据、进出口数据、版权数据等出版业相关数据进行了全面的统计。根据本书统计结果可以看出,2007~2016年我国传统出版业书刊报累计出版内容数据量(不含复本数)为2.87TB。可见,最近十年正式出版的书刊报累计内容数据量规模也就在TB级别,就某个单一出版单位的出版物来说,其数据规模仍然比较有限。

除此之外,我们还邀请了15家单位结合行业背景和各自大数据技术应用产品撰写了案例,就他们的业务特征、产品架构、实施步骤,以及对大数据的思考进行分享。这15家单位目前都建立了比较完整的大数据应用平台,已经投入市场并积累了一定用户,他们在大数据转型方面的经验或许可以让传统出版单位得到启发。

同时,本书从数据类型、数据特征、数据利用等方面分析了传统出版业与互联网新兴产业之间的异同，深入剖析了大数据对传统出版业的冲击与影响，也归纳总结了国家积极推动传统出版业进入大数据时代所采取的一些措施以及出版业在大数据时代的应对尝试，并为传统出版单位在大数据时代的发展提出了思考和建议，最后，我们在"写在后面的话：坚守与变革——一个值得思考的问题"中提出了对出版业开启大数据研发与应用的一些看法，仅供参考。

  本书在研究和撰写过程中，得到了多方面的帮助与支持，也参考了大量的文献，并尽量标注了出处，在此一并致谢。由于大数据和出版业都在不断地更新发展中，数据测算及统计分析上或有不妥之处，恳请业内同行、读者谅解，并给予指正。

著 者

2018 年 1 月

目　录

第一章　传统出版业现有数据状况 ／ 1

　　第一节　传统出版业数据类型 ／ 5

　　　　一　内容数据 ／ 6

　　　　二　发行数据 ／ 7

　　　　三　印刷复制数据 ／ 7

　　　　四　进出口数据 ／ 7

　　　　五　版权数据 ／ 7

　　　　六　出版物元数据 ／ 7

　　　　七　出版业网站数据 ／ 7

　　第二节　传统出版业数据规模 ／ 8

　　　　一　内容数据量的计算方法 ／ 8

　　　　二　出版业年度内容数据量——以 2016 年为例 ／ 8

　　　　三　最近十年全国出版业累计出版书刊报内容数据量 ／ 11

　　　　四　其他相关数据量 ／ 13

第三节 传统出版业数据利用 / 21

　　一 宏观统计 / 21

　　二 趋势分析 / 22

　　三 选题策划 / 22

　　四 营销发行 / 22

补充知识：数据存储单位 / 24

第二章 互联网等新兴产业大数据状况 / 25

第一节 大数据主要类型 / 28

　　一 用户行为数据 / 28

　　二 用户消费数据 / 29

　　三 用户地理位置数据 / 29

　　四 机器和传感器数据 / 29

　　五 互联网金融数据 / 29

　　六 用户社交等 UGC 数据 / 30

第二节 大数据规模 / 30

　　一 全球数据量 / 30

　　二 全球大数据市场规模 / 31

　　三 中国数据量 / 32

　　四 中国大数据市场规模 / 33

第三节 大数据利用 / 35

　　一 趋势预测 / 36

　　二 产品优化 / 36

　　　　　三　领域应用 / 36

　　补充知识：大数据相关概念 / 44

第三章　传统出版业与互联网等新兴产业的数据特征 / 45

第一节　传统出版业数据特征 / 47

　　　　　一　内容数据居多 / 47

　　　　　二　以静态数据为主 / 47

　　　　　三　数据结构相对统一 / 47

　　　　　四　数据知识属性高 / 48

第二节　互联网大数据特征 / 48

　　　　　一　海量的数据规模 / 49

　　　　　二　快速的数据流转 / 49

　　　　　三　多样的数据类型 / 49

　　　　　四　价值密度低 / 50

　　　　　五　数据真实性 / 50

第三节　传统出版业数据与互联网大数据特征比较 / 50

　　　　　一　数据规模比较 / 50

　　　　　二　数据真实性比较 / 52

　　　　　三　数据类型比较 / 52

　　　　　四　数据时效性比较 / 52

　　　　　五　数据用途比较 / 52

　　　　　六　数据产生方式比较 / 53

　　　　　七　用户信息掌握程度比较 / 53

　　补充知识：大数据发展前景 / 54

第四章　大数据对传统出版业的冲击　／ 55

第一节　互联网带给传统出版业的深刻影响　／ 57

一　用户创作内容　／ 57

二　内容的碎片化　／ 57

三　传播的去中心化　／ 57

四　开放性与开源性　／ 58

五　交互性与社交化　／ 58

六　阅读习惯及方式发生改变　／ 58

第二节　大数据对传统出版业的冲击　／ 59

一　出版理念：以读者为核心 VS 以作者为核心　／ 59

二　内容分发：个性化推送 VS 无差别传播　／ 60

三　产品形态：聚合关联 VS 内容封装　／ 61

四　阅读行为：可获取 VS 难以获取　／ 61

第三节　大数据对出版业内容生产与营销方式的影响　／ 62

一　内容推送精准化　／ 62

二　产品使用社交化　／ 63

三　用户需求驱动产品迭代　／ 64

四　知识内容的服务化　／ 64

补充知识：大数据实施流程　／ 66

第五章　国家积极推动传统出版业进入大数据时代　／ 79

第一节　国家政策积极推动　／ 81

一　大数据体系建设成为"十三五"出版业发展的重点　／ 81

二　数字化转型升级与融合发展政策助推大数据技术与出版业相融 / 82

第二节　财政支撑保障到位 / 86

一　文化产业专项资金 / 87

二　国有资本经营预算资金 / 88

第三节　项目带动作用显著 / 90

一　重点促进出版业融合发展和数字化转型升级 / 91

二　切实保障新闻出版产业改革政策落实生效 / 91

三　新闻出版大数据应用工程 / 92

第四节　相关标准及时出台 / 93

一　以ISLI/MPR标准为支撑的元数据 / 93

二　以CNONIX标准为支撑的"出版发行数据" / 95

补充知识：数字出版转型示范单位 / 96

第六章　出版业及相关新兴业态在大数据时代的应对尝试 / 97

第一节　大数据技术应用案例总体分析 / 99

一　大数据技术应用案例总览 / 99

二　传统出版业应用特点：基于存量资源的大数据应用 / 102

三　新兴业态应用特点：基于知识服务的大数据应用 / 104

第二节　传统出版业大数据技术应用实践 / 107

一　人民出版社："党员小书包"大数据平台 / 107

二　知识产权出版社：中国知识产权大数据与智慧服务系统建设案例 / 125

三　人民法院出版社：法信大数据平台案例 / 143

四 社科文献出版社：运用大数据思维，从出版
               "小数据"做起 / 152
           五 皖新传媒：AI 学智慧教育平台 / 165
       第三节 新兴业态大数据技术应用案例 / 183
           一 网络文学用户行为分析案例 / 183
           二 中国知网大数据出版实践案例 / 193
           三 "壹学者"移动学术科研服务平台案例 / 212
           四 咪咕数媒"咪咕阅读"大数据平台案例 / 226
           五 知乎——知识服务先行者 / 245
           六 罗辑思维——用新技术重新生成知识 / 248
       第四节 与内容产业相关的大数据技术应用案例 / 251
           一 百度信息流——决战 AI 时代 / 251
           二 互联网诉讼服务平台大数据实践案例 / 254
           三 塔防类网页游戏产品分析中的用户数据分析应用 / 264
           四 学生试题推荐系统中的大数据应用 / 276
       补充知识：大数据常用工具及算法 / 284

第七章 大数据时代出版业的发展思考与建议 / 289
   第一节 政府层面：加强新兴出版监管 / 291
       一 新兴出版平台监管现状 / 291
       二 改善新兴出版监管现状的建议 / 296
   第二节 行业层面：切实转变思路 / 299
       一 探索转型升级之路，始终坚持把社会效益放在首位 / 299
       二 推进"一把手"工程，重视整体战略转型 / 300

   　　三　加快跨界融合，延伸出版产业链 / 301

   　　四　弱化出版物形态，积极探索知识服务模式 / 301

   　　五　引进新型人才，建立市场化薪酬机制 / 302

   　　六　鼓励内部竞争，形成优胜劣汰机制 / 303

   　　七　鼓励大胆尝试，健全容错机制 / 303

   　　八　激发内在动力，引入资本机制 / 303

　　第三节　企业层面：以需求为导向理性应对大数据 / 304

   　　一　要理性看待大数据 / 304

   　　二　小数据亦有其用武之地 / 305

   　　三　出版单位要明确需求，量体裁衣 / 307

写在后面的话　坚守与变革——一个值得思考的问题 / 309

参考文献 / 311

附　录 / 315

　　　　附录 A：相关政策 / 315

　　　　附录 B：数字出版转型示范单位名单 / 362

　　　　附录 C：大数据词典 / 367

　　　　附录 D：新闻报道等相关信息索引 / 377

　　　　附录 E：出版业有"大数据"吗？ / 384

　　　　附录 F：追求变革不失沉着，追求品质不失灵动 / 397

后记　学术著作与学术尊严 / 399

Content

Chapter I　Existing Data in Traditional Publishing ／ 1

　　1.1　Data Types in Traditional Publishing ／ 5

　　　　1.1.1　Content Data ／ 6

　　　　1.1.2　Distribution Data ／ 7

　　　　1.1.3　Printing and Reproduction Data ／ 7

　　　　1.1.4　Imports and Exports Data ／ 7

　　　　1.1.5　Copyright Data ／ 7

　　　　1.1.6　Publications' Metadata ／ 7

　　　　1.1.7　Website Data from Publishing Industry ／ 7

　　1.2　Data Scale in Traditional Publishing ／ 8

　　　　1.2.1　Calculation Method of Content Data Quantity ／ 8

　　　　1.2.2　Annual Content Data Quantity of Publishing Industry with the Data Quantity of 2016 as an Example ／ 8

　　　　1.2.3　Content Data Quantity of Books, Newspapers and Magazines Published in Last Ten Years ／ 11

　　　　1.2.4　Other Related Data Quantity ／ 13

　　1.3　Use of Data in Traditional Publishing ／ 21

　　　　1.3.1　Macro Statistic ／ 21

　　　　1.3.2　Trend Analysis ／ 22

1.3.3 Data Using in Publication Planning / 22

1.3.4 Data Using in Marketing and Distribution / 22

Supplementary Information: Data Storage Unit / 24

Chapter II Big Data in Emerging Internet Industries / 25

2.1 Main Type of Big Data / 28

2.1.1 User Behavior Data / 28

2.1.2 User Consumption Data / 29

2.1.3 User Geographical Data / 29

2.1.4 Machine and Sensor Data / 29

2.1.5 Internet Finance Data / 29

2.1.6 UGC Data Including Users Social Networking / 30

2.2 Big Data Scale / 30

2.2.1 Global Data Quantity / 30

2.2.2 Global Big Data Market Scale / 31

2.2.3 Data Quantity in China / 32

2.2.4 Big Data Market Scale of China / 33

2.3 Use of Big Data / 35

2.3.1 Trend Prediction / 36

2.3.2 Product Optimization / 36

2.3.3 Big Data Application in Different Fields / 36

Supplementary Information: Big Data Related Concepts / 44

Chapter III Data Feature from both Traditional Publishing and Emerging Internet Industries / 45

3.1 Data Feature in Traditional Publishing Industry / 47

3.1.1 Content Data Is the Majority / 47

3.1.2 Mainly Static Data / 47

3.1.3 Relatively Uniform Data Structure ／ 47

3.1.4 High Attribute of Knowledge ／ 48

3.2 Feature of Internet Big Data ／ 48

 3.2.1 Massive Data Scale ／ 49

 3.2.2 Rapid Data Flow ／ 49

 3.2.3 Diverse Data Types ／ 49

 3.2.4 Low Value Density ／ 50

 3.2.5 Data Validity ／ 50

3.3 Comparison Between Traditional Publishing Data and Internet Big Data ／ 50

 3.3.1 Comparison on Data Scale ／ 50

 3.3.2 Comparison on Data Validity ／ 52

 3.3.3 Comparison on Data Types ／ 52

 3.3.4 Comparison on Data Timeliness ／ 52

 3.3.5 Comparison on Data Usages ／ 52

 3.3.6 Comparison on Data Production Mode ／ 53

 3.3.7 Comparison on Master Degree of Users' Information ／ 53

Supplementary Information: Big Data Perspective ／ 54

Chapter Ⅳ Impact of Big Data on Traditional Publishing ／ 55

4.1 Deep Impact of Internet on Traditional Publishing ／ 57

 4.1.1 User Generated Content ／ 57

 4.1.2 Content Fragmentation ／ 57

 4.1.3 Content Decentralization ／ 57

 4.1.4 Openness and Open Resource ／ 58

 4.1.5 Interactivity and Social Networking ／ 58

 4.1.6 Change of Reading Habits and Patterns ／ 58

4.2 Impact of Big Data on Traditional Publishing / 59

    4.2.1 Publishing Concept: Taking the Reader as Core v.s. Taking the Writers as Core / 59

    4.2.2 Content Distribution: Individualized Pushing v.s. Undifferentiated Pushing / 60

    4.2.3 Product form: Aggregation Association v.s. Content Packaging / 61

    4.2.4 Reading Behavior: Accessible v.s. Difficult to Obtain / 61

4.3 Impact of Big Data on Content Production and Marketing Pattern in Publishing / 62

    4.3.1 Precision of Content Pushing / 62

    4.3.2 Social Networking on Product Using / 63

    4.3.3 Product Iteration Driven by Customers' Needs / 64

    4.3.4 Servitization of Intellectual Content / 64

Supplementary Information: Implementation of Big Data / 66

Chapter V China is Actively Facilitating Traditional Publishing's Entry into Big Data Era / 79

5.1 State Policies on Actively Facilitating / 81

    5.1.1 Big Data System Construction Has Become a Significant Point in the 13th Five-year Plan of Publishing / 81

    5.1.2 Digital Transformation and Upgrading, as well as Integration Development Policies Is Pushing Publishing Industry Adapting to big Data Technology / 82

5.2 Adequate Financial Support / 86

    5.2.1 Dedicated Funds for Cultural Industry / 87

    5.2.2 Stated-Owned Capital Management Budget / 88

5.3 Significant Role of Project Orientation / 90

    5.3.1 Focusing on Promoting Publishing Integration Development and Digital Transformation and Upgrading / 91

5.3.2 Ensure the Effective Implementation of Facilitating Policies in Journalism and Publishing Industries / 91

5.3.3 Big Data Application Project in Publishing / 92

5.4 Timely Introduction of Related Standards / 93

5.4.1 Metadata Supported by ISLI/MPR Standards / 93

5.4.2 Publishing and Distribution Data Supported by CNONIX Standards / 95

Supplementary Information: Demonstration Units of Digital Publishing Transformation / 96

Chapter VI Publishing and Related Emerging Industries' Efforts in the Big Data Era / 97

6.1 Macro Analysis on big Data Technology Application Cases / 99

6.1.1 Overview of Big Data Technology Application Cases / 99

6.1.2 Application Characteristics in Traditional Publishing: Big Data Application Based on Storage Resource / 102

6.1.3 Application Characteristics in Emerging Industries: Big Data Application Based on Intellectual Service / 104

6.2 Application and Practice of Big Data Technology in Traditional Publishing / 107

6.2.1 People's Publishing House: Big Data Platform of Communist Satchel / 107

6.2.2 Intellectual Property Publishing House: A Case of Chinese Intellectual Property Big Data and Intelligent Service System Construction / 125

6.2.3 People's Court Press: A Case on Chines Law Big Data Platform / 143

6.2.4 Social Science Academic Press (China): Thinking from Big Data and Starting with Publishing Small Data / 152

6.2.5 Wanxin Media: AI Study and Wisdom Education Platform / 165

6.3 Application Cases of Big Data Technology in Emerging Industries / 183

    6.3.1 Network Literature Users' Behavior Analysis Case / 183

    6.3.2 Practical Case on CNKI Big Data Publishing / 193

    6.3.3 YI Scholar APP as Academic Research Service Platform Case / 212

    6.3.4 Migu Digital Media: Big Data Platform Case of Migu Reading / 226

    6.3.5 Zhihu: Forerunner in Intellectual Service / 245

    6.3.6 Luoji Mind: Regenerate Knowledge with New Technology / 248

6.4 Application Cases of Big Data Technology in Content Related Industries / 251

    6.4.1 Baidu Information Flow: Final Battle in AI Era / 251

    6.4.2 Big Data Application Case on Internet Lawsuit Service Platform / 254

    6.4.3 Users' Data Analysis Application of Tower Defense Website Games / 264

    6.4.4 Mofangge: Big Data Application in Test Recommended System / 276

Supplementary Information: Common Tools and Algorithms of Big Data / 284

Chapter Ⅶ Thoughts and Suggestions for Publishing Industry in the Big Data Era / 289

7.1 The Government: Strengthen Supervision on Emerging Publishing / 291

    7.1.1 Present Situation of Supervision on Emerging Publishing Platform / 291

    7.1.2 Advice on Improving Emerging Publishing Supervision / 296

7.2 The Industry: Practically Update Thoughts / 299

    7.2.1 To Explore Transformation and Upgrading and Always Put Social Benefits on the First Place / 299

    7.2.2 To Promote Top Leadership Project and Focus on Integral Strategy Transition / 300

    7.2.3 To Accelerate Inter-kingdom Fusion and Extend Publishing Industry Chain / 301

    7.2.4 To Weaken Publication Forms and Actively Explore Intellectual Service Mode / 301

    7.2.5 To Introduce New Talents and Establish Market-oriented Compensation Mechanism / 302

    7.2.6 To Encourage Internal Competition and form Survival of the Fittest Mechanism / 303

    7.2.7 To Encourage Bold Trial and Perfect Fault Tolerance Mechanism / 303

    7.2.8 To Motivate Inner Power and Introduce Capital Mechanism / 303

7.3 The Companies: Rational Approach to Big Data with Needs Orientation / 304

    7.3.1 To Treat Big Data Rationally / 304

    7.3.2 Small Data is Also Important / 305

    7.3.3 Publishing Houses Should Explicit Needs and Tailor Solutions / 307

Words at the End: Tradition or Revolution? A Question Worth Thinking / 309

Reference / 311

Appendix / 315

    Appendix A Related Policies / 315

    Appendix B List of Model Units in Digital Publishing Transformation / 362

    Appendix C Big Data Dictionary / 367

    Appendix D Info Index of Related News / 377

    Appendix E Is There Big Data in Publishing? / 384

    Appendix F In Pursuit of Revolution with Calm and Quality with Innovation / 397

Postscript: Academic Writing and Academic Honour / 399

第一章
传统出版业现有数据状况

大数据，正由技术热词变成一股社会浪潮，影响社会生活的方方面面。在以移动互联网技术为代表的信息技术的快速发展和国务院的部署与推动下，我国各行各业都在谋划自己的大数据中心和大数据产业，那么出版业到底有没有大数据？又拥有哪些数据？本章主要从数据类型、数据规模、数据利用三个方面详细介绍我国传统出版业的数据现状。

➢ 传统出版业数据多为静态数据

目前，我国传统出版业数据主要有内容数据、发行数据、印刷复制数据、进出口数据、版权数据、出版物元数据、出版业网站数据七类。这些数据中仅有出版业网站数据是实时产生的，其他的数据则多为静态数据。

➢ 传统出版业内容数据规模有限

本书对我国传统出版业十年的内容数据进行了详细的统计分析，通过计算得出，2007~2016年我国传统出版业书刊报累计出版内容数据量（不含复本数）为2.87TB。可见，最近十年正式出版的书刊报累计内容数据量规模在TB级别，就某个单一出版单位或出版物来说，其数据规模仍然比较有限。

➢ 数据更多被用在宏观统计方面

目前，我国传统出版业的各种数据更多地被使用在宏观统计方面，同时在趋势分析、选题策划、营销发行等方面也有所应用。这些数据给出版业在整体发展方向上提供了一定的借鉴和指导意义，但还谈不上数据驱动。

2011年，麦肯锡发布了第一份从经济和商业维度诠释大数据发展潜力的专题研究成果——《大数据：创新、竞争和生产力的下一个前沿》，首次系统地阐述了大数据的概念。接着，全球互联网巨头都开始意识到"大数据时代"的到来以及数据的重要意义。几乎所有世界级的互联网企业都将业务触角延伸至大数据产业，包括EMC、惠普、IBM、微软在内的全球IT巨头纷纷通过收购"大数据"相关厂商来实现技术整合。2012年3月22日，美国政府宣布投资2亿美元拉动大数据相关产业发展，将"大数据战略"上升为国家战略。有媒体将2013年称为"大数据元年"。大数据，正由技术热词变成一股社会浪潮，影响社会生活的方方面面。我国各行各业也都开始谋划自己的大数据中心和大数据产业，利用大数据精准分析行业现状、服务行业发展成为各行各业的普遍共识。各行业已陆续开展大数据技术的探索、尝试与应用，出版业也势在必行。但是，出版业真的有大数据吗？

一种在互联网上广泛流传的说法是：互联网上一天所产生的数据可以刻满1.68亿张DVD；发出的邮件有2940亿封之多（相当于美国2年的纸质信件数量）；发出的社区帖子达200万个（相当于《时代》杂志770年的文字量）；卖出的手机为37.8万台，高于全球每天出生的婴儿数量37.1万。截至2014年，数据量已经从TB级别跃升到PB、EB乃至ZB级别。

这一组数据的潜台词似乎在告诉我们：传统出版业的数据量其实是非常有限的。那么传统出版业的数据量究竟有多大？是否够得上"大数据"？

2013年3月20日，"中国IDC圈"网站上发表了一篇文章——《印象：人类生产的印刷材料数据量达200PB》。文中是这样表述的："随着信息技术的发展，互联网已进入人类生活的方方面面，随之产生的数据也呈现爆发性增长。有数据显示，到2012年，人类生产的所有印刷材料的数据量是200PB，而过去2年产生的数据占人类历史数据总量的90%，并且预计到2020年，人类所产生的数据量将达到今天的44倍。"

这篇文章告诉我们，人类从印刷术发明以来，全部印刷品的内容数据量是PB级别，至于传统出版业的内容数据量，肯定少于这个数字，因为印刷品不一定都是出版物。但遗憾的是，这篇文章在提到"200PB"时，并未说明计算方法，亦未注明数据来源。

另一篇提到"200PB"的文章是 2015 年 4 月 21 日发表于"36 大数据"网站上的《报告：数据大爆炸，"互联网+"基础设施数据中心大发展（上）》。该文写道："国际数据公司的研究结果表明，2008 年全球产生的数据量为 0.49ZB，2009 年的数据量为 0.8ZB，2010 年增长为 1.2ZB，2011 年更是高达 1.82ZB，相当于全球每人每年产生 200GB 以上的数据。而到 2012 年，人类生产的所有印刷材料的数据量是 200PB，全人类历史上说过的所有话的数据量大约是 5EB。"该文提到了国际数据公司，且明确说明"200PB"数据是摘自中信证券分析师陈剑、李伟和王浩冰的云计算/IDC 行业专题研究报告《数据大爆炸，数据中心大发展——"互联网+"基础设施之二》一文。

为此，我们特意购买了中信证券的报告。中信证券的报告是这样表述的："国际数据公司的研究结果表明，2008 年全球产生的数据量为 0.49ZB，2009 年的数据量为 0.8ZB，2010 年增长为 1.2ZB，2011 年更是高达 1.82ZB，相当于全球每人每年产生 200GB 以上的数据。而到 2012 年，人类生产的所有印刷材料的数据量是 200PB，全人类历史上说过的所有话的数据量大约是 5EB。"

中信报告的表述明显让人感觉所谓的"200PB"是从国际数据公司的报告中引用的。但仔细推敲，又会疑惑，因为中信报告中的"而到 2012 年，人类生产的所有印刷材料的数据量是 200PB……"与前面一句话同在一个段落，虽用句号断开，但整段未标引号。因此，究竟"200PB"是不是国际数据公司说的很难确定，好像怎么理解都对。

从网上的文献也可以看出，目前多数关于"大数据"的中文文章，常默认"200PB"为国际数据公司的数据，且将其当成论文的背景予以介绍。也就是说，该数据已被当成公认正确的结论予以引用，甚至它已经成为绝大多数论文立意谋篇的基本依据了。几乎无人质疑过其真实性和出处。多数论文在引用时通常冠以"有数据显示"或"国际数据公司的研究结果表明"，以此来指明出处，并暗示其权威性。

为进一步了解情况，我们又查阅了英文网站上的一些相关文章。一篇发表在 highscalability.com 网站的文章 "How Big is a Petabyte, Exabyte, Zettabyte, or a Yottabyte?" 是这样表述的："200 Petabytes: All Printed Material or Production of

Digital Magnetic Tape in 1995"。显然，该文中"200PB"指的是 1995 年当年全部印刷品或数字磁带的数据量，而非截至 2012 年的人类全部印刷品的内容数据量。另一篇于 2011 年 2 月 14 日在 IBM 网站上发表的文章"What's in that 1TB?"，关于"200PB"是这样表述的："A Petabyte is Thousand TB, or a Quadrillion Bytes. It is Estimated that All Printed Materials on Earth would Represent Approximately 200PB of Information"。

从查到的两篇英文文献看，所谓"200PB"均为其各自独立提到，并未明确指出或含混暗示该数据与国际数据公司有任何关系，且从上下文看，第二篇文章中的"200PB"似乎是为了说明 PB 的数据量级而举的例子，作者举例时还特地使用了"Estimated"一词，说明不是严谨的科学统计。与此同时，我们又查阅了国际数据公司历年公开发布的报告，也未发现有此说法。

根据以上简单的查询，虽未找到"200PB"的统计方法，但至少证明了一点，它肯定不是国际数据公司的数据。但不管"200PB"具体出自何处，也不管它是如何被统计出来的，此数据被广泛引用至今，至少说明了一点：传统出版业的数据量不大，这种判断与人们的感觉似乎也颇为一致，因此几乎所有人都愿意相信其真实性。如果结合"过去 2 年产生的数据占人类历史数据总量的 90%"的说法，传统出版业的整体数据量在比较中显得更小；如果再减去非出版物印刷品的数据量，传统出版业的数据量则微乎其微，至于单独一家出版单位，其数据量就更微不足道了。

这是互联网上关于传统出版业数据的初步印象，这种印象的结果似乎在暗示"大数据"与传统出版业关系不大。但是，实际情况又真的是这样吗？出版物的内容数据量究竟有多大？现有的传统出版业数据状况又是如何？

第一节　传统出版业数据类型

数据分类方法有很多种，著者尝试从内容数据、发行数据、印刷复制数据、进出口数据、版权数据、出版业元数据和出版业网站数据七方面来对出版业数据进行归纳和介绍。各数据类型的基本描述见表 1-1。

表 1-1　传统出版业现有数据类型

序号	类型	描述
1	内容数据	图书、期刊、报纸等内容资源数据
2	发行数据	销售量、销售额、库存数量、购进量等数据
3	印刷复制数据	印刷产量、装订产量、印刷用纸量等数据
4	进出口数据	出口数量、金额等
5	版权数据	版权管理与版权贸易数据,如合同登记数量、引进版权数量、输出版权数量等
6	出版物元数据	主要指 ISBN、ISSN 等数据,包括产品形式、题名、著作者、版本、出版者、出版国家、出版日期、原出版物的 ISBN 号、内容提要、定价、备注等
7	出版业网站数据	页面浏览量、独立用户数、总访问次数等

一　内容数据

出版业是内容产业,因此会产生大量的内容数据,这里主要是指传统纸质图书、期刊、报纸的内容。本书对内容数据规模的计算,是通过对书、刊、报排字量的统计来获得其内容的近似数据量的。

此外,对内容的衡量还有另一种标准,即对内容信息量多少的统计——信息熵。信息熵是一个数学上颇为抽象的概念,在了解信息熵的概念之前,宜先了解一下信息量的概念。一个事件的信息量就是发生这件事的概率的负对数。信息熵则是平均而言,发生一个事件我们得到的信息量的大小。在这里不妨把信息熵理解成某种特定信息的出现概率。信息理论的鼻祖之一克劳德·艾尔伍德·香农(Claude E. Shannon)把信息熵定义为离散随机事件的出现概率,在数学上,信息熵其实就是信息量的期望。一般而言,当一种信息出现概率更高的时候,表明它被传播得更广泛,或者说被引用的频率更高。我们可以认为,从信息传播的角度来看,信息熵可以表示信息的价值。这样我们就有一个衡量信息价值高低的标准,可以做出关于知识流通问题的更多推论。但对于内容信息量价值的统计不在本书的讨论范围,在此仅做简单介绍。同时,对于内容承载的思想价值目前是无法给出统一、权威的衡量尺度的,亦在此不做讨论。本书涉及的是对内容数据容量的统计,特此说明。

二 发行数据

发行数据指我国出版物发行工作中产生的各种数据，包括全国新华书店系统、出版社自办发行单位的出版物总销售数量、销售金额、零售情况、购进量等统计数据，也包括报刊订阅数据等。

三 印刷复制数据

印刷复制数据指我国传统纸质出版物的印刷复制总体情况数据，包括出版物印刷、包装装潢印刷、专项印刷、打字复印、复制和印刷物资供销的营业收入及其利润总额、印刷用纸量、装订产量等数据。

四 进出口数据

出版物进出口数据指我国累计进出口图书、报纸、期刊、音像制品、电子出版物与数字出版物的数量、金额、增长情况、占比等统计数据。

五 版权数据

本书所说的版权数据是版权管理与版权贸易数据，包括全国版权合同登记数量、引进版权数量（包括图书、音像制品、电子出版物等）、输出版权数量等。

六 出版物元数据

出版物元数据是指使用中国标准书号、刊号、版号等进行标识的出版物的描述性信息，主要包括产品形式、题名、题名的汉语拼音、丛书、著作者、版本、语种、出版标记、出版者、出版国家、出版日期、内容提要、定价、备注等出版物的基础描述性信息。出版物元数据主要用于区分使用中国标准书号、刊号、版号等进行标识的不同出版物，通过元数据的对接可以确定出版物的基本信息。

七 出版业网站数据

出版业自 2005 年开始陆续进行数字化转型升级，其中包括建立自己的网站等。衡量一个网站受欢迎的程度，通常使用三类指标：用户访问频率、用户访问停留时长和用户访问深度。本书将通过这三个方面的指标来对出版业网站数据进行统计分析。

第二节 传统出版业数据规模

关于传统出版业的数据规模，目前国内外均无明确的统计，只笼统地认为规模不大，这也只是与网上数据比较而言。被引用较多的说法是"人类生产的所有印刷材料的数据量是200PB"，但在第一章开始部分我们已经认真考证过，这个数据究竟如何得出也无从追查。为了弄清楚我国传统出版业的数据规模究竟有多大，我们尝试着利用国家新闻出版广电总局每年发布的《中国新闻出版统计资料汇编》中的统计数据[①]，并通过一定的计算方法，来得出我国传统出版业的内容数据量，以便大家了解。

一 内容数据量的计算方法[②]

为便于计算传统印刷媒体的整体内容数据量，著者分别以中国新闻出版研究院所属中国书籍出版社出版的图书、出版发行研究杂志社出版的期刊，以及中国知识产权报为例，制定了一个每面大约排字量的计算标准（见表1-2），为方便统计，将图书、期刊、报纸中的图片、公式等换算为同等面积的文字进行计算。

表1-2 每面大约排字量计算标准

类型	计算标准	1印张汉字数（字）	1印张数据量（字节）
图书	以目前较为流行的大32开、每面约800汉字计算	25600	51200
期刊	以目前较为流行的大16开、每面约1800汉字计算	28800	57600
报纸	以对开4版、每版约6660汉字计算	26640	53280

二 出版业年度内容数据量——以2016年为例

1. 2016年全国出版书刊报数据量总计10.31PB

以《2017中国新闻出版统计资料汇编》中的印张数为依据进行计算，得出2016

---

① 原新闻出版总署于1997年1月1日颁布了《新闻出版统计管理办法》，从1997年开始每年对我国新闻出版业基本情况进行统计，并向社会公布。

② 张立：《出版业有"大数据"吗？》，《出版人》2016年第8期，第52~55页。

年全国出版书刊报数据量如表 1-3 所示。可以看出，仅 2016 年一年，我国传统出版业（书刊报）的内容数据量已达 5803.29 万亿字，10.31PB。

表 1-3　2016 年全国出版书刊报数据量（含复本数）

类型	总印张（亿印张）	汉字量（万亿字）	数据量（PB）
图书	777.21	1989.66	3.53
期刊	151.95	437.62	0.78
报纸	1267.27	3376.01	6.00
合计	2196.43	5803.29	10.31

注：①汉字量 =1 印张汉字数 × 总印张；
　　②数据量 = 汉字量 ×2。

2. 2016年平均每册（份）书刊报内容的数据量

（1）图书平均每本内容数据量为 430KB

2016 年全国共出版图书总印数 90.37 亿册（张），总印张 777.21 亿印张，用总印张除以总印数可以得出每本图书平均印张数，即 777.21 亿印张 ÷90.37 亿册（张）=8.60 印张。平均每本图书内容数据量为：8.60 印张 ×25600（字／印张）=22.02 万字 =430KB。

（2）期刊平均每册内容数据量为 316.60KB

2016 年全国共出版期刊总印数 26.97 亿册，总印张 151.95 亿印张，每册期刊平均印张数为：151.95 亿印张 ÷26.97 亿册 =5.63 印张；平均每册期刊内容数据量为：5.63 印张 ×28800（字／印张）=16.21 万字 =316.60KB。

（3）报纸平均每份内容数据量为 169.14KB

2016 年全国共出版报纸总印数 390.07 亿份，总印张 1267.27 亿印张，每份报纸的平均印张数为：1267.27 亿印张 ÷390.07 亿份 =3.25 印张。平均每份报纸内容数据量为：3.25 印张 ×26640（字／印张）=8.66 万字 =169.14KB。

3. 2016年新出版的书刊报内容数据量（不含复本数）为0.32TB

（1）图书内容数据量（不含复本数）为 205.03GB

2016 年全国共出版图书 499884 种，平均每种图书为 22.02 万字，2016 年出版图书内容数据量（不含复本数）为：499884 种 ×22.02 万字 =1100.74 亿字 =205.03GB。[①]

（2）期刊内容数据量（不含复本数）为 59.07GB

2016 年全国共出版期刊 10084 种，平均期印数 13905 万册，总印数 26.97 亿册；用总印数除以平均期印数，可以得知实际出版期数约每年 19.4 期，2016 年出版期刊内容数据量（不含复本数）为：10084 种 ×19.4 期 ×16.21 万字 =317.12 亿字 =59.07GB。

（3）报纸内容数据量（不含复本数）为 61.13GB

2016 年全国共出版报纸 1894 种，平均期印数 19494.94 万份，总印数 390.07 亿份；用总印数除以平均期印数，可以得知实际出版期数约每年 200.09 期，2016 年报纸出版内容数据量（不含复本数）为：1894 种 ×200.09 期 ×8.66 万字 =328.19 亿字 =61.13GB。

2016 年出版书刊报合计内容数据量（不含复本数）为：1100.74 亿字 +317.12 亿字 +328.19 亿字 =1746.05 亿字 =0.32TB。

2016 年书刊报数据量（含复本数）为：1989.66 万亿字 +437.62 万亿字 +3376.01 万亿字 =5803.29 万亿字 =10.31PB。

4. 2016年度每家出版社平均出版图书内容数据量为0.35GB

截至 2016 年底，全国共有出版社 584 家（包括副牌社 33 家）；平均每家出版社 2016 年度出版图书数据量为：1100.74 亿字 ÷584 家 =1.88 亿字 =0.35GB。

由于《2017 中国新闻出版统计资料汇编》中无杂志社和报社数量，且实际情况复杂、统计困难，故此处不计算平均每家杂志社和报社新出报刊内容数据量。

5. 全国大型出版集团2014年度出版图书内容数据量[②]

根据《2014 年新闻出版产业分析报告》，著者选取总体经济规模综合排名前三的出版集团进行图书（不含集团中的报刊出版数据量）内容数据量的统计，具体如下。

（1）排名前三的出版集团 2014 年总数据量

排名第一的江苏凤凰出版传媒集团：2014 年总印数 39499 万册（张），总印张

---

① 多卷本已计算在内，如多卷本书籍为同一书号，则图书种数算作 1，印张数为所有卷本印张数之和；若多卷本中每本书都有一个书号，则图书种数为所有卷本数之和，印张数为所有卷本印张数之和。再版书按新书计算。

② 由于近年未发布按出版集团的统计数据，故以 2014 年数据进行分析。

27.46111 亿印张。总数据量为：27.46111 亿印张 ×25600（字／印张）=703 千亿字 =127.87TB。

排名第二的湖南出版投资控股集团：2014 年总印数 30051 万册（张），总印张 21.77402 亿印张。总数据量为：21.77402 亿印张 ×25600（字／印张）=557.41 千亿字 =101.39TB。

排名第三的中国教育出版传媒集团：2014 年总印数 45035 万册（张），总印张 50.56242 亿印张。总数据量为：50.56242 亿印张 ×25600（字／印张）=1294.40 千亿字 =235.45TB。

（2）排名前三的出版集团 2014 年新出图书（不含复本数）数据量

排名第一的江苏凤凰出版传媒集团：总印张除以总印数可以得出每本图书平均印张数，即 274611.1 万印张 ÷39499 万册（张）=6.95 印张，每本图书平均内容数据量为：6.95 印张 ×25600（字／印张）=17.80 万字；已知 2014 年共出版图书 16534 种，可得出 2014 年新出图书（不含复本数）数据量为：16534 种 ×17.80 万汉字 =29.4 亿汉字 =5.48GB。

排名第二的湖南出版投资控股集团：每本图书平均印张数为：217740.2 万印张 ÷30051 万册（张）=7.25 印张，每本图书平均内容数据量为：7.25 印张 ×25600（字／印张）=18.56 万字；已知 2014 年共出版图书 9095 种，可得出 2014 年新出图书（不含复本数）数据量为：9095 种 ×18.56 万字 =16.88 亿字 =3.14GB。

排名第三的中国教育出版传媒集团：每本图书平均印张数为：505624.2 万印张 ÷45035 万册（张）=11.23 印张，每本图书平均内容数据量为：11.23 印张 ×25600（字／印张）=28.75 万字；已知 2014 年共出版图书 14483 种，可得出 2014 年新出图书（不含复本数）数据量为：14483 种 ×28.75 万字 =41.64 亿字 =7.76GB。

三 最近十年全国出版业累计出版书刊报内容数据量

上一部分对单年内容数据量进行了分析，那么，全国出版业最近十年累计出版书刊报的内容数据量又是多少呢？以 2007~2016 年《中国新闻出版统计资料汇编》中的统计数据为依据，著者进行了详细的测算，具体如表 1-4 所示。

表 1-4　2007~2016 年书刊报出版品种数、总印数和总印张

年份	图书 品种数	图书 总印数 亿册（张）	图书 总印张 亿印张	期刊 品种数	期刊 平均期印数 万册	期刊 总印数 亿册	期刊 总印张 亿印张	报纸 品种数	报纸 平均期印数 万份	报纸 总印数 亿份	报纸 总印张 亿印张
2007	248283	62.93	486.51	9468	16697	30.41	157.93	1938	20545.37	437.99	1700.76
2008	275668	69.36	560.73	9549	16767	31.05	157.98	1943	21154.79	442.92	1930.55
2009	301719	70.37	565.50	9851	16457	31.53	166.24	1937	20837.15	439.11	1969.40
2010	328387	71.71	606.33	9884	16349	32.15	181.06	1939	21437.68	452.14	2148.03
2011	369523	77.05	634.51	9849	16880	32.85	192.73	1928	21517.05	467.43	2271.99
2012	414005	79.25	666.99	9867	16767	33.48	196.01	1918	22762.00	482.26	2211.00
2013	444427	83.10	712.58	9877	16453	32.72	194.70	1915	23695.77	482.41	2097.84
2014	448431	81.85	704.25	9966	15661	30.95	183.58	1912	22265.00	463.90	1922.30
2015	475768	86.62	743.19	10014	14628	28.78	167.78	1906	20968.37	430.09	1554.93
2016	499884	90.37	777.21	10084	13905	26.97	151.95	1894	19494.94	390.07	1267.27
合计	3806095	772.61	6457.80	98409	160564	310.89	1749.96	19230	214678.12	4488.32	19074.07

1. 2007~2016 年，全国平均每种（份）书刊报数据量分别为 417.97KB、316.60KB 和 221.10KB

平均每本图书数据量：2007 年至 2016 年的十年间全国出版图书的总印数为 772.61 亿册（张），总印张数为 6457.80 亿印张，用总印张数除以总印数可以得出每本图书平均印张数，即 6457.80 亿印张 ÷772.61 亿册（张）=8.36 印张，每本图书内容数据量为：8.36 印张 ×25600（字 / 印张）=21.40 万字 =417.97KB。

平均每册期刊数据量：2007 年至 2016 年的十年间全国出版期刊的总印数为 310.89 亿册，总印张数为 1749.96 亿印张，则每册期刊平均印张数为：1749.96 亿印张 ÷310.89 亿册 =5.63 印张，每册期刊内容数据量为：5.63 印张 ×28800（字 / 印张）=16.21 万字 =316.60KB。

平均每份报纸数据量：2007 年至 2016 年的十年间全国出版报纸的总印数为 4488.32 亿份，总印张数为 19074.07 亿印张，则每份报纸的平均印张数为：19074.07 亿印张 ÷4488.32 亿份 =4.25 印张，每份报纸内容数据量为：4.25 印张 ×26640（字 / 印张）=11.32 万字 =221.10KB。

2. 2007~2016 年，全国累计书刊报数据量（不含复本数）为 2.87TB

十年累计图书数据量：2007~2016 年全国累计出版图书 3806095 种，平均每种图书为 21.40 万字，则十年累计图书数据量为：3806095 种 ×21.40 万字 =8145.04 亿字

=1.48TB。

十年累计期刊数据量：2007~2016 年全国共出版期刊 98409 种，平均期印数 160564 万册，总印数 310.89 亿册；用总印数除以平均期印数可以得知实际出版期数约每年 19.36 期，则十年期刊累计出版内容数据量为：98409 种 ×19.36 期 ×16.21 万字 =3088.33 亿字 =0.56TB。

十年累计报纸数据量：2007~2016 年全国累计出版报纸 19230 种，平均期印数 214678.12 万份，总印数 4488.32 亿份；用总印数除以平均期印数可以得知实际出版期数约每年 209.07 期，则十年报纸累计出版内容数据量为：19230 种 ×209.07 期 ×11.32 万字 =4551.11 亿字 =0.83TB。

则 2007~2016 年全国书刊报累计出版数据量（不含复本数）为：8145.04 亿字 +3088.33 亿字 +4551.11 亿字 =15784.48 亿字 =2.87TB。

3. 2007~2016年全国累计书刊报数据量（含复本数）为128.58PB

图书十年累计印张数为 6457.80 亿印张，则总数据量为：总印张 × 每印张字数 =6457.80 亿印张 ×25600（字/印张）=16531.97 万亿字 =29.37PB。

期刊十年累计印张数为 1749.96 亿印张，则总数据量为：1749.96 亿印张 ×28800（字/印张）=5039.88 万亿字 =8.95PB。

报纸十年累计印张数为 19074.07 亿印张，则总数据量为：19074.07 亿印张 ×26640（字/印张）=50813.33 万亿字 =90.26PB。

2007~2016 年书刊报累计出版内容数据量（含复本数）为：29.37PB+8.95PB+90.26PB=128.58PB。

以上计算说明，我国传统出版业正式出版的书刊报最近十年累计内容数据量整体也就在 TB 级别（不含复本数），就某个单一出版单位或出版物来说，其数据规模并不是很大。

四 其他相关数据量

1. 发行数据量

著者根据 2007~2016 年《中国新闻出版统计资料汇编》中的相关数据，整理了十年来的出版物发行数据，具体情况见表 1-5、表 1-6。

14 坚守与变革？遭遇大数据时代的传统出版业

表 1-5　2007~2016 年全国新华书店系统、出版社自办发行单位出版物发行情况（一）

年份	总销售情况 总销售量 亿册/张/份/盒	总销售情况 总销售金额 亿元	纯销售情况 纯销售量 亿册/张/份/盒	纯销售情况 纯销售金额 亿元	零售情况 图书 零售数量 亿册/张/份/盒	零售情况 图书 零售金额 亿元	零售情况 期刊 零售数量 亿册/张/份/盒	零售情况 期刊 零售金额 亿元	零售情况 报纸 零售数量 亿册/张/份/盒	零售情况 报纸 零售金额 亿元	零售情况 音像制品 零售数量 亿册/张/份/盒	零售情况 音像制品 零售金额 亿元	零售情况 电子出版物 零售数量 亿册/张/份/盒	零售情况 电子出版物 零售金额 亿元	零售情况 数字出版物 零售金额 亿元
2007	161.19	1366.67	63.13	512.62	67.67	719.94	3.05	22.93	1.21	2.39	2.70	30.07	0.31	5.95	—
2008	166.43	1456.39	67.09	539.65	70.97	434.96	3.05	25.89	1.64	3.33	2.65	29.30	0.31	5.56	—
2009	159.41	1556.95	63.18	580.99	72.79	870.09	1.84	21.73	1.24	2.82	2.29	27.79	0.24	7.62	—
2010	169.70	1754.16	64.62	599.88	31.19	315.25	0.19	10.37	0.14	1.09	0.89	10.33	0.36	7.59	—
2011	178.17	1953.49	65.78	653.59	31.05	342.43	0.17	4.44	0.08	0.57	0.69	9.27	0.33	9.30	—
2012	190.08	2159.88	68.32	712.58	61.55	617.13	0.20	11.75	0.18	1.88	0.65	8.42	0.19	8.68	0.14
2013	199.33	2346.15	68.08	735.63	63.47	659.15	0.19	10.43	0.13	1.49	0.44	7.86	0.11	5.73	3.27
2014	199.05	2415.52	69.86	777.99	63.93	684.48	0.18	10.07	0.21	2.15	0.55	9.15	0.11	8.36	3.67
2015	199.45	2563.74	67.30	779.89	63.71	714.46	0.28	12.00	0.12	1.26	0.48	9.44	0.16	9.52	4.92
2016	208.27	2771.34	70.25	852.49	67.09	795.56	0.30	11.76	0.11	1.10	0.39	7.63	0.16	11.39	5.66
合计	1831.08	20344.29	667.61	6745.31	593.42	6153.45	9.45	141.37	5.06	18.08	11.73	149.26	2.28	79.70	17.66

注：2007~2011 年数字出版物零售金额未给出统计。

表1-6　2007~2016年全国新华书店系统、出版社自办发行单位出版物发行情况（二）

年份	购进情况（全国新华书店、出版社自办发行）		库存情况（全国新华书店、出版社自办发行）		非出版物商品销售	发行网点数	从业人员数
	总购进量	总购进金额	库存数量	库存金额	销售金额		
	亿册/张/份/盒	亿元	亿册/张/份/盒	亿元	亿元	个	万
2007	161.57	1406.07	44.78	565.90	20.40	167254	76.85
2008	170.19	1543.84	51.10	672.78	16.42	161256	67.91
2009	162.09	1600.57	50.62	658.21	19.57	160407	70.97
2010	172.53	1775.40	53.00	737.80	32.11	167882	72.38
2011	184.06	2024.89	55.86	804.05	55.01	168586	72.44
2012	189.04	2160.91	56.00	841.88	54.16	172633	72.64
2013	205.35	2418.21	65.19	964.40	145.65	172447	72.52
2014	199.86	2447.86	66.39	1010.11	178.72	169619	71.93
2015	203.09	2669.38	67.83	1082.44	242.64	163650	69.63
2016	207.78	2857.11	65.75	1143.01	319.46	163102	67.12
合计	1855.56	20904.24	576.52	8480.58	1084.14	1666836	714.39

（1）2016年度发行数据

2016年，全国新华书店系统、出版社自办发行单位出版物总购进量207.78亿册（张、份、盒），总销售量208.27亿册（张、份、盒），总销售金额2771.34亿元，纯销售量70.25亿册（张、份、盒），纯销售金额852.49亿元；非出版物商品销售金额319.46亿元（不含在销售总金额之内）；库存数量65.75亿册（张、份、盒），库存金额1143.01亿元；发行网点163102处；从业人员67.12万人。

2016年全国出版物零售情况如下：① 图书零售量67.09亿册（张、份、盒），零售额795.56亿元；② 期刊零售量0.30亿册（张、份、盒），零售额11.76亿元；③ 报纸零售量0.11亿册（张、份、盒），零售额1.10亿元；④ 音像制品零售量0.39亿册（张、份、盒），零售额7.63亿元；⑤ 电子出版物零售量0.16亿册（张、份、盒），零售额11.39亿元；⑥ 数字出版物零售额5.66亿元。

（2）2007~2016年累计发行数据

2007~2016年，全国新华书店系统、出版社自办发行单位出版物销售数量及金额合计为：总销售量1831.08亿册（张、份、盒），总销售金额20344.29亿元；纯销售量667.61亿册（张、份、盒），纯销售金额6745.31亿元。

2007~2016年，出版物总购进量1855.56亿册（张、份、盒），总购进金额20904.24亿元；库存数量576.52亿册（张、份、盒），库存金额8480.58亿元；非出版物商品销售金额1084.14亿元（不含在销售总额之内）；发行网点合计1666836处；从业人员合计714.39万人。

2007~2016年，出版物零售情况如下：① 图书零售量593.42亿册（张、份、盒），零售额6153.45亿元；② 期刊零售量9.45亿册（张、份、盒），零售额141.37亿元；③ 报纸零售量5.06亿册（张、份、盒），零售额18.08亿元；④ 音像制品零售量11.73亿册（张、份、盒），零售额149.26亿元；⑤ 电子出版物零售量2.28亿册（张、份、盒），零售额79.7亿元；⑥ 数字出版物零售额17.66亿元。

2. 印刷复制数据

著者根据2007~2016年《中国新闻出版统计资料汇编》对印刷复制相关数据也进行了整理，具体情况见表1-7。

表1-7　2007~2016年印刷复制数据

年份	总体情况		出版物印刷					
	印刷复制营业收入	利润总额	印刷企业数	工业销售产值	图书、报纸、其他出版物印刷产量		装订产量	用纸量
					黑白	彩色		
	亿元	亿元	家	亿元	万令	万对开色令	万令	万令
2007	969.09	40.51	8228	828.36	20182.27	129156.97	23061.54	48405.69
2008	938.79	50.20	6290	976.90	29047.49	93250.80	25129.34	55675.78
2009	1050.82	76.75	8189	1127.76	27034.56	129535.09	35497.98	30478.34
2010	7918.10	578.40	8484	1234.26	28272.32	141916.54	29007.26	37860.18
2011	9305.35	614.60	8309	1320.68	30090.95	152912.73	28984.86	33366.23

续表

年份	总体情况		出版物印刷					
	印刷复制营业收入	利润总额	印刷企业数	工业销售产值	图书、报纸、其他出版物印刷产量		装订产量	用纸量
					黑白	彩色		
	亿元	亿元	家	亿元	万令	万对开色令	万令	万令
2012	10360.49	721.81	8714	1409.88	32654.34	164712.99	29740.21	63821.20
2013	11094.92	775.78	8963	1426.78	32607.94	255672.47	36316.32	85621.30
2014	11740.16	814.66	9079	1504.72	31936.28	252658.60	31965.32	65406.06
2015	12245.52	871.97	8910	—	30944.92	219634.12	31629.67	60698.24
2016	12711.59	882.70	8936	—	31517.57	150688.38	33668.54	64299.06
合计	78334.83	5427.38	84102	9829.34	294288.64	1690138.69	305001.04	545632.08

注：1. 2007~2009年的印刷复制营业收入仅包括出版物印刷厂的营业收入金额，2010~2016年的印刷复制营业收入包括出版物印刷、包装装潢印刷、专项印刷、打字复印、复制和印刷物资供销。

2. 2015~2016年工业销售产值数据缺失，在此，仅给出2007~2014年工业销售产值。

2016年，印刷复制（包括出版物印刷、包装装潢印刷、专项印刷、打字复印、复制和印刷物资供销）总体实现营业收入12711.59亿元，利润总额882.70亿元；全国出版物印刷企业（含专项印刷）8936家；图书、报纸、其他出版物黑白印刷产量31517.57万令，彩色印刷产量150688.38万对开色令；装订产量33668.54万令；印刷用纸量64299.06万令。

2007~2016年，印刷复制总体实现营业收入78334.83亿元，利润总额5427.38亿元；全国出版物印刷企业（含专项印刷）84102家；图书、报纸、其他出版物黑白印刷产量294288.64万令，彩色印刷产量1690138.69万对开色令；装订产量305001.04万令；印刷用纸量545632.08万令。

3. 进出口数据量

根据2007~2016年《中国新闻出版统计资料汇编》，著者对全国出版物进出口数据进行了详细的整理。其中图书、报纸、期刊、音像制品、电子出版物与数字出版物的出口数据，来自对全国出版物进出口经营单位和部分出版单位、发行单位的出口数据统计，系不完全统计；进口数据来自对全国出版物进出口经营单位的进口数据统计。具体见表1-8。

表1-8 2007~2016年全国出版物进出口数据

年份	图书、报纸、期刊				音像制品、电子出版物与数字出版物			
	出口		进口		出口		进口	
	数量	金额	数量	金额	数量	金额	数量	金额
	万册（份）	万美元	万册（份）	万美元	万盒（张）	万美元	万盒（张）	万美元
2007	1027.83	3787.46	2385.99	21105.44	63.74	180.51	15.09	4340.26
2008	801.81	3487.25	3452.54	24061.40	27.12	101.32	16.38	4556.81
2009	885.16	3437.72	2794.53	24505.27	10.01	61.11	16.74	6527.06
2010	945.64	3711.00	2881.87	26008.58	101.87	47.16	62.95	11382.70
2011	1549.17	5894.12	2979.88	28373.26	8.32	1502.43	39.63	14134.78
2012	2061.77	7282.58	3138.07	30121.65	26.15	2191.50	18.56	16685.95
2013	2375.31	8115.46	2361.54	28048.63	12.12	2346.96	28.51	20022.34
2014	2137.87	7830.44	2538.85	28381.57	9.58	2214.41	13.44	21000.13
2015	2112.45	7942.60	2811.75	30557.53	11.98	2542.97	11.62	24207.67
2016	2169.94	7785.11	3108.18	30051.73	11.75	3225.66	10.81	25859.38
合计	16066.95	59273.74	28453.20	271215.06	282.64	14414.03	233.73	148717.08

2016年，全国出口图书、报纸、期刊2169.94万册（份），出口金额7785.11万美元；全国出版物进出口经营单位累计进口图书、报纸、期刊3108.18万册（份），出口金额30051.73万美元；全国出口音像制品、电子出版物与数字出版物11.75万盒（张），出口金额3225.66万美元；全国出版物进出口经营单位进口音像制品、电子出版物与数字出版物10.81万盒（张），出口金额25859.38万美元。

2007~2016年，全国累计出口图书、报纸、期刊16066.95万册（份），累计出口金额59273.74万美元；全国出版物进出口经营单位累计进口图书、报纸、期刊28453.20万册（份），累计进口金额271215.06万美元；全国累计出口音像制品、电子出版物与数字出版物282.64万盒（张），累计出口金额14414.03万美元；全国出版物进出口经营单位累计进口音像制品、电子出版物与数字出版物233.73万盒（张），累计进口金额148717.08万美元。

4. 版权数据量

根据2007~2016年《中国新闻出版统计资料汇编》，版权管理与版权贸易相关数据的具体情况如表1-9所示。

表1-9 2007~2016年版权管理与版权贸易数据

年份	受理、查处案件 个（共检查的经营单位家数）	收缴盗版品 万件	版权合同登记 份	作品自愿登记 份	总体引进版权数 种	引进图书、音像制品和电子出版物版权数 种	总体输出版权数 种	输出图书、音像制品和电子出版物版权数 种
2007	548646	7569.70	11164	133789	11101	10761	2593	2591
2008	782670	4564.84	12002	1040454	16969	16297	2455	2452
2009	—	—	14223	336086	13793	13386	4205	3214
2010	—	—	15160	359871	16602	14568	5691	4111
2011	—	—	20797	442983	16639	15592	7783	6197
2012	—	—	18645	560583	17589	17193	9365	7831
2013	1032721	1766.67	19521	834569	18167	17613	10401	8444
2014	1063061	1666.59	17376	997350	16695	16321	10293	8733
2015	846140	1142.09	19030	1349552	16467	15973	10471	8865
2016	878013	1291.97	19744	1895053	17252	17174	11133	9811
合计	5151251	18001.86	167662	7950290	161274	154878	74390	62249

注：2009~2012年版权管理中的受理、查处案件数以及收缴盗版品数未给出统计。

版权数据主要包括版权管理与版权贸易数据。2016年，全国版权合同登记19744份，作品自愿登记1895053份；全国共引进版权17252种，其中引进图书、音像制品和电子出版物版权17174种；全国共输出版权11133种，其中输出图书、音像制品和电子出版物版权9811种。

2007~2016年，全国版权合同登记167662份，作品自愿登记7950290份；全国共引进版权161274种，其中引进图书、音像制品和电子出版物版权154878种；全国共输出版权74390种，其中输出图书、音像制品和电子出版物版权62249种。

5. 出版物元数据

本书在此仅对出版物中的图书元数据的数据量进行介绍，其他出版物元数据由于未获得具体数据量，故在此不做介绍。由于图书元数据中包含的大部分数据项在图书在版编目（CIP）[①]中都有所体现。因此，对图书元数据量的统计将以中国版权图书馆CIP登记数量及新中国成立以来的馆藏数量作为基本的规模统计。图书在版编目数据国家标准《图书在版编目数据》于1990年7月31日发布，自1991年3月1日起实施，经过几年的实施和准备，于1999年4月1日起在全国强制性推广实施，截至2016年7月共登记约340万条数据，加上自新中国成立以来的馆藏数据100多万条，目前我国图书元数据量为400多万条。

6. 出版业网站数据

根据中国新闻出版研究院2013~2015年《全国新闻出版业网站运营趋势分析报告》可以得到我国出版业网站的相关数据，该系列报告从三个指标来衡量出版业网站影响力，即页面浏览量、独立用户数及总访问次数（数据为网站月度平均值）。具体见图1-1~1-3。

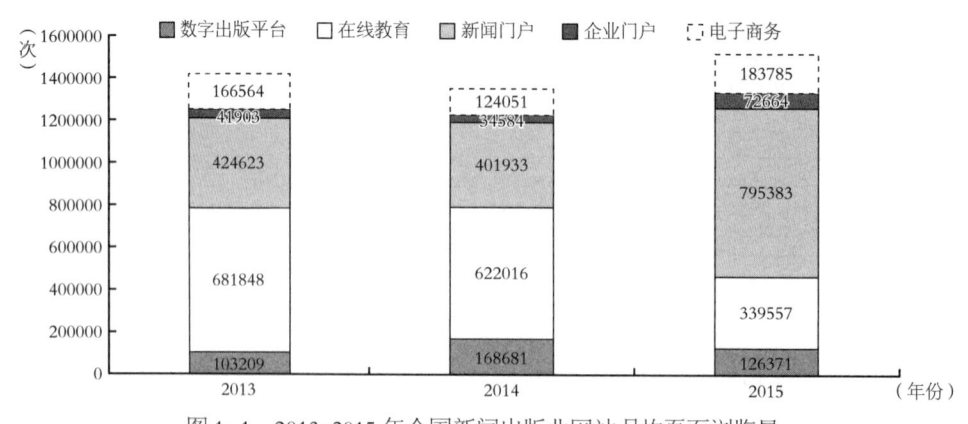

图1-1　2013~2015年全国新闻出版业网站月均页面浏览量

---

① 图书在版编目（CIP）包括著录数据（书名、著作责任者项、版本项、出版项、丛书项、附注项、标准书号项等）和检索数据（图书识别特征的检索点和内容主题的检索点）两个部分，这为图书的分类标引、著录、检索等提供了很大的方便。

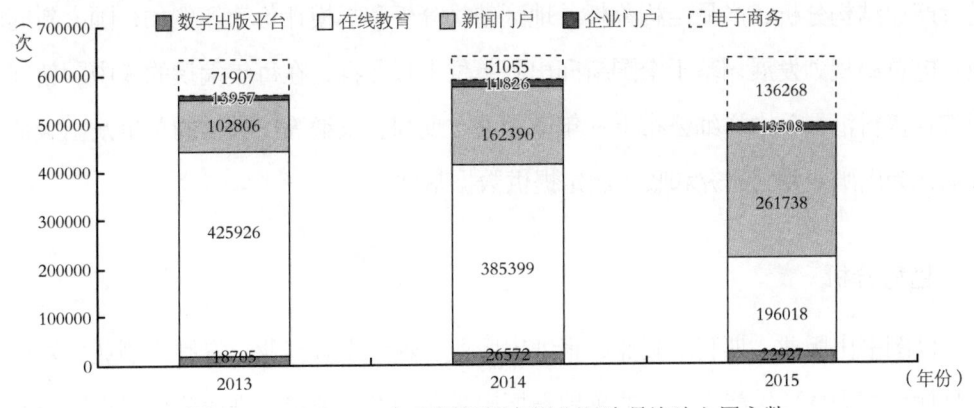

图 1-2　2013~2015 年全国新闻出版业网站月均独立用户数

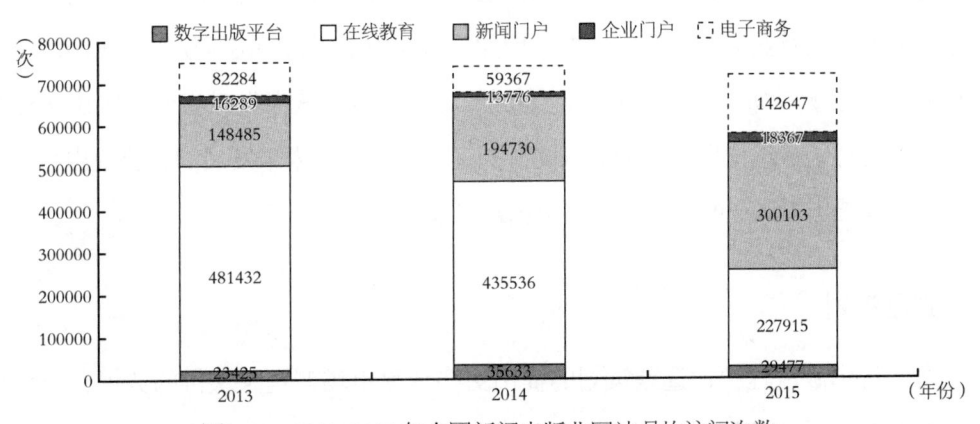

图 1-3　2013~2015 年全国新闻出版业网站月均访问次数

从以上图中可以看出，出版业网站中新闻门户和在线教育类网站影响力明显高于其他三类；新闻门户类网站页面浏览量、独立用户数及访问次数总体上呈逐年增长态势；而在线教育类网站则进入了调整期，2015 年出现明显下降。

第三节　传统出版业数据利用

上述提到的传统出版业的各类数据，目前主要应用于宏观统计、趋势分析、选题策划、营销发行等方面，为出版业整体发展方向提供了一定的借鉴和指导。

一　宏观统计

目前，出版业数据多用于宏观统计，通过统计数据可了解出版业的整体情况，并进行产业结构分析、产品结构分析、地区结构分析和规模评价等。例如，国家新闻出版广电总局规划发展司基于全国新闻出版单位上报数据，在每年编撰的《中国新闻出版统计资料汇编》中详细公布上一年度图书、期刊、报纸等出版物的总量及出版情况数据，为出版业相关研究和政策制定提供数据基础。

二 趋势分析

以图书出版业、期刊出版业、报纸出版业、数字出版产业、复制印刷业、发行业的具体数据为依托，能更直观准确地把握出版业的发展现状，进而分析得出出版业发展的变化及趋势，为出版业行政管理部门及国家相关部门的政策制定提供参考，为出版企业发展规划及业务布局提供依据。例如，每年由中国新闻出版研究院出版的《中国出版蓝皮书》是研究我国出版产业发展的专题报告。该报告对当前我国出版业的发展状况进行了系统梳理和较为深入的分析，对出版产业未来发展的趋势做出科学预测，并对我国出版产业的问题和不足提出对策及建议。

三 选题策划

在传统出版流程中，选题策划的提出更多依靠市场调查时获得的数据，市场调查得到的数据是选题策划立项的重要依据。透过市场调研的数据可以清晰地看到同一类型出版物的出版数量和销售情况等，从一个侧面可以反映该类出版物的受欢迎程度。市场调查包括消费者调查、市场环境调查、出版物调查和市场竞争调查等，通过对调查得到的信息进行分析，进而对市场需求、价格、销售策略等做出预判，最终可形成市场调查报告，为选题报告的形成奠定基础。在做市场调研时，市场数据的收集常常采用随机抽样的方法，但这种抽样方法所得的数据是有一定缺陷的，随机抽样的数据并不能准确客观反映选题的市场价值，容易造成同质内容大量产生，导致出版资源的浪费。

四 营销发行

出版发行环节作为出版产业链的下游环节，承担着为出版企业实现出版产品的销售、回笼资金、做好读者服务的重任。出版单位发行部门利用出版发行管理软件记录的入库、发货、回款等指标数据能更好地制定营销发行策略。如根据新华书店和开卷公司等提供的市场信息，结合出版图书印制、发货和销售数据，预测新书首印数量和重印书印量，能保证产品印数相对合理，以保持合理库存。另外，出版单位通过市场销售数据还可以及时了解产品的市场销售情况，监测是否有断货或者滞销情况出现，做好后续的产品销量跟踪工作，以平衡出版产品合理投放率、满足市场消费需求。

补充知识：数据存储单位

数据存储单位及换算关系如表 1-10 所示。

表 1-10　数据存储单位

单位	标识	大小	含义和例子
位	Bit	0 或者 1	计算机用二进制存储和处理数据，一位是指一个二进制数为 0 或者 1，是存储信息的逻辑单元
字节	Byte	8 位	计算机存储信息的基本物理单位，存储一个英文字母在计算机上，其大小就是 1 个字节
千字节	KB	1024 字节，或者 2^{10} 个字节	一页纸上的文字大概是 5 千字节
兆字节	MB	1024 千字节，或者 2^{20} 个字节	一首普通 MP3 格式的流行歌曲大概是 4 兆字节
吉字节	GB	1024 兆字节，或者 2^{30} 个字节	一部电影大概是 1 吉字节
太字节	TB	1024 吉字节，或者 2^{40} 个字节	美国国会图书馆所有登记的印刷版书本的信息量为 15 太字节，截至 2011 年底，其网络备份的数据量为 280 太字节，这个数据还在以每个月 5 太字节的速度递增
拍字节	PB	1024 太字节，或者 2^{50} 个字节	美国邮政局 1 年处理的信件大约为 5 拍字节，谷歌每小时处理的数据为 1 拍字节
艾字节	EB	1024 拍字节，或者 2^{60} 个字节	相当于 13 亿中国人人手一本 500 页的书加起来的信息量
泽字节	ZB	1024 艾字节，或者 2^{70} 个字节	截至 2010 年，人类拥有的信息总量约 1.2 泽字节
尧字节	YB	1024 泽字节，或者 2^{80} 个字节	超出想象，难以描述。截至目前，没有任何人类制造的存储设备容量达到 1YB

第二章
互联网等新兴产业大数据状况

面对大数据时代带来的挑战，出版业应如何看待大数据？又该如何利用大数据技术推动行业发展？出版人首先需要对数据的价值有足够深刻的认识、对大数据技术有一定程度的了解，这样才能更好地利用大数据进行服务。本章主要从大数据的数据类型、大数据规模、大数据利用三个方面详细介绍我国互联网等新兴产业大数据现状。

➢ **数据类型分类标准多样，典型数据已实际应用**

针对海量复杂的数据如何进行归类的问题，很多专家给出不同的分类方法，本章对大数据常见分类形式及其主要类型进行了汇总。同时，著者依据数据典型应用类型对大数据进行了分类，将其分为用户行为数据、用户消费数据、用户地理位置数据、机器和传感器数据、互联网金融数据和用户生成数据。

➢ **数据规模呈指数增长，其中我国增长最为显著**

近年来，人类产生的数据呈指数增长。国际数据公司（IDC）数字宇宙研究报告《大数据，更大的数字身影，最大增长在远东》显示，到2020年数字宇宙将超出预期达到44ZB，这一数据是2011年的22倍，而人均数据预计在2020年也将达到5247GB。其中，中国的数据增长最为显著。在市场规模方面，2014年全球大数据市场规模达到920亿美元，大数据进入从概念到实际应用的关键转折期。

➢ **部分领域已广泛采集大数据并应用大数据技术**

目前，很多企业已意识到大数据的重要性，应用大数据所带来的效果主要在趋势预测及产品优化等方面。大数据最先在电商、金融、交通、医疗等行业应用。

随着社交网络、博客、移动端通信等新型信息发布方式的不断涌现，以及云计算、物联网等技术的兴起，数据正在以前所未有的速度不断增长和积累。2012年以来，"大数据"（Big Data）一词越来越多地被提及。利用大数据处理问题已经成为全球性趋势，并引起产业界、学术界以及政府机构的高度重视。

国外的大数据研究工作主要集中在大数据存储、处理、分析以及管理的技术及软件应用上。早在2008年9月，学术界《自然》（Nature）期刊就推出了大数据的封面专栏，从互联网技术、超级计算和生物医学等方面来专门探讨对大数据分析、存储以及工具集的研究。《科学》（Science）在2011年推出了关于数据处理的专刊《数据处理》（Dealing with Data），探讨大数据带来的机遇和挑战。随着各种类型数据的增长，用户只要想从庞大的数据库中提取对自己有用的信息，就离不开大数据处理技术和工具。根据上面的阐述可以看出，大数据的重要性已十分凸显。

关于国内新兴产业大数据发展状况，2012年5月，在香山科学会议组织的以"大数据科学与工程——一门新兴的交叉学科"为主题的会议中，与会专家深入探讨了大数据的理论与工程数据研究、应用方向等重要问题。大数据的出现也必然伴随着新兴处理工具的出现。整体来看，大数据已经告别知识普及阶段，迈入实际应用阶段。

大数据的价值不在于数据本身，而在于如何结合机器算法来分析发现规律、预测未来。于是，如何利用数据创造价值成为众多行业关注的一个焦点。2015年9月，国务院印发《促进大数据发展行动纲要》，明确提出要发展大数据在工业、新兴产业、农业等领域的应用，推动大数据发展与科研创新有机结合，推进基础研究和核心技术攻关，形成大数据产品体系，完善大数据产业链。

在大数据的浪潮下，出版业和其他行业一样，已经可以感受到大数据技术发展带来的影响。出版业应该如何看待大数据，出版业有哪些数据，这些数据是不是可以称得上"大数据"，出版业又该如何利用这些数据推动产业发展等问题，引起了出版界的关注与探索。

这些年来，出版的介质形态、生产流程、内容结构等都发生了很大的变化。可以肯定的是，经历过数字化转型的出版业积累了丰富的数据资源，但从目前看仍不具有直接应用大数据技术的条件。面对大数据时代带来的挑战，出版人只有对数据的价值有足够深刻的认识、对大数据技术有一定程度的了解，才能更好地利用大数据技术为出版业服务。

下面就从大数据的主要类型、大数据的规模、大数据的利用三个方面对大数据进行全面介绍。

第一节 大数据主要类型

面对海量而复杂的数据，各路专家给出了不同的分类。通过对专家们的分类进行梳理可以发现，依据不同的标准可归纳出不同的大数据分类形式。表2-1对常见的大数据分类形式以及在不同分类形式下大数据的主要类型进行了汇总。

表2-1 大数据主要类型描述

分类依据	描述
按数据来源	机器生成数据、人类生成数据、社交媒体数据
按数据组成	结构化数据、半结构化数据、非结构化数据
按数据所有者	政府数据、企业数据、互联网数据（公众数据）
按数据生成类型	交易数据、交互数据、机器和传感器数据

著者依据数据典型应用类型将大数据分为以下几类：用户行为数据、用户消费数据、用户地理位置数据、机器和传感器数据、互联网金融数据、用户社交等用户生成数据（UGC），具体介绍如下。

一 用户行为数据

企业通常参考用户行为数据的处理和分析结果进行精准广告投放、内容推荐、用户行为习惯和喜好分析、产品优化等。如利用系统记录用户进入网站后的所有操作，通过这些使用痕迹数据分析用户是从哪些入口（如搜索引擎、微信等）进入的，浏览了该网站的哪些网页和在各个网页的行为路径，最后从哪个网页离开网站等，最终实现产品优化，降低用户跳出率，提升用户转化率。

二 用户消费数据

企业通过对用户消费数据的处理可以进行精准营销、信用记录分析、活动促销和理财等。例如,用户在电子商务网站上有了购买行为之后,就从潜在客户变成了网站的价值客户。电子商务网站一般会将客户的交易信息,包括购买时间、购买商品、购买量、支付金额等保存在数据库中。所以对于这些客户,可以基于网站的运营数据对他们的交易行为进行分析,以估计每位客户的价值,并针对每位客户进行精准营销。

三 用户地理位置数据

企业通过对用户地理位置数据的处理可以更精准地进行O2O推广、商家推荐和交友推荐等服务。例如,手机用户在使用短信业务、通话业务、正常位置更新、周期位置更新和切入呼叫、部分APP时均会产生定位数据。用户在购物和吃饭时,只要透露自己的位置信息便可以了解周围商家的优惠信息。

四 机器和传感器数据

到2014年,连接到互联网的设备超过了世界人口的总和。思科(Cisco)预测,到2020年将有500亿个相互连接的设备,而这些设备大多都会安装传感器。设备中的传感器会产生前所未有的海量数据。企业可以通过机器和传感器提供的流水作业和监测记录数据来建设智能楼宇、智能交通等。

五 互联网金融数据

企业通过对互联网金融数据的处理可以开展P2P、小额贷款、支付、信用、供应链金融等业务。例如,当用户需要小额短期资金周转时,不必再劳时费力地去银行或小额贷款公司申请,只需靠自己长年累月积攒的信用,凭借第三方征信公司提供的信用分就可以在金融平台上贷款了。目前,最快的小额贷款速度可以达到10分钟内审批、24小时内放款。

六 用户社交等 UGC 数据

企业通过对社交网站上这些 UGC 数据的处理可以进行趋势、流行元素、产品受欢迎程度、舆论监控、生活行为和社会问题等方面的分析，从中挖掘政治、社会、文化、商业、健康等方面的有用信息。但是，现阶段的社交大数据还处于探索阶段，更大的潜能还有待被激发。

第二节 大数据规模

一 全球数据量

单纯从数据量来看，IBM 网站中提到"我们每天创造 2.5EB 的数据量"。另外，国际数据公司（IDC）的研究结果表明，2008 年全球产生的数据量为 0.49ZB，2009 年为 0.8ZB，2010 年为 1.2ZB，2011 年高达 1.82ZB，2011 年的数据量相当于全球每人产生 200GB 以上的数据（见图 2-1）。全人类历史上说过的所有话语的数据量大约是 5EB。

IDC 数字宇宙研究报告《大数据，更大的数字身影，最大增长在远东》还显示，中国数据量增长最为显著，到 2020 年数字宇宙将超出预期达到 44ZB，这一数据是 2011 年的 24 倍，而人均产生的数据量预计在 2020 年也将达到 5247GB。

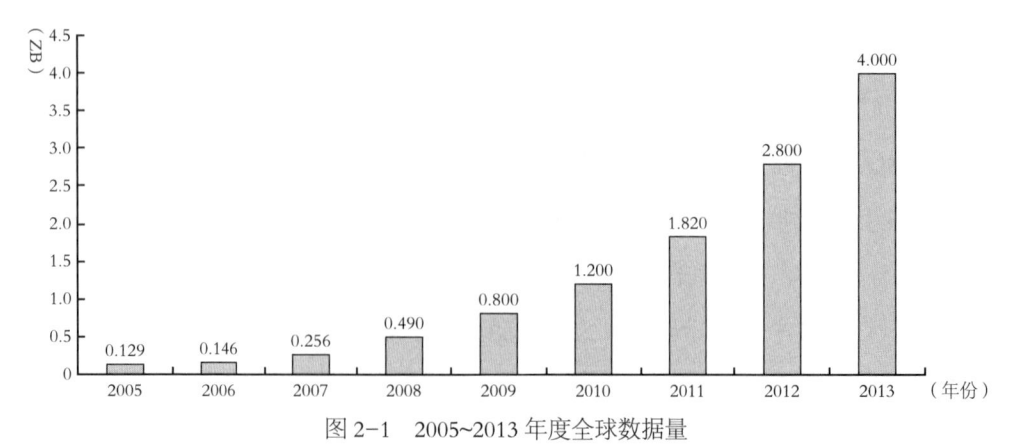

图 2-1 2005~2013 年度全球数据量

资料来源：国际数据公司"数字宇宙研究报告"。

二　全球大数据市场规模

大数据市场规模方面，贵阳大数据交易所数据显示，2014年全球大数据产业市场规模达到920亿美元。随着各国抢抓战略布局，不断加大扶持力度及资本投入，全球大数据市场规模保持高速增长态势。当下，大数据进入了从概念到实际应用的关键转折期。

从贵阳大数据交易所统计的指标来看，目前全球大数据发展主要集中在北美洲、亚洲和欧洲区域。预计2020年，美国仍将在全球大数据产业市场份额中排名靠前，占据37.22%；中国紧随其后，占据20.30%；欧洲位列第三，占据15.64%（见图2-2）。依据贵阳大数据交易所的统计数据还可以得到，2015年的全球大数据市场规模达到1403亿美元，预计2020年将达到10270亿美元（见图2-3）。

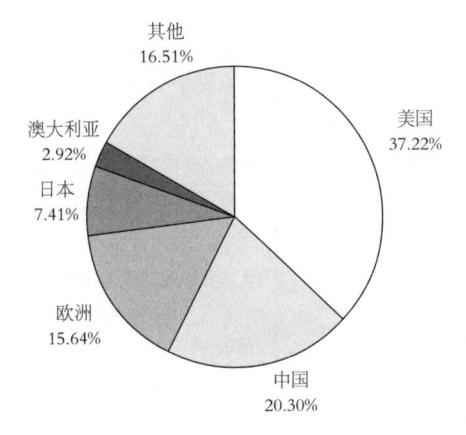

图2-2　2020年全球各地区大数据产业市场份额预测

数据来源：贵阳大数据交易所。

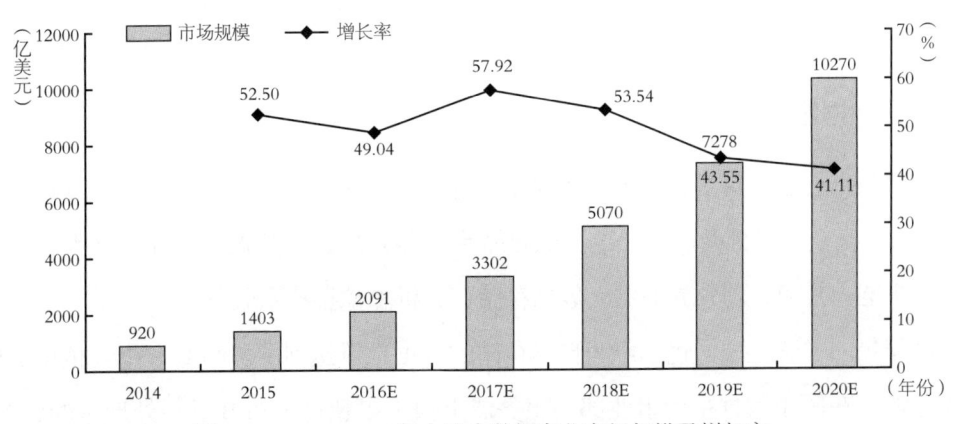

图2-3　2014~2020年全球大数据产业市场规模及增长率

数据来源：贵阳大数据交易所。

美国、英国和法国也都发布了一系列与大数据相关的政策,以扶持和引导大数据及相关产业的发展(见表2-2)。

表2-2 美国、英国和法国数据开放政策

国家	数据开放政策	时间	政策内容
美国	13556号总统令	2010年11月	为敏感但非涉密信息创建开放、标准的系统,减少对公众的过度隐瞒
	信息共享与安全保障国家战略	2012年12月	国家安全依赖于合适的时间在适当的人群中共享正确无误的信息,战略旨在确保信息可以在负责、无缝、安全的环境中共享
	实现政府信息开放和机器可读取总统行政命令	2013年5月	要求政府数据的默认状态是开放和计算机可读的,增强数据的可获取性和可用性
英国	开放数据白皮书	2012年6月	政府各部门应增强公共数据可存取性,促进更智慧的数据利用,各政府部门均需制定更为详细的两年期数据开放策略
法国	政府部门公共信息再利用	2011年5月	配合法国数据开放门户的运行,规定政府部门所掌握信息和数据的开放格式和标准、收费标准、开放数据集的选择以及数据使用许可
	公共数据开放和共享路线图	2013年2月	更广泛便捷地开放公共数据,促进创新性再利用,为数据开放共享创造文化氛围并改进现有法规框架等
	政府数据开放手册	2013年9月	全面指导公共部门对开放数据政策的理解

三 中国数据量

公开数据显示,百度2013年拥有数据量接近EB级别。2014年4月,百度发布"大数据引擎",全面对外开放自己的大数据平台,将开放云、数据工厂和百度大脑等核心大数据能力开放,向外界提供大数据存储、分析和挖掘技术服务。

阿里集团、腾讯公司也都声明自己存储的数据总量达到了100PB以上。根据阿里集团透露,在阿里数据平台事业部的服务器上攒下了超过100PB已经处理过的数据。这相当于4万个西雅图中央图书馆,580亿本藏书。腾讯未来也将通过数据共享及战略合作扩容腾讯数据池，创造更高的数据价值，形成智慧数据服务。此外，电信、医疗、金融、公共安全、交通和气象等各个领域保存的数据量也都达到数十或者上百拍字节。

四 中国大数据市场规模

目前，中国大数据产业处于起步阶段，经济较发达的地区是大数据产生和应用的集聚地。2016年我国大数据市场规模达到129.3亿元，同比增长30.7%（见图2-4）。

随着宏观政策环境不断完善，大数据已上升为国家战略。自2006年以来，我国出台了多项有关大数据的规定，以促进数据开放共享、促进大数据产业发展。2012年8月，我国国家统计局统计科学研究所组织召开了大数据应用研究座谈会。2016年5月25日，国务院总理李克强参加中国大数据产业峰会开幕式并致辞，彰显了政府对国家大数据战略的极力推动与重视。2006年以来，我国正式发布的一系列推动信息化和大数据的相关政策，都直接或间接地为扶持和引导大数据及相关产业发展提供了一定政策支持和保障（见表2-3）。

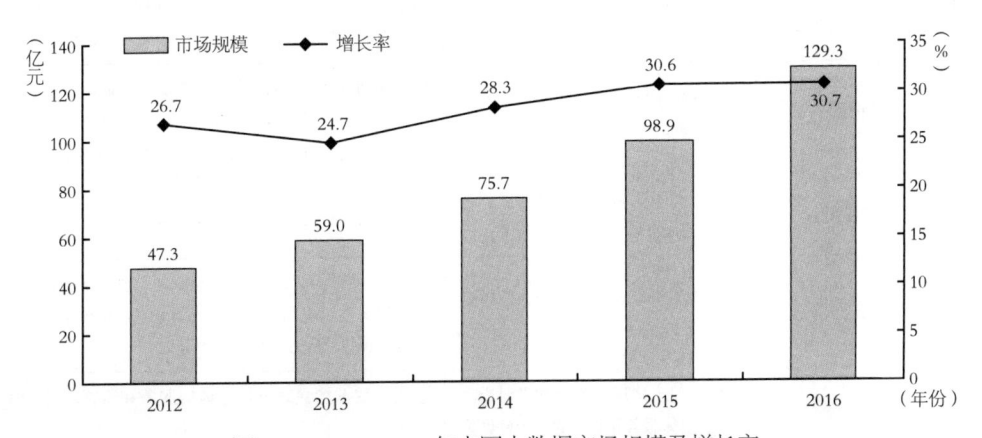

图2-4 2012~2016年中国大数据市场规模及增长率

数据来源：贵阳大数据交易所。

表 2-3　中国推动大数据产业发展政策汇总

时间	发布部门	政策名称	政策概述
2006年5月	中共中央办公厅 国务院办公厅	《2006~2020年国家信息化发展战略》	战略提到建立和完善信息资源开发利用体系
2008年5月	国务院	《中华人民共和国政府信息公开条例》	旨在加大政府信息资源的公开和利用力度，之后我国发布了一系列关于提高政府服务能力、信息公开、资源共享和利用的政策和建议
2012年7月	国务院	《"十二五"国家战略性新兴产业发展规划》	提出发展以海量数据处理软件等为代表的基础软件、云计算软件、工业软件、智能终端软件、信息安全软件等大数据关键软件的研发产业，明确提出支持海量数据存储、处理技术的研发和产业化
2013年6月	工信部	《电信和互联网用户个人信息保护规定》	该规定进一步定义了个人信息的范围，提出个人信息的收集和使用规则、安全保障等要求，为大数据应用中的个人信息保护设立了法律法规屏障
2013年7月	重庆市人民政府	《重庆市大数据行动计划》	2017年将大数据产业培育成全市经济发展的重要增长极
2013年7月	上海市科学技术委员会	《上海推进大数据研究与发展三年行动计划（2013~2015年）》	推动大数据硬件装备及大数据软件产品具备产业核心竞争力
2013年8月	国务院	《关于促进信息消费扩大内需的若干意见》	推动商业企业加快信息基础设施演进升级，增强信息产品供给能力，形成行业联盟，制定行业标准，构建大数据产业链，促进创新链与产业链有效嫁接
2014年2月	贵州省人民政府	《关于加快大数据产业发展应用若干政策的意见》	打造大数据产业发展应用新高点，建成全国领先的大数据资源中心和大数据应用服务示范基地
2014年3月	国务院	《政府工作报告》	明确提出以创新支撑和引领经济结构优化升级，设立新型产业创业创新平台，在新一代移动通信、集成电路、大数据等方面赶超先进，引领未来产业发展
2015年3月	国务院	《国务院关于积极推进"互联网+"行动的指导意见》	推动移动互联网、云计算、大数据、物联网等与现代制造业结合，促进电子商务、工业互联网和互联网金融健康发展，引导互联网企业进一步开拓国际市场
2015年3月	国务院	《关于创新投资管理方式建立协同监管机制的若干意见》	提出运用互联网和大数据的技术来创新监管方式
2015年6月	工信部	《加快推进云计算与大数据标准体系建设》	加快云计算与物联网、移动互联网、现代制造业的融合发展与创新应用，积极培育新业态、新产业，加快推进云计算与大数据标准体系建设
2015年7月	国务院	《关于运用大数据加强对市场主体服务和监管的若干意见》	运用大数据加强对市场主体的服务和监管，明确时间表
2015年9月	国务院	《促进大数据发展行动纲要》	指出目前我国大数据发展的主要任务是加快政府数据开放共享，推动资源整合，提升治理能力；推动产业创新发展，培育新兴业态，助力经济转型；强化安全保障，提高管理水平，促进健康发展

续表

时间	发布部门	政策名称	政策概述
2015年10月	中国共产党第十八届中央委员会第五次全体会议	《中共中央关于制定国民经济和社会发展第十三个五年规划的建议》	提出实施"国家大数据战略",推进数据资源开放共享;首次将大数据写入党的全会决议,标志着大数据战略正式上升为国家战略
2016年1月	国家发改委	《关于组织实施促进大数据发展重大工程的通知》	提出将重点支持大数据示范应用、共享开放、基础设施统筹发展,以及数据要素流通;国家发改委将择优推荐项目进入国家重大建设项目库审核区,并根据资金总体情况予以支持
2016年7月	沈阳市人民政府	《大数据创新创业行动计划(2016~2020年)》	计划斥资1亿元在沈阳招募上千名大数据创客,开发利用大数据资源,给予创客必要的辅导支持,持续激发"大众创业、万众创新"活力,推进智慧城市建设
2016年8月	北京市人民政府	《大数据和云计算发展行动计划(2016~2020年)》	到2020年,政府部门公共数据开放单位超过90%,数据开放率超过60%。北京大数据和云计算创新发展体系基本建成,成为全国大数据和云计算创新中心、应用中心和产业高地

第三节 大数据利用

关于大数据利用问题,大部分企业均已意识到大数据对企业发展的重要性。企业应用大数据所带来的效果主要包括趋势预测、产品优化等。对于大数据在具体领域的应用,本书将从趋势预测、产品优化、领域应用三个方面进行系统阐述,具体包括电商、金融、交通、医疗等行业应用以及政府部门应用(见图2-5)。希望这些较为成熟的应用案例可以为出版单位提供思路。

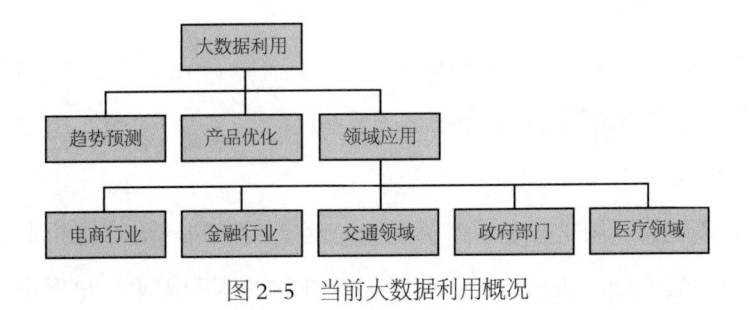

图2-5 当前大数据利用概况

一 趋势预测

利用大数据技术能够给出趋势预测。例如雾霾问题，如何利用大数据来进行空气质量监测、如何快速精准地预测城市每个角落的空气质量状况，仅靠传统方法预测预警雾霾可能不够，需要借助大数据技术，因为空气质量监测不能只靠空气质量数据，还要参考更多相关数据如交通流量数据、厂矿数据等。

二 产品优化

大数据可以驱动产品的优化。如何依靠数据驱动打磨出更加符合用户习惯的产品，实现更好的体验，是企业实现营收的核心要素。在人人都在提"互联网+"、人人都在提"大数据"的时代，企业如何寻找出适合自己的大数据技术至关重要。在产品迭代速度越来越快的时代，企业必须学会用各种工具和技术来辅助自己做出科学的决策。

三 领域应用

何为大数据领域应用？我们可以理解为对大量的能够收集的原始数据进行各种分析，以揭示一定的行为模式和发展趋势，并提供给某一领域的终端用户使用。在大数据时代，新的应用和新的商业模式将会影响每一个人的生活。以手机数据的应用为例，现在很多人都是长时间处于手机不离身的状态，这就为实时记录用户信息提供了可能，包括地理位置信息、浏览信息和搜索记录信息等。常用的应用还有通过获取用户的实时地理位置信息，从而为行车中的用户提供智能导航以避开交通拥挤路段；通过获取用户的浏览信息、搜索记录信息向用户推送可能感兴趣的商品等。

从行业来看，互联网行业是大数据应用的领跑者，在市场规模上占据很大比重。除互联网行业外，大数据应用水平相对较高的还有金融、交通等行业，政府、医疗等行业也在大数据方面有所探究。以下将一一介绍。

1. 电商行业

大数据最典型的应用是在电子商务领域，网上购物的日益流行给很多电商平台提供了广阔的发展空间。人们日益精细化、个性化的网购需求，也促进了电商平台的崛起。

根据贵阳大数据交易所的统计分析，2014 年中国电子商务大数据应用市场规模为 6.33 亿元，2020 年预计将达到 402.57 亿元（见图 2-6）。

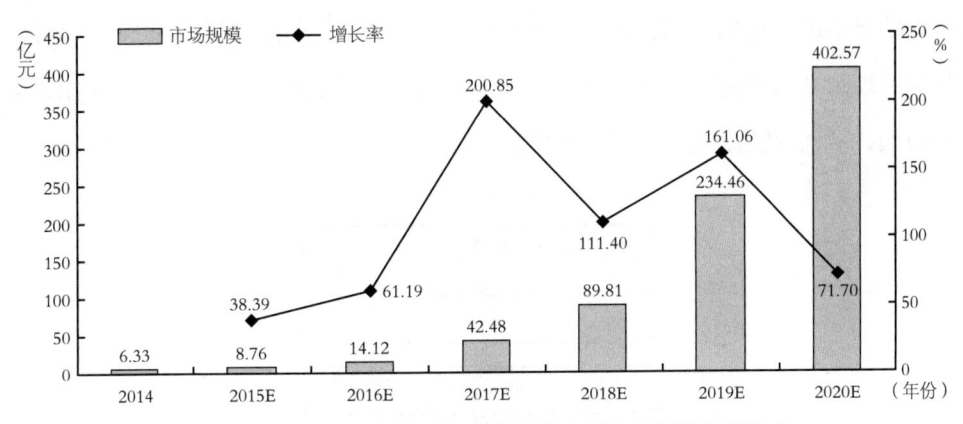

图 2-6　2014~2020 年中国电商大数据应用市场规模及增长率

数据来源：贵阳大数据交易所。

以亚马逊为例，每天有数以万计的交易数据在其平台上产生，它可以通过对顾客购买数据的多方位采集、挖掘获得更多的目标客户信息，如购买时间、购买数量等消费者行为情况以及消费者年龄、性别、地址、浏览习惯、购买习惯等。以购买书籍为例，亚马逊建立了计算机推荐方式，通过对以往储存的客户相关数据如购买的书籍、关注的书籍、关注却未购买的书籍等进行分析，为客户推荐新书。关于第三方卖家，亚马逊也可以通过数据获得更多的卖家信息，进而研究商家需求。同时结合消费者数据，还可以提高平台精准营销的能力。

京东商城为了真正明晰客户的需求点、倾听客户的心声、提高客户服务质量，需要了解客户对某个商品各方面的态度和情感倾向，如客户注重商品的哪些属性、商品的优缺点以及商品的卖点等。那么京东商城是如何对消费者的文本评论数据进行文本挖掘分析的呢？

首先是对文本进行基本的机器预处理、中文分词和停用词过滤，然后建立栈式自编码深度学习、语义网络与 LDA 主题模型等多种数据挖掘模型，用来判断文本评论数据的倾向性以及挖掘与分析隐藏的信息，以期得到有价值的内在信息。评论文本情感分析流程主要包括以下步骤：第一步，利用爬虫工具——八爪鱼采集器等采集京东平台上关于某商品的所有评论数据，并导出数据用以分析；第二步，对获取的数据进行基本的处理操作，包括数据预处理、中文分词和停用词过滤等；第三步，运用多种手段对评论数据进行多方面的分析，例如用 ROST CM6、R 等工具进行数据挖掘，从分析结果中即可获取文本评论数据中有价值的东西。[①] 具体实现流程如图 2-7 所示。常见的展现形式为情感分析统计结果以及词频云图，从词频云图中可以发现出现频率较高的词，从而反映出商品存在的问题。

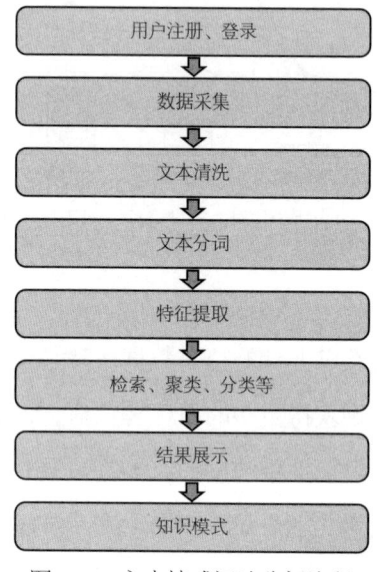

```
用户注册、登录
    ↓
数据采集
    ↓
文本清洗
    ↓
文本分词
    ↓
特征提取
    ↓
检索、聚类、分类等
    ↓
结果展示
    ↓
知识模式
```

图 2-7　文本情感评论分析流程

2. 金融行业

金融行业每天都会产生大量的数据。数据一方面可以通过传统的方式从内部获取，如客户资料、交易信息等；另一方面，也可以通过互联网和社交媒体等外部渠道获得网上的客户信息、竞争对手信息、市场动态信息以及行业分析报告等。

金融行业大数据的实践应用主要体现在风险管理、客户管理以及市场营销上。风险管理方面，大数据可以帮助金融机构迅速准确地识别和监控风险，及时调整风险决策模式，降低金融风险，提升客户体验。例如银行业的个人信用评分模型，该评分系

---

① 张良均、樊哲、赵云龙等：《Hadoop 大数据分析与挖掘实战》，北京：机械工业出版社，2015，第 147 页。

统利用全国各大金融机构记录的所有个人信贷账户的住房贷款、汽车贷款、信用卡消费等历史信息（覆盖人数超过 6000 万、数据积累超过 3 年），通过大数据技术对消费者的人口特征、信用历史记录、行为记录和交易记录等大量数据进行系统的分析，挖掘出蕴含在数据中的消费者行为模式。① 图 2-8 就是基于大数据分析得出的 2015 年金融行业各细分领域对金融数据的贡献度。

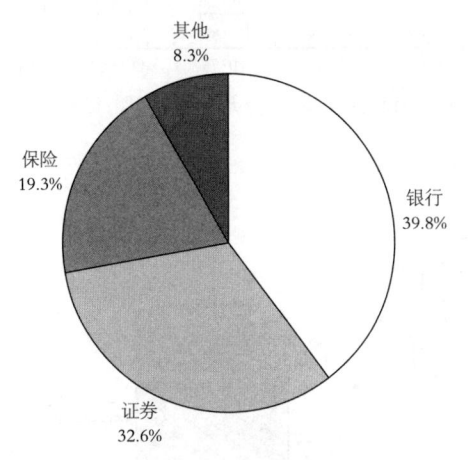

图 2-8　2015 年金融行业各细分领域对金融数据的贡献度

数据来源：贵阳大数据交易所。

据贵阳大数据交易所统计，2014 年以来，中国金融大数据应用市场规模快速增长，年均增长率超过 100%，至 2015 年市场规模已达到 16 亿元，预计在 2020 年将突破 1300 亿元（见图 2-9）。

3. 交通领域

（1）交通大数据市场状况

在交通领域，大数据技术可以用来实时采集、存储、分析、分类、查询交通数据，从而洞察影响交通的潜在因素，实时精确地分析、预测交通状况。

我国的交通大数据一部分掌握在政府交通管理部门手中，另外一部分掌握在主营地图软件或者交通信息化的企业手中。交通大数据应用领域如图 2-10 所示。

---

① 石勇、陈懿冰：《大数据技术在金融行业的应用及未来展望》，《金融电子化》2014 年第 7 期，第 22~23 页。

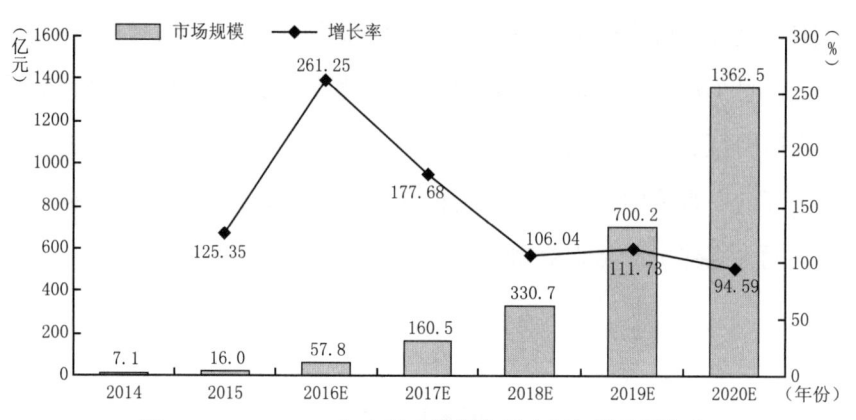

图 2-9　2014~2020 年金融大数据应用市场规模及增长率

数据来源：贵阳大数据交易所。

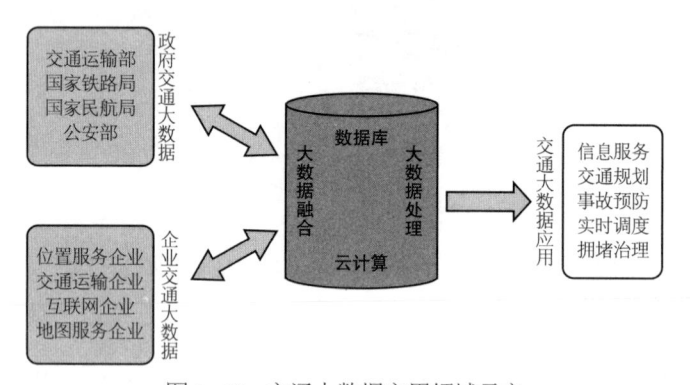

图 2-10　交通大数据应用领域示意

数据来源：贵阳大数据交易所。

交通大数据建立起了车、路、人之间的网络，使得交通更加智能。在各城市建设智慧交通的过程中，还将不断产生相关数据，如 GPS 定位信息、路况信息、监控视频、RFID 识别信息等。图 2-11 是 2014~2020 年交通大数据应用的市场规模及增长率，其市场规模增速略低于金融领域。

（2）交通大数据应用案例——滴滴出行

需求分析：出租车市场供求失衡、乘客与司机间信息不对称等问题导致出租车的空驾驶率高，但是乘客却打不到车。

数据采集：数据源有用户行为数据、司机行为数据、微信支付数据、导航数据、道路交通数据等。

图 2-11 2014~2020 年交通大数据应用市场规模及增长率

数据来源：贵阳大数据交易所。

实现路径：将用户行为大数据与地图、交通大数据相结合，建立数据分析模型，精确定位出租车司机与乘客位置之间的关系，快速进行关联分析，做出精确匹配。

应用效果：减少了出租车空置率。《2016 年中国大数据交易产业白皮书》显示，滴滴出行在使用大数据技术后，让北京出租车空置率由 40% 下降到 30%（见图 2-12），相当于新增了 1 万辆出租车，一定程度上解决了打车难的问题。滴滴打车使信息的传递效率更高，当乘客发出信息后，1 秒钟内周边平均会有 6 个司机了解，司机不再需要把 40% 的燃油成本放在"扫马路"找客户上了，解决了人力和车辆等资源浪费的问题。

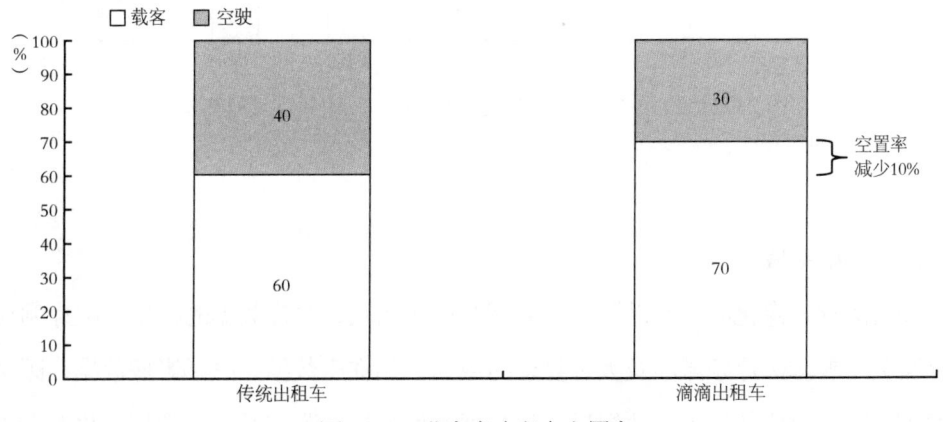

图 2-12 北京市出租车空置率

4. 政府部门

政府部门是大数据发展和应用的主力军之一，2010年发布的《规划数字化的未来：美国总统科学技术顾问委员会给总统和国会的报告》指出："数据正在呈指数增长。之所以增长速度如此之快，背后有许多原因。现在几乎所有的数据产生形式都是数字化的，各种传感器剧增、高清晰度的图像和视频剧增，都是数据爆炸的原因。联邦政府的每一个机构和部门都需要制定一个应对'大数据'的战略。"

2014年5月，在美国政府发布的《大数据：抓住机遇、保存价值》报告中，明确了大数据为社会和经济带来的巨大价值。政府使用大数据与企业使用大数据的目的截然不同。企业运用大数据技术更多是为了追求利益，发展或维持自身的竞争优势；而政府部门运用大数据技术更多是为了提高国家运行效率和民众福利，提升和改善公共服务，实现可持续发展，确保经济增长和国家安全。

2014年中国政府大数据应用市场规模为9.06亿元，到2015年达到16亿元，预计到2020年，中国政府大数据应用市场规模将达到1907.5亿元（见图2-13）。

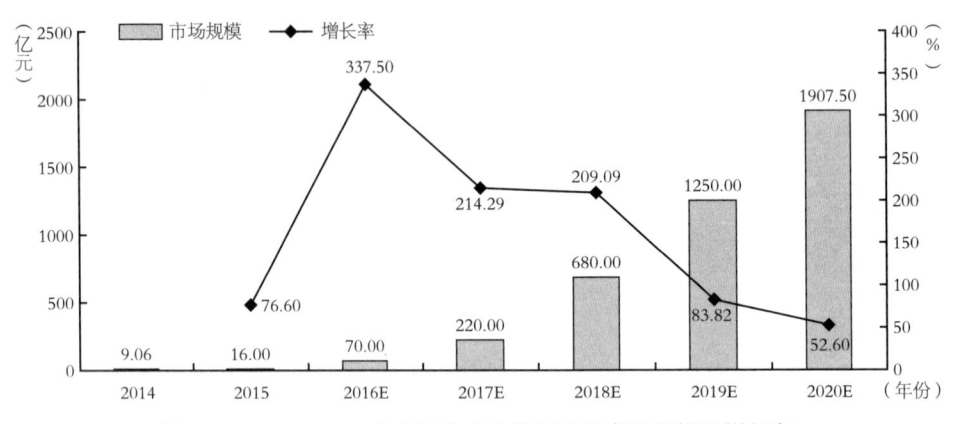

图2-13 2014~2020年中国政府大数据应用市场规模和增长率
数据来源：贵阳大数据交易所。

5. 医疗领域

随着医疗信息化的普及以及医疗数据的迅速增长，医疗数据的挖掘对医疗领域的发展至关重要。医疗领域涉及大量复杂的数据，如临床数据、医学影像数据、医学检查数据、医学科研数据等，数据量大且数据类型多样，既有结构化数据，也存在大量的非结构化数据和半结构化数据。麦肯锡在《医疗行业的大数据革命》一文中指出,大数据将为美国节省12%~17%的医疗成本,以目前年均2.6万亿美元的医疗开支计算,相当于每年节省3000亿~4500亿美元。[①]

在医疗领域,大量复杂数据可以形成电子病历及健康档案,还可以和移动医疗技术相结合。例如,通过手机、iPad、可穿戴设备等智能移动终端采集人体的脉搏、心电和血压等生理指标数据,利用大数据技术对采集到的数据进行分析,并将分析结果及时推送到移动智能终端,人们通过移动智能终端即可了解自身生理指标状况,第一时间获得医疗信息服务。

近年来,大数据技术在医疗行业的应用方向不断增加,现阶段的主要应用方向包括临床数据对比、药品研发和临床决策支持等。图2-14是2014~2020年医疗大数据应用市场规模及增长率,预计2020年的市场规模将达到79.05亿元。

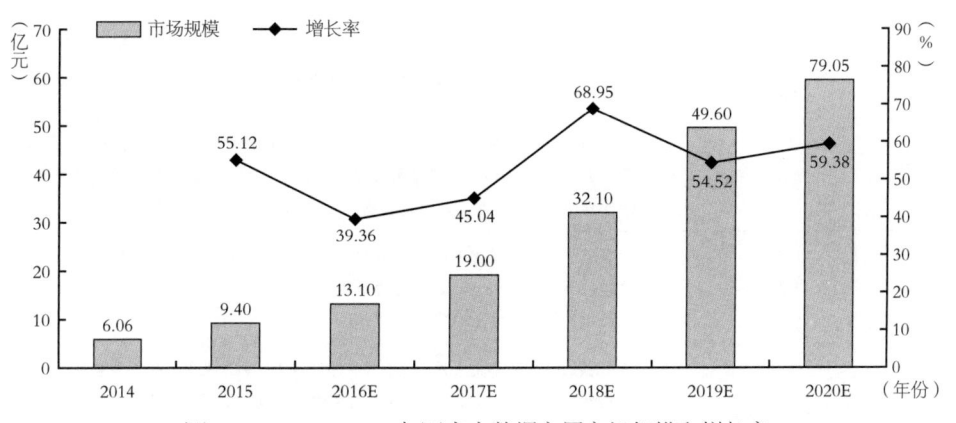

图2-14 2014~2020年医疗大数据应用市场规模和增长率

数据来源:贵阳大数据交易所。

---

① 麦肯锡:《医疗行业的大数据革命》,http://www.ctocio.com/reports/12037.html。

补充知识：大数据相关概念

关于大数据的定义，不同机构给出了不同或相似的界定，具体如表2-4所示。

表2-4 大数据常见概念

定义机构	大数据概念
麦肯锡 （McKinsey）	大数据指大小超出常规数据库工具获取、存储、管理和分析能力的数据集
高德纳咨询公司 （Gartner）	大数据是需要新处理模式才能具有更强的决策力、洞察发现力和流程优化能力的海量、高增长率和多样化的信息资产
国际数据公司 （IDC）	从大数据的4个特征来定义，即海量的数据规模（Volume）、快速的数据流转和动态的数据体系（Velocity）、多样的数据类型（Variety）、巨大的数据价值（Value）
亚马逊 （Amazon）	大数据是任何超过了一台计算机处理能力的数据量
百度百科	大数据，或称巨量资料，指的是所涉及的资料量规模巨大到无法通过目前主流软件工具在合理时间内撷取、管理、处理，最终整理成能帮助企业更好地进行经营决策的数据
维基百科	大数据，或称巨量数据、海量数据、大资料，指的是所涉及的数据量规模巨大到无法通过人工在合理时间内撷取、管理、处理，并整理成人类所能解读的信息的数据
互联网周刊	大数据的概念远不止大量的数据（一般为TB级别以上）和处理大量数据的技术，或者所谓的"4个V"之类的简单概念；而是涵盖了人们在大规模数据的基础上可以做的事情，而这些事情在小规模数据的基础上是无法实现的

第三章
传统出版业与互联网等新兴产业的数据特征

> 传统出版业与互联网等新兴产业的数据特征都有哪些，它们是否相同？这些特征各自的优缺点是什么？它们之间又有哪些差别？这些差别是否可以进行转化？本章将具体介绍传统出版业和互联网等新兴产业各自的数据特征以及它们之间的异同。

➢ **传统出版业内容数据居多，知识属性高**

传统出版业在长期发展过程中，积累了大量的内容资源数据，这些内容资源数据是经过了严格筛选的，所以知识属性非常高。目前，我国大部分出版单位已对本单位的内容资源数据进行了数字化、碎片化和数据化等加工。这些都将是出版单位未来发展大数据和提供知识服务的基础和根本。

➢ **互联网大数据多为实时产生，数据特征明显**

关于大数据有多种定义，有些大同小异，有些则表达角度不同。本书采用麦肯锡的定义，即一种规模大到在获取、存储、管理和分析方面大大超出传统数据库软件工具能力范围的数据集合，它具有海量的数据规模、快速的数据流转、多样的数据类型、价值密度低、数据真实性五大特征。本质上，大数据为我们观察世界提供了一种全新思维。

➢ **传统出版业数据与互联网大数据具有明显的差异性**

传统出版业数据与互联网大数据在数据规模、数据类型、数据的真实性、数据的时效性、数据用途、数据产生方式、用户信息掌握程度等方面具有较为明显的差异。

第三章　传统出版业与互联网等新兴产业的数据特征

第一节　传统出版业数据特征

传统出版业在生产过程中积累的数据主要有内容数据居多、以静态数据为主、数据结构相对统一和数据知识属性高四大特征。

一　内容数据居多

从第一章的统计分析数据来看，出版业虽然每年都会产生一定量的数据，但这些数据大部分是纸质出版物上的内容数据，首先它不是基于互联网的实时交易数据，其次它也不是实时的用户行为数据，它与今天我们多数人认知的基于互联网的大数据截然不同。出版业更多的是内容资源数据，包括文本、图片和音视频等，拥有大量的内容资源数据是出版业的特点所在。目前，大多数出版机构已对这些内容资源数据进行了数字化、碎片化和数据化，这将是出版机构发展大数据和提供知识服务的基础和根本。

二　以静态数据为主

出版业内容生产流程相对复杂并具有一定的周期性，属于非实时性数据，所以不具有高速生成性和高速更新的特点。比较而言，传统出版中的报刊，除自办发行的报刊外，绝大多数发行量大的报刊都是通过邮局订阅发行的，通过邮局订阅的用户，其基本信息不仅过于简单（性别、年龄、阅读时间、阅读时长等内容未知），而且报社和杂志社也不完全掌握订阅用户的基本信息数据，更谈不上进行用户行为分析了。即使是自办发行报刊，能得到订阅用户的基本信息数据，由于其用户数量相对有限，所掌握的用户信息几乎都是固定不变的，而非实时产生。图书则主要通过新华书店和二渠道书商发行，其终端用户的行为数据也无法掌握。

三　数据结构相对统一

传统出版业通常有内容资源数据（包括文本、图片和音视频等）、发行数据和读者数据等。这些数据都产生于出版单位自身，并且由于出版业精英式的内容生产机制，出版物内容通常都是按照一定的标准生产出来的，其数据结构完整、统一，内容表达符合语法规范，且由于数据来源的单一性，基本不存在异构和混乱的数据。

四　数据知识属性高

出版业具有严格的内容评价与筛选机制，如"三审三校制"等，没有经过"三审三校"的稿件是无法出版的；而互联网出版则通常是通过敏感词过滤软件来进行内容筛选的，内容质量参差不齐。在内容质量上，传统出版单位的出版物更加有保障。也正是这种严格的内容审查与编校机制，使得传统出版物具有较高的价值含量，并具有较集中的知识属性，这是互联网上所产生的内容无法比拟的。

第二节　互联网大数据特征

目前，大多数研究者普遍认为大数据有 5V 特征，即海量的数据规模（Volume）、快速的数据流转（Velocity）、多样的数据类型（Variety）、价值密度低（Value）、数据真实性（Veracity）五大特征（见图 3-1）。本质上，它为我们观察世界提供了一种全新思维。

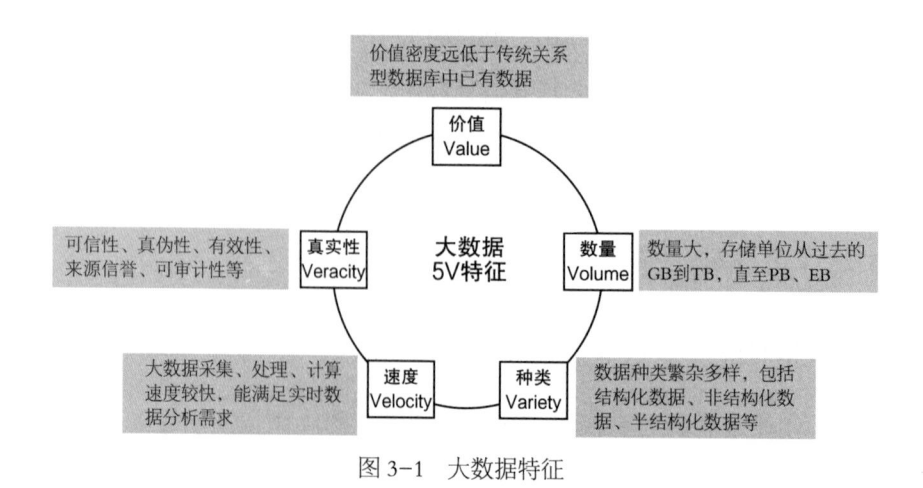

图 3-1　大数据特征

一 海量的数据规模

大部分科研人员认为数据量的巨大表现为存储量和计算量巨大。目前达到 EB 级容量的大数据出现在众多领域,据麦肯锡估计,2010 年全球企业硬盘上存储了超过 7EB 的新数据,消费者在电脑等设备上存储的新数据超过了 6EB(相当于美国国会图书馆存储数据的 4000 多倍)。另根据 IDC 的研究,2012 年一年全世界创造和复制的数据有 2.8ZB 之多。① 著者认为,大数据的"大"可以理解为名词而非形容词,它代表一个数据级别,而非简单形容数据之多。也就是说,只有到一定级别的数据,才能称之为"大数据",如 EB 级。②

二 快速的数据流转

快速的数据流转指数据的实时快速生成、更新与累积,如互联网公司服务器上实时生成的日志、社交网站上实时生成的用户信息、传感器数据和监视数据、实时交易数据和用户行为数据等。用户行为数据多指用户访问网站的有关数据,包括用户来源地区、登录域名和页面,页面停留时间、跳出率、回访次数、所用搜索引擎、关键词、关联关键词和站内关键字,不同时段的访问量等。所以有人提出 1 秒定律来形容其数据更新的快速性,即可从各种类型的数据中快速获取高价值的信息。

三 多样的数据类型

大数据的类型非常多,包括结构化数据、非结构化数据、富媒体数据、不连贯语法语义数据等,以及这些数据的超大规模激增。从数据来源上来看,大数据的来源较为多元化,维度也越来越丰富,尤其是互联网行业,具有较高的数据深度和数据广度。从数据类型上看,传统数据以结构化数据为主,互联网数据则以半结构化和非结构化数据为主,大数据的数据类型是多种类型的复杂组合,这些多类型的数据对数据的处理能力提出了更高的要求。从数据的表现形式上看,由传统的声音、文字、图片逐渐扩展到网络日志、系统日志、视频和地图等形式。

---

① IDC Study, "Digital Universe in 2020", http://www.kdnuggets.com/2012/12/idc-digital-universe-2020.html.
② 张立:《出版业有"大数据"吗?》,《出版人》2016 年第 8 期,第 52~55 页。

四 价值密度低

大数据表现为数据价值大和价值密度低，即价值密度的高低与数据总量大小呈负相关，数据量越大，有价值的数据越难被发现，越需要通过强大的机器算法和工具软件来实现，因此有人认为价值"提纯"是大数据的特点之一。从数据价值上看，小数据的价值适用于小众群体，对小范围地区更有实用意义；大数据的价值在于具有普及性、普遍性和说服力，而且更加个性化，能说明任何实体之间的相关性。从价值密度上看，大数据的价值密度低，假定同种类型的数据潜在价值是固定的，数据量越大，价值密度必然越小。

五 数据真实性

数据的重要性在于对决策的支持，数据的规模并不能决定其能否为决策提供帮助，数据的真实性和质量才是获得真知和思路最重要的因素之一，制定成功决策最坚实的基础之一。大数据多为自动生成的数据，较为客观。获取真实可靠的数据是保证分析结果准确、有效的前提。只有真实而准确的数据才能分析出有意义的结果。

第三节 传统出版业数据与互联网大数据特征比较

根据前两节内容可以看出，传统出版业数据与互联网大数据的特征有一定区别。那么，它们的异同在哪里，有些差异在未来是否可以得到转化？著者从数据规模、数据真实性、数据类型、数据时效性、数据用途差异、数据产生方式和用户信息掌握程度差异七个方面对两类数据进行了对比，结果如图3-2所示。

一 数据规模比较

首先，传统出版业以内容资源数据为主，互联网数据以行为数据为主，从数据类型和数据内涵来说是完全不同的，不具可比性。其次，两者数据价值密度的差异也导致它们的数据规模无法进行简单比较。传统出版业的内容资源数据是经过严格的审核程序而产生的，其数据价值较高，具有较为集中的知识属性；而互联网大数

第三章　传统出版业与互联网等新兴产业的数据特征

传统出版业数据	对比项	互联网大数据
已积累大量内容资源数据，但离海量差距较大	数据规模	数据规模大，每天都产生海量数据
内容数据经过"三审制"筛选	数据真实性	自动生成数据，较真实客观
内容资源数据居多，数据类型相对单一	数据类型	数据类型多样，包括网络日志、系统日志、视频、地图等
多数是非实时产生的静态数据，时效性较差	数据时效性	基于联机交互、实时更新的动态数据，时效性较强
多用于宏观统计、趋势分析、选题策划等	数据用途差异	多用于未来趋势预测及产品优化等
内容生产流程较为复杂，严格的内容审查和编辑机制，须经过选题策划—组稿—审稿—加工整理—装帧设计—发稿等环节，内容数据属于精英生产模式	数据产生方式	自动产生数据
对读者信息掌握不够，普遍情况是不知道读者是谁	用户信息掌握程度差异	可以全面记录用户行为数据，并给出用户画像

图 3-2　传统出版业数据与互联网大数据的特征对比

据具有全数据收集的特点，所得数据通常是没有经过严格筛选的，这导致其数据量虽然大但价值密度却较低。数据的价值、内容的思想目前来说是无法进行衡量的。前文提到的"信息熵"只是一个比较近似的概念，它衡量的是信息价值的高低，然而对于不同的信息接收者而言，信息的价值含量亦是不同的，并不能作为客观衡量内容价值的尺子。

如果一定要比较数据规模的话，只能借助信息量度量单位比特（bit）这把尺子，比特是计算机中存储数据的最小单位，8 比特等于 1 字节。从 2007 年至 2016 年全国书刊报累计出版数据量来看，十年间正式出版的内容数据量超过 100PB，如果加上非正式出版的印刷品数据量，可能超过 200PB。IDC 发布的《中国互联网市场洞见：互联网大数据技术创新研究 2012》曾显示"截至 2011 年底，中国互联网行业持有的数据总量已达 1.9EB"。[①] 很明显，2011 年我国互联网的数据量就已经远远超过传统出版业十年累积的数据量。同时，IDC 在 2016 年曾预计，未来全球数据总量增长率

---

① TechTarget 中国:《IDC 报告显示大数据正在引领互联网新技术浪潮》，https://searchcio.techtarget.com.cn/8-22140/。

将维持在 50% 左右，到 2020 年全球数据总量将超过 40ZB，其中我国数据量将达到 8.6ZB，占全球的 21%。①所以，就数据规模而言，传统出版业虽然已经积累了大量的内容数据，但离大数据的海量还有一定差距。

二 数据真实性比较

IBM 最早提出大数据具有真实的特征，其理由是互联网上留下的都是人类行为的真实电子踪迹，能真实地反映或折射人们的行为乃至思想和心态。基于这些用户数据，通过大数据模型的挖掘和匹配，可以分析消费者的真实需求，进行针对性的产品设计、迭代和运营。传统出版业的内容生产模式是精英式的，所有正式出版的内容都严格经过"三审制"筛选。出版业的数据"真实性"主要是指内容与知识的精准性与可靠性。如此看来，两者所说的"真实性"并不完全是一回事。

三 数据类型比较

传统出版业数据主要来源于出版单位自身产生的数据，包括内容资源数据、销售数据、财务数据、运营数据和编辑数据等，其数据类型相对完整、单一；而互联网大数据的来源则是多样的，包括传感器数据、交易数据、地理位置数据、消费数据、社交数据等。这使得互联网大数据存在大量异构、混乱的数据，必须通过数据转换和数据清洗才能进行下一步的数据分析与利用。

四 数据时效性比较

传统出版业内容资源数据是经过严格的审核流程产生的静态数据，由于内容生产周期较长，故数据时效性较差；而互联网大数据则是基于联机交互、实时更新的动态数据，其时效性较强。大数据就像是活水，时刻都有流动的、新的数据注入。

五 数据用途比较

目前，传统出版业获得的数据多用在宏观统计、趋势分析、选题策划和营销发行

---

① 上海证券报：《全球信息数据量陡增 大数据应用前景广阔》，http://finance.ifeng.com/a/20160715/14599929_0.shtml。

等方面；而互联网大数据则通过收集历史数据（存量数据），并实时获取最新数据，从而可以对未来趋势进行预测和判断，同时也可以就具体产品的优化改进进行分析。

六　数据产生方式比较

传统出版业内容生产流程较为复杂，需经过选题策划、组稿、审稿、加工整理、装帧设计、发稿等一系列出版环节，具有严格的内容审查和编辑机制。故其内容资源数据是经过编辑等出版专业技术人员根据出版规范人工干预把关所得，这种传统出版的生产模式属于精英式生产。而互联网大数据均为自动产生的数据，这些数据的收集和获取是不需要人为干预的。

七　用户信息掌握程度比较

传统出版业长期以来在用户信息反馈环节的普遍情况是不知道哪些读者购买了出版物，不知道读者的真正需求所在。无论是传统出版业中的报刊业，还是图书出版业，对用户信息都不能及时收集和分析，不能掌握读者的真实需求。即便是通过第三方电商平台来销售出版物，出版单位也仅能得到电商平台提供的销售量数据，而无法获得读者具体行为数据，从而无法掌握读者喜好、职业、性别和年龄等信息，这将使出版单位无法对读者进行群体细分，也就无法做到针对性的内容策划和精准营销，造成同质化选题大量出现，造成出版资源的浪费。而大数据则不同，大数据应用特点之一便是可以全面地记录用户行为数据，并能给出用户画像，对用户进行群体细分，从而可以进行精准内容推荐和产品优化等。

从上面七个方面可以看出，传统出版业数据与互联网大数据有着很大差别。产生这些差别的主要原因是传统出版单位与产业链下游用户距离远、联系疏，导致传统出版业数据类型、数据来源比较单一。随着出版单位在自己网络平台上业务的不断拓展、业务规模的不断扩大，用户能够更多地利用互联网来获取服务，势必会生成相应的数据，当数据的复杂性和规模达到一定程度的时候，大数据将是帮助出版单位提高服务效率、优化产品效果的一条捷径。

补充知识：大数据发展前景

随着互联网、信息技术的迅速发展，大数据及其应用蕴含的巨大社会、经济、科研价值引起了各界的高度重视。人们从各种不同的角度对这场大变革进行了思考和讨论。同时，人们发现大数据的核心能力是挖掘、发现规律和预测未来。

未来，大数据首先可以推动信息产业创新。随着面向大数据市场的新技术、新产品和新服务等不断涌现，大数据将加速信息技术产品的创新。其次，大数据作为一种战略资产，已经不同程度地渗透各个行业。麦肯锡的研究表明，在医疗、零售和制造业这几个领域中，大数据可以每年提高劳动生产率0.5~1个百分点。[1]

与医疗、零售、教育、制造业、电商和交通等领域相比，出版业更具有复杂性和独特性，只有深入研究和了解大数据相关内容，才能推动大数据时代的出版业健康有序发展。

---

[1] 曾建勋:《大数据时代的情报学变革》, http://www.1xuezhe.com/academic/detail?nid=224308&tabtype=2。

第四章

大数据对传统出版业的冲击

以移动互联网技术为代表的信息技术正在日益改变着人们获取信息和知识的方式，作为文化主力军的传统出版业遭受着巨大冲击。如何依靠大数据技术加快与新兴出版的融合发展成为传统出版业生存与发展的新课题。那么，大数据对传统出版业有哪些影响？出版业又如何利用大数据技术来产生价值呢？这些数据又将给传统出版业带来哪些变革呢？

> 互联网给出版业带来巨大的挑战与机遇

大数据是互联网发展到一定阶段的产物，而互联网的发展给传统出版业带来了深刻的影响，包括用户创作内容、内容的碎片化、传播的去中心化、开放性与开源性、交互性与社交化、阅读习惯及方式的改变等。这些都将改变传统出版业的内容生产模式和未来发展方向，给传统出版业同时带来了挑战与机遇。

> 大数据给出版业带来的冲击不亚于互联网

传统出版业在面对当今用户个性化获取信息和知识的诉求时，显得束手无策；而基于大数据技术的新兴出版则由于可以及时有效地收集用户行为数据，确定用户画像，从而较好地满足了用户获知需求。与此同时，基于大数据技术的新兴出版在出版理念、内容分发、产品形态和阅读方式等方面都对传统出版业产生了巨大的冲击与挑战。

> 大数据技术为出版业打通数据孤岛提供了机会

虽然传统出版业处于数字化转型时期，也意识到了各种数据的重要性；但在实际应用中，各个环节的数据更像一个个数据孤岛，难以有效地整合联结起来，并真正发挥有效作用。大数据技术的出现和落地应用，给出版业提供了一个机会。

第一节　互联网带给传统出版业的深刻影响

"大数据"不是一个新鲜的概念，而是互联网发展到一定阶段的产物。互联网带来的资源开放性和交互性等特点对当今传统出版业的影响是普遍而深刻的。互联网技术改变着内容生产和传播方式，也改变着传统出版业的出版模式和发展方式，给传统出版业同时带来了挑战与机遇。

一　用户创作内容

用户创作内容，即 UGC 模式，是伴随着"Web2.0"概念而兴起的一种互联网使用新模式。[①] 当下，由于"自媒体"的涌现，出版主体的泛化使得人人可以参与内容创作，更多的作品得到了出版的机会。互联网的便捷性和大众化，使用户能方便地在互联网上创作内容，并利用互联网渠道使所创作的内容得以快速传播。创作平民化的趋势愈加凸显。

二　内容的碎片化

互联网时代下出版产品呈现"碎片化"趋势。这体现在内容形态和阅读方式上。一方面，随着互联网技术与出版的结合日益加深，技术的革新使得出版产品的内容具有更细粒度的展现形态、更短的篇幅，占用更少的阅读时长。另一方面，由于用户使用场景的复杂性，读者可以利用更碎片化的时间阅读和使用出版产品，随时获取信息与知识。

三　传播的去中心化

互联网时代的传播方式不再是传统的星状的、集中式的、有中心的方式，而是一种可以任意组合的动态模式。受众拥有了更大的主动性，每个受众都可能成为一个中心，多中心即意味着去中心。对内容进行科学的分类与聚合成为出版业的新要求与新挑战，以受众个性化需求为中心的传播方式将成为出版业未来服务的重点方向。

---

① 李欣:《新媒体环境下 UGC 模式对用户属性的影响》,《青年记者》2013 年第 14 期, 第 74~75 页。

四 开放性与开源性

互联网时代强调资源的开放性与开源性，网民共同提供与分享信息资源，互联网时代的出版内容并不是固定不变的，而是随着时间的推移内容不断扩展、更新，如数据库产品和知识服务产品。其中，开源（Open Source）最初是用于描述那些源码可以被公众使用的软件的。这些软件的使用、修改和发行不受许可证的限制，也就意味着互联网用户可以通过修改软件的方式获得新的商业价值。这便体现了互联网的开放性。互联网的开放性极大地促进了各类内容资源的建设，也使更多人受益。这意味着不仅资源的最终用户（消费者）能够自由获取更多资源，也将有更多的人投入开放资源的开发和建设，大众智慧推动了知识社会的进步，也孵化了新的商业模式。

五 交互性与社交化

交互性是互联网时代下出版产品的典型属性。当下，互联网用户有大量的时间花费在社交 APP 上，而且社交化的应用软件对提升用户黏度的作用正在不断加强。随着微信、微博和直播等社交类应用的不断推出，用户使用社交软件的时间也变得越来越长。社交应用正在不断嫁接其他应用，如视频、音乐和网络购物等，这些嫁接后的应用又不断满足用户个性化通信、娱乐和创作方面的需求。另外，互联网的超链接、超文本和超媒体特点改变了传统出版时代作者与读者的单向传受关系，增强了用户的参与度，提高了用户的主体地位。

六 阅读习惯及方式发生改变

2017 年中国数字阅读大会发布的 2016 年度《中国数字阅读白皮书》显示：2016 年，我国数字阅读用户突破 3 亿，年增长率为 12.3%，中国数字阅读市场规模已达 120 亿元。[①] 如今，即时通信、新闻客户端等社交化 APP 成为人们获取信息与知识的主要渠道。随着读者的阅读习惯向新兴数字媒体迁移，传统的阅读习惯已发生改变，

---

① 董碧水：《我国数字阅读呈井喷之势》，《中国青年报》2017 年 4 月 17 日（3）。

数字阅读成为当下主流的阅读方式，数字阅读产品以内容更新速度快、携带方便和价格低廉等特点对传统出版物造成巨大冲击，造成纸质读物读者的大量流失。

第二节　大数据对传统出版业的冲击

当传统出版业身处大数据时代背景下，其出版模式在面对当今用户个性化获取知识的阅读需求时已显露疲态，难以提供适合碎片化时间内阅读的内容和个性化的知识服务。而基于大数据技术的新兴出版可以及时有效地收集用户行为数据，确定用户画像，以满足用户的个性化知识需求。同时，基于大数据技术的新兴出版在出版理念、内容分发、产品形态和阅读方式等方面对传统出版业也带来了巨大的冲击与挑战。

一　出版理念：以读者为核心 VS 以作者为核心

传统出版业身处大数据等新的信息技术背景下，以传播者为核心的单向传播关系遭遇严重挑战。以读者为核心的出版理念促使传统出版业加速在内容生产、知识服务和用户反馈等环节的转变。读者的多样化、个性化、差异化和定制化需求呼之欲出。这种趋势下，出版社编辑在出版活动中也应该重视读者的交互性，积极吸纳读者意见，并让作者逐步参与到选题、编辑、制作等过程中来。但是，传统出版是以纸质媒介"书"为核心的，一本书的顺利出版离不开作者、编辑、印制人员、发行人员的共同努力。而出版的核心工作则是围绕作者的作品进行编辑加工和产品运作，作者的作品更多体现作者的意志，读者则处在被动接受知识和信息的边缘地位。由于传统出版流程相对封闭和固定，传统出版模式往往忽视了读者反馈环节，使读者几乎无法参与进来，更多的是让读者单向地从图书中汲取营养，被动接受作者的观点及知识体系。尽管随着互联网技术的发展与普及，读者对出版物有了一定的反馈，但读者的参与度仍然较低，大部分情况是作者、出版社和读者三者之间单向传递信息，极少有出版社会根据读者需求或反馈来提供内容产品。

随着大数据技术在收集读者阅读行为及反馈信息方面越来越强大和及时，已经有很多出版物开始尝试以读者为核心、以读者的需求和反馈为驱动来出版读者真正想要的图书内容。例如，罗辑思维推出的"得到APP"，它的内容生产机制就类似于《纸牌屋》的内容创作连载模式，作者不需要写完一整本书再出版，而是边写边连载，读者可以通过在社交网络上给出反馈间接参与创作过程，作者也可以在"得到APP"后台随时增添、删改内容，用迭代化的思维来做知识产品。传统出版的供应链太长，常常会导致修订版的销量不佳。罗辑思维直接与作者和出版社合作，在纸质图书尚未出版时就上线电子版全文或精简版，大幅提升了出版效率。

二 内容分发：个性化推送 VS 无差别传播

以纸质媒介为代表的传统出版物呈现到读者面前时，其发布渠道、展现形式和传播内容基本是一致的，即所有读者接收到的都是相同的内容。传统出版作为印刷媒介，内容分发方式是一种无差别传播，缺少信息反馈，无法及时准确分析出用户差异化的个体需求。

不同于传统出版的内容分发方式，基于大数据技术能够分析读者个性特征，可以做到一对一式的个性化推送。所谓个性化推送，就是根据用户提出的要求或基于用户的学科、偏好和使用习惯等个人特征，通过用户定制、系统推荐、使用挖掘和推送等方式，向用户提供其可能需要的信息和服务的内容分发方式。例如，"今日头条"现有3亿的累积用户，日活跃用户超过3000万。这些用户每天每人收到的头条内容都不一样。"今日头条"会根据用户特征、场景和文章特征做个性化推荐，而这些推荐不靠编辑，靠的是技术算法。"今日头条"在给用户推荐一篇其可能喜欢的新闻时会考虑三方面的因素：第一，用户特征，包括兴趣、职业、年龄、短期的点击行为等；第二，环境的特征、情景，包括用户在不同时段、不同地点浏览的信息类别等；第三，文章自身的特征，包括文章中有哪些主题词命中了用户的阅读需求、文章的热度、是否多家媒体都进行了转载等。

这种个性化推送的内容分发方式多依托大数据分析的结果。理性直观地获得用户画像，并根据用户画像分析出用户差异化需求，进而对信息传播内容进行合理筛选，制定不同的内容分发方案，能极大提升用户的使用体验。

三 产品形态：聚合关联 VS 内容封装

传统出版物的产品形态较为固定，内容封装。封装特点是内容与载体不可分离，出版物之间的关联性、作者与读者之间的交互性很低。另外，传统出版物所承载的知识内容也不具有聚合性，即不能根据读者的个性化需求对知识进行结构上的重组。但随着传统出版业和大数据技术的联系越发密切，读者对知识内容的深度与知识间的关联程度提出了更高的要求。特别是在学术研究领域，研究者在查询某一知识点或内容时，更希望获得所查询知识点或内容的全貌及相关文献信息；而通过对大量知识资源进行整合、分类、管理和加工等，从庞大的内容数据资源中挖掘有效信息，进而打造的出版产品的形态能体现知识内容的聚合性，为读者最终呈现更丰富、更多元的知识内容，以契合读者个性化和深度的知识需求。

例如，中国知网为法律行业开发建设的"中国法律知识资源总库"，整合了超过300万篇法律相关文献资源，同时运用大数据分析技术对案例要素进行挖掘，对各类案例裁判结果进行分析，围绕定罪、量刑、法律适用、法条解读、案例参考、办案指导等资源构建知识体系，并提供定量分析。这个资源总库基本实现了与各类业务系统无缝对接，十分便于读者直接查询所需的相关信息并掌握相关法律知识，通过对资源的聚合关联还能提高法律工作者的工作效率。

四 阅读行为：可获取 VS 难以获取

传统出版单位将出版物生产出来后，由于纸质媒介单向传播的局限性，出版单位无法及时全面掌握读者真实的阅读情况及其兴趣点，同时读者也缺乏有效途径来反馈自己的需求，致使图书策划方向与读者的阅读需求无法精准匹配。当下，以移动阅读为代表的数字媒介所带来的新阅读方式，将阅读从一种单独、个人的行为转变为一种可以获取数据的半公开行为。通过抓取网站、移动端及电子阅读器的后台数据，能够让出版商和作者一窥销售额背后的故事。这些数据不仅能够显示某些书吸引了多少购买者，还能揭示他们的阅读强度、阅读时长、是否重点标注、是否查阅词典、是否分享到社交媒体等行为，为将数据转化为某种可参照的指标提供参考。互联网技术使读者的阅读行为获取成为可能，从而能通过相应的数据来获悉读者的阅读心理或购买倾向等。

在目标用户分众化的时代，只有实时、系统、全面地了解用户的阅读行为，并根据用户阅读需求的差异来进行市场细分，才能提供个性化、定制化的阅读服务。大数据技术可以把用户阅读行为分析融入信息服务过程中，将用户阅读行为数据转化为用户需求，更准确地掌握用户的兴趣点，以更有效地为用户提供内容服务，为用户节省时间、提升阅读体验。

第三节　大数据对出版业内容生产与营销方式的影响

传统出版业在近几年的数字化转型中记录并积累了一些数字化资源，同时也有大量且积累了多年的内容资源数据。对传统出版单位来说，如何利用好这些数据，并从中分析出有价值的线索，以驱动出版单位的产品及服务优化，是极为重要的。虽然在传统出版业数字化转型期间，很多出版单位意识到了各种数据的重要性，但在实际应用中，各个环节的数据更像是一个个数据孤岛，难以有效地整合连结起来并发挥真正有效作用。而大数据技术的落地应用给出版业提供了一个机会，现在我们就来看看大数据对出版业到底会形成怎样的影响。

一　内容推送精准化

信息服务是以提供各种专业信息为主的一种服务模式。具体方式为通过互联网记录用户的各种行为数据，如用户浏览页面、搜索行为，并结合定位信息、浏览时间、系统数据等对用户行为进行详细分析，为用户贴上适当的标签，如"体育迷""科技迷"等，并依此进行精准信息服务。出版单位也可以通过掌握用户的阅读偏好选择，将自有的内容数据经过有效处理、精准编辑后提供给真正需要这些信息的用户，以提供更为精准的信息服务。一些发达国家基本实现了面向社会公众的包括科技期刊信息服务在内的各类信息服务，如馆际互借、电子阅览和网上查询等，充分实现了资源共享及服务。

在大数据时代，出版单位可以根据海量出版物数据针对不同的用户提供精准的知识服务。大数据的核心在于获悉用户需求，社交网络的流行、大数据技术的发展等使得对用户网络使用行为的实时监测和数据获取成为可能。这为分析用户的阅读和使用行为、了解用户喜好提供了有效的途径和工具。通过对用户需求的准确把握，能开发出更加精准化的知识产品及服务，以满足用户个性化的阅读需求和学习查询需求。

目前，网上书店在这方面的应用尝试较多。一方面，通过对用户以往阅读行为、购物消费等方面的数据进行分析，来确定用户的个性化需求，并以此为基础实现面向不同用户的个性化信息精准推送，从而改善用户信息获取体验。另一方面，从用户阅读内容上对用户自身属性特征和购买习惯等进行判定，并给出相关产品的购买建议，提供完整解决方案及一对一信息服务等。在教育出版领域中，也有类似的案例。例如英语学习服务，用户可通过自我测试、自我找错和智能组卷等功能发现自己学习的弱点；而学习平台也会根据用户操作行为数据判断用户的学习弱项，进而有针对性地提供弱项加强练习服务，提供个性化的复习指导和测试题目，从而帮助用户大幅度提高学习成绩。

二 产品使用社交化

在"互联网+"与人们的生活日益密切的今天，以手机媒体为主的移动终端成为新型数字产品传播的主要渠道。移动互联网时代，社会关系和产品内容生产的融合程度日益加深，出版产品的传播与使用方式也打下了社交互动的烙印。

一方面，现有新型数字产品在使用中可通过分享功能直接链接到用户自己的社交"小圈子"。这主要表现在产品功能上绑定第三方的社交账号并分享，打破了微信、QQ、微博等社交媒介的界限，实现了互联互通，提升了产品的知名度并有利于推广。出版产品运营商利用社会网络分析法对社交网站用户间关系进行分析，可以辨别出有着不同属性、不同兴趣爱好和不同消费能力的小圈子。这些小圈子就是典型细分目标市场。出版产品往往只有找到自己的目标市场，才能使产品的营销更有效、更有针对性。

另一方面，在出版大数据时代，出版单位不仅是知识和信息的提供者，也是社会人际关系的整合者。只有保持良好的互动性，才能增强用户黏性、提升用户活跃度。例如腾讯的"微信读书APP"，在该应用中用户可以看到自己社交圈好友的读书时长和读书册数排名，它利用"比拼策略"进入无数用户的社交关系网，实现了出版产品的病毒式扩散传播效果。

三　用户需求驱动产品迭代

在传统出版流程中，出版社策划选题时往往会进行市场调研，以了解市场需求。以往的市场调研常常采用随机抽样问卷调查的形式。从市场调研到责任编辑提出内容选题，再经过各级选题会的层层论证到审批通过，一套出版流程下来，无论是调研环节中的随机抽样，还是论证环节中对因果关系的讨论都费时费力，更滞后于瞬息多变的市场环境，容易错过最佳出版时机。

大数据时代要求我们抛弃以随机抽样和因果推论为典型代表的思维。借助大数据技术，出版单位可以更实时、准确、低成本地分析现有市场的潜在需求和趋势。通过大数据分析，出版单位可以相对清楚地了解到各个细分市场的读者偏好，针对不同目标市场进行偏好组合就可以生产出符合不同细分目标市场需求的出版物。有着专业市场定位的出版单位通过大数据分析也可能获得比传统市场调研更好的结果。

出版单位在对用户数据进行分析后，可以了解到用户的兴趣偏好，分析出用户的真正需求所在，并以此作为出版产品更新迭代的动力，生产出符合用户潜在需求的文化产品。同时，借助大数据分析出版单位可以将生产流程的标准化和产品内容的个性化统一起来，可以通过对用户偏好的组合，如将用户喜欢的作家、风格和题材类型组合起来，策划出一系列畅销书。这在一定程度上类似于传统工业的流水线标准化生产，只需要将不同的原始"零件"拼接在一起再进行深加工，就能生产出文化产品。这不仅缩短了一本书从策划到出版的时间周期，减少了生产成本，还极大降低了出版社之前所面临的需求不确定性和风险。

四　知识内容的服务化

近年来，欧美一些大型出版机构开始不断强化某一行业领域知识服务的专业化优势，并加大相关知识服务产品与平台的研发力度。如全球商务和专业智能信息提供商汤森路透打造的专业化金融决策服务平台，全球最大的医学科技出版商爱思唯尔推出的 Clinical Key 医学诊疗平台等。这些行业针对性极强的知识产品紧密围绕用户决策需求，将传统专业出版资源与数字信息技术融为一体，在知识服务市场化试水中做出了成功的尝试。

我国近几年也开始出现类似案例，如 2016 年 3 月正式上线的由最高人民法院批准立项建设、由人民法院出版社承建的"法信——中国法律应用数字网络服务平台"。"法信"平台以囊括穷尽原则把目前通过公开渠道和版权采购渠道所能获得的所有法律实务文献进行全面汇聚，包括法律文件、裁判案例、图书论著、学术论文等，建设完成 6 个资源库和 55 个子库，总文献数达 2000 万篇，总字数达 100 亿字，是目前中国容量最大的法律应用知识资源库。该平台满足了法官在办案过程中对法律、案例、专业知识的精准化需求，有助于统一裁判尺度，促进相似案件同判和量刑规范化，提升审判质量和效率。"法信"平台还为普通群众提供了更便捷、更智能的诉讼服务和普法服务，让司法更加贴近人民群众，提高了全社会对法律价值和法律制度的认识。

这些都是利用专业化、系统化的内容资源，对相关知识进行筛选、清洗、拆分和重组，再根据用户需求，从用户角度出发来协助用户解决问题，为用户提供知识解决方案，从而做好知识内容的服务。

补充知识：大数据实施流程

从一个大数据平台的数据处理流程来看，我们可以将大数据相关技术分为需求分析、数据采集、数据清洗、数据存储、数据分析、数据计算/挖掘、数据展现这几个环节（见图4-1）。而随着大数据相关技术的发展，个别环节的顺序或者边界也可能在具体的一个系统实现时有所变化。例如，随着数据处理能力的增强，原来的 ETL（Extract Transform Load）过程现在可能会变成 ELT（Extract Load Transform），甚至不做转换，直接从原始数据进行计算获得相关结果。

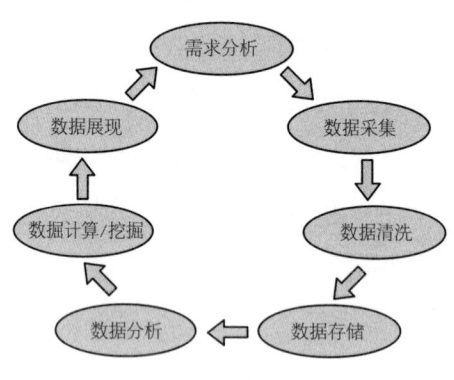

图 4-1 大数据实施流程

一 大数据实施流程

（一）需求分析

明确数据处理目的是数据分析工作的起点。例如，如果领导提出想做新产品测试的项目，那么首先就要明确是已经推出了几款新的产品，想确定哪款受欢迎；还是尚未有新产品，想通过竞品调研挖掘用户偏好，为设计新产品提供思路和灵感。如果是前者，需要做定量研究，统计用户对各款产品的偏好，以此决定哪一个值得推广；如果是后者，则做个定性研究即可，通过项目组成员头脑风暴挖掘机会点，寻找目前市场上已有产品存在的问题,从而寻找突破点。[①]

大数据处理方法很多,关键是找到适合工作任务的方法。寻找合适的大数据处理方法需要考虑企事业单位的规划用途、组织机构和IT成熟度等。例如关系型数据库在处理交易数据方面是有效的,但通常不适合处理大数据文本数据和其他非结构化数据。

由于数据分析要遵循时效性原则,也就是分析结果要先于事件发生给出,否则就没有什么意义了,故需要制订项目周期计划。以出版流程中的选题阶段对热门题目的调研为例,当选定题目后,就要有一系列的约稿、编辑、出版、发行等流程,发行时间最好处于畅销阶段或话题阶段,而不是滞后。也就是说有些市场机会稍纵即逝,对时机的要求高,如果调研周期太长可能会错过机会。

（二）数据采集

数据采集指的是有目的地收集、整合相关数据的过程,它是大数据处理中的基础环节。了解了数据采集的定义之后,就需要考虑如何进行数据采集,采集的数据源是什么,如何进行数据爬取,利用何种工具进行数据爬取等问题。

1. 数据采集过程的特点

广义上来讲,找资料的过程就是数据采集。大数据的采集是指利用多个数据库来接收发自客户端的数据,用户可以通过这些数据库来进行查询和处理工作。例如,电商使用传统数据库Oracle和MySQL等来存储每一笔交易数据。作为大数据处理过程中涉及数据的首要环节,数据采集显得尤其重要。

在大数据的采集过程中,主要特点和挑战是并发数高。因为可能会有成千上万的用户同时进行访问和操作。例如12306网站和淘宝网

[①] 陈哲:《数据分析企业的贤内助》,北京:机械工业出版社,2013。

站，它们的访问量在峰值时达到上百万，所以需要在采集端部署大量的数据库才能支撑。

出版业的数据采集主要有两种方式：一种是手工录入数据；另外一种是由业务系统直接导入，包括编务、印制、发行等数据。

2. 数据源

数据源是大数据产业发展的基础，数据可以看作原料。以企业数据源为例，大体可以分为两类：内部数据与外部数据。内部数据包括企业的交易数据、财务数据、用户数据和业务数据等；外部数据包括政府部门数据、第三方商业信息数据和网络爬虫抓取的公开数据等（见图4-2）。

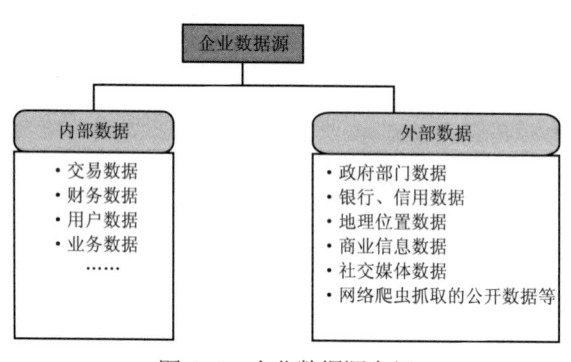

图 4-2　企业数据源介绍

大数据从分类上来说包括结构化数据、非结构化数据和半结构化数据。结构化数据指的是能够存储在数据库中，可以用二维表结构来逻辑表达的数据，如数字、符号。非结构化数据指的是相对于结构化数据而言，不方便用二维表结构来逻辑表达的数据。半结构化数据指的是介于结构化数据（如面向对象数据库中的数据、关系型数据库中的数据）和非结构化数据（如音频、视频、图像等）之间的数据，字段可根据需要扩充，字段数目不定，数据的结构和内容混在一起，没有明显的区分。

3. 数据采集技术

针对不同的数据类型，需要选择不同的采集方式进行处理。数据采集技术大致可分为系统日志采集方法、网络数据采集方法和其他数据采集方法三大类（见表4-1）。

表 4-1　数据采集技术分类

采集方法	采集方式	备注
系统日志采集方法	通过传感器、智能硬件、社交网络等数据载体的日常运维进行数据的采集	大部分数据企业都拥有自己的采集工具，如 Hadoop 的 Chukwa、Cloudera 的 Flume、Facebook 的 Scribe 等，这些工具均采用分布式架构，能满足每秒数百 MB 的数据采集和传输需求
网络数据采集方法	通过网络爬虫或网站公开 API 等方式从网站上获取数据信息	该方法可以将非结构化数据从网页中抽取出来，将其存储为统一的本地数据文件，并以结构化的方式存储
其他数据采集方法	通过与企业或研究机构合作，使用特定系统接口等相关方式采集数据	其他数据包括企业生产经营数据或学科研究数据等保密性要求较高的数据

（三）数据清洗

1. 定义

在英文中，数据清洗有三种说法：Data Cleaning、Data Cleansing、Data Scrubbing；而研究者一般将数据清理、数据清洗、数据净化看作一回事，都是将数据质量提高到分析目标要求的水平，通过识别或删除离群点、填写缺失值、光滑噪声数据、解决不一致性来清洗数据。

对数据清洗的定义，不同的应用领域有不同的定义形式。目前主要有三个应用领域，分别是数据仓库（Data Warehouse，DW）、数据库知识发现（Knowledge Discovery in Databases，KDD）和数据质量管理（The Data Quality Management，TDQM）。

2. 过程

数据清洗过程包括查重、补缺、纠错等。清洗的目的是发现数据中存在的错误和不一致然后剔除或者改正它们，解决数据质量问题，便于之后的数据挖掘、结果展示等。

数据清洗基本原理如图4-3所示。

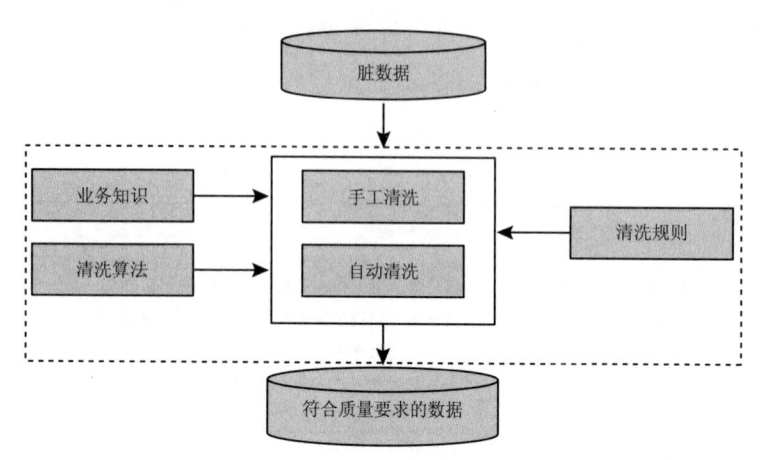

图 4-3 数据清洗基本原理

资料来源：Mong Li Lee , Tok Wang Ling , Wai Lup Low, IntelliClean: A Knowledge-based Intelligent Data Cleaner(paper represented at Acm Sigkdd International Conference on Knowledge Discovery & Data Mining, 2000), pp. 290-294。

数据清洗的实现方式都各自有一些优缺点，具体见表4-2。

表 4-2 常用数据清洗方式的优缺点

清洗方式	详细说明	优点	缺点
手工清洗	投入大量的人力、物力、财力进行人工检查	只要投入足够的人力、物力就能发现所有的错误	在数据量极大的情况下耗时长、成本高
利用专门编写的应用程序清洗	通过编写程序检测、改正错误	能解决某个特定问题	不够灵活，特别是在清洗过程需要反复进行时（一般来说，数据清洗一遍就达到要求的很少）会导致程序复杂，清洗过程变化时工作量大；没有充分利用目前数据库提供的强大数据处理能力
特定应用领域的数据清洗	如通过概率统计学原理来检查数值异常的记录	适用于较多的领域	准确性低
与特定应用领域无关的数据清洗	侧重于重复记录的检测和删除	清洗重复数据效率高	暂不明确

数据清洗过程中，常见的数据质量问题体现在数据完整性、冗余性、准确性、合法性、一致性等方面（见表4-3）。

表4-3　数据质量问题分类及举例分析

类别	含义	错误示例
完整性	指数据信息是否存在缺失的状况	例如人的属性中缺少性别、年龄、籍贯等
唯一性/冗余性	描述数据是否存在重复记录，用于度量哪些数据是重复数据或者数据的哪些属性是重复的	例如年收入如果能由多个或多组属性"导出"，则这个属性可能是冗余的
权威性/准确性	用于度量哪些数据和信息是不正确的	例如同一个指标出现多个数据来源的数据且数值不一样
合法性	指获取的数据与常识是否相符	例如身高大于3米等
一致性	指数据是否遵循了统一的规范，数据集合是否保持了统一的格式	例如同一指标内涵不一致

（四）数据存储

数据存储指的是数据以某种格式记录在计算机内部或者外部存储介质上。随着互联网的发展，数据呈现爆炸式增长，导致数据存储容量无止境增长，因此用户需要不断扩充存储空间。但是存储容量的增长往往同存储性能不成正比，造成了数据存储上的障碍。

大数据存储和传统的数据存储的主要区别在于，大数据中存在各种非结构化数据，例如社交多媒体数据、邮件数据、商业交易数据等，而处理这些数据需要高性能、高吞吐量、大容量的基础设备。针对不同的海量数据，业界提出了三种不同的存储形式，分别是：传统的网络存储、分布式存储和云存储。

传统的网络存储结构大致分为三种：直连式存储（Direct Attached Storage，DAS）、网络附件存储（Network Attached Storage，NAS）和存储区域网（Storage Area Network，SAN）。

传统分布式存储是将数据存储在多个特定的节点上，通过网络将这些分散的资源构成一个虚拟的存储设备。分布式共享存储和集群存储是组成传统分布式存储的主要方面。例如对于存储海量非结构化数据，比较有代表性的是开源 HDFS（Hadoop Distributed File System），HDFS 使用主从架构进行管理，适用于大数据集应用程序。[1]

云存储可以按需提供易管理、高可扩展性、高性价比的存储资源。根据不同的存储数据类型和不同的应用需求，云存储可以分为基于块存储、基于文件存储、基于对象存储以及基于表存储四类。[2]

（五）数据分析

数据分析是实现大数据价值的重要环节，通过该环节可以总结大数据中的规律，从而更好地利用数据理解现实、预测未来，实现基于数据的决策。

数据分析是指用适当的分析工具及方法对采集来的数据进行分析，以求最大化地开发数据资源，形成有效结论的过程。也就是说数据分析实现了从数据到信息的转化过程。数据本身并没有什么价值，有价值的是从数据中提取出的信息。

1. 大数据分析过程的特点

大数据分析过程的特点是分析所涉及的数据量比较大，其对系统资源特别是 I/O 系统会有比较大的占用。

传统的数据分析往往首先建立固定的数学模型，在数学模型建立时就已经确立了数据之间的相互关系，之后的收集与分析也是在此基础上进行的。对象多是结构化、单一对象的小数据集。而大数据是以 PC 端以及移动终端所产生的数据、视频、音频、图片等非结构化数据

---

[1] 吴明礼、张宏安：《数据存储技术综述》，《北方工业大学学报》2015 年第 1 期，第 30~35 页。
[2] 李海波、程耀东：《大数据存储技术和标准化》，《信息技术与标准化》2013 年第 5 期，第 25~28 页。

为主,处理的数据源是相对无规律的数据库,侧重于对实时的数据进行建模并对后续增补进来的数据跟踪续建相应的模型,具有实时性特征。与传统数据分析相比,大数据分析因为数据源的不同,所用的分析工具和分析路径也有所不同。但是传统的分析思路对大数据分析也是必不可少的,正因为如此,扩展了大数据在应用领域中发挥的作用。

2. 大数据分析的思路

从目的到内容的分解,分解的过程就是分析思路。首先要识别分析目的,明确为什么要分析是数据分析的首要环节。也就是说在数据分析之前,需要先想清楚为什么开展此次数据分析以及想通过这次分析解决什么问题,然后基于分析内容实现分析目的(见图4-4)。

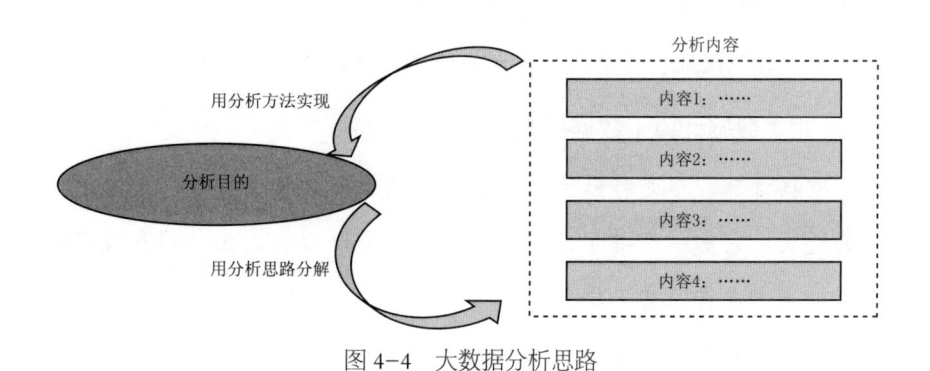

图 4-4 大数据分析思路

3. 常用大数据分析方法

大数据分析不能为了方法而方法,也不能为了工具而工具,只要能解决问题的方法就是好方法。有些数据需要跟业务相结合才会变得有意义。搞清楚整个产业链的结构将有助于看清数据背后隐藏的信息。以下是对常用大数据分析方法的一些介绍,由于大数据分析的方法很多,无法做到枚举,在此仅罗列目前使用较多的四种方法,供大家参考(见表4-4)。

表 4-4 常用大数据分析方法及其定义

方法	定义
留存分析	一种用来分析用户参与情况、活跃程度的分析模型,用来考察进行初始行为留存后的用户中有多少人会进行后续行为
事件分析	一种实证研究方法,最早运用于金融领域,借助金融市场数据分析某一特定事件对该公司价值的影响
漏斗分析	用于分析多步骤过程中每一步的转化与流失情况
回访分析	可反映用户对产品的依赖程度,可以指定一个用户行为,然后查看在一段时间里用户进行该行为的频次

4. 大数据分析技术的突破点

大数据分析技术需在以下两个方面取得突破:第一,强化对结构化和半结构化数据的分析能力,如从自然语言构成的文本网页中理解和识别语义、情感、意图等。第二,将海量复杂多源的音频、视频、图像等转化为机器可识别、具有明确语义的信息,然后从中提取有用的信息。

(六)数据计算(数据挖掘)

数据计算一般是指从大量的数据中通过算法搜索隐藏于其中的信息的过程。它是一个基于数据库理论、机器学习、人工智能和现代统计学的迅速发展的交叉学科。

1. 数据类型、分析目标的确认

数据计算一般没有预先设定好的主题,主要是在现有数据的基础上进行基于各种算法的计算,最终达到预测的目的。对于图书出版行业,对图书印数、价格、库存的预测等考验着出版商对市场的把握。而读者的"大数据"蕴藏着巨大价值。读者的行为数据可用于优化出版物使其更能吸引读者,进而为内容发行商带来更大的利益,利用大数据进行精准营销将会极大地提高出版企业的竞争优势。[1]

---

[1] 王斌、郑满宁:《大数据时代传统出版业的行动空间》,《出版广角》2013年第12期。

2. 算法模型的选择

大数据处理的理论核心是数据挖掘算法。基于不同的数据类型和格式给出不同的数据挖掘算法，可以更好地挖掘数据的价值。比较典型的算法有基于聚类的K均值（K-Means）、用于统计学习的支持向量机（Support Vector Machine，SVM）和用于分类的朴素贝叶斯（Naïve Bayes）等。

（七）数据展现

数据展现指用可视化等方式来展现数据，解读数据之间的关系。运用数据展现手段能更直观地表达数据背后的信息。数据展现也越来越成为大数据技术中的重要环节。从数字可视化到文本可视化，从条形图、饼状图到词频云图，从数据的可视化分析到企业的可视化平台建设，数据展现方式变得越来越直观、便捷。

1. 数据展现的重要性

数据展现是数据处理的最后环节，但是以直观的方式将分析结果展现在用户面前是大数据应用中重要的一环节。结果对目标解释的强弱以及结果的应用效果是对整个实际分析过程的最终评价，而将复杂的分析结果以易于理解的方式展现是最主要的挑战之一。在嵌入多业务的闭环大数据应用中，一般是由机器根据算法直接应用分析结果而无须人工干预，这种场景下知识展现环节则不是必需的。

2. 数据可视化的图表类型

图表呈现可分为三个步骤：首先，明确要表达的信息；其次，选择图表类型；最后，确定有效的表达方式。常用的数据图表类型有散点图、饼状图、柱状图（条形图）、折线图等，多数情况下，人们更愿意接受图形这种表现数据的形式。表4-5是针对常见图表类型及其图表特点进行的汇总。

表 4-5　常见图表类型及其图表特点

图表类型	维度	图表特点
散点图	二维或三维	使用笛卡尔坐标显示数据点，有两个维度需要比较，直观表现影响因素和预测对象之间的总体关系趋势
	N维数据点	利用散点图矩阵，展现形式为二维散点图的n×n网格，提供每个维度与其他所有维度的关系可视化展示
饼状图	二维	适用于反映部分与整体的关系，直观分析组成结构与比重
柱状图（条形图）	二维	适用于只需要比较其中一维的情形，容易看出各种数量的多少
折线图	二维	适用于较大的数据集，能直观反映同一事物在不同时间段的发展变化情况
气泡图	三维或四维	通过每个点的面积大小反映第三维，但是只有两维能精确辨识
雷达图	四维以上	数据点不超过6个，否则无法辨别
平行坐标图	N维数据点	适用于高维数据的可视化

3. 面向大数据主流应用的数据展现技术

在互联网、社交网络、企业商业智能、地理信息系统、社会公共服务等大数据主流应用领域中，需展现的数据类型主要有文本类、网络（图）、时空以及多维数据等。

（1）文本可视化

文本信息是出版业数据的典型代表，人们日常工作生活中接触最多的电子文档是以文本形式存在的，同时邮件、新闻、工作报告等也都是日常工作中需要处理的文本信息。作为大数据时代非结构化数据的典型代表，文本可视化的意义在于能够将文本中蕴含的语义特征如词频、情感分布结果等直观地展现。

（2）时空数据可视化

带有地理位置与时间标签的数据被称为时空数据。传感器与移动终端的迅速普及使得时空数据成为大数据时代典型的数据类型。

（3）多维数据可视化

具有多个维度属性的数据变量称为多维数据。多维数据可视化是用来探索多维数据项的分布规律和模式、揭示不同维度之间的隐含关系的（见图4-5）。

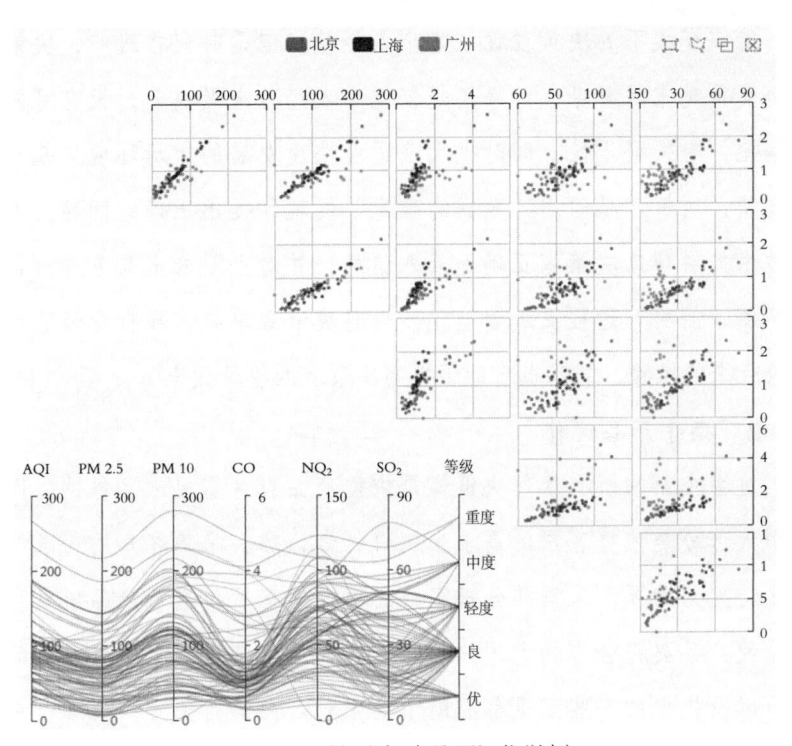

图 4-5 平行坐标多维可视化举例

资料来源：来自网络。

（八）指导决策及优化产品

继物联网、云计算之后，大数据正在逐渐引导着管理层的决策变革。在大数据时代，可以解决"是什么"问题，也就是说大数据分析可以帮助我们找到某一个现象的关联对象，这个关联对象可以帮助我们捕捉现在，同时也可以预测未来。例如现象A和现象B经常同时发生，那么我们只需要注意到现象 B 的发生，就可以预测现象 A 的发生，进而做出更明智的决策。决策者可能更需要培养"大数据思维"，借助大数据强大的数据处理功能，使企业的产品建设和推广更加具有针对性和准确性，以此提高企业运转效率。

1. 指导决策

传统模式下的决策往往依靠个人经验，但是时代在进步，决策环境也变得越来越复杂，如果还是仅凭个人经验来做决策，极有可能产生偏差，有失科学性，同时也无法适应快速发展的市场环境。基于以上现状，决策者必须用"数据的眼光"发现和提出正确的问题。大数据技术能够帮助决策者正确地汲取信息，并对企业未来业务进行合理的预测，使决策过程更加智能化，规避决策者单纯依靠自身经验进行决策带来的风险，同时也有助于提高决策者的决策效率。

2. 指导产品优化

过去企业的所有管理决策都是依据产品自身需要来运作的，而现在则大部分是依据客户的需求来制订计划，那么采集客户的需求信息就显得尤为重要，采集并分析客户的需求信息后再进行产品研发和优化能使产品更符合市场和用户需求。例如，京东平台上买家对产品的评价以及提出的一些意见都有助于商家对产品进行优化，有助于企业未来经营目标的精准定位。

第五章
国家积极推动传统出版业进入大数据时代

信息技术与经济社会的交汇融合引发了数据迅猛增长，数据已成为国家基础性战略资源。自2014年起，国家不断在政策扶持、资金保障、项目实施及标准制订方面发力，以确保大数据战略顺利推进。那么，在国家大数据战略中，有哪些与出版业相关的政策及资金支持？有哪些项目及标准推行？本章会进行详尽梳理。

➢ **转型升级与融合发展改革力度逐步加大**

国务院、财政部、国家新闻出版广电总局在文件中多次强调，要以新技术引领出版融合发展，驱动转型升级；要运用大数据、云计算等技术，加强出版内容、产品和用户数据库建设，发展知识服务大数据应用。

➢ **财政资金发挥杠杆作用支撑转型升级与融合发展**

2013~2015年，财政部通过文化产业发展专项资金和国有资本经营预算支出两个渠道，共拨付资金20.39亿元，撬动48.32亿元配套资金，来扶持新闻出版企业实施数字化转型升级和融合发展，有力保障了转型升级和融合发展的资金需求。

➢ **项目带动加速推进转型升级与融合发展**

2011~2015年，国家新闻出版广电总局新闻出版改革发展项目库受理申报项目总计6176个，其中42.2%的为融合发展与转型升级类项目。通过项目的实施，建立了一批新型内容生产平台。

➢ **制订标准促进新闻出版大数据体系建设**

ISLI/MPR标准与CNONIX标准可以提升存量资源的使用率，解决新闻出版发行业信息标准不统一的问题。这两项重要标准的推行将促进行业内容资源元数据沉淀，推动新闻出版大数据体系建设。

第五章　国家积极推动传统出版业进入大数据时代

新闻出版业是文化产业的核心，也是信息产业中不可分割的一部分，在国家大数据战略中有着相当重要、不可替代的地位。国家新闻出版广电总局于2014年发布的《关于推动新闻出版业数字化转型升级的指导意见》中明确提出了推动出版业数字化转型升级的思路，出台了一系列重要扶持举措，对加快传统出版单位数字化转型升级具有重大意义。2015年4月，国家新闻出版广电总局与财政部联合发布《关于推动传统出版与新兴出版融合发展的指导意见》，对新闻出版业融合发展提出了明确路径和发展要求。同时，总局持续以从传统出版单位中遴选数字化转型示范单位为抓手，促进新闻出版业转型升级、融合发展整体水平的提升。出版单位应乘势而上，加快发展步伐，出版与科技的高度融合将成为出版业发展的必由之路。

机遇总是和挑战并存，如何在时代的浪潮中拓宽发展思路，寻求转型升级，通过不断调整自身发展方向谋求创新，一直以来都是出版单位发展思考的重要问题。出版单位应该主动转变思路，以"科技创新、产业融合"为导向，以"新媒体、新业态、新技术、新产业链"为切入点，运用新思路、新思维、新方法，制作和开发一系列新媒体出版项目。要想实现"一个内容多种创意，一个创意多次开发，一次投入多次产出，一次产出多次增值"，就必须立足优质出版内容，应用先进技术进行融合发展。随着新技术，尤其是移动互联网、大数据技术的迅猛发展，转型、升级、融合成为共识。在互联互通的今天，现代出版人需要将业态延伸至互联网领域，积极推进转型升级。只有转型升级成功，才能真正迎来出版业的大数据时代。

第一节　国家政策积极推动

出版业的数字化转型升级离不开国家对传统出版单位数字化转型与融合发展工作的政策支持。政府通过政策支持、项目推动、资金扶持，引导传统出版业的转型升级工作。

一　大数据体系建设成为"十三五"出版业发展的重点

"十二五"时期，国家新闻出版广电总局加速推动新闻出版业的数字化转型升级工作，以技术推广应用和相关标准研发为突破点，推动出版业实现"生产数字化、资源编码化、运营数据化和服务知识化"；并利用制订和推行相关标准，如中国出版物在线信息交换 CNONIX 标准，将数据采集、整理、交换和发布等环节产生和积累的各项元数据通过平台进行有效沉淀，为建设新闻出版业大数据体系走好了第一步。国家新闻出版广电总局计划在"十三五"期间，从顶层设计、政策发布、制度建设、机构设置着手，加强标准研制应用，加速技术研发与系统建设，搭建数据开放、共享、交换、运营平台，积极探索大数据应用模式，提高数据应用价值，推动行业大数据建设，带动新闻出版大数据在行业内外的产业化应用，构建完整的新闻出版业大数据体系。[①]

当下，国家已把大数据体系建设上升到行业发展的战略高度，要求大数据技术与出版业的结合更加密切；并强调出版业数字化转型与融合发展需要借力大数据技术等先进工具手段，运用大数据思维，在顶层设计和规划、专项数据体系建设、行业大数据应用项目三个方面循序渐进地推进大数据体系建设。

二 数字化转型升级与融合发展政策助推大数据技术与出版业相融

近几年，无论是在国务院发布的"十三五"规划中，还是在国家新闻出版广电总局发布的有关数字化转型升级和融合发展的政策文件中，"运用大数据技术"和"大数据体系建设"等说法频频出现，在新闻出版领域中应用大数据带动出版业数字化转型升级和融合发展的重要意义多次被提及。从 2014 年提出开始应用出版与发行数据的 CNONIX 系统到 2016 年提出建设大数据体系的构想，国家有关出版业数字化转型升级与融合发展的相关政策中对发展大数据的内容要求也在逐步提升、层层递进。尤其在"十三五"开局之年的 2016 年，国务院和国家新闻出版广电总局出台的相关发展政策中关于大数据的内容日益增多。作为融合型技术体系建设的重要一环，大数据对加快数字化改造进程的作用也在日益凸显。

大数据作为重要的技术革新，在传统出版业升级改造和融合发展过程中扮演了重要角色，大数据技术对传统出版的编辑模式、生产模式、营销模式转型提供

---

① 冯宏声：《新闻出版业大数据体系建设与应用》，http://www.cbbr.com.cn/article/106074.html。

了新的思路和观念。在 2014 年 4 月和 2015 年 3 月，国家新闻出版广电总局与财政部两度联合发布《关于推动新闻出版业数字化转型升级的指导意见》与《关于推动传统出版和新兴出版融合发展的指导意见》。这表明国家对出版业数字化转型升级与融合发展工作的推进力度与财政扶持程度都在进一步加大。而大数据作为出版业数字化转型升级与融合发展的重要方面，更离不开国家层面相关政策的指导与支持。

2016 年 1 月，由国家新闻出版广电总局数字出版司发布的《新闻出版业"十三五"科技发展规划总体思路》中提到通过建设数据管理与服务机构、行业数据管理中心、行业信息数据管理服务平台，以实现政府管理数据的公开与共享，整合行业内资源数据，提高市场生产预测的精准性，为掌握用户画像信息和选题信息提供参照与帮助。另外，出版业发展大数据要从顶层设计和政策制定上出发，搭建开放共享的运营平台，构建完整的出版业大数据体系，将出版业的大数据技术真正转化为出版业数字化转型升级和融合发展的重要工具。相关政策具体内容详见表 5-1。

表 5-1　数字化转型升级与融合发展相关政策

发布时间	发布机构	文件名称	相关内容
2014 年 4 月 24 日	国家新闻出版广电总局、财政部	《关于推动新闻出版业数字化转型升级的指导意见》	（1）通过政府引导，以企业为主体，加速新闻出版与科技融合，推动传统新闻出版业转型升级，提高新闻出版业在数字时代的生产力、传播力和影响力，为人民群众的知识学习、信息消费提供服务，为国民经济其他领域的产业发展提供知识支撑，更好更多地提供生活性服务与生产性服务 （2）支持企业对《中国出版物在线信息交换（CNONIX）》国家标准开展应用。重点支持图书出版和发行集团。包括支持企业研制企业级应用标准；采购基于 CNONIX 标准的数据录入、采集、整理、分析、符合性测试软件工具，开展出版端系统改造与数据规范化采集示范；搭建出版、发行数据交换小型试验系统，实现出版与发行环节的数据交换；开展实体书店、电子商务（网店）、物流各应用角度基于 CNONIX 标准的数据采集、市场分析、对出版端反馈的应用示范 （3）支持企业面向数字化转型升级开展企业标准研制。重点支持教育、少儿、少数民族语言等出版单位，推动企业从单一产品形态向多媒体、复合出版产品形态，从产品提供向内容服务的数字化转型升级

续表

发布时间	发布机构	文件名称	相关内容
2014年8月18日	中央全面深化改革领导小组第四次会议	《关于推动传统媒体和新兴媒体融合发展的指导意见》	（1）推动传统媒体和新兴媒体融合发展，要遵循新闻传播规律和新兴媒体发展规律，强化互联网思维，坚持传统媒体和新兴媒体优势互补、一体发展，坚持先进技术为支撑、内容建设为根本，推动传统媒体和新兴媒体在内容、渠道、平台、经营、管理等方面的深度融合，着力打造一批形态多样、手段先进、具有竞争力的新型主流媒体，建成几家拥有强大实力和传播力、公信力、影响力的新型媒体集团，形成立体多样、融合发展的现代传播体系。要一手抓融合，一手抓管理，确保融合发展沿着正确方向推进（2）推动媒体融合发展，要将技术建设和内容建设摆在同等重要的位置。要顺应互联网传播移动化、社交化、视频化的趋势，积极运用大数据、云计算等新技术，发展移动客户端、手机网站等新应用新业态，不断提高技术研发水平，以新技术引领媒体融合发展、驱动媒体转型升级。同时，要适应新兴媒体传播特点，加强内容建设，创新采编流程，优化信息服务，以内容优势赢得发展优势
2015年3月31日	国家新闻出版广电总局、财政部	《关于推动传统出版和新兴出版融合发展的指导意见》	运用大数据、云计算、移动互联网、物联网等技术，加强出版内容、产品、用户数据库建设，提高数据采集、存储、管理、分析和运用能力。积极通过多种方式吸收借鉴、善加利用先进的传播技术和渠道，借力推动出版融合发展。充分利用新一代网络的技术优势，加快发展移动阅读、在线教育、知识服务、按需印刷、电子商务等新业态。加强出版大数据分析、结构化加工制作、资源知识化管理、数字版权保护、数字印刷、发布服务以及产品优化工具、跨终端呈现工具等关键性技术的研发和应用实践，着力解决出版融合发展面临的技术短板。建立和完善用户需求、生产需求、技术需求有机衔接的生产技术体系，不断以新技术引领出版融合发展，驱动转型升级
2015年8月31日	国务院	《关于印发促进大数据发展行动纲要的通知》	利用大数据、云计算等技术，对各领域知识进行大规模整合，搭建层次清晰、覆盖全面、内容准确的知识资源库群，建立国家知识服务平台与知识资源服务中心，形成以国家平台为枢纽、行业平台为支撑，覆盖国民经济主要领域、分布合理、互联互通的国家知识服务体系，为生产生活提供精准、高水平的知识服务；提高我国知识资源的生产与供给能力
2016年1月28日	国家新闻出版广电总局数字出版司	《新闻出版业"十三五"科技发展规划总体思路》	（1）加快云计算、物联网、大数据相关技术在新闻出版领域的研发应用，推动建设新闻出版业新兴业态的支撑环境；加快内容资源数字化处理，数字内容智能化和知识化组织、管理、呈现、存储等技术研发与应用，推动新闻出版业转型升级；加快电子商务、智能物流在新闻出版领域的适用技术研发，推动构建新闻出版业现代供应链体系；开展数字版权标识管理与追踪、媒体指纹提取与检索、版权交易结算等技术研发与应用，提升数字版权管理与保护能力（2）探索建立行业数据管理中心，建设行业信息数据管理服务平台，实现政府管理数据的公开与共享；实现标识符标准注册管理的业务协同；指导、扶持新闻出版领域市场化数据服务机构建设（3）贯彻落实国家和行业标准化发展战略，完善标准体系建设，加强标准化工作机构的协同配合；重点关注加快数字化转型升级、传统业态与新兴业态融合发展等推动产业升级的相关标准的制定与修订

续表

发布时间	发布机构	文件名称	相关内容
2016年3月18日	国务院	《中华人民共和国国民经济和社会发展第十三个五年规划纲要》	（1）加快发展网络视听、移动多媒体、数字出版、动漫游戏等新兴产业，推动出版发行、影视制作、工艺美术等传统产业转型升级 （2）深化大数据在各行业的创新应用，探索与传统产业协同发展的新业态新模式，加快完善大数据产业链 （3）加强主流媒体建设，提高舆论引导水平，增强传播力、公信力、影响力。以先进技术为支撑、内容建设为根本，推动传统媒体和新兴媒体在内容、渠道、平台、经营、管理等方面深度融合，建设"内容＋平台＋终端"的新型传播体系，打造一批新型主流媒体和传播载体。优化媒体结构，规范传播秩序
2016年4月20日	国家新闻出版广电总局	《2016年新闻出版广播影视科技工作要点》	加快推进广电融合媒体服务云平台和大数据系统建设，着力推动在技术支撑上融为一体、合而为一，尽快从相"加"迈向相"融"。继续推进各级电台、电视台数字化网络化全面升级，实现台内全流程数字化、一体化，推动省级以上和有条件的电台、电视台依据融合媒体平台建设的技术白皮书建设传统媒体与新兴媒体融合的制播云平台和基于用户互动的制播大数据系统。推动实体书店利用互联网、大数据、数字印刷等技术，加快数字化改造，促进线上线下融合发展
2016年7月20日	国家新闻出版广电总局	《关于进一步加快广播电视媒体与新兴媒体融合发展的意见》	加快融合型技术体系建设。抢占网络信息技术制高点，开展云计算、大数据、智能技术等关键技术研发和应用，完善以云平台、大数据等先进技术为核心的广播电视融合技术支撑体系。建立用户大数据平台，深入分析用户的群体分布特征和多样化个性化需求，以用户数据、用户画像作为节目创新和服务创新的重要参考，做到精准生产、精准传播、精准服务
2017年1月17日	工业和信息化部	《大数据产业发展规划（2016~2020年）》	（1）推动重点行业大数据应用。推动电信、能源、金融、商贸、农业、食品、文化创意、公共安全等行业领域大数据应用，推进行业数据资源的采集、整合、共享和利用，充分释放大数据在产业发展中的变革作用，加速传统行业经营管理方式变革、服务模式和商业模式创新及产业价值链体系重构 （2）促进跨行业大数据融合创新。打破体制机制障碍，打通数据孤岛，创新合作模式，培育交叉融合的大数据应用新业态。支持电信、互联网、工业、金融、健康、交通等信息化基础好的领域率先开展跨领域、跨行业的大数据应用，培育大数据应用新模式。支持大数据相关企业与传统行业加强技术和资源对接，共同探索多元化合作运营模式，推动大数据融合应用
2017年5月18日	国家新闻出版广电总局、财政部	《关于深化新闻出版业数字化转型升级工作的通知》	鼓励开展数据共享与应用。新闻出版企业及相关下游企业，要基于CNONIX国家标准对现有业务管理、用户管理等相关数据管理系统进行优化和升级改造；要结合所处产业链位置及企业实际情况，与数据应用服务企业开展合作，采购其不同层次、形式多样的数据服务；要以需求为导向，采集市场数据、用户数据，创新数据应用模式，初步实现内容供应的运营模式向数据驱动转变。加强行业级数据管理服务机构建设，建立数据汇聚、共享、交换和应用的科学机制

第二节　财政支撑保障到位

充足的资金保障是新闻出版业数字化转型升级与融合发展的重要支撑。2013~2015年，财政部通过文化产业专项资金和国有资本经营预算资金两个渠道来扶持新闻出版企业实施数字化转型升级，有力保障了新闻出版业数字化转型升级的资金需求。2013年，财政部支持53家出版企业进行生产流程再造，带动37家技术公司参与项目实施；2014年，财政部支持77家出版企业开展转型升级工作及48家出版企业开展数字资源库建设；2015年，财政部安排国有资本经营预算资金支持行业级数字内容运营平台建设，并安排文化产业发展专项资金再次支持98家出版企业开展数字化转型升级工作（见图5-1）。[1] 可见，中央财政对出版企业在数字资源库建设、数字内容运营平台建设等方面给予了极强的财政资金支持。这为推进出版业数字化转型升级与融合发展提供了切实的力量。

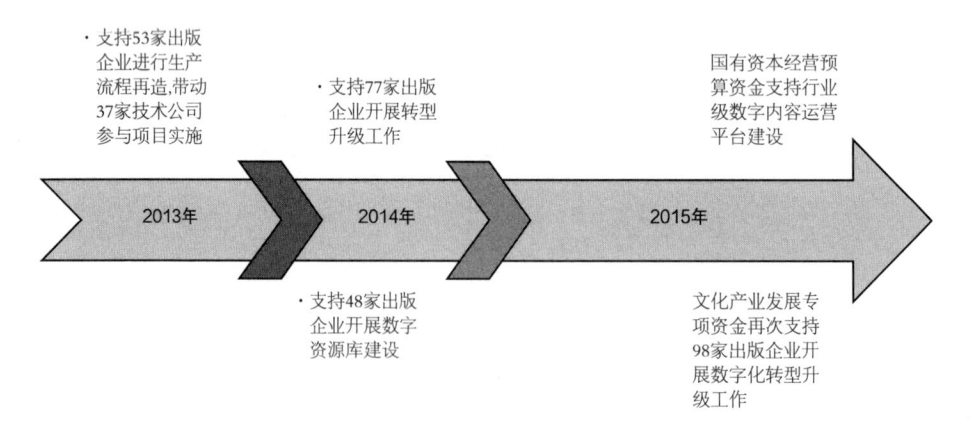

图5-1　2013~2015年财政部项目扶持新闻出版业数字化转型升级情况
资料来源：中国新闻出版广电报。

---

[1] 王坤宁、李婧璇：《撬动财政扶持资金杠杆 行业数字化转型升级后劲足》，《中国新闻出版广电报》2017年5月12日（3）。

一 文化产业专项资金

1. 专项资金在投入金额上多年保持较高水平

自 2008 年起,国家财政部每年都安排文化产业发展专项资金用于支持文化产业相关企业的发展。2012~2016 年已累计安排 226.83[①] 亿元,文化产业发展专项资金的投放切实推动了文化体制改革和文化产业的发展。根据财政部网站披露的信息(见表 5-2),2011 年至 2015 年,文化产业发展专项资金拨款呈快速上升趋势,从 2011 年的 20 亿元到 2014 年、2015 年连续两年 50 亿元,专项资金在投入的资金量上保持着较高水平。2016 年虽然在资金量上稍有下降,金额为 44.2 亿元,但是这个数字仍处在一个较高水平。另外,由于首次大幅引入市场化运作机制,国家转变财政支持思路和方式,在引入社会资本支持文化发展上下足功夫,激发了社会资本融资潜力,整体而言 2016 年文化产业发展专项资金的效果比往年反而增强了。这也意味着在市场化融资方式与渠道日益丰富的今天,国家的财政支持对出版业的数字化转型升级与融合发展并不是唯一的"救急",而是作为一种"助力"来激发市场资本融资潜能,利用放大财政杠杆和乘数效应,对接资本市场,进一步提高自身的可持续发展能力。

2. 专项资金是"扶强扶优"而非"扶贫扶弱"

从 2014 年开始,文化产业发展专项资金文件中明确把出版业数字化转型升级列为重点扶持项目。在 2016 年的文化产业发展专项资金中更是取消一般扶持项目的申报名额,集中财政力量扶持媒体融合。另外,2016 年度中央文化产业发展专项资金实施方式为"基金化 + 重大项目"的模式。基金化是指引入市场化运作模式,培养遴选一批中央、地方和市场的优秀文化产业基金,引导和撬动社会资本支持文化产业发展。重大项目主要支持党中央、国务院有明确要求,或者宣传文化部门确定的重要工作。财政资金支持的重点将是"扶强扶优",而不是"扶贫扶弱"。这是因为文化产业专项资金数额是有限的,将有限的资金集中助力优秀的、有扶持价值的文化企业,做到有针对性的财政扶持,能够取得更好的效果。另外,要认识到社会资本融资潜力是巨大的,通过引导社会化融资补齐剩余的资金"缺口",国家财政部的文化专项资金才真正起到"穿针引线""四两拨千斤"的助推作用。2012~2016 年中央文化产业发展专项资金具体内容见表 5-2。

---

① 根据表 5-2 中 2012~2016 年中央财政安排文化产业专项资金数额累计所得。

表 5-2　2012~2016 年中央文化产业发展专项资金相关内容（节选）

名称	扶持机构	相关内容
2012 年文化产业发展专项资金	财政部	2012 年，中央财政安排文化产业发展专项资金 34.63 亿元，[1] 重点支持文化体制改革、骨干文化企业培育、现代文化产业体系建设、金融资本和文化资源对接、文化科技创新和文化传播体系建设、文化企业"走出去" 6 个方面
2013 年文化产业发展专项资金	财政部	2013 年，中央财政安排文化产业发展专项资金 48 亿元，[2] 重点支持文化体制改革、骨干文化企业培育、现代文化产业体系建设、金融资本和文化资源对接、文化科技创新和文化传播体系建设、文化企业"走出去" 6 个方面
2014 年文化产业发展专项资金	财政部	2014 年，中央财政安排文化产业发展专项资金 50 亿元，[3] 比 2013 年增加 4.2%，共支持项目 800 个。支持项目包括"重大项目"和"一般项目"两大类。其中，重大项目分为文化金融扶持计划、推动电影产业发展、环保印刷设备升级改造工程、新闻出版业数字化转型升级、实体书店扶持试点等 8 个类别，共计 495 个项目，其中新闻出版业数字化转型升级项目达 77 个；一般项目分为支持文化体制改革、支持文化传播渠道建设等 5 个类别，共计 305 个项目
2015 年文化产业发展专项资金	财政部	2015 年，中央财政安排文化产业发展专项资金 50 亿元，[4] 共支持项目 850 个，项目数较 2014 年增长 6.25%。重点支持文化金融扶持计划、实体书店扶持试点、新闻出版业数字化转型升级、影视产业发展、文化创意和设计服务与相关产业融合、特色文化产业发展、对外文化贸易、传统媒体和新兴媒体融合发展 8 个方面。为落实《关于推动传统媒体和新兴媒体融合发展的指导意见》，新增传统媒体和新兴媒体融合发展为重点支持内容
2016 年文化产业发展专项资金	财政部	2016 年，中央财政安排文化产业发展专项资金 44.2 亿元，[5] 支持项目 944 个。首次大幅引入市场化运作机制。出资 15.6 亿元，完善参股基金等股权出资模式，创新式地通过重点省级文投集团开展债权投资路径，放大财政杠杆和乘数效应，提高资源配置效率。围绕党中央、国务院重大决策部署，首次取消一般扶持项目，其他 28.6 亿元全部投入重大项目，聚焦媒体融合、文化创意、影视产业、实体书店等 8 个方面，着力提高财政对推动文化领域供给侧改革的贡献度。与宣传文化部门统筹谋划、共同实施，首次建立牵头部门负责制，重大项目征集、评审分别由中宣部、文化部、国家新闻出版广电总局、商务部负责，中央财政"退后一步、站高一层"，突出顶层设计和政策规划，推动项目遴选与资金分配有机衔接

二　国有资本经营预算资金

根据财政部网站披露的信息（见表 5-3），2013~2016 年，中央财政已累计安排国有资本经营预算资金 37.14 亿元。[6] 国有资本经营预算资金切实发挥财政资金引导和撬动的杠杆作用，这有效缓解了中央经营性文化单位转企后的发展资金缺乏，有效提升了企业发展后

---

[1] 中华人民共和国财政部：《2012 年中央财政 34.63 亿元支持文化产业发展》，http://whs.mof.gov.cn/pdlb/gzdt/201305/t20130509_859750.html。

[2] 中华人民共和国财政部：《中央财政下拨 48 亿元文化产业发展专项资金》，http://whs.mof.gov.cn/pdlb/gzdt/201311/t20131118_1012890.html。

[3] 中华人民共和国财政部：《财政部下达 50 亿元文化产业发展专项资金》，http://whs.mof.gov.cn/pdlb/gzdt/201411/t20141113_1157905.html。

[4] 中华人民共和国财政部：《财政部下达 50 亿元文化产业发展专项资金》，http://whs.mof.gov.cn/pdlb/gzdt/201509/t20150930_1484061.html。

[5] 中华人民共和国财政部：《财政部下达 44.2 亿元文化产业发展专项资金》，http://whs.mof.gov.cn/pdlb/gzdt/201608/t20160805_2376596.html。

[6] 根据表 5-3 中 2013~2016 年中央财政安排国有资本经营预算资金数额累计所得。

劲。未来，财政部将继续就新闻出版业数字化转型升级和融合发展项目给予资金支持，在落实国家重点文化发展战略，推进文化领域供给侧结构性改革，调整文化领域国有资本布局结构等方面发挥更重要的作用。2013~2016年国有资本经营预算资金相关内容见表5-3。

表5-3 2013~2016年国有资本经营预算资金相关内容（节选）

名称	扶持机构	相关内容
2013年国有资本经营预算资金	财政部	中央财政下达2013年中央文化企业国有资本经营预算资金8.3亿元，[①] 共支持39家由财政部代表国务院履行出资人职责的中央文化企业实施的55个项目。资金重点支持三个方向：一是支持中央文化企业作为兼并主体，通过出资购买、控股等方式取得被兼并企业所有权、控股权，或通过合并成立新企业；二是支持中央文化企业进行数字化转型升级、网络传播平台、移动多媒体等项目建设，研发拥有自主知识产权、有利于推动企业产业结构调整或升级的关键技术；三是支持具有竞争优势、品牌优势和经营管理能力的中央文化企业与国外有实力的文化机构进行项目合作，建设文化产品国际营销网络，对外投资兴办文化企业
2014年国有资本经营预算资金	财政部	中央财政下达2014年中央文化企业国有资本经营预算资金10亿元，[②] 共支持72家由财政部代表国务院履行出资人职责的中央文化企业实施的118个项目。资金重点支持三个方向：一是支持中央文化企业作为兼并主体，通过购买、控股等方式取得其他文化企业所有权、控股权，或合并组建新企业、集团公司；二是支持中央文化企业进行具有典型示范效应的数字化转型升级、数字资源库、文化与科技融合等项目建设；三是支持具有竞争优势、品牌优势和经营管理能力的中央文化企业与国外有实力的文化机构进行项目合作，建设文化产品国际营销网络，推动文化产品和服务出口，开拓国际市场
2015年国有资本经营预算资金	财政部	中央财政下达2015年国有资本经营预算资金7.31亿元，[③] 共支持67家财政部代表国务院履行出资人职责的中央文化企业实施96个项目。资金重点支持三个方向：一是支持中央文化企业按照优势互补、资源组合的原则，合并组建新企业或集团公司，作为兼并主体通过购买、直接入股等方式取得其他文化企业所有权或控股权。二是支持中央文化企业集聚跨部门、跨地区、跨所有制的数字内容资源实施行业级数字运营平台建设，开展具有典型示范效应的网络传播与运营服务平台。三是支持具有竞争优势、品牌优势和经营管理能力的中央文化企业与国外有实力的文化机构进行项目合作，建设文化产品国际营销网络，推动文化产品和服务出口，开拓国际市场
2016年国有资本经营预算资金	财政部	2016年中央财政安排国有资本经营预算资金11.53亿元，[④] 支持54家中央文化企业联合重组和促进传统产业转型升级。重点支持方向包括：一是打破部门区域限制，推动中央文化企业联合重组，合并组建新的中央文化企业或集团公司，作为兼并主体通过购买、直接入股等方式取得其他文化企业所有权或控股权，加快公司制、股份制改造。二是推动出版发行、影视制作、文艺演出等传统产业转型升级，催生新兴文化业态，实现传统出版和新兴出版在内容、技术应用、平台终端等方面共享融通，进行拥有自主知识产权、有利于产业结构调整或升级的关键技术研发，与新兴媒体融合发展。三是引导中央文化企业"走出去"，通过新设、并购等方式在境外设立文化企业，参与联合经营，建设文化产品国际营销网络，推动文化产品和服务出口

---

① 中华人民共和国财政部：《中央财政安排8.3亿元国有资本经营预算支持中央文化企业发展》，http://whs.mof.gov.cn/pdlb/gzdt/201310/t20131011_997611.html。

② 中华人民共和国财政部：《中央财政安排10亿元国有资本经营预算支持中央文化企业发展》，http://whs.mof.gov.cn/pdlb/gzdt/201412/t20141215_1167260.html。

③ 中华人民共和国财政部：《中央财政安排7.31亿元国有资本经营预算支持中央文化企业发展》，http://whs.mof.gov.cn/pdlb/gzdt/201511/t20151118_1568452.html。

④ 中华人民共和国财政部：《中央财政安排11.53亿元资金支持中央文化企业发展》，http://whs.mof.gov.cn/pdlb/gzdt/201609/t20160902_2410280.html。

第三节　项目带动作用显著

数字化转型升级与融合发展的全面推进离不开项目的带动。"十二五"时期，新闻出版业坚持实施项目带动战略，以项目为抓手，加快促进科技成果转化和产业化，把新技术、新装备、新工艺应用于新闻出版流程改造、产品研发和平台建设等各个环节，培育出版新业态，拓展服务新领域，推进新闻出版在内容、形式、手段等方面持续创新。据统计，2011~2015 年国家新闻出版广电总局新闻出版改革发展项目库受理申报项目总计 6176 个，其中 42.2% 为融合发展与转型升级类项目。[1] 经过"十二五"时期的实践，初步形成"规划一批、实施一批、储备一批"的项目滚动发展机制，有效增强了行业综合竞争力和发展后劲，在推动新闻出版业转型升级、创新融合工作中发挥了重要的支撑作用。[2]

新闻出版业坚持实施项目带动策略是推动国家由新闻出版大国向新闻出版强国迈进的重大举措，有力地促进了文化体制和新闻出版体制的改革和创新。新闻出版业实施项目带动策略是新闻出版全行业共同认可的"高水准、前瞻性、广覆盖、动态式"的系统工程，以实施项目带动产业发展的战略开启了新闻出版产业发展的新路径。实施项目带动策略所取得的成就，使之成为彰显我国新闻出版业"十二五"发展规划实绩的落地工程，对推进科技创新、优化产业结构、促进产业升级，转变发展方式，确保新闻出版行业全面、协调、可持续发展意义重大，对新闻出版事业在"十二五"期间实现跨越式发展起到了至关重要的引领作用。

国家新闻出版广电总局（原国家新闻出版总署）自 2010 年开始实施项目带动策略，鼓励新闻出版或相关单位申报具有创新性发展思路的项目，从项目类别分布来看，以"融合发展与转型升级"为主，九大类分别为：融合发展与转型升级、出版、印刷复制、发行、基地园区、"走出去"、动漫游戏、公共服务、体制创新与保障。

"十二五"时期新闻出版改革发展项目库入库项目总计 2009 个，入库率（入库项

---

[1] 李游：《出版产业项目发展趋势与对策研究——以新闻出版改革发展项目库为例》，《出版发行研究》2016 年第 6 期，第 19 页。

[2] 张宏森：《推进转型升级，力促创新发展》，https://www.suilengea.com/wn/43/egfjzci.html。

目数／申报项目数）达到了32.5%。从入库项目类别分布来看，出版类占9.0%，融合发展与转型升级类占49.3%，印刷复制类占9.7%，发行类占7.8%，基地园区类占8.7%，"走出去"类占7.3%，动漫游戏类占3.6%，体制创新与保障类占2.4%，公共服务类占2.2%。对比项目申报类别分布，融合发展与转型升级类项目入库率最高，相较平均入库率高出38.2个百分点。[①]

一 重点促进出版业融合发展和数字化转型升级

新闻出版业实施项目带动策略采用重点项目推荐的方式，与财政部文资办实现对接支持工作。这些项目以数字化平台建设为主，综合运用多种信息技术、数字技术等高新技术，体现了我国新闻出版改革事业的发展方向之一——发展数字出版等非纸介质战略性新兴出版产业，运用高新技术促进新闻出版产业发展方式转变和结构调整。

二 切实保障新闻出版产业改革政策落实生效

1. 推动新闻出版业数字化转型升级

从2011~2015年入库项目分布来看，以"融合发展""转型升级""复合出版"等为主题词的创新应用类项目占比超过65%。从入库项目发展趋势来看，2011~2012年项目方向主要集中在内容数字化、网络化方面，产品形态以数据库、数字出版平台、移动阅读为主；2013年以后，"内容＋服务＋社区"成为数字产品主要业务模式，跨媒体内容平台、全媒体产品开发与服务成为主流。[②]可见，新闻出版业实施项目带动策略是对《关于推动新闻出版业数字化转型升级的指导意见》这一政策的有力贯彻和执行。

2. 推动传统出版和新兴出版融合发展

国家关于推动传统出版与新兴出版融合发展的政策不断出台，入库项目中不乏传统出版单位融合发展等新兴出版的项目，通过项目的实施，建立了一批涵盖选题策

[①] 李游：《出版产业项目发展趋势与对策研究——以新闻出版改革发展项目库为例》，《出版发行研究》2016年第6期，第19页。

[②] 李游：《出版产业项目发展趋势与对策研究——以新闻出版改革发展项目库为例》，《出版发行研究》2016年第6期，第20页。

划、协同编辑、结构化加工、全媒体资源管理等为主体的内容生产平台。此外，在内容传播渠道、经营管理机制等方面拓展了传统出版与新兴出版的融合发展。

3. 推动"大数据""互联网+""三网融合"等政策的实施

近年来，入库项目紧跟时代发展需求，深入贯彻落实国家相关发展政策，如以"大数据"应用为蓝本的"出版行业大数据服务平台及应用示范""南方传媒大数据智能服务平台"等项目。这些项目具有较高的产品创新性，符合政策发展方向，具有较高的行业应用价值。

三 新闻出版大数据应用工程

2016年，为落实国务院下发的《促进大数据发展行动纲要》，国家新闻出版广电总局在国家发展和改革委员会的指导下提出新闻出版大数据应用工程。新闻出版大数据应用工程重点建设以 ISLI 标准为支撑的元数据体系、以 CNONIX 标准为支撑的出版发行数据体系、以知识服务系列标准为支撑的知识资源数据体系，通过三个相互有机关联的数据应用体系，加快行业内数据资源的整合与共享，最大限度进行出版业数据资源的开发利用。

新闻出版大数据应用工程通过建设出版发行数据平台，借助其反馈的信息，使出版机构及时获取出版产品的销售情况，对出书规模进行优化和控制，改善库存，降低运营成本；通过出版元数据平台和知识服务平台建设，可以将新闻出版业的信息资源进行碎片化的关联标识，通过知识的挖掘、组织、识别技术进行深度开发，将各个不同的知识或者资源进行关联汇聚和再加工利用，开发语义出版的新产品模块，满足用户基本知识需求之外的关联推荐等新需求；以 ISLI 标准和技术作为底层支撑系统，将碎片化的资源进行关联标识，同时通过对知识的描述和深度开发将知识进行语义化，以形成优质的数字内容资源，在此基础上提供丰富的数字内容服务。

新闻出版大数据应用工程的实施有助于加快落实国家促进大数据发展的相关政策要求，有助于完成新闻出版业供给侧结构性改革"三去一降一补"（去产能、去库存、去杠杆、降成本、补短板）[①]的任务，有助于加快行业数据融合和资源整合，提升政府

[①] 冯宏声：《以大数据体系建设支持出版业供给优化》，《中国出版传媒商报》2016年12月13日（7）。

数据治理能力。总之，新闻出版大数据应用工程项目的实施积极响应国家政策要求，为孵化新闻出版行业新业态、新模式起到了助推作用。

第四节　相关标准及时出台

标准化的推行工作也是企业增强竞争力的必要手段。国家推动传统出版业数字化转型升级与融合发展的政策为标准化工作提供了良好的发展环境与条件。自 2011 年开始，国家新闻出版广电总局先后启动一系列新闻出版重大工程，借助财政部补贴资金的助力，推动新闻出版企业提升关键技术与标准结合方面的水平，并以标准为引领、以技术为支撑，加快新闻出版业数字化装备配置建设进程，主要开展了 ISLI/MPR 标准与 CNONIX 标准应用两项重要的试点示范。

一　以 ISLI/MPR 标准为支撑的元数据

ISLI（International Standard Link Identifier，国际标准关联标识符）国际标准是由我国主导制定的首项信息文献标识符标准领域的国际标准，由国际标准化组织（ISO）于 2015 年 5 月 15 日正式发布。2016 年 8 月 29 日，国家质量监督检验检疫总局和国家标准化管理委员会批准发布实施《中国标准关联标识符（ISLI）》（GB/T 32867-2016）国家标准。MPR 出版物（Multimedia Print Reader）是一种传统媒体和新兴媒体融合的新型复合数字出版物，它利用关联声音、图像、文字等各类文档的二维条码（MPR 码）生产与识别技术，通过一个铺设在纸介质出版物上的 MPR 码，实现文字、图片、声音、视频等多种出版资源的同时呈现。ISLI 国际标准源于 MPR 出版物国家标准，该标准旨在通过对信息文献领域相关实体之间的关联关系进行标识，以实现如共同呈现等使用目的。此标准是信息文献领域标识符标准体系的重要组成部分，有利于信息内容管理的编码化与对信息内容资源的管控。就当下新闻出版单位的现存资源情况而言，构建关联应用体系可以用较低成本高效生产数字出版新产品，催生新模式，提升存量资源的使用率。对于出版行业而言，以关联为核心的 ISLI 标准也有利于一次生产、多元发布的产品构建模式和精准的知识资源推送功能的实现。

2016 年 5 月，在国家新闻出版广电总局组织召开的"MPR 国家标准应用示范工作阶段性会议暨 ISLI/MPR 标准与全媒体融合出版技术系统应用者大会"上，以天朗时代科技公司为代表的 ISLI/MPR 标准技术系统研发单位负责人实时演示了 ISLI 与 MPR 系列标准及其技术系统。这个系统平台对复合出版物内容编辑生产、内容渠道投送推广和终端阅读提供了解决方案，满足了读者个性化、多样化的阅读需求，为新闻出版业的数字化转型与融合发展提供了强有力的技术支撑。

2017 年 1 月 25 日国家新闻出版广电总局发布的《关于实施〈中国标准关联标识符（ISLI）〉国家标准的通知》（以下简称《通知》）中提出："深入推进 ISLI 标准及相关应用标准的产业化应用，促进行业内容资源元数据沉淀，将相关工作纳入新闻出版大数据应用工程的总体框架内，推动新闻出版大数据体系建设。"可见，ISLI 标准及 MPR 出版物等关联构建等应用标准在出版业产品及相应内容服务模式变革方面扮演了举足轻重的角色。通过对 ISLI 国家标准的产业化应用，出版业联姻大数据技术进行数字化转型升级与融合发展的程度日益加深了。另外，《通知》中还提出："自 2017 年 7 月 1 日起，在我国境内（不含港澳台地区）出版的正式出版物（包括图书、报纸、期刊、音像制品、电子出版物、互联网出版物，含重印、再版）应在首次出版时申领 ISLI 标准标志码及图标并在出版物中使用。"这也从侧面说明国家新闻出版广电总局对新闻出版单位全面推行 ISLI 国家标准的积极支持态度与重视程度。ISLI 标准推行历程如图 5-2 所示。

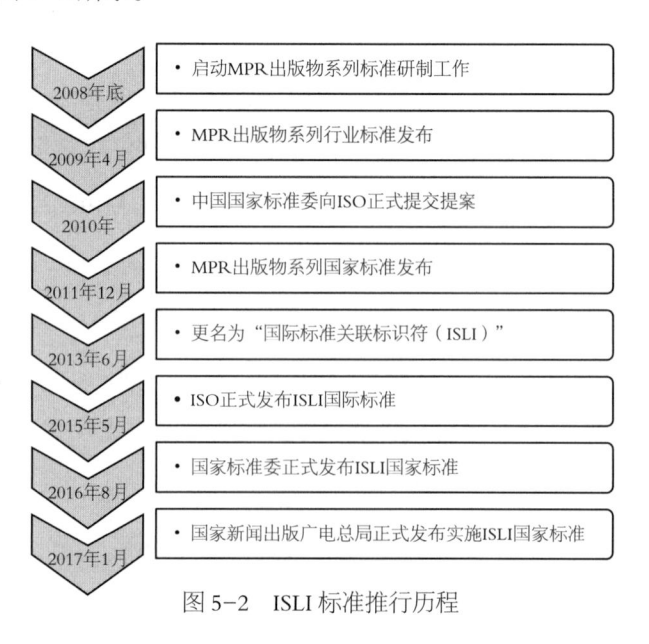

2008年底	启动MPR出版物系列标准研制工作
2009年4月	MPR出版物系列行业标准发布
2010年	中国国家标准委向ISO正式提交提案
2011年12月	MPR出版物系列国家标准发布
2013年6月	更名为"国际标准关联标识符（ISLI）"
2015年5月	ISO正式发布ISLI国际标准
2016年8月	国家标准委正式发布ISLI国家标准
2017年1月	国家新闻出版广电总局正式发布实施ISLI国家标准

图 5-2　ISLI 标准推行历程

二 以 CNONIX 标准为支撑的"出版发行数据"

CNONIX 即中国出版物在线信息交换图书产品信息格式规范的简称。这是全国出版物发行标准化技术委员会推动研制完成的一项国家标准。在大数据时代，出版业中的发行业需要进一步发挥自身服务出版的功能。CNONIX 国家标准打破了图书申报信息、出版信息、产品信息、发行和市场信息的孤立关系，解决了各类信息标准不统一的问题。无疑，加强中国出版物在线信息交换标准的应用及推广，对大数据时代的发行业做好转型升级工作具有积极的推动作用。

当今，出版业的数字化转型升级与融合发展趋势势不可当。CNONIX 国家标准是出版业逐步进入大数据时代时推出的一项重要成果。CNONIX 国家标准通过统一规范发行环节的产品信息描述与交换格式，使得出版上游的内容提供者可直接通过互联网传播渠道向发行者等终端客户传递图书等出版产品信息。这项成果使得整合新闻出版单位的产品发行信息成为可能，实现了出版物产品信息、管理信息的数字化，并实现了出版物产品信息的"一次加工，全程共享"。同时，这也为整合出版物发行信息资源，建设跨语种、跨媒体、跨区域的开放式出版物流通信息平台奠定了基础。

在 CNONIX 国家标准的推行背景下，国家新闻出版广电总局力求通过示范单位的引领带动新闻出版发行业的转型升级工作。一批出版单位、发行单位、图书馆成为 CNONIX 应用示范单位。其中 2014 年有 22 家单位获得了"CNONIX 国家标准应用示范单位"的称号。2015 年，全国出版物发行标准化技术委员会陆续制定并发布了《基于 CNONIX 的图书产品信息采集规范》《书业电子商务流程规范》《CNONIX 标准符合性测试规范》等多项行业标准，这为 CNONIX 国家标准在行业内的应用推广提供了进一步保障与依据。目前，我国出版业正在积极运用 CNONIX 国家标准推进数字化转型升级与融合发展工作，为打通上下游信息系统的互联互通、推进出版产品信息的流通与共享积极努力。

补充知识：数字出版转型示范单位

为深入贯彻落实党的十八大精神，培育和壮大数字出版产业，加快新闻出版业发展方式转变，自2012年9月原国家新闻出版总署在新闻出版行业开展了传统出版单位数字出版转型示范工作。此活动经广泛征求业界意见和严格评审，于2013年确定了首批数字出版转型示范单位共计70家。2015年为推动传统出版单位数字出版转型升级工作向更大范围、更高层次发展，2015年2月，国家新闻出版广电总局下发《关于开展第二批数字出版转型示范单位评估工作的通知》，4月至5月，对申报单位进行了资格审核，对申报材料进行了数据采集、资料转换和统计汇总，并于5月底召开由管理部门代表、业内专家、研究人员及一线从业者参加的专家评估会议。在遵循评估标准同时适当兼顾区域性差异的基础上，总局最终确定了第二批数字出版转型示范单位共计100家（见表5-4）。

表5-4　数据出版转型示范单位数量

序号	类别	2013年第一批数字出版转型示范单位数量（家）	2015年第二批数字出版转型示范单位数量（家）
1	出版集团	12	5
2	报业集团	5	10
3	报纸出版单位	20	30
4	期刊出版单位	20	29
5	图书出版单位	13	26
	合计	70	100

注：具体名单参见附录B。

第六章
出版业及相关新兴业态在大数据时代的应对尝试

> 大数据时代，快速膨胀的用户知识服务需求和个性化需求，与传统的知识生产、传播方式之间的矛盾日益突出，传统知识生产模式及传播方式受到了很大冲击。一些传统出版单位已经开始大数据应用的尝试，它们有哪些先进经验？相关产业又有哪些成熟应用？本章收录了15家单位的大数据应用案例，通过总览分析及个案分析来看看他们的具体做法。

➢ **传统出版业大数据应用多基于存量资源**

人民出版社、知识产权出版社、人民法院出版社、社会科学文献出版社和皖新传媒在传统出版业务上积累的丰富内容是其主要优势，主要运用大数据技术进行辨识关联和深度挖掘加工等，其产品在数据检索的效率和效果上较同类非大数据产品会有很大的提升。

➢ **新兴业态大数据应用更关注用户需求**

纵横中文网、中国知网、人大数媒、咪咕数媒、知乎和罗辑思维等新兴业态对用户需求更为敏感，主要将大数据技术应用于用户行为数据的挖掘分析，通过深度了解用户需求优化产品和运营。

➢ **相关内容行业大数据应用致力于垂直细分服务**

在出版业以外，百度、无讼网络科技、塔防网游和魔方格等将大数据技术运用在各自的细分领域，在新闻、法律、游戏、教育等行业将知识服务做到更细化，更贴近用户需求。

大数据和互联网技术影响了很多传统行业，传统出版业也不例外。对于传统出版业来说，读者的需求已发生深刻变革，快速膨胀的用户知识服务需求和个性化需求与传统的知识生产、传播方式之间的矛盾也日益突出。传统知识生产模式以及传播方式受到了很大的冲击，仅凭书刊报等传统传播方式已无法满足当今读者的需求。这样的大背景催生了一系列出版行业应用大数据的案例。

第一节　大数据技术应用案例总体分析

著者特邀 15 家企业，结合行业背景和各自大数据技术应用产品对业务特征、产品架构、实施步骤及关于大数据的思考等进行分享。这 15 家企业目前基本都建立了比较完整的大数据应用平台，已经有运用大数据技术的产品投入市场并积累了一定用户，在大数据转型方面有较为丰富的经验，能对尚未迈出尝试脚步的传统单位提供启发和借鉴。

一　大数据技术应用案例总览

著者对采集到的 15 家单位的案例进行了纵向梳理，包括传统出版单位 5 家、新兴出版企业 6 家和其他内容产业相关企业 4 家，从应用领域、资源数据、应用特点及效果几方面进行了分析总结，具体如表 6-1 所示。

从以上案例梳理可以看出，传统出版单位在资源及数据利用方面与新兴出版单位存在差异。传统出版单位大数据产品以丰富的内容资源为特点，资源大部分取自本单位主要业务和主营产品多年积累的内容，在数字化和数据化基础上运用大数据技术对内容资源进行辨识关联、深度挖掘等加工，其产品在数据检索的效率和效果上较同类非大数据产品会有很大的提升；新兴出版单位大数据产品对用户需求更为敏感，大数据技术多应用于用户行为数据的挖掘分析，通过深度了解用户行为、评估营销效果，不断优化产品体验、提升运营效率。

在实际走访和调研中，我们的直观感受是大多数传统出版单位对大数据的应用还比较初级。其实，对传统出版单位尤其是专业出版社而言，不管是原有主营出版物的读者，还是大数据产品的用户，群体都相对垂直、细分，在用户积累上是要花一些时间的。在

表 6-1 大数据应用案例总览

序号	单位（大数据产品（平台））	应用领域	数据类型	产品特点及应用效果
1	人民出版社——"党员小书包"APP	党员学习	内容数据（党政类数据资源）、移动端用户数据、后台业务数据	资源权威，内容丰富；紧密对接中央及各级党组织学习部署；移动学习，有效互动；定期更新，专属定制；分级管理，精准考评
2	知识产权出版社——DI Inspiro™ 中国知识产权大数据与智慧服务系统	知识产权数据检索	内容数据（专利数据、非专利数据）	数据资源全面、集中，更新及时，可实现聚合分析，提高了知识产权数据检索结果的可操作性、效率及准确性
3	人民法院出版社——中国法律应用数字网络服务平台（"法信"）	法律服务	内容数据（法律知识、裁判文书数据、案例资源等）	通过对海量法律知识和案例资源进行碎片化和聚类处理形成法律应用知识资源库，通过法律知识分类导航和同案智推大数据双引擎，可以大幅度提高检索结果精准度和关联度，能够优先推送更为权威统一的法律依据和司法观点，满足了法官在办案过程中对法律、案例和专业知识的精准化需求
4	社会科学文献出版社——智库类数据库	社会科学研究领域知识服务	资源数据（出版内容资源）、产品销售数据、用户数据（包含用户基本属性数据）、用户使用行为数据	借助技术手段进行市场调研，扩大样本量并快速清洗，分析数据，更准确地理解用户需求；广泛深入收集用户行为数据，分析预判用户需求来指导产品优化和精准营销；开发采集系统提高公共资源采集效率；开发可视化功能，优化数据展示
5	皖新传媒——AI学智慧教育平台	教育服务	用户行为数据、教学行为数据	通过集合智能手写笔、平板等终端组件，收集学生做题的行为数据，分析结果将服务于教师对学生进行有针对性的辅导教学方式，提高老师讲授和学生学习的效率；服务教育监管部门、学校、老师、学生和家长
6	纵横中文网	运营、产品、营销方案优化	用户行为数据、业务数据	把业务数据和用户行为数据对海量内容资源进行挖掘，实现精细化运营
7	中国知网有限公司	知识服务	内容数据（文献、统计数据、知识条目、图片等）、用户行为数据	通过大数据技术对海量内容资源进行挖掘，提取知识元，挖掘知识关联关系以及文献之间的引用关系，建立多维度的知识图谱，对核心指标进行更深层次的下钻，实现了业务人员数据效率；对出版人员业务数据和知识网络；为出版下游读者提供相关研究现有针对性的推荐，学术热点分析和选题策划服务
8	人大数媒科技有限公司——"壹学者"移动学术科研服务平台	学术内容服务、学术资料服务、学术分析服务、管理服务	内容数据（中国人民大学书报资料中心的期刊、文章、学者等学术数字资源）	平台充分挖掘书报资料中心的发表阵地优势，聚合学者用户，建立人文社科知识图谱，并建设精准的学者脉络关系；在此基础上获得精准的学术热点分析和空白点分析，结合同行评议、形成刊评、学者、机构的影响力评价数据

第六章 出版业及相关新兴业态在大数据时代的应对尝试

续表

序号	单位/大数据产品（平台）	应用领域	资料数据	产品特点及应用效果
9	咪咕数媒——"咪咕阅读"大数据平台	移动阅读	用户的历史使用行为，例如访问、购买、搜索、阅读记录等	根据用户身份、历史购物及浏览产品的行为特征给予针对性推荐，以改善用户的购物体验，提升企业的经营业绩；通过分析新客户的访问习惯、访问路径、调整营销手段培养新的高价值客户群方案，提供针对性关怀计划，及时监控高价值客户异动情况，避免其流失；通过数据分析客户流失的原因，结合市场调研、产品分析、渠道分析、身份识别和消费能力分析制定针对性挽留策略
10	知乎	知识服务	用户行为数据、用户话题、用户问题等	根据用户行为数据描绘用户画像，确定用户需求和在某专业领域的影响力，并从用户的需求出发，进行产品迭代
11	罗辑思维	知识服务	用户地理位置数据、用户社交UGC数据、用户消费数据、用户行为数据、用户收视收听数据	通过用户消费、使用数据，优化用户运营和服务
12	百度信息流产品	信息推送	内容数据、用户数据	相较只有内容分发功能的平台，百度的多个产品平台能够收集包括搜索数据、地理位置、知识图谱和交易数据等上百个维度的行为数据；通过大数据技术的分析与识别建立精准的用户画像；利用人工智能推荐算法提升信息分发效率，达到精准推荐的需求与内容匹配
13	无讼网络科技有限公司——无讼·案例、无讼·名片、法小淘	法律服务	内容数据（法院网站、律师和律所信息、涉及法律纠纷的企事业单位信息、政府网站的法律法规信息）	无讼·案例：多关键词同时搜索、法条关联、划词搜索、历审案例关联、相似案例推送等无讼·名片：将裁判文书和诉讼代理人一一对应起来，为每一个律师打造专属名片法小淘：根据当事人之间的信息不对称，通过大数据智能分析，向用户推荐最合适的律师，消减律师与当事人之间的信息不对称，为律师提供更加丰富的诉讼策略；为法官判案提供更多判例参考依据，为专业律师提供更多代理机会；为法官判案提供更多参考依据
14	MMO塔防类网页游戏	游戏运营情况评价	用户行为数据（玩家登录、点击按钮、充值精耗等）	通过分析玩家在游戏中的操作行为数据来指导游戏优化和改进的方向，例如指导发行部门在宣传推广和投放广告策略方面进行调整，指导运营部门在设计游戏活动时更加有效地引导玩家充值付费等
15	云学时代科技有限公司——魔方格学生试题推荐系统	教育服务	内容数据、业务数据（试题、试卷信息）、用户行为信息数据（错题、收藏的题、做题时间等）	推荐最需要、最少量的试题给不同学生，通过有针对性的训练提高效率和技能提升

用户成长起来之前如何培养数据、利用数据是传统出版单位急需思考的问题。只有在布点、收集、存储和刷新等环节做好设计，数据的回收才是有意义的，收集到的数据才是可利用的，然后才是关联、挖掘、决策、行动和反馈，这样就形成了一个完整的数据闭环。完整的数据闭环可以让数据"活"起来，让企业在海量数据中获得有价值的分析结果，制定可执行的方案，最终推动企业业务发展，让"数据资源"成为"数据资产"。

二 传统出版业应用特点：基于存量资源的大数据应用

传统出版业的大数据应用主要基于存量内容资源，以下将结合人民出版社和知识产权出版社的传统出版背景及其提供的案例，具体分析传统出版单位利用大数据技术的应用特点。

1. 人民出版社："党员小书包"大数据平台应用

人民出版社作为我国第一家哲学社会科学综合性出版社，近60年来，出版了大量政治、哲学、经济、历史、法律、文化、国际问题等方面的一流学术著作，以及重要人物传记和哲学社会科学工具书及教材等，具有大量独具特色、权威性强的党政资源。面对大数据技术的影响，人民出版社依托大量权威党政文献资源，为广大党员提供了一个"党员小书包"APP学习平台。

"党员小书包"APP以强化党员正面教育、互动体验、集中学习和定制服务为核心进行设计与开发，针对有一定文化程度、能够使用手机的党员。APP实现了动态化的学习，可做到实时记录并管理使用者的阅读学习行为，进行精准考评，有效推动党员自主学习、传播主流价值观念。其大数据应用路径如图6-1所示。

"党员小书包"APP主要有以下两个亮点：第一，传统业务资源积累深厚，存量内容丰富、权威；第二，大数据平台与产品紧密关联，分析结果为学习考评提供参考数据，数据驱动精细化运营。

2. 知识产权出版社：中国知识产权大数据与智慧服务系统DI Inspiro™

知识产权出版社主要业务涉及图书和期刊出版、专利文献出版、专利信息服务、数据加工和数字印刷等多个领域，是集出版、印刷、数据加工和信息服务于一体的综合性出版机构。截至2016年7月底，知识产权出版社收集和管理的专利和非专利数据资源共计156种，数据总容量达209TB，数据数量超过3亿条。

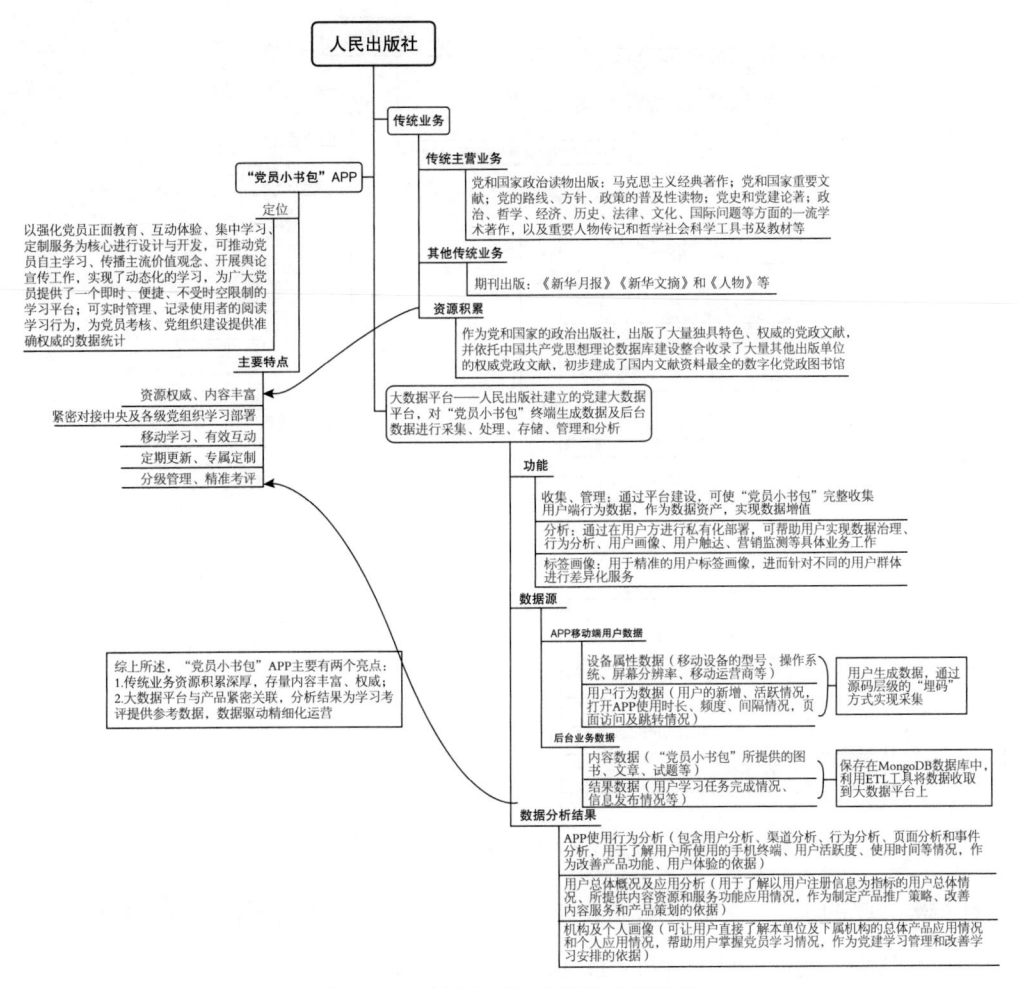

图 6-1　人民出版社大数据应用路径

中国知识产权大数据与智慧服务系统 DI Inspiro™ 是由知识产权出版社开发建设的国内第一个知识产权大数据应用服务系统，旨在收集整合各种知识产权大数据资源，为全球科技创新和知识产权保护提供最优质高效、聚合关联的知识产权信息服务。目前，DI Inspiro™ 系统已经整合了国内外专利、商标、裁判文书、标准、科技期刊和版权等知识产权数据资源，在权威、更新及时的专利等数据支撑的前提下，实现了良好的用户体验效果和检索效率，能让用户从数以亿计的全球知识产权数据资源中方便、准确地获取于自己最有用和最有价值的情报信息，从而帮助用户及时把握技术发展最前沿、提高创新起点和有效防范知识产权风险。

其大数据应用路径如图 6-2 所示。权威、丰富的知识产权资源积累是知识产权出

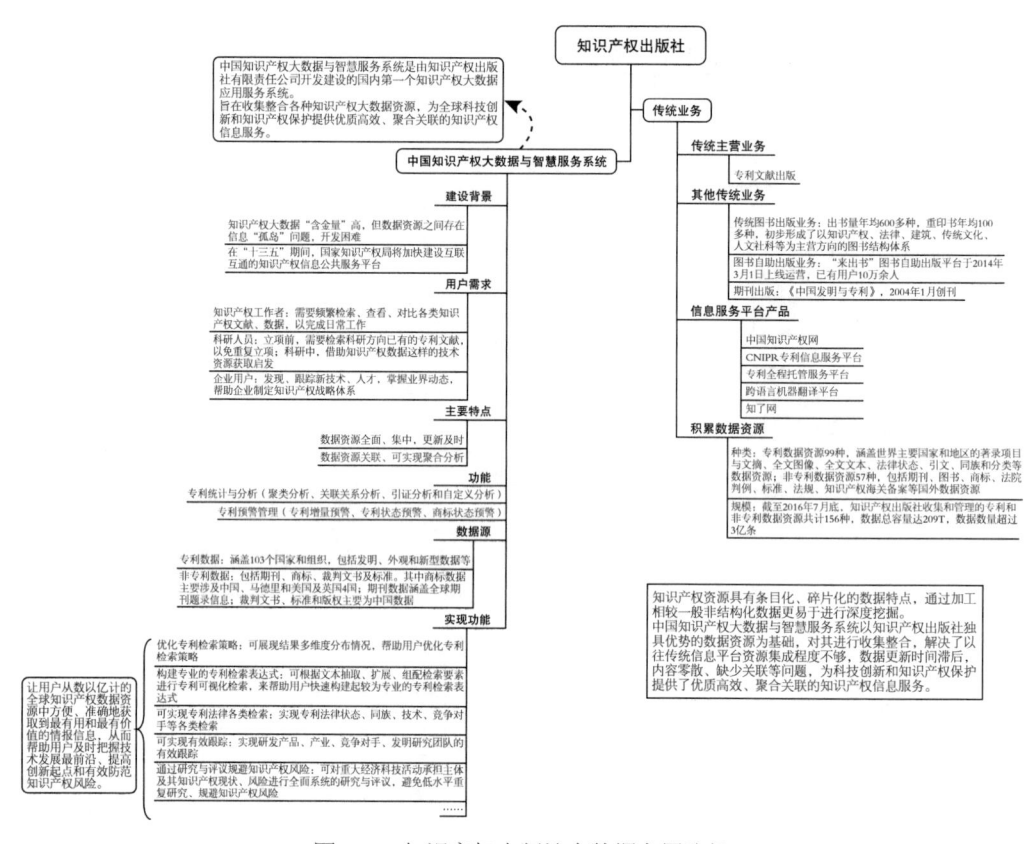

图 6-2　知识产权出版社大数据应用路径

版社得天独厚的优势，知识产权资源本身条目化、碎片化的数据特点也使数据加工相较一般非结构化数据更易于进行。DI Inspiro™系统的价值在于，通过对海量知识产权数据的聚合、关联，使得检索更全面、精确和易操作，解决了以往传统信息平台资源集成程度不够、数据更新时间滞后、内容零散且缺少关联等问题，为科技创新和知识产权保护提供了优质高效的知识产权信息服务。

三　新兴业态应用特点：基于知识服务的大数据应用

著者邀请知乎和罗辑思维分享了它们的经历和产品，并针对性地做了详细的资料搜集和文本分析，分别为两个品牌绘制了简单的发展图谱，从它们各自的诞生背景、产品定位，到经营模式、数据运用，带领大家看看知识服务提供商是如何利用大数据技术的。

1. 知乎：社会化问答社区案例

知乎创办于 2011 年 1 月 16 日，是社交关系的网络问答社区，以"知识连接一切"

为使命。知乎的核心产品是知乎社区，包括问答、话题、专栏、文章及知乎圆桌等版块。知识付费类产品包括：知乎 Live、知乎书店（知乎周刊、知乎周刊 Plus、知乎一小时系列电子书、知乎盐系列电子书、线下出版图书、各大出版社授权的电子书）及付费咨询。

知乎拥有自己的大数据算法和分析方法，会采集用户行为、用户话题和用户问题等方面的用户数据，在排行、维护社区规范、确定用户画像、业务场景个性化推荐和商业化探索方面都有应用大数据，应用路径如图 6-3 所示。

知乎知识服务的特点为：以社区化的大型知识平台为流量入口探索知识市场的新可能，从用户需求出发不断地进行产品升级和迭代。

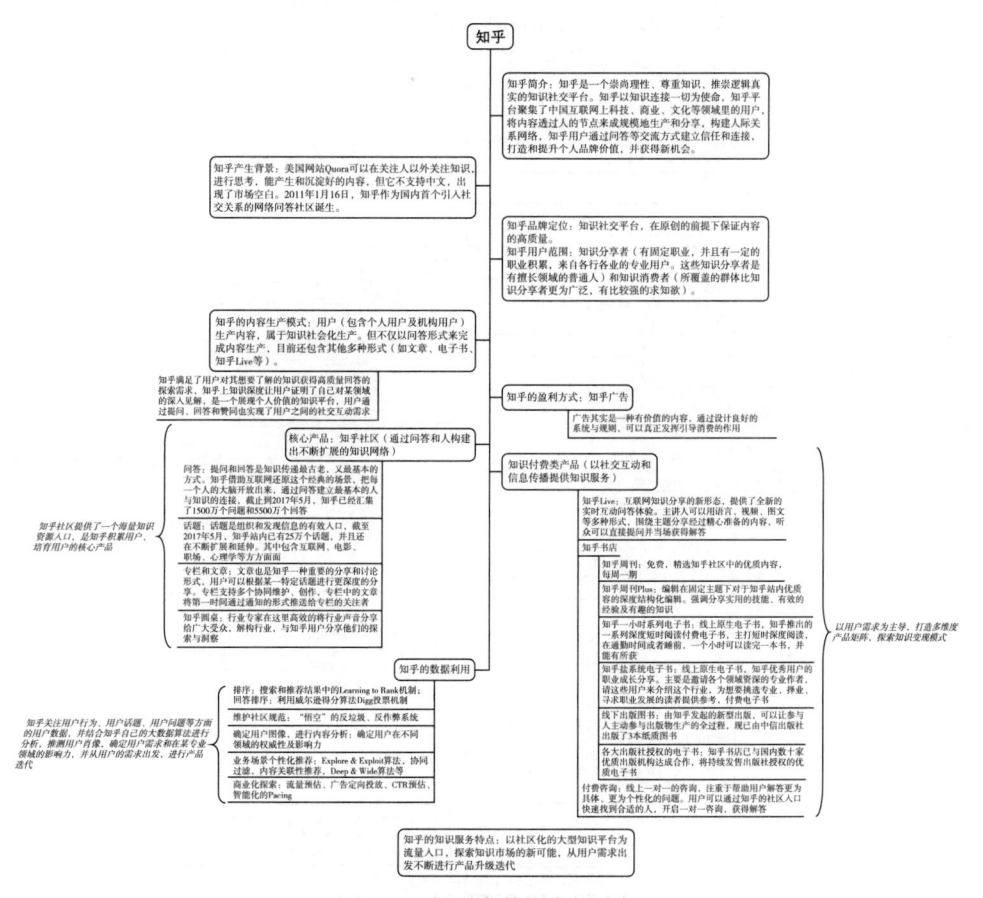

图 6-3　知乎大数据应用路径

2. 罗辑思维：知识服务平台案例

罗辑思维是由罗振宇创建的知识服务公司，愿景是做中国最好的知识服务商，旨在汇聚一流的知识生产者，为用户提供最好最省时的高效知识服务，成为碎片化学习的主要入口。其旗下主要产品是知识服务APP得到、知识类脱口秀节目《罗辑思维》及微信公众号"罗辑思维"、创新访谈纪录片《长谈》、知识发布会和"时间的朋友"跨年演讲。

在数据利用方面，罗辑思维通过采集和分析用户收视收听数据、用户行为数据、用户消费数据、用户社交UGC数据、用户地理位置数据等，进一步优化用户运营和服务，其大数据应用路径如图6-4所示。

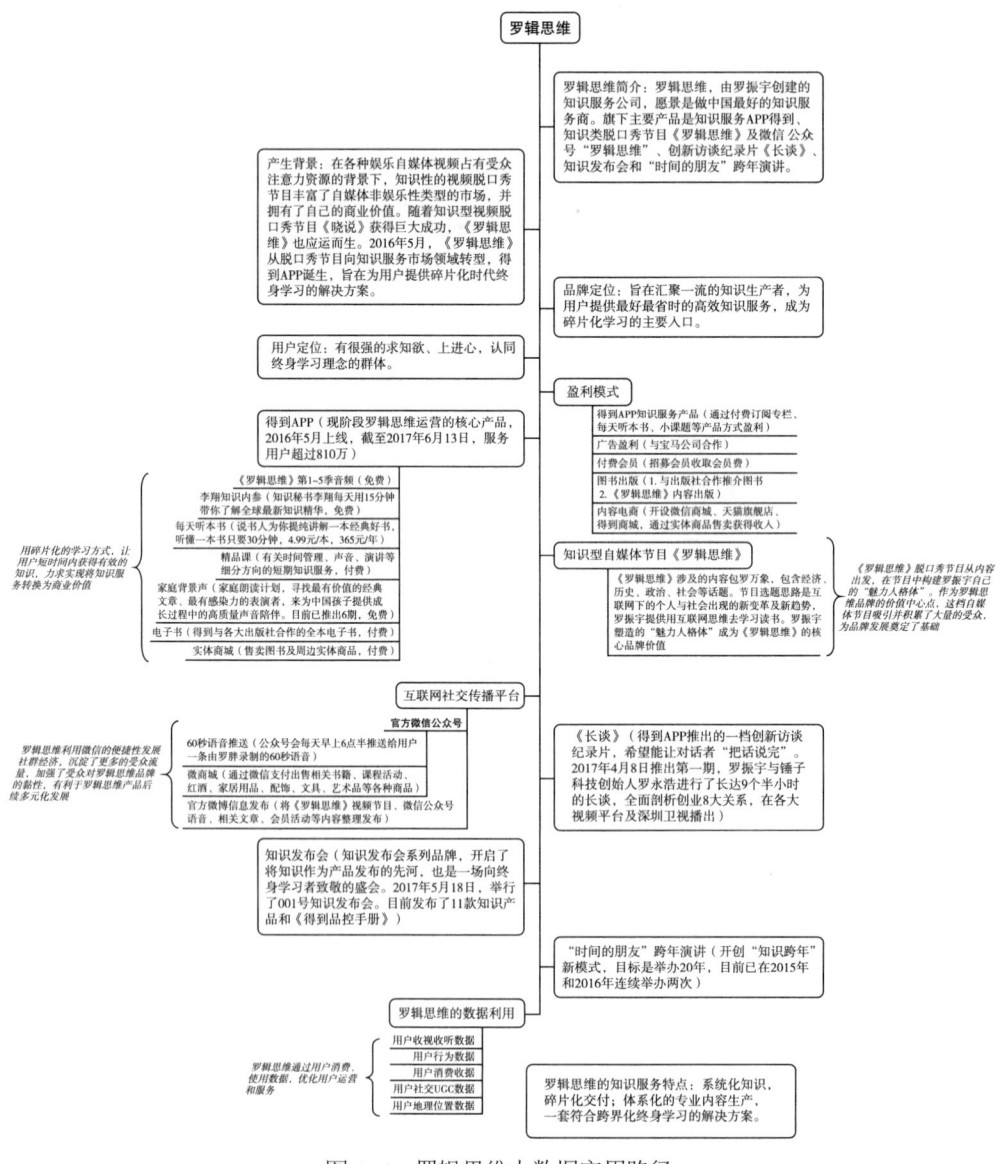

图6-4 罗辑思维大数据应用路径

罗辑思维知识服务的特点为：第一，系统化知识，碎片化交付；第二，体系化的PGC内容生产，一套符合跨界化终身学习的解决方案。

第二节　传统出版业大数据技术应用实践

本节将详细展示人民出版社、知识产权出版社、人民法院出版社、社会科学文献出版社和皖新传媒五家传统出版单位的大数据应用实践。

一　人民出版社："党员小书包"大数据平台

（一）总体概况

1."党员小书包"简介

"党员小书包"是以人民出版社出版的权威党建图书为数据资源，以移动互联网手机客户端为主要载体，以强化党员正面教育、互动体验、集中学习、定制服务为核心进行设计与开发的。该APP实现了动态化的学习，为广大党员提供了一个即时性、便捷性、不受时空限制的学习平台；具有强大的学习管理系统，可实时管理、记录使用者的阅读学习行为，为党员考核、党组织建设提供准确权威的数据统计。

APP主要特点如下：第一，资源权威、内容丰富。作为党和国家的政治出版社，人民出版社出版了大量独具特色、权威的党政文献，并依托中国共产党思想理论数据库建设整合收录了大量其他出版单位的权威党政文献。第二，紧密对接中央及各级党组织学习部署。紧跟中央学习部署，结合各级党组织自身学习要求，精心选择个性化学习资源以学习任务、测试竞赛、在线交流等新颖的形式及时呈现给学习对象，为党员学习培训提供一站式解决方案。第三，移动学习、有效互动。基于移动互联网技术开发手机端应用程序，学员可以随时随地灵活安排学习，支持随时组织在线集体学习和实时在线互动交流，实现了党员学习全天候、全覆盖。第四，定期更新、专属定制。定期更新基础学习内容资源，并且可按客户需求定制专属APP客户端（专属Logo、背景、学习资源包，支持个性化栏目）。第五，分级管理、精准考评。实时记录党员个人学习情况、支部活动进展，分级赋予不同的管理权限，利用大数据统计分析党员学习成效，查找问题和不足，帮助改进党员的学习培训，为党员学习考评提供精准的参考数据。

2. "党员小书包"大数据平台概述

"党员小书包"大数据平台是在"党员小书包"产品上的应用实践，未来将逐步应用到人民出版社开发建设的中国共产党思想理论资源数据库、高校思政教育平台、党校理论培训平台等党建学习产品中，最终形成围绕理论学习的党建大数据平台。

"党员小书包"大数据平台在大数据方面的具体应用包括对终端用户的使用行为数据进行采集，并对数据进行有效处理、存储、管理和分析，最终形成多维度的党员学习相关分析统计报告。

平台主要特点有：第一，高效可扩展的大数据分析平台。针对大数据背景下的产品运营分析提供了一整套的工具端支撑，提供大数据分析平台框架。该架构成熟稳定，通过在用户方进行私有化部署，可帮助用户实现数据治理、行为分析、用户画像、用户触达、营销监测等具体业务工作。平台依托于当前流行实用的大数据技术，支持所有组件和应用的"热插拔"，在平台后续业务有需求时可随时进行新工具系统的引入，保证了系统的稳定升级能力。第二，全面的大数据收集、管理能力。通过平台建设，可完整收集用户端行为数据，使用户保留再使用的可能，使其作为数据资产实现数据增值。这些数据可无缝和"党员小书包"服务平台打通，便于后续进行更加完整的用户画像，保证系统外延、升级能力。此外，还可以完成多源数据整合，建立以用户为中心的统一视图，使原本处于不同层级的垂直业务系统实现串联，形成针对用户属性、行为的综合分析，为后续的标签画像、数据建模提供基础。第三，丰富的标签画像能力。数据分析的目的在于进行精准的用户标签画像，进而针对不同的用户群体进行差异化服务，同时满足用户对自身管理的需求。平台提供了多种模型算法，拥有丰富的图形图表展现形式，支持多种屏幕的展示，能够满足用户多种统计分析需求，提升了"党员小书包"管理和考评应用效果。

3. 平台整体组成

已建设的大数据系统整体组成框架如图 6-5 所示，包含数据采集、数据集成和管理、数据应用展现三个部分。

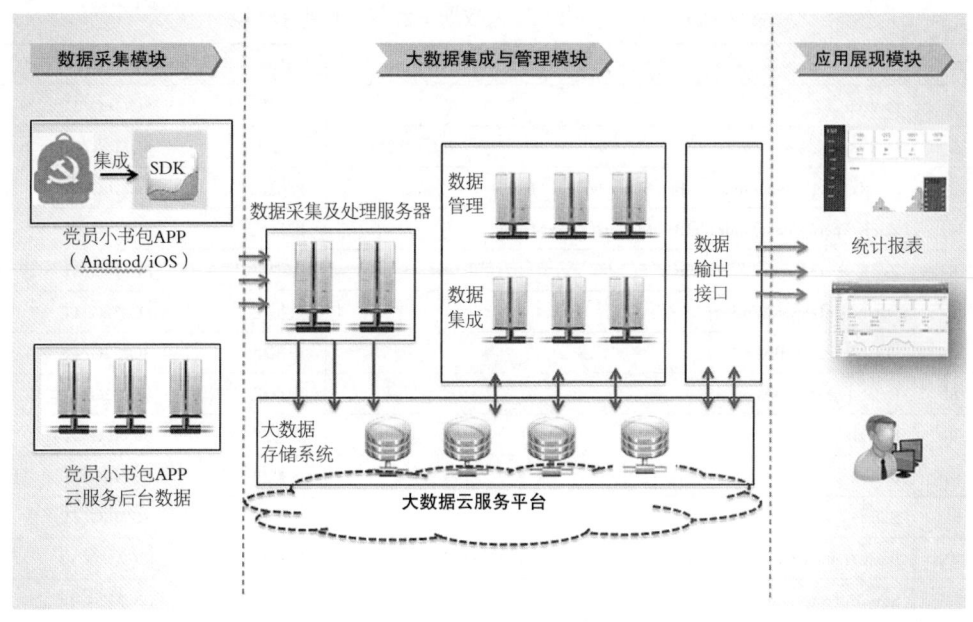

图 6-5 "党员小书包"大数据平台整体组成

4. 环境需求

"党员小书包"大数据平台运行所需的软件环境和硬件环境分别如表 6-2、表 6-3 所示。

表 6-2 "党员小书包"大数据平台运行的软件环境

类型	名称	版本
操作系统	RHEL	6.4 版本及以上
中间件软件	JDK	1.7 版本及以上
	Nginx	1.8.0 版本及以上
	Jetty	8.1 版本及以上
	Tomcat	7.0.62 版本及以上
	ZooKeeper	3.4.5 版本及以上
	Hadoop	2.6.0 版本及以上
	Hbase	1.1.1 版本及以上
	Hive	1.1 版本及以上
	Spark	1.5.1 版本及以上
	ElasticSearch	2.1.0 版本及以上
	MySQL	5.7 版本及以上
	Kafak	0.8.2 版本及以上
	Storm	0.9.5 版本及以上
应用软件	TD DMP Plus	包含 Analytics 移动统计分析平台、数据管家、用户管家、酷屏

表 6-3 "党员小书包"大数据平台运行的硬件环境

序号	名称	机型	配置（CPU/内存/硬盘）
1	Collector1	虚拟机	8C/16G/2T
2	Collector2	虚拟机	8C/16G/2T
3	ZooKeeper1/NameNode1/HBaseMaster1/SparkMaster1	虚拟机	8C/16G/3T
4	ZooKeeper2/NameNode2/HBaseMaster2/SparkMaster2	虚拟机	8C/16G/3T
5	ZooKeeper3/Storm1（Nimbus）	虚拟机	8C/16G/3T
6	DataNode1/SparkWorker1	虚拟机	8C/32G/4T
7	DataNode2/SparkWorker2	虚拟机	8C/32G/4T
8	DataNode3/SparkWorker3	虚拟机	8C/32G/4T
9	Kafka1	虚拟机	8C/16G/2T
10	Kafka2	虚拟机	8C/16G/2T
11	Kafka3	虚拟机	8C/16G/2T
12	Redis/Offline Compute/Hive/Report/Query Engine/UM/	虚拟机	12C/32G/1T
13	Storm2（Supervisor）	虚拟机	12C/32G/1T
14	Storm3（Supervisor）	虚拟机	12C/32G/1T
15	MySQL-Master	虚拟机	32C/64G/4T
16	MySQL-Salver	虚拟机	32C/64G/4T
17	ElasticSearch1/HBaseRegionServer1	虚拟机	16C/32G/4T
18	ElasticSearch2/HBaseRegionServer2	虚拟机	16C/32G/4T
19	ElasticSearch3/HBaseRegionServer3	虚拟机	16C/32G/4T
20	DMP-Ui1/DMP-Console1/um1/QueryEngine1	虚拟机	8C/32G/1T
21	DMP-Ui2/DMP-Console1/um2/QueryEngine2	虚拟机	8C/32G/1T
22	ETL/Scheduler1/Executor1/DMP-Monitor1/SparkClient1/HbaseClient1	虚拟机	16C/32G/2T
23	Scheduler2/Executor2/DMP-Monitor2/SparkClient2/HbaseClient2	虚拟机	16C/32G/1T

（二）数据采集方面的大数据应用

1. 数据源

"党员小书包"大数据平台的数据来自"党员小书包"APP 移动端用户数据和后台业务数据两部分。所有安装有"党员小书包"APP 的移动设备均是大数据平台的独立数据源。每个"源点"均按照既定策略发送两种数据：一是设备属性数据，包括移动设备的型号、操作系统、屏幕分辨率和移动运营商等，可以反映出用户设备属性的分群信息；二是用户行为数据，包括用户的新增、活跃情况，打开 APP 使用时长、频度、间隔情况，以及页面访问及跳转情况。这些指标有的反映了应用的覆盖程度，有的反映了用户的使用黏度和使用偏好等。平台不采集用户的隐私数据，如电话号码、短信信息等。

后台业务数据主要是"党员小书包"所提供的图书、文章、试题等内容数据及用户学习任务完成情况、信息发布情况等使用服务的结果数据。"党员小书包"后台业务系统所使用的数据库为 MongoDB，大数据平台支持接入 MongoDB、MySQL、Oracle 等主流数据库的数据，并可将数据集成整合到大数据平台进行存储和管理。

2. APP端用户行为数据采集

（1）采集技术

APP 端的数据采集通过源码层级的"埋码"方式实现，具体来说就是通过大数据平台所提供的 SDK 进行代码植入，完成数据源的信息采集、源端存储和信息发送等工作。SDK 以插件形式集成到"党员小书包"APP 里，SDK 提供一种自定义事件方式来采集各类业务数据。

（2）采集特点

SDK 方式的数据采集有以下特点：第一，SDK/JS 文件大小通常控制在 100K 以内，外层应用膨胀率极低。第二，数据类型完整。采集的数据类型不仅包括原始设备基础数据如设备机型、操作系统、所在地区等，还包括用户行为数据如页面访问情况、使用频次数据等，并可根据业务需求随时扩展采集内容。第三，系统定义了严格的数据上传策略，保证了数据的及时有效上传，并充分考虑终端设备的网络连通情况，能避免数据遗漏。第四，控制上传数据大小。上传前对终端数据内部整合，保证只上传用户触发的最新数据，使用户从网络连接上无感知。经过严密测算，在 100 个埋点的情况下，24 小时内的数据上传量不超过 10K。第五，为保证数据安全性，使用 MessagePack 打包并加密压缩后再进行上传操作；系统还采用 SSL 安全机制，以 Https 方式保证通信安全。第六，唯一 ID 生成。系统 SDK 会综合设备信息，生成设备唯一标识符——TDID，此 ID 具有设备唯一性和防刷新的性质，配合用户的 AccountID 可以清晰获知用户账户和设备之间的对应关系，如一个账户对应多台设备或一个设备对应多个账户等情况。

3. 采集流程

APP 端用户行为数据采集整体流程如图 6-6 所示。

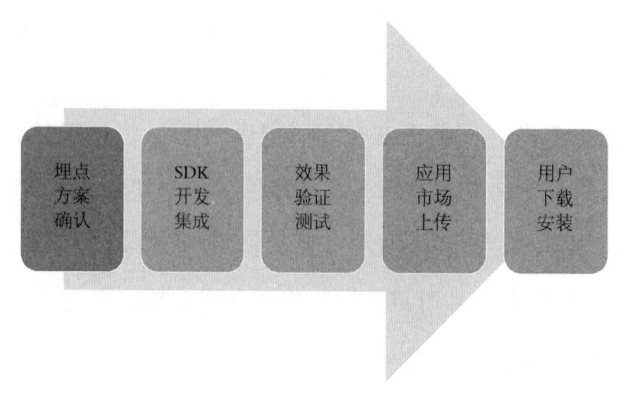

埋点方案确认 → SDK开发集成 → 效果验证测试 → 应用市场上传 → 用户下载安装

图 6-6 "党员小书包"大数据平台数据采集整体流程

首先，根据业务数据分析需求明确采集内容，并根据采集内容定义采集事件形成埋点方案。"党员小书包"采集内容包括设备信息、APP 使用情况、页面内容资源访问情况、图书阅读数据和社交互动数据五大类，共定义采集事件 183 个（见表 6-4）。

表 6-4 "党员小书包"大数据平台采集事件定义示例

业务名称	业务描述	APP Analytics 埋点			
^	^	事件名称	页面及自定义事件 ID	自定义事件 Label	自定义事件参数
账号登录	统计登录时的账号 ID，用于后台进行数据 mapping	登录账号	3000000	账号 ID	—
栏目访问情况	统计每个栏目的次数和时长	栏目访问次数	3100001	栏目 ID	单位 ID 类型 ID（基本栏目、自定义栏目、宣传栏目）
^	^	栏目访问时长	3100002	栏目 ID	单位 ID 类型 ID（基本栏目、自定义栏目、宣传栏目） 访问时长
图书访问情况	统计每本图书点击下载、下载及阅读情况	图书点击次数	3101001	图书 ID	渠道来源（基本栏目、自定义栏目、宣传栏目、书架、在线支部、学习管理、阅读记录）
^	^	图书下载次数	3101002	图书 ID	渠道来源（基本栏目、自定义栏目、宣传栏目、在线支部、学习管理、阅读记录）
^	^	图书阅读次数	3101003	图书 ID	渠道来源（基本栏目、自定义栏目、宣传栏目、书架、在线支部、学习管理、阅读记录）
^	^	图书页面阅读信息	3101004	图书 ID	章节 停留时间 每页字数 当前页所在章节的总字数 渠道来源（栏目、书架、在线支部、学习管理、阅读记录）
^	^	图书阅读时长	3101005	图书 ID	阅读时长 渠道来源（栏目、书架、在线支部、学习管理、阅读记录）

然后，APP端开发人员根据埋点方案进行SDK集成操作，确保业务需求可以完整地体现在源代码里（见图6-7、6-8）。

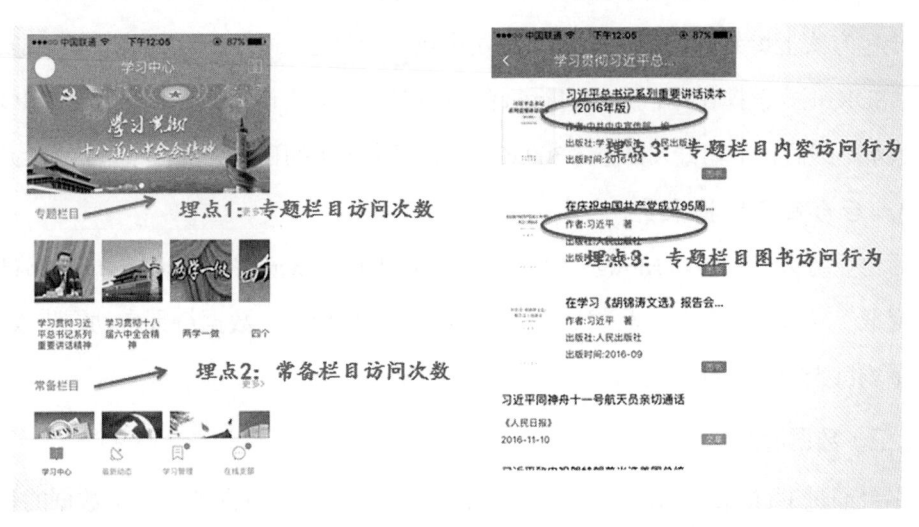

图6-7 "党员小书包"大数据平台栏目访问埋点方案示例

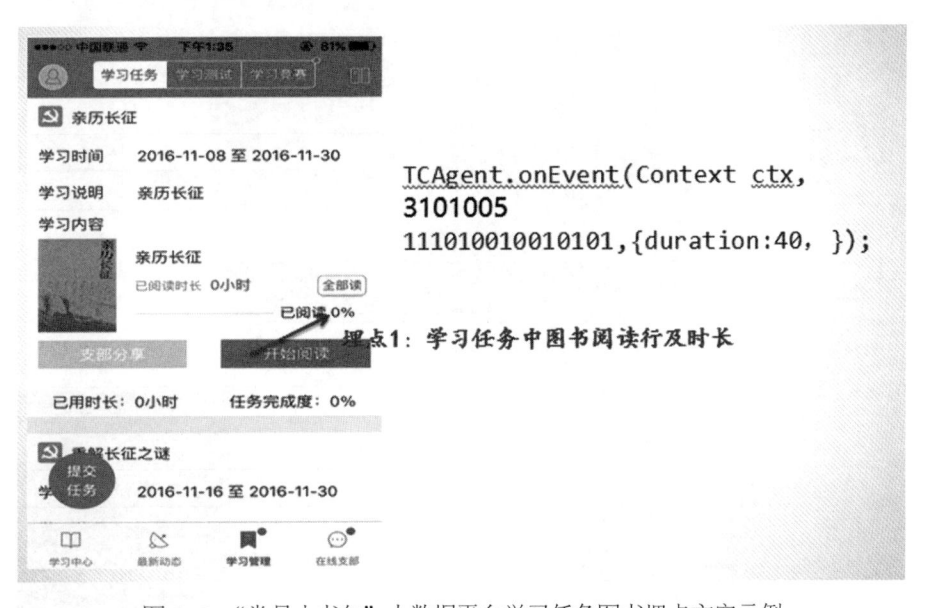

图6-8 "党员小书包"大数据平台学习任务图书埋点方案示例

第三步，进行埋点效果验证测试，主要测试采全和采准。采全即所有埋点均可以从埋点方案映射到系统实现；采准即正确体现用户操作行为，例如发生了几次登录、浏览了几次某页面等。

测试无误后，进行应用市场上传。iOS 版本要上传到 Apple Store，Android 版本则通过分包方式上传到各大应用市场。应用市场审核通过后，终端用户即可下载安装。自此，SDK 正式发挥作用，开始进行每台移动端"源点"设备的数据采集。APP 埋点更新版本上线后，平均每天日志量 300M 左右，每天采集的自定义事件数量约为 8 万条。

3. 后台业务数据采集

后台业务数据保存在 MongoDB 中，利用 ETL（Extraction Transformation Loading，数据提取、转换和加载）工具将数据收取到大数据平台上。数据每天自动同步收取一次，平均每天同步数据量为 1G。

（三）数据清洗

平台通过 ETL 引擎和策略进行数据清洗，完成数据从数据源向目标数据的转化。整个 ETL 构建在多个维度的清洗规则基础上，数据处理框架如图 6-9 所示。平台采

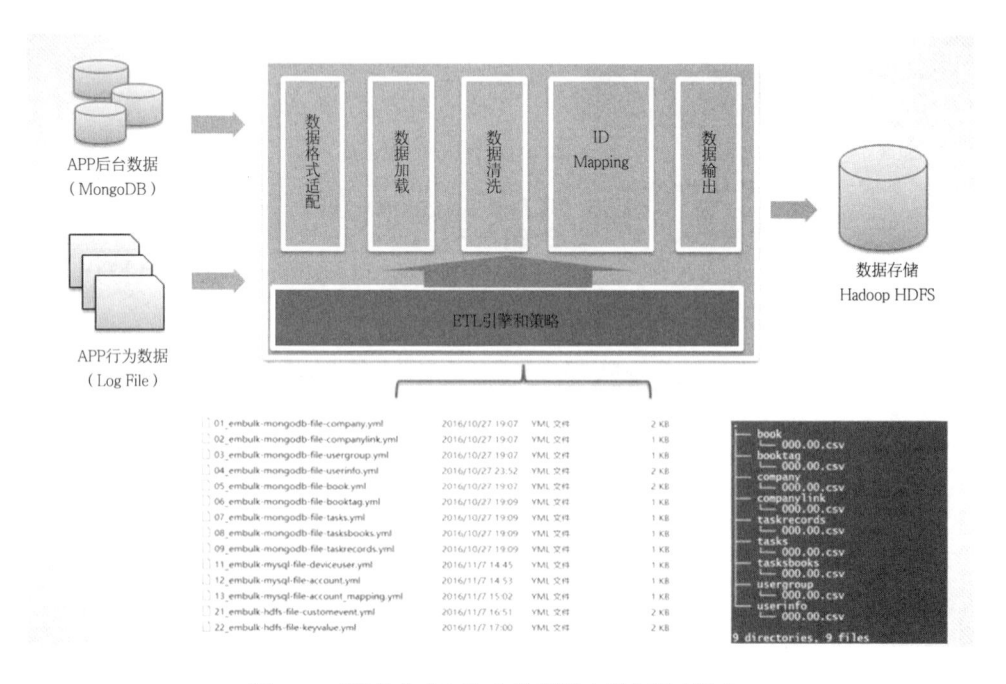

图 6-9 "党员小书包"大数据平台数据处理框架

用Apache Storm分布式计算系统进行数据清洗，易于扩展、便于集群管理，可保证每条信息都得到处理，具备良好的容错机能。

由于数据主要来源于移动终端，所采集的行为数据复杂度较高（如数据来自Android和iOS两大平台，多家移动运营商、上百款操作系统、近十万款智能设备型号、数千万ID等），故同一维度（字段）收集数据的差异性较大。鉴于此，平台围绕数据规范、错误、残缺、重复等问题建立了多种清洗规则。下面举例说明一下。

1. 数据规范

手机的品牌、型号非常之多，一个型号的手机生产批次不同，从终端采集的机型信息也不同；同一运营商不同的ISP，从终端采集的运营商信息表述内容也不同。故需要通过数据清洗将同一内容的信息统一标识，将不规范的机型信息准确地归类到对应品牌中。清洗规则就是建立标准化表，将采集到的信息与标准化表进行对比，将标准化表里规范的表述作为正式数据内容存储（见图6-10）。

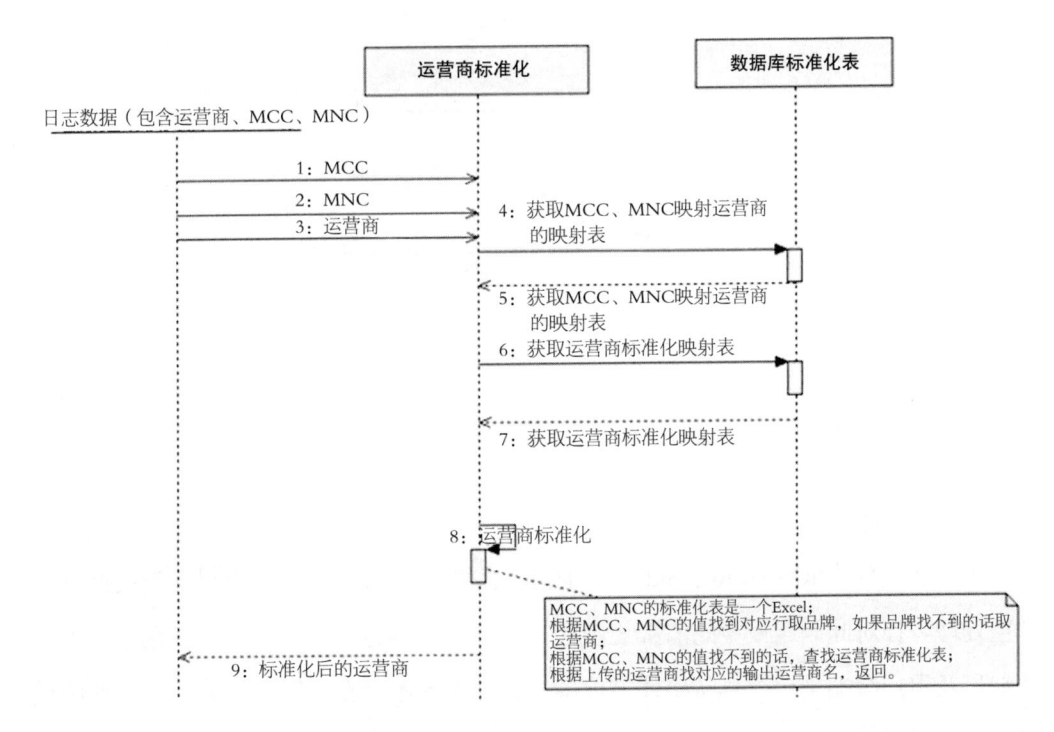

图6-10 "党员小书包"大数据平台运营商信息标准化清洗处理原理

2. 数据纠错

由于数据主要来源于终端设备，受用户在终端设备上自主设置的影响，会产生错误的数据。例如手机设置时间不准造成采集的时间数值与当前时间并不吻合，所设定时区不同造成记录时间、时间间隔、时间时长等数据错误。针对此问题设定的清洗规则为：因为系统是实时的，采集所记录的事件时间与当前时间相差并不大，所以当事件发生时间数据错误时，要将所记录的事件时间转换成当前时间；对时间边界进行定义，如平台上线的时间、当前最大时间、能否为负值、最小间隔等，当采集的记录时间超出边界时要对数据进行更正或废弃处理（见图6-11）。

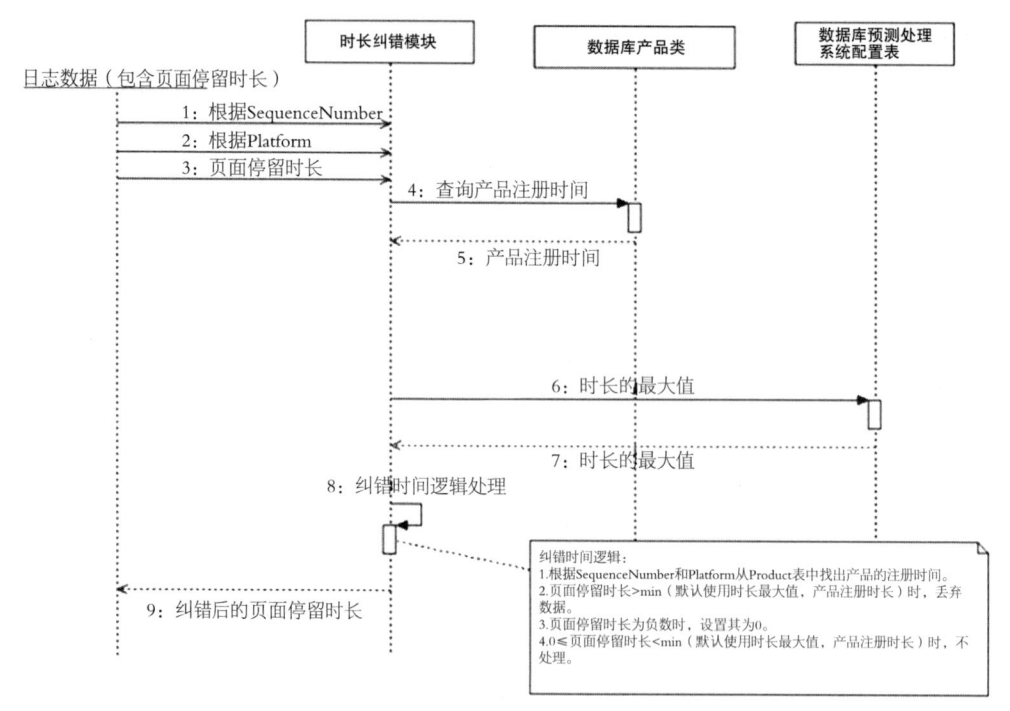

图 6-11 "党员小书包"大数据平台停留时长清洗处理原理

3. 数据排重

用户终端分为 iOS 和 Android 两个平台，需要对来自不同平台的同一类数据进行排重处理。针对此问题设定的清洗规则为：定义事件编号和事件字典，根据采集的事件编号及用户终端平台信息从事件字典中查找，如果不存在，则新增到事件字典中提供维护（见图6-12）。

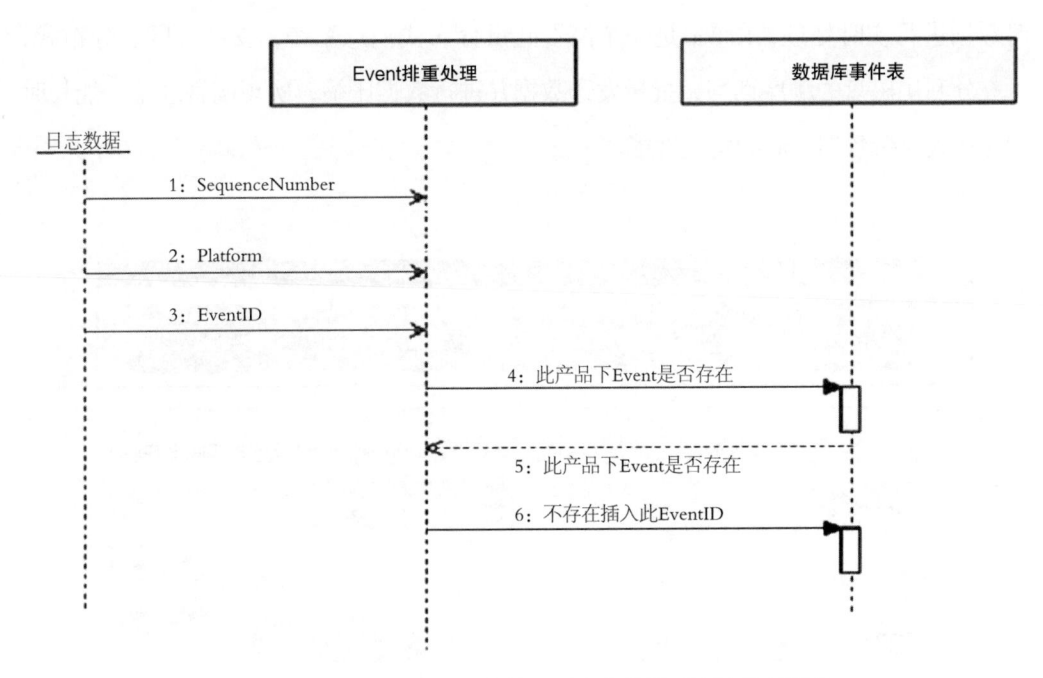

图 6-12 "党员小书包"大数据平台事件排重清洗处理原理

（四）数据存储

1. 存储方案

平台的数据格式包含结构化数据、半结构化数据、非结构化数据。按数据处理过程可分为三类：第一类，基础数据，指原始数据和中间数据集。原始数据指从数据源端上传到服务端的最原始数据，解密后以类 JSON 的结构化形式文档存储，这些数据是平台的数据基础，从此开始真正进入后续处理流程。第二类，中间数据，指在处理过程中的数据，如经过初步数据处理、纠错的数据。这些数据已经有了一定的原始分类属性，存储于队列服务或流失计算引擎里，数据丢失可通过原始数据找回。第三类，应用数据，指最终计算完毕的应用指标结果数据，如某天的新增用户总量、一段时间内页面访问热度排名等。此部分数据是直接对接用户查询、浏览界面的，对访问延迟性要求较高，需要精心进行数据库架构设计，依靠传统数据库完成。

针对上述数据类型，平台设计了两层的数据存储方案，如图 6-13 所示。平台采用 Hadoop 架构搭建底层存储，利用多台虚拟服务器实现高性能、高安全存储能力；应用数据采用传统的关系型数据库 MySQL 作为数据存储方案。平台采用 Kafka 技术对数据进行实时处理，Kafka 是一个高吞吐量分布式消息系统，支持分区、分布式，可充分利用磁盘的顺序读写，批量发送数据并进行数据压缩，实现高吞吐量，能长时间保持大容量数据存储的稳定性能。

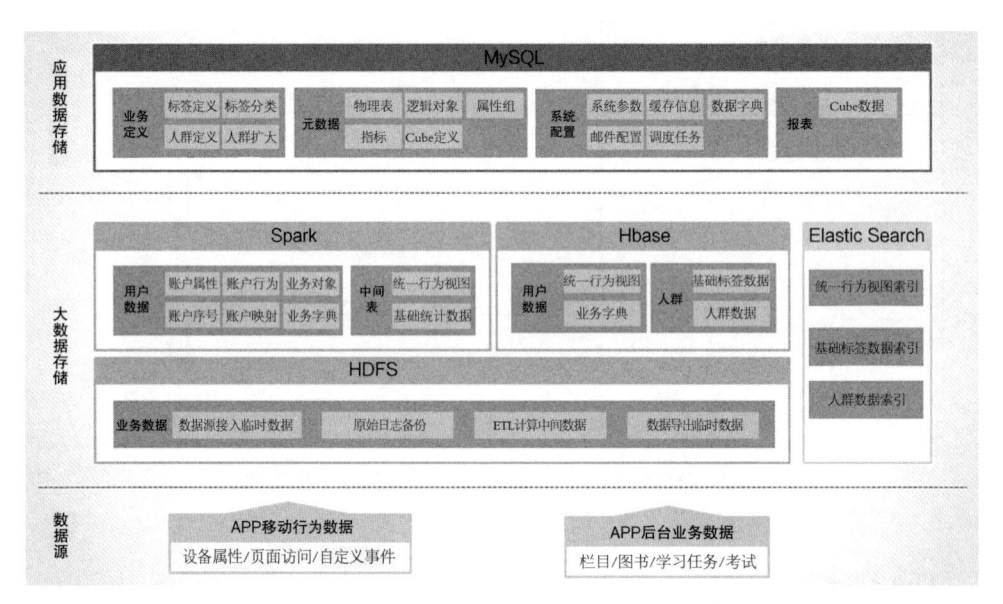

图 6-13 "党员小书包"大数据平台数据存储方案

2. 存储步骤

图 6-14 是按照数据流程描绘的，展现了平台数据与 Kafka、HDFS 和 MySQL 等存储方案的关系。不管是行为数据，还是应用数据，这些最基础、最原始的数据都直接保存在 HDFS 分布式存储上，Kafka 只作为采集原始数据的缓存；加工后的数据存放在 Hive、Hbase、MySQL 等结果数据集中，直接供给上层的数据应用。

（五）数据分析和加工算法

1. 分析方法

平台主要提供了用户画像自定义分析、用户数据的标签定义及分类管理、用户列表管理、用户洞察分析、用户关联度分析和用户群预测分析等。以下具体介绍用户群体画像、用户微观分析和自定义报表三点。

第一，用户群体画像。平台可根据党员用户相关信息自定义人群，同时自定义数

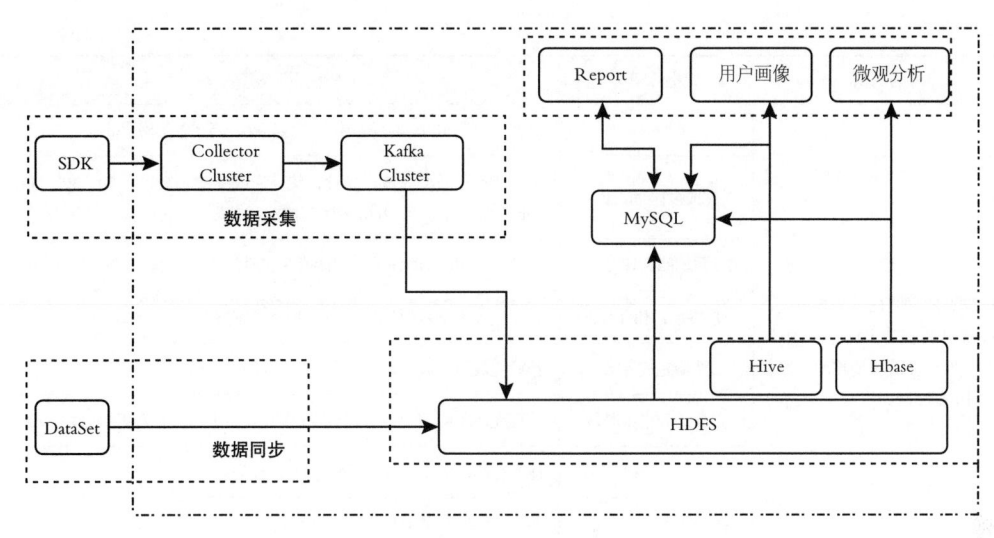

图 6-14 "党员小书包"大数据平台数据流程各阶段数据存储

据维度，对用户群体进行画像分析，形成该用户群体党员学习统计分析图表。分析内容如表 6-5 所示。

表 6-5 "党员小书包"用户群体画像

分析需求	指标项	指标说明及算法
热衷的栏目、文章、图书、内容类型（根据文章、图书章节标签分析）	栏目点击数	所有栏目的点击数
	栏目使用时长	所有栏目的累计使用时长，从点击栏目进入至完全离开的时间
	文章点击数	所有文章的点击数
	文章阅读时长	所有文章的累计阅读时长（汇总所有栏目）
	图书的点击数	所有图书在栏目页热区的点击数
	图书的下载量	所有图书主页内的"下载"按键点击数
	图书的阅读量	所有图书主页内的"开始阅读"按键点击数（一本图书可以多次点击"开始阅读"）
	图书的阅读时长	所有图书的累计阅读时间长度
	内容类型的点击数	所有类型标签的点击数
	内容类型的阅读时长	所有类型标签的阅读时长

续表

分析需求	指标项	指标说明及算法
已结束的学习任务平均速度、完成度各区间占比、平均阅读速度、完成所使用的天数、集中的时段	平均速度	统计完成度 100% 的任务中，完成每个任务的平均使用时长
	完成度区间占比	统计所有任务的完成度划分，统计完成度在 [0，20]（20，40］（40，60］（60，80］（80，100］各区间内的任务数
	平均阅读速度	计算完成 100% 的任务，阅读所花费时间的平均值
	完成所使用的天数	计算完成 100% 的任务，所花费天数的总和
	平均完成天数	计算完成 100% 的任务，所花费天数的平均值
	完成任务集中时段	计算完成 100% 的任务，结束任务时花费天数分布最多的时段
	平均学习时间	任务和活动的学习时间总和除以支部或机构人数
	各项活动参与人数	各项活动所有参与账号排重后的数量
	各项活动参与率	各项活动参与人数除以支部或机构激活账号数

第二，用户微观分析。可单独查看某一个具体党员的所有学习、行为等信息，并用微观分析法进行展示。

第三，自定义报表。平台可对各类资源的使用情况提供报表数据，如图书资源使用率（下载量、阅读比重分布、选入定制栏目或活动次数、阅读人群分布等）、文章资源使用率（点击量、阅读时长、比重分布、阅读人群分布）和考题资源使用率。

2. 数据加工算法

数据加工是按照业务模型分析需求进行数据计算的过程，数据加工基于 Hadoop、Spark 等技术平台，通过 Spark SQL 语法加工处理数据集，复杂的数据加工可以编写脚本程序，如 Python、Scala 等。

Spark SQL 作为 Apache Spark 大数据框架的一部分，主要用于结构化数据处理和对 Spark 数据执行类 SQL 的查询。通过 Spark SQL 可以针对不同格式的数据执行加工操作（如 JSON、Parquet、数据库）并完成特定的查询操作。Spark SQL 在数据兼容、性能优化、组件扩展方面都有较强的功能。

（六）数据挖掘

"党员小书包"大数据平台预留了大量的数据挖掘算法。主要包括三种：第一，逻辑回归。这种算法与多重线性回归有很多相同之处，最大的区别在于它们的因变量不同。逻辑回归有助于发现导致事件结果的主因以及相关因素。如"党员小书包"任务完成模型应用，依据用户在 APP 中的读书章节、读书时间、读书时段等数据，来判断用户的任务完成情况。第二，聚类。聚类算法又称群分析算法，是研究样品或指标分类问题的一种统计分析方法，也是数据挖掘的一个重要算法，通过数据的强关联关系进行有效分类。如"党员小书包"依据用户设备活跃时间、学习时长及外部数据特征等建立了拓扑聚类模型，将现有用户群体进行分类，挑选具有不活跃标识的用户群体进行相似人群分析，分析出这批用户的特征标签后利用机器学习从上万用户中计算出已经休眠的用户，对这批用户进行激活处理。第三，随机森林即用随机的方式建立一个森林，森林里有很多决策树，任意两棵决策树是相对独立的，对于新的测试样本，每棵决策树都对它进行分类决策，最后的分类结果由投票法得出。如"党员小书包"图书潜在读者模型应用，将用户的读书行为数据、所读图书属性及外部数据进行映射，并通过随机森林模型进行特征值预测分类，从而得出图书的潜在用户类型，便于进行差异化管理。

（七）数据展现

"党员小书包"大数据平台以 B/S 架构的方式提供结果展示，使用人员通过浏览器登录的方式即可查看各项指标统计分析结果。对于不同的指标，可选择多样化的图表展现形式，如折线图、柱状图、漏斗图、区域地图和路径图等；同时支持在各种尺寸的屏幕上展示统计分析结果，支持多屏切换，便于宣传和实时监控。展现内容包括 APP 使用行为分析、总体应用分析报表、机构及个人画像三部分。

1. APP使用行为分析

APP 使用行为分析展示"党员小书包"APP 用户、渠道、行为、页面、事件的大数据分析结果，用于了解整体用户所使用的手机终端、活跃度、使用时间等情况，可作为改善产品功能、用户体验的依据，并可检验产品改善后的效果。用户分析是以用户为指标来分析新增、活跃、时段分布、版本分布、地区分布、设备机型分布、运营商和网络分布等情况（见图 6-15）。渠道分析是以用户下载安装 APP 的渠道为指标分析访问、启动等使用情况。行为分析是以使用行为为指标分析用户留存、启动次数、使用间隔、使用时长、回访、流失等情况（见图 6-16）。页面分析是以 APP 内容页面为指标分析页面访问次数和路径等情况。事件分析是以定义的采集事件为指标分析事件数量、达成事件用户数、启动发生次数等情况。

图 6-15 "党员小书包"大数据平台用户活跃度分析示例

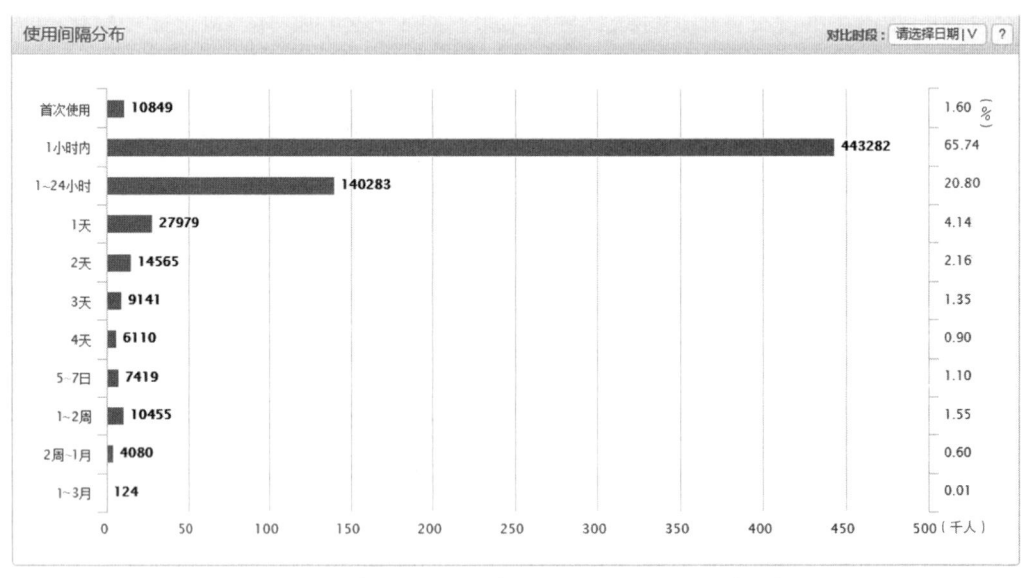

图 6-16 "党员小书包"大数据平台使用间隔分布示例

2. 总体应用分析报表

"党员小书包"APP是以机构为单位提供使用服务的。总体应用分析报表展示的是全体用户所属机构分布、各类内容资源使用率等分析结果,支持查阅所有机构画像及个人画像,可用于了解以用户注册信息为指标的用户总体情况、所提供内容资源和功能的应用情况,为制定产品推广策略和改善内容服务提供依据。用户总体概况是关于当前整体用户数、所属机构数、所属支部数、激活率、新增量、流失量的报表,能展示地域覆盖情况等。应用分析是对全部机构和个人画像的分析以及对所提供内容资源使用率的分析。图书的展示维度包括下载量、阅读比重分布、选入定制栏目或活动次数、阅读人群分布等。文章的展示维度包括点击量、阅读时长、比重分布、阅读人群分布等。考题的展示维度包括考题使用次数、答题选项选择比例、答题人群分布等。

3. 机构及个人画像

机构及个人画像是展示机构和个人对"党员小书包"的应用情况的。该分析结果直接集成到"党员小书包"后台管理系统的机构中心和个人中心,可让用户直接了解本单位及下属机构的总体产品应用情况和个人应用情况,能帮助机构掌握党员学习情况,为党建学习管理和改善学习安排提供依据。

机构画像主要包括六方面内容:第一,热点内容分析,用于了解本单位党员关注的栏目、图书、文章、资源类型等情况。第二,学习任务分析,用于了解各下属机构、支部、党员的学习任务完成率区间占比、完成速度、时间跨度等情况。第三,测试(竞赛)分析,用于了解各下属机构、支部、党员测试答题的平均正确率、正确率区间占比、答题用时、最佳成绩等情况(见图6-17)。第四,阅读分析,用于了解各下属机构、支部、党员对图书、文章等内容资源的阅读量、阅读速度、阅读频率、阅读时段等情况。第五,活跃分析,用于了解各下属机构、支部、党员在各项活动中的参与率和投入时间以及支部活动开展等情况。第六,人员分析,用于了解各下属机构、支部、党员的数量、增减、分布等情况。

个人画像包括用户个人的学习任务、测试(竞赛)、阅读、活跃情况分析(见图6-18)。

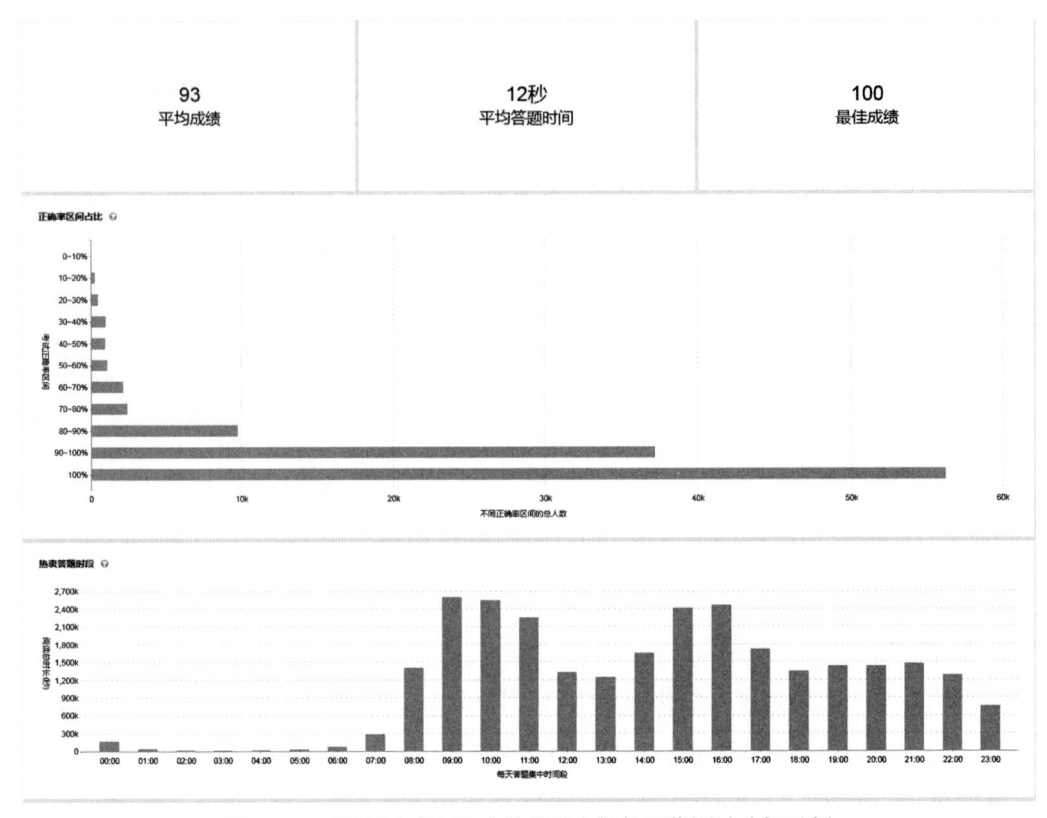

图 6-17 "党员小书包"大数据平台机构画像测试分析示例

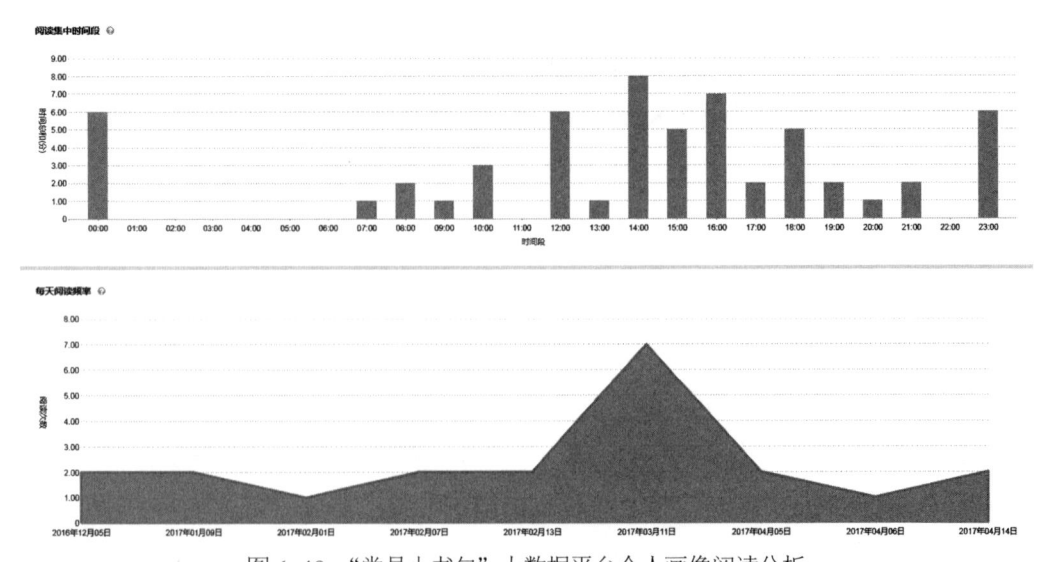

图 6-18 "党员小书包"大数据平台个人画像阅读分析

二 知识产权出版社：中国知识产权大数据与智慧服务系统建设案例

（一）行业背景

1. 行业特征

2009年，伴随着云计算的发展，"大数据"一词开始成为互联网行业的热门关键词。当时中国市场从事大数据分析的厂商大多为科技公司（包括互联网公司），如IBM、谷歌、亚马逊、阿里巴巴、百度等，鲜有关注知识产权行业数据的厂商。

随着《国家知识产权战略纲要》的深入实施，知识产权数据服务平台也逐渐发展起来，呈现"遍地开花"的态势，主要包括各级政府主导的专利数据服务平台、商标与著作权数据服务平台、商业数据服务平台及知识产权交易服务平台。这类数据服务平台一般包括一个数据中心或多个行业专题数据库，为用户提供专利检索、分析等功能，还兼具发布行业信息和政府公告等功能；但普遍存在信息资源集成程度不够、数据更新时间滞后、内容零散且缺少关联等问题。故很难将这些数据服务平台称为"大数据"服务平台。

如何打破专利、商标、版权等知识产权数据之间的孤岛，通过数据资源的汇集、关联与分析挖掘创新价值，建立知识产权领域的大数据服务平台，依然是知识产权数据服务需要努力的方向。

2. 业务特征

从广义上看，知识产权大数据除人们平常接触较多的专利、商标等数据外，还有更广泛的内容——凡有知识产权应用的地方都会产生知识产权的数据资源。它不仅包括专利、商标、版权、地理标识、植物新品种、域名、传统非物质文化遗产等，也包括与知识产权密切相关的科技期刊论文、知识产权相关法律裁判文书、知识产权实施转让、商业情报等数据。

2016年度我国公布专利283.98万件，受理商标注册申请200.53万件，作品著作权登记量达117.85万件，计算机软件著作权登记量达30.86万件。这仅是我国一年的知识产权数据。如果从全球范围看，数量更为惊人：过去50年，仅全球专利数量已经超过1亿条。这些海量数据包含着丰富的知识产权信息，是一座巨大的"金矿"，如果对这些数据进行采集、管理、处理并整理成对企业经营决策具有参考价值的信息，对我国创新驱动发展战略将具有重大推动作用。

3. 应用背景

2015 年 8 月 31 日国务院印发《促进大数据发展行动纲要》，系统部署了大数据发展工作，提出要大力推动政府信息系统和公共数据互联开放共享，加快政府信息平台整合，消除信息孤岛，推进数据资源向社会开放，引导社会发展，服务公众企业。国家知识产权局随即开放了专利数据资源，专利信息服务厂商可以通过申请直接获取专利数据资源。

2016 年 9 月 19 日第七届中国专利信息年会在北京召开，国家知识产权局局长申长雨在会上明确提出要深化知识产权领域改革，加强知识产权运用和保护，加快建设知识产权强国。在"十三五"期间，国家知识产权局将加快建设互联互通的知识产权信息公共服务平台，打通不同知识产权领域之间存在的"信息孤岛"，实现专利、商标、版权等各类知识产权基础信息的有序流动、聚合发展，免费或低成本向社会开放，更好地满足创新创业对知识产权信息公共服务的现实需求。

4. 核心方案

中国知识产权大数据与智慧服务系统（DI Inspiro™），正是积极响应"建立互联互通的知识产权信息服务平台"而打造的，是由知识产权出版社开发建设的国内第一个知识产权大数据应用服务系统，旨在收集整合各种知识产权大数据资源，为全球科技创新和知识产权保护提供优质高效、聚合关联的知识产权信息服务。目前，DI Inspiro™ 已经整合了国内外专利、商标、裁判文书、标准、科技期刊和版权等知识产权数据资源，实现了数据检索、分析、关联、预警和项目管理等多种功能。

5. 应用效果

DI Inspiro™ 能够让用户从数以亿计的全球知识产权数据资源中方便、准确地获取于自己最有用和最有价值的情报信息，从而帮助用户及时把握技术发展前沿信息、提高创新起点和有效防范知识产权风险。

（二）大数据技术的具体应用情况

1. 业务需求及场景

DI Inspiro™ 将知识产权类检索、统计、大数据分析、专利比对、项目管理、专利预警等多种功能集于一身，对专利、商标、标准、裁判文书、期刊、版权等数据资源进行关联与整合，在权威、更新及时的专利等数据支撑的前提下实现良好的用户体验效果和检索效率，从而实现在数以亿计的全球知识产权数据资源中方便准确地向用户推送于其最有用和最有价值的情报信息，帮助用户及时把握所关注技术的发展最前沿、提高创新起点和有效防范知识产权风险。

项目的总体架构设计是基于上述的设计原则和设计思路，按照项目的设计要求，并参考国家电子政务总体技术架构参考模型，采用层次化设计方法进行设计的，可以概括为"五层架构、三大体系"（见图6-19）。五层架构指访问界面层、业务应用层、应用支撑层、数据资源层和IT基础设施层，三大体系指标准规范体系、安全保障体系和运维管理体系。

系统整体的实现路径分三个阶段进行：第一阶段，数据的采集与加工。数据组对专利以及非专利数据进行采集加工，生成可以入库的原始数据文件并按需入库。第二

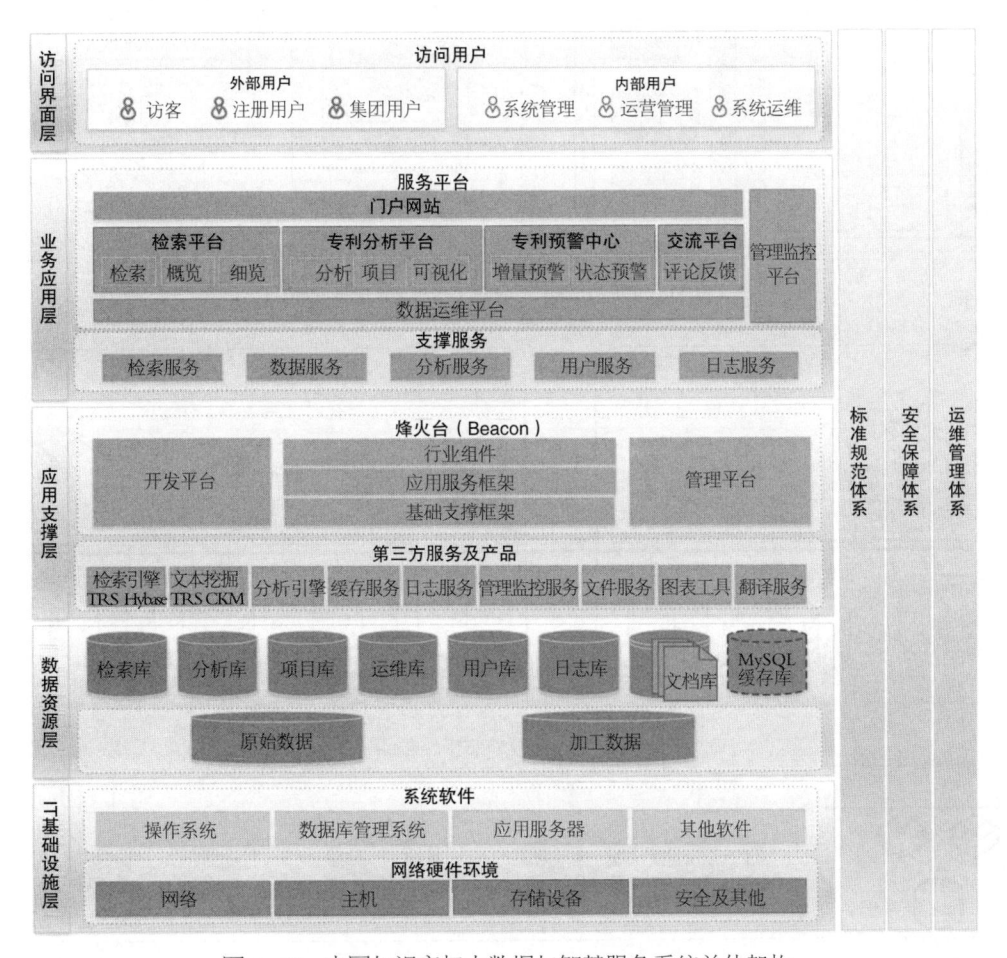

图6-19　中国知识产权大数据与智慧服务系统总体架构

阶段，数据的提供，采用中间数据库模式以及文件交互模式实现。DI Inspiro™ 应用了多种中间数据库如 MySQL、MongoDB、TRS HyBase 等，根据交互端提供的相应要求对数据库中的数据进行操作，进而完成数据的交互。第三阶段，功能的实现。总体架构采用逻辑分层的方式，分为展示层、逻辑层和持久层（见图 6-20）。服务器硬件部署架构如图 6-21 所示，硬件环境需求和软件环境需求分别如表 6-6、表 6-7 所示。

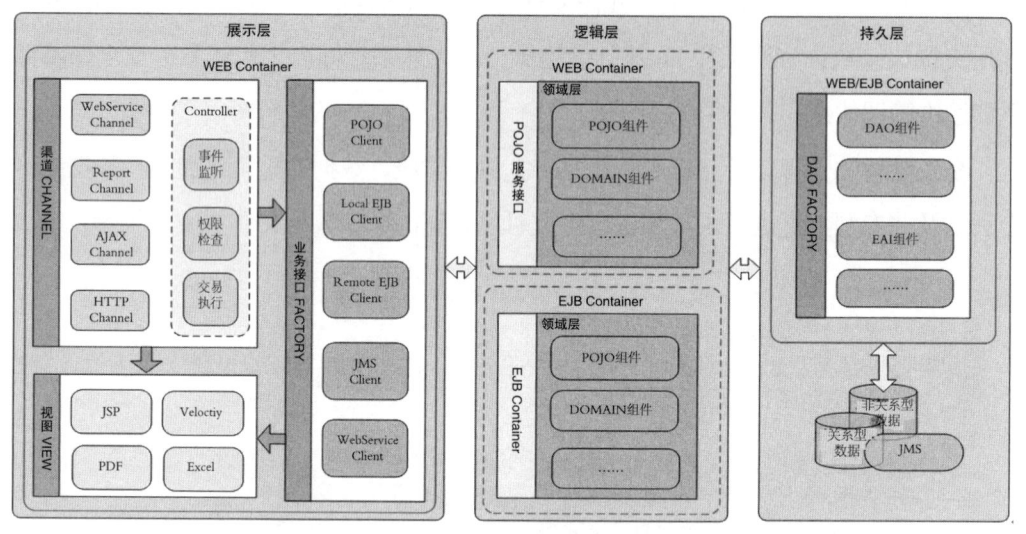

图 6-20 DI Inspiro™ 应用开发框架系统结构

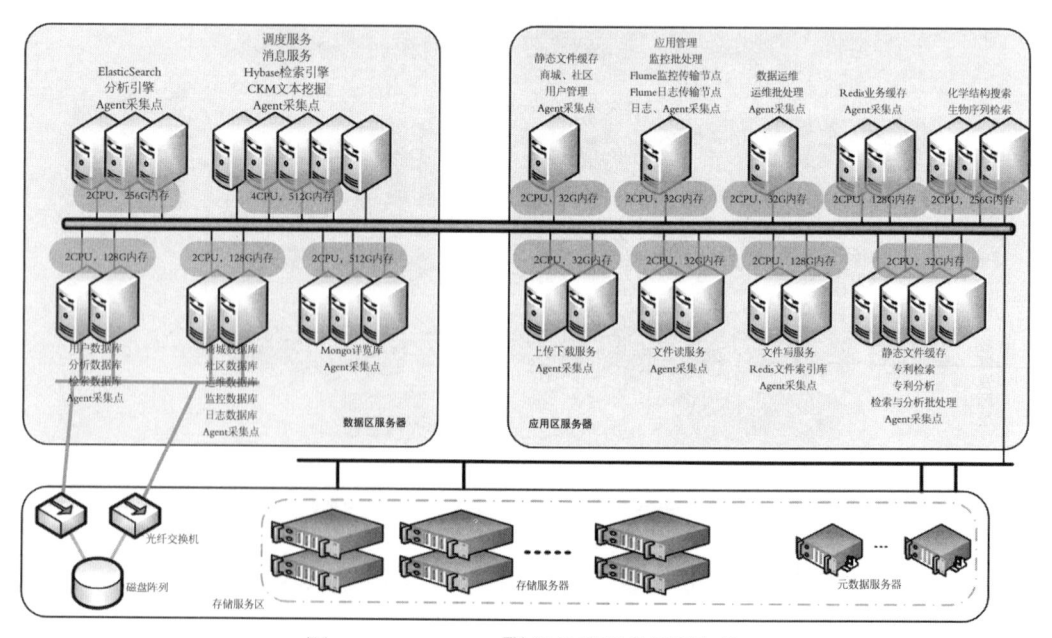

图 6-21 DI Inspiro™ 服务器硬件部署架构

第六章　出版业及相关新兴业态在大数据时代的应对尝试

表 6-6　知识产权大数据与智慧服务系统硬件环境需求

序号	名称	部署区域	数量（个）	备注
1	分析引擎服务器	数据区	3	实现对业务数据的整理、分析
2	检索及文本挖掘服务器	数据区	5	部署 Hybase 数据库，实现数据检索服务
3	详览库服务器	数据区	3	提供 Mongo 详览库服务
4	数据库服务器	数据区	4	部署用户库、分析库、检索库、商城库、社区库、运维库、监控库、日志库等，两两一组，互为备份
5	应用服务器	应用区	9	部署项目所需的各类应用
6	缓存服务器	应用区	2	部署 Redis 业务缓存
7	静态文件缓存服务器	应用区	4	部署静态文件缓存、专利检索、专利分析等业务
8	化学、生物检索服务器	应用区	3	实现对化学式和生物序列的检索

表 6-7　知识产权大数据与智慧服务系统软件环境需求

序号	项目	产品名称	产品说明	配置描述	数量（个）
1	套装软件	数据库软件	MySQL	MySQL 企业版	4
2	套装软件	数据库软件	TRS Hybase	另行采购	1
3	套装软件	数据库软件	TRS CKM	另行采购	1
4	套装软件	集群软件	RoseHA	—	4
5	套装软件	管理监控	应用管理与监控	基础平台 1 套，50 个 Agent 采集点许可	1
6	套装软件	日志软件	日志管理平台系统	商业软件	1
7	套装软件	基础平台软件	烽火台业务基础件平台系统	商业软件	1
8	套装软件	集群存储软件	分布式存储	存储总容量 420TB	1
9	套装软件	LINUX 操作系统	CentOS 7.0	开源软件	33
10	套装软件	应用中间件软件	Tomcat 8.0	开源软件	6
11	套装软件	PHP	—	开源软件	2
12	套装软件	Nginx	—	开源软件	7
13	套装软件	Flume	—	开源软件	1
14	套装软件	Redis	—	开源软件	4
15	套装软件	ElasticSearch	—	开源软件	3
16	套装软件	Mongo	—	开源软件	3
17	套装软件	PostgreSQL	—	开源软件	3

2. 数据采集

（1）数据源

专利数据来源包括103个国家、地区或组织的专利数据，内容涵盖发明、外观和新型数据等。非专利数据包括期刊、商标、裁判文书及标准。其中商标数据主要涉及中国、马德里、美国和英国；期刊数据涵盖全球期刊题录信息；裁判文书、标准和版权主要为中国数据，包括题录和PDF全文。

数据包的构成包括XML文件以及相关的图形文件、PDF文件等。目前，数据的总体规模为：非专利数据约1.2亿条；专利数据约1.2亿条，其中同族关系数据约1亿条（外观基本无同族）；专利引证关系1.5亿条，非专利引证关系（专利文件的非专利引用）2500万条；12个国家和组织全文数据条数6900万。知识产权出版社的专利数据主要经过原始数据、加工数据、标准数据三态变化。

专利数据结构体系如图6-22所示，按数据内容分为非外观专利数据、外观专利数据、扩展专利数据和辅助专利数据四部分。外部引用数据包含图形、文本和XML数据。外部引用XML数据包括数学公式和化学公式等，符合W3C标准，可以被浏

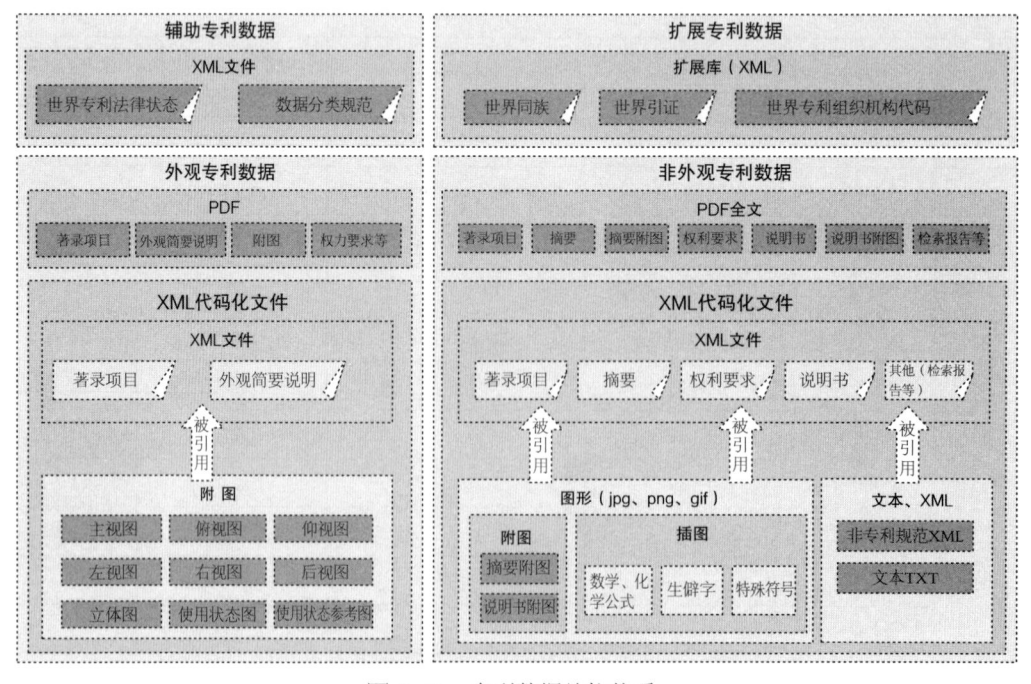

图6-22 专利数据结构体系

览器直接显示。

（2）采集技术

平台用到的采集技术主要有网络爬虫技术、分布式数据采集、Nutch 数据采集三种。

网络爬虫的方式有两种，分别是通用爬虫和聚集爬虫。通用爬虫的工作原理是：从一个或多个初始网页的 URL 开始，获取初始网页的 URL，抓取网页的同时从当前网页提取相关的 URL 放入队列中，直到满足程序的停止条件。聚集爬虫的工作原理是：根据一定的网页分析算法过滤与主题无关的链接，保留有用的链接（爬行的范围是受控的）放到待抓取的队列中，通过一定的搜索策略从队列中选择下一步要抓取的 URL，重复以上步骤直到满足程序的停止条件。

分布式数据采集常用于微博采集、微信采集和移动客户端采集。其原理均相同，都是采用接口的调用方式采集数据。分布式采集系统可以防范采集被网站屏蔽。通过对微博 ID 的微博行为特征进行分析，既可以实现精准营销，也能够分析一段时间内微博的热点话题。

Nutch 数据采集的流程如图 6-23 所示。公有数据中心采用成熟的 Nutch 框架对互联网网页信息进行采集，支持对海量新闻信息、评论等相关信息的采集。

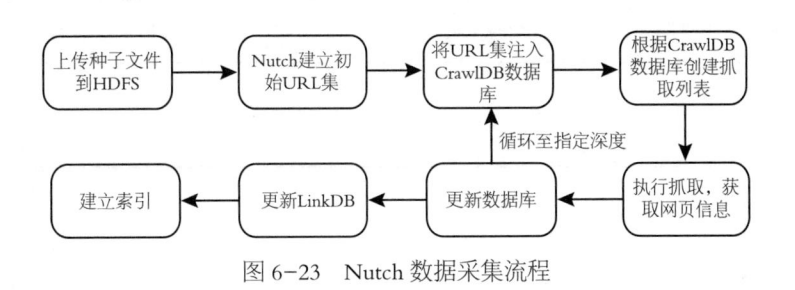

图 6-23　Nutch 数据采集流程

（3）采集内容特点

DI Inspiro™ 采集数据的类型、内容、来源、更新周期、语种特点如表 6-8 所示。

（4）采集步骤

DI Inspiro™ 的数据采集过程如图 6-24 所示。第一步，初始化。采集控制服务器利用配置文件和日志文件初始化采集列表和相关信息。

表 6-8　中国知识产权大数据与智慧服务系统采集内容特点

数据类型	数据内容	数据来源	更新周期	文献语种
专利数据	103个国家、地区和组织的1亿多条专利著录项数据；13个国家、地区和组织的专利全文文本数据；17个国家、地区和组织的专利生物序列数据；CN、US、EP和WIPO的专利化学结构数据	自主数据、数据购买	周	中文、英文、源语言
中国商标	包括中国商标、中国驰名商标、马德里商标进入中国商标数据。中国商标局公开的商标申请、注册、分类、流程、状态以及图片信息资源	中国商标局商标公告	月	中文
美国商标	包括美国专利商标局公开的商标申请、注册、流程状态、转让及审判数据	美国专利商标局	月	英文
马德里商标	包括世界知识产权组织公开的马德里体系登记的所有国际商标信息，国际局审查过程中的国际申请和后期指定数据	世界知识产权组织	周	英文、法文、西班牙文
中外期刊	中国及外国重要期刊题录和文摘数据	自主收集	月	中文、英文、日文等
中外标准	中国及国外主要国家和组织发布的标准题录数据，其中中国标准包括国家标准、行业标准、地区标准和计量规程规范，国外标准包括国际标准ISO、日本规格协会标准JIS、美国国家标准ANSI、加拿大标准、韩国标准KS、澳大利亚标准AS、国际电工标准IEC、英国标准BSI	中国质检出版社	月	中文、英文、日文、韩文
判例数据	1987年至今的全国各级法院知识产权类裁判文书数据，包括题录数据和全文数据；专利代理法律法规数据为专利代理相关的法律法规、部门规章、司法解释和国际条约等	最高人民法院专利代理相关法律法规丛书	月	中文
版权数据	包括中国软件著作权数据以及作品著作权信息	自主采集	月	中文

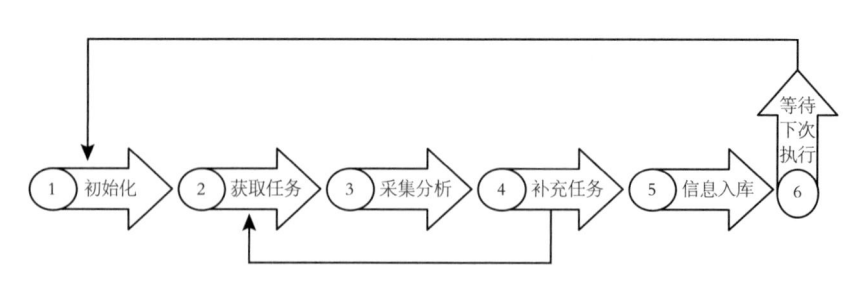

图 6-24　中国知识产权大数据与智慧服务系统数据采集过程

第二步，获取任务。采集服务器从采集控制服务器获取采集任务列表（每次获取一定数量的 URLs）。获取任务时，支持按照不同的轮询周期以及不同的优先级对网站进行采集，可以实现用户提出的支持网站优先级功能。用户可以根据不同的轮询周期或采集优先级对采集网站进行分组，对于每个组可以设置它的轮询周期以及优先级。优先级高的网站将优先被调度采集，优先级的设置支持四级。

第三步，采集分析。采集服务器负责采集和分析，并将新发现的 URL 链接提交给采集控制服务器。采集过程中系统会自动考虑以下采集策略：第一，支持增量更新的策略。每次采集只采集上次更新后新生成的网页，而不是全部再采集一遍，从而保证信息更新的效率。增量更新策略是对新闻采集非常重要的方法，也是当前互联网搜索引擎普遍存在的不足。第二，支持灵活的采集策略。支持指定采集的目录和层次，支持用户自行制定网页信息采集和更新的搜索策略，支持设置搜索的范围、内容、媒体类型、字符集属性、网页大小；支持设置搜索的起止地址、起止地址选择方式、起止时间、层次深度、控制方式、链接限时、链接限次、并行线程；支持设置搜索优先级、更新网站等级、更新信息等级等。

第四步，补充任务。采集控制服务器对采集服务器提交的 URL 进行分析处理，维护采集列表。

第五步，信息入库。将每个任务的采集结果保存入库，对采集到的信息进行过滤和自动分类处理，最终将最新内容及时发布出来，实现统一的信息导航功能；同时提供包括全文检索、日期（范围）检索、标题检索、URL 检索等在内的全方位信息查询手段。当采集控制服务器没有未完成任务时，本轮采集工作结束。

第六步，等待下次执行。根据采集时间策略，执行下一轮采集。运行周期控制负责根据系统设置定时启动采集任务。维护人员可方便地设定信息监控的时间周期，包括指定一天之内的多个定点执行时间，或者设定两次更新之间的时间间隔，以分钟为单位，并可设置为不间断运行。

3. 数据清洗

清洗规则方面，数据的清洗加工包括数据初加工、数据深加工、中等程度数据加工、复杂单元数据加工以及机器翻译加工五种类型（见图 6-25）。数据清洗技术方面，主要运用了 OCR 及初加工流程子系统和深加工流程子系统，并积极研究智能化加工技术（见图 6-26）。数据清洗的具体步骤如图 6-27 所示。

数据初加工	数据深加工	中等程度数据加工	复杂单元数据加工	机器翻译加工
文稿高速扫描、OCR代码化处理、图形清理和规范、代码化数据的格式规范和校验、数据标记和格式转换、建立代码化基础数据库等	对专利和非专利文献进行科技信息的深度抽取和处理，包括文摘重新撰写、关键词深度标引、特殊领域专业信息标引等	以数据初加工和数据深加工的数据加工流程系统为前提，主要做的数据加工包括：名称、摘要的改写、发明客体，权利要求技术性词汇，独权项类型、权利要求层级、权利要求个数，专利功效，附图说明，实施例，公司代码，词典等	将说明书中图形格式的数学式、化学结构式、表格等复杂单元转换成代码化格式。数学式转换成符合CONTENT语法格式的代码；化学结构式转换成MOL格式；表格图形转换成符合OASIS标准的代码	将中国专利全文代码化数据翻译成英文全文代码化数据；将英文著录项数据翻译成中文著录项数据。机器翻译技术建立在语言学、数学和计算机科学的基础之上

图 6-25　DI Inspiro™ 数据清洗加工类型

OCR及初加工流程子系统

采用关键词和图像坐标定位的方法对代码化标签进行检查；自动分析原始数据的加工难度，并对每步加工工序进行程序监测；采用程序对说明书五部分标引结果进行自动辅助校验；建立并应用常见问题和错误知识库。

深加工流程子系统

采用修订后的新版标引词表，进一步提高标引和分类的一致性；建立标引案例库，标引人员在加工过程中可以方便查看以往类似加工案例；复审项目中应用辅助标注和一致性校验工具，提高加工准确性；采用专利原文自动标注工具，便于标引人员快速查阅专利全文信息。

智能化加工技术研究

知识产权出版社在数据加工领域积极进行自动分类技术研究，通过建设专利文献基于行业领域的分类体系，对中外专利进行分类；基于出版社长期以来行业专题库表达式加工工作，初步形成了以国民经济行业分类体系为基础的行业分类体系；采用专利文献领域信息自动抽取技术，实现专利行业领域的粗分类；采用基于实例的自动分类技术，生成专利细分类模板，实现专利文献的细分类目标。此外，还积极推进专利化学名称提取和结构自动转换技术、英汉人工辅助机器翻译技术和智能化专利引文抽取系统的研究。

图 6-26　DI Inspiro™ 数据清洗技术

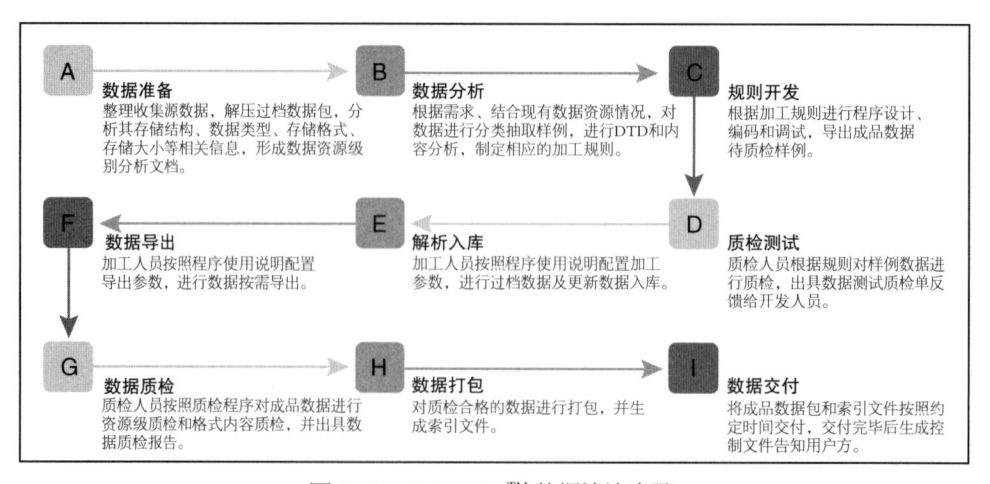

A 数据准备　整理收集源数据，解压过档数据包，分析其存储结构、数据类型、存储格式、存储大小等相关信息，形成数据资源级别分析文档。

B 数据分析　根据需求、结合现有数据资源情况，对数据进行分类抽取样例，进行DTD和内容分析，制定相应的加工规则。

C 规则开发　根据加工规则进行程序设计、编码和调试，导出成品数据待质检样例。

D 质检测试　质检人员根据规则对样例数据进行质检，出具数据测试质检单反馈给开发人员。

E 解析入库　加工人员按照程序使用说明配置加工参数，进行过档数据及更新数据入库。

F 数据导出　加工人员按照程序使用说明配置导出参数，进行数据按需导出。

G 数据质检　质检人员按照质检程序对成品数据进行资源级质检和格式内容质检，并出具数据质检报告。

H 数据打包　对质检合格的数据进行打包，并生成索引文件。

I 数据交付　将成品数据包和索引文件按照约定时间交付，交付完毕后生成控制文件告知用户方。

图 6-27　DI Inspiro™ 数据清洗步骤

4. 数据存储

目前，常见的存储方式有服务器存储和网络存储两种。服务器存储的显著特点是局域网客户端通过访问存储服务器及与存储服务器相连的 SCSI 存储设备（磁盘阵列等）来实现对信息的存取访问。在这种模式下数据传输的瓶颈主要集中在服务器上。当多个客户端访问同一个服务器的时候，一旦请求量超出该服务器的处理能力，无论服务器与存储设备之间是通过 SCSI 设备连接，还是通过高速的光纤通道（Fiber Channel，FC）设备连接，存取速度都会下降，从而影响整个系统的性能。为解决服务器存储方式的存取瓶颈问题，本项目采用 SAN（Storage Area Network，存储区域网络）结构的存储系统，即将信息存储设备与服务器分开，网络用户可以通过网络实现对存储设备的直接存取访问。

SAN 的存储结构可采用基于 IP 的方式或基于光纤通道的方式，鉴于本项目涉及的内部业务系统及网络设备部署集中，访问存储系统均可通过统一的光纤交换机进行，故采用读取效率最优的 FC SAN 方式。

5. 数据分析

中国知识产权大数据与智慧服务系统常用的数据分析方法有：定量分析、定性分析、聚类分析和关联分析。

分析引擎系统是本项目的一大核心，承担着数据分析的重任。未来随着用户量的增长，数据量会几何式暴涨；同时分析业务随需而变，对扩展能力和定制化能力提出了很高的要求。本项目选择 ElasticSearch 作为系统的分析引擎，同时对检索功能进行了服务化封装。数据分析的实现步骤如图 6-28 所示。

6. 大数据检索引擎

检索引擎是本系统的核心，所以系统要求检索引擎具有良好的稳定性、高效性和易扩展性；同时要求检索引擎提供强大的中文智能化支持。因此，本项目选择 TRS CKM 作为文本挖掘基础件、TRS 旗舰产品 TRS Hybase 作为检索引擎，同时对检索功能进行了服务化封装。

TRS CKM 的主要功能是实现高效稳定、功能完备的文本挖掘底层算法，为上层中文文本挖掘应用提供易封装、方便易用的开发调用接口或服务。目前 TRS CKM 涵盖了 TRS 文本挖掘十大可选件，具体包括：文本分类、文本相似性检索、文本摘要、

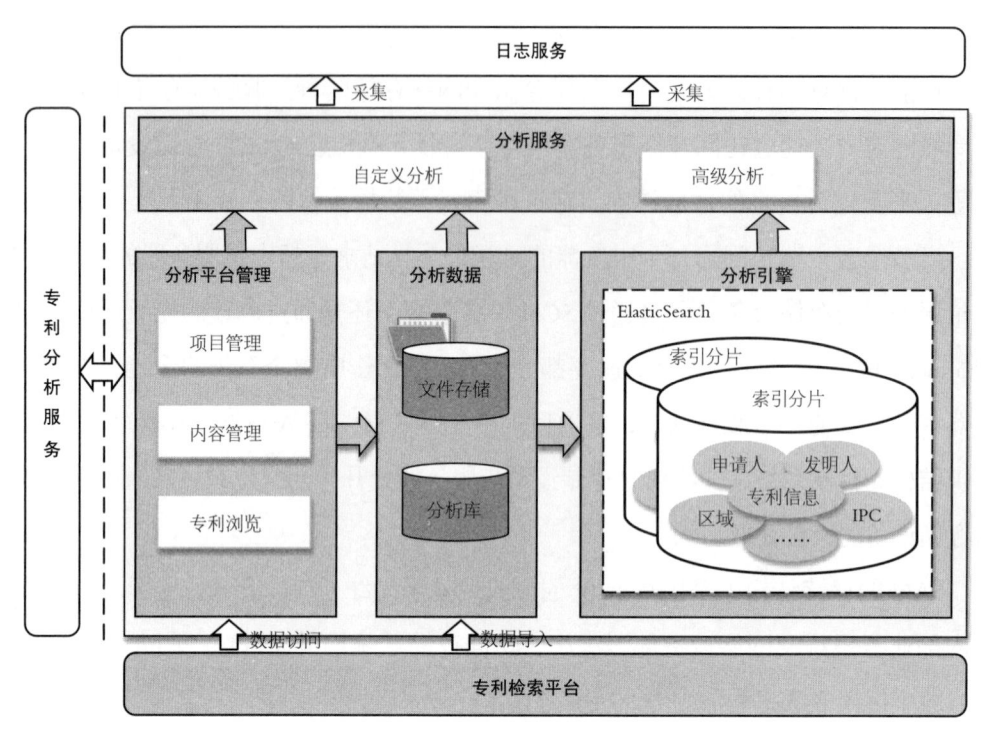

图 6-28　DI Inspiro™ 数据分析实现步骤

文本信息过滤、拼音检索、相关短语检索、（政治）常识校对、文本聚类、文本分词及文本信息抽取。TRS CKM 应用架构如图 6-29 所示。检索引擎功能实现流程如图 6-30 所示。

7. 系统展现

（1）检索方式

DI Inspiro™ 是一款可视化 Web 应用大数据检索分析服务平台。平台基于浏览器的交互性进行可视化和智能化的设计开发，符合人性化操作，界面风格简洁明了、重点突出，操作简单、直观可见。平台支持多种检索模式。具体如图 6-31 所示。可视化检索方式让专家检索更生动（见图 6-32）。专利的可视化检索功能主要包括文本输入与要素抽取、关键要素扩展、可视化要素组配区三个部分。系统根据输入的检索条件进行联想，联想与检索条件有关的机构（人）、分类号、关键词。检索结果关键要素扩展区域包括核心要素部分、扩展要素部分和联想历史记录。

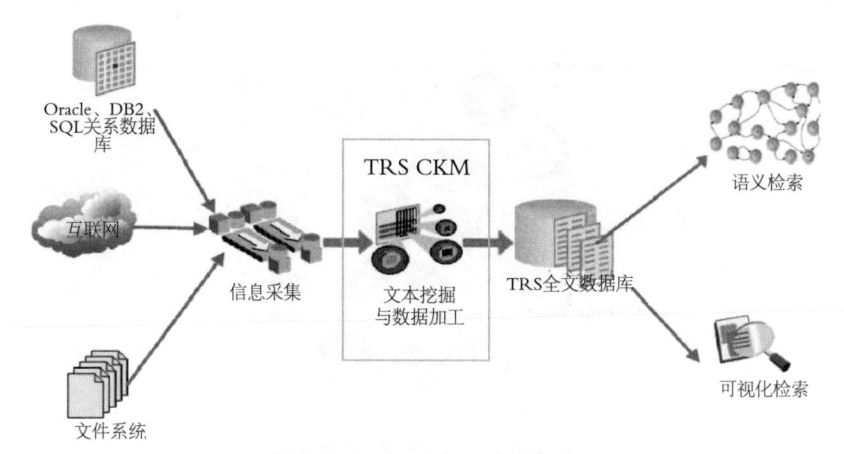

第六章　出版业及相关新兴业态在大数据时代的应对尝试　**137**

图 6-29　TRS CKM 应用架构

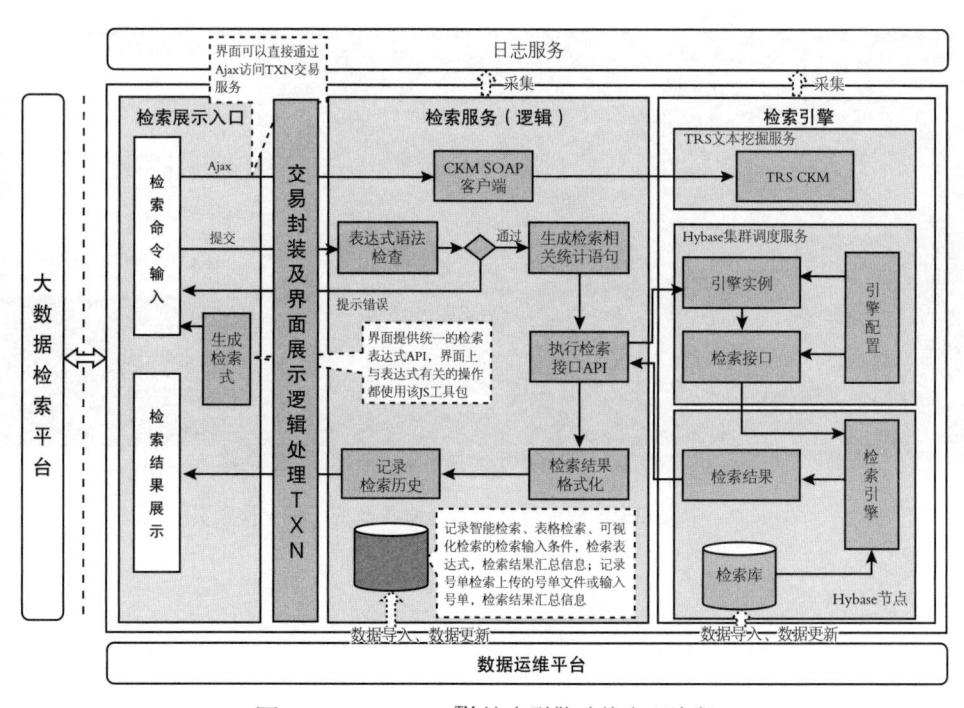

图 6-30　DI Inspiro™ 检索引擎功能实现流程

图 6-31　中国知识产权大数据与智慧服务系统的检索模式

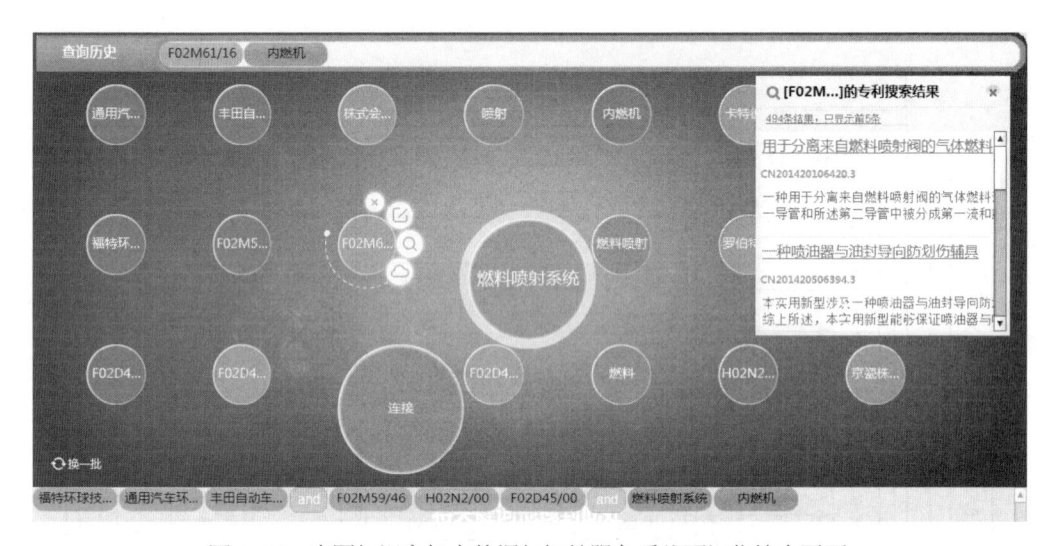

图 6-32　中国知识产权大数据与智慧服务系统可视化检索页面

（2）结果展示

DI Inspiro™ 检索结果展现方式有大数据关联展示和列表展示两种。大数据关联展示支持在检索结果概览页面中，同时展示其他数据关联件数，使用户可以便捷地快速查看关联的其他数据（见图6-33）。列表展现形式包括图文模式、表格模式、外观模式和概细览模式，通过多种模式可更加有效地满足用户不同的需求（见图6-34）。

图 6-33　DI Inspiro™ 检索结果概览页面

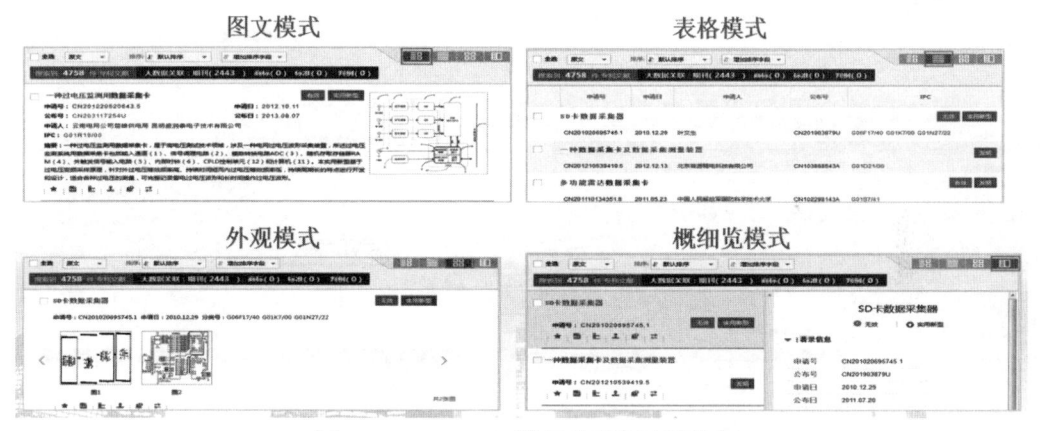

图 6-34　DI Inspiro™ 四种列表展现形式

同时，系统支持十余种数据筛选分组和智能联想信息，使用户能方便地进行查看、筛选（见图 6-35）。数据详细展示页面图文并茂，包括文献详情、法律状态、专利强度及相关数据联合等内容（见图 6-36）。

图 6-35　DI Inspiro™ 筛选分组和智能联想

图 6-36　DI Inspiro™ 数据详细展示页面

（3）结果分析

DI Inspiro™ 突破了分析件数限制瓶颈，实现了对千万级的检索结果数据及时进行分析（见图 6-37）。同时，平台实现了对数据进行三维分析，使得分析结果更加直观（见图 6-38）。系统可自动生成生动多样的可视化分析报表，进一步提升了报告品质（见图 6-39）。此外，平台还实现了聚类分析，即基于内容挖掘，从概念和内容的角度对专利文献中包含的技术特征（如技术术语、关键词等）进行更深层次的分析（见图 6-40）。

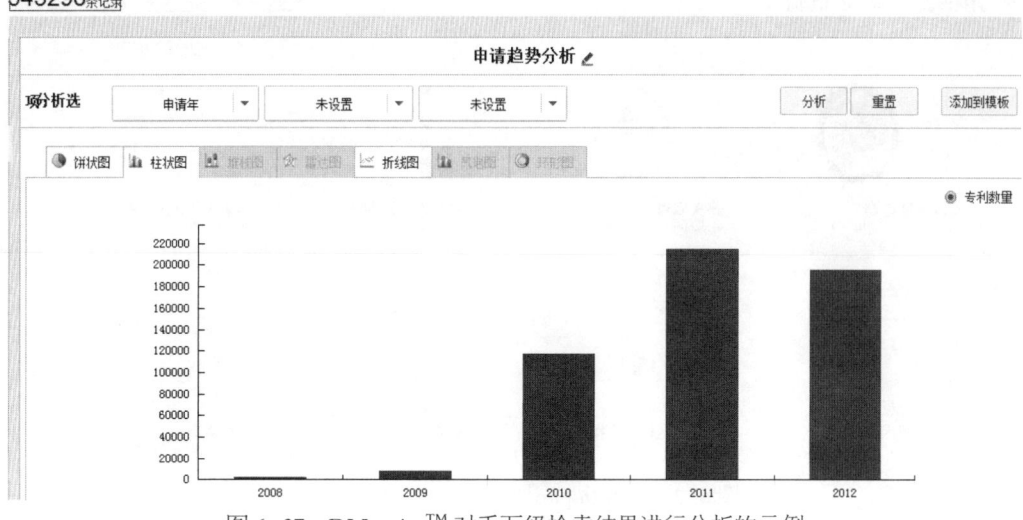

图 6-37　DI Inspiro™ 对千万级检索结果进行分析的示例

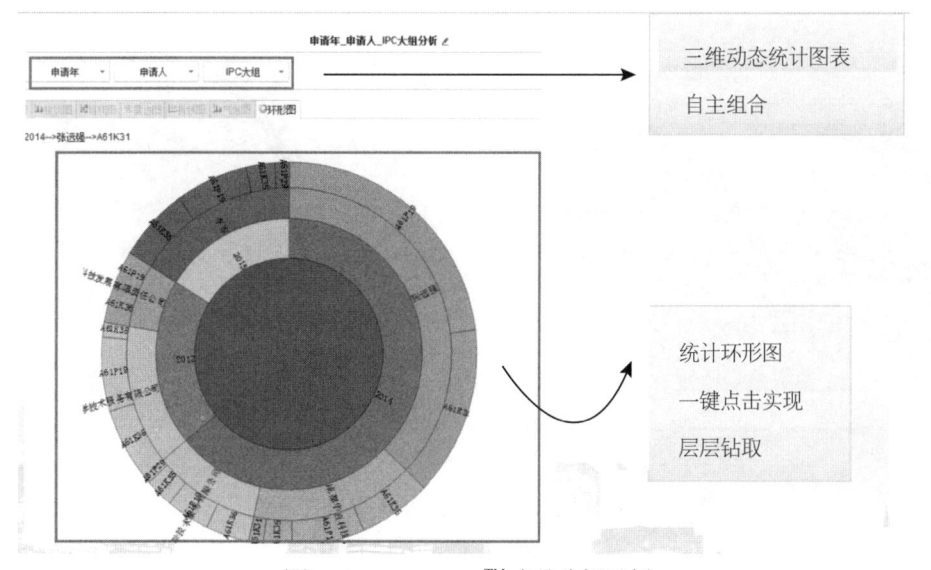

图 6-38　DI Inspiro™ 多维分析示例

8. 解决问题

DI Inspiro™ 可以协助使用者高效、便捷地完成以下工作：（1）实现专利法律状态、同族、技术、竞争对手等各类检索；（2）实现研发产品、产业、竞争对手、发明研究团队的有效跟踪；（3）协助完成专利技术调查报告；（4）协助完成专利性分析报

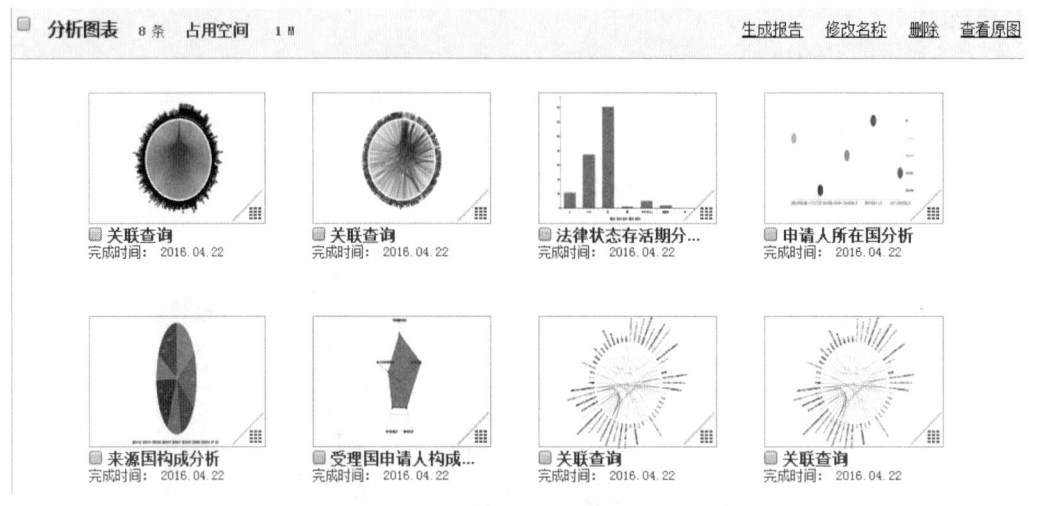

图 6-39　DI Inspiro™ 自动生成的分析报表

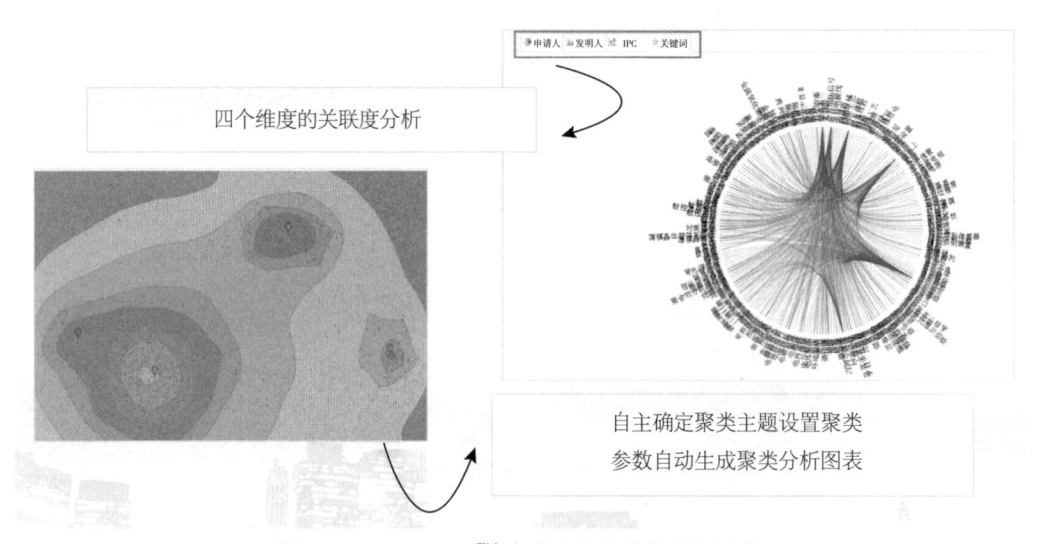

图 6-40　DI Inspiro™ 自动生成的聚类分析图表

告;(5)协助完成知识产权侵权分析报告,防范市场风险;(6)协助完成专利无效分析报告,有效应对无效诉讼;(7)对重大经济科技活动的承担主体及其知识产权现状、风险进行全面系统的研究与评议,为避免低水平重复研究、规避知识产权风险提供知识产权评议报告;(8)协助企业进行发明挖掘、专利申请,完善其专利布局,淘汰问题专利,抵御侵权风险,避免技术流失,实现企业知识产权战略分析报告;(9)为政府引导区域产业发展方向、调整产业结构、延伸产业链以及制定相关产业政策提供数据和理论依据,为推动产业的转型升级和选择招商引资的重点方向提供建议,实现产业知识产权分析研究报告。

三 人民法院出版社:法信大数据平台案例

(一)法律大数据产品的行业背景和特征

党的十八大以来,党中央高度重视信息化工作,做出实施网络强国战略、大数据战略、"互联网+"行动等一系列重大决策,其中智慧法院建设被列入《国家信息化发展战略纲要》,法院信息化成为国家信息化的重要组成部分。2013年11月,最高人民法院开通"中国裁判文书网",统一发布全国法院的生效裁判文书,该裁判文书数据成为法律大数据的重要组成部分。截至2016年11月,全国3520个法院、9277个人民法庭和海事派出法庭全部接入法院专网,全国法院形成"一张网"(见图6-41)。

图6-41 裁判大数据的准备

法院信息化建设的高速推进和司法数据资源的快速累积,为整个法律行业大数据发展提供了良好的基础。一方面,法律大数据正逐步成为辅助司法机关司法决策和其他政府部门社会治理的重要工具之一;另一方面,我国法律大数据产业发展处于初创阶段,基本产品形式或服务模式还没有成熟样本。

(二)法律大数据产品的业务特征和应用场景

对整个法律行业来说,法律大数据产品基于其数据量大、专业性、实证性等特征，对法官、律师等法律工作者的以下业务场景会产生积极的作用。

一是快速提升法律工作者的工作质量和工作效率。这种提升可以从两个方面来理解：一方面，对于基础性、附加值低、重复操作性的工作，大数据可以提供很好的支撑。比如很多法院对案件卷宗电子化和数字化处理后，在审判业务流程中会调取前端所采集的所有案件的数字化资料，而大数据技术通过聚类分析、属性标签、归档查询等实现了一次录入全程留痕，能快速推送基础资料。另一方面，提供层级更高、智能化程度更高的法律知识服务和大数据智推。技术路线是通过底层的法律知识体系、法律知识图谱对法律、案例、各类文献进行碎片化、体系化的处理，对半结构化的裁判文书进行像素化、图谱化处理，在此基础上向法官、律师推送高度匹配案情、争议焦点和裁判说理近似的数据支持。

二是健全法律行业的评价体系和信用风险体系。海量裁判文书的公开使得商业公司可以通过大数据分析对律师的职业信息进行画像，从而形成律师的职业评价体系。同时司法机关也可以根据法官判决所呈现的数据对法官进行画像，在内部形成对法官绩效考评的依据。此外，大量裁判文书的公开使得将企业和个人在诉讼过程中所呈现的诉讼信用形成数据画像成为可能，这些数据信息与其他社会评价体系综合起来就可以形成很强的社会信用风险体系（见图6-42）。

图6-42　社会信用风险体系评估

(三)"法信"平台简介和应用效果

由最高人民法院立项、人民法院出版社建设的"法信——中国法律应用数字网络服务平台"(以下简称"法信"平台)是最高人民法院为有效解决法官和法律人知识服务需求,借鉴国际领先的法律案例检索平台 Westlaw 而开发的中国首家法律知识服务和案例大数据融合服务平台(见图 6-43)。

图 6-43 "法信"支持多平台

"法信"平台是为针对性解决法官办案过程中查询法律依据环节多、定位裁判说理理由不精准、同案同判法律适用不统一等诸多痛点而策划的,通过对海量法律知识和案例资源进行碎片化、聚类处理形成国内规模最大的法律应用知识资源库之一,通过法律知识分类导航体系法信大纲和同案智推大数据双引擎,为法官解决具体法律问题提供一站式、智能化的法律知识和大数据解决方案(见图 6-44)。"法信"平台可以帮助法官大幅减少无效劳动与重复筛选、大幅提高检索结果精准度和关联度、优先选用更为权威统一的法律依据和司法观点,是目前国内最先进的智能化法律知识服务平台之一。

"法信"平台上线后获得中央政法委、最高人民法院领导的高度肯定,时任中央政法委书记孟建柱在讲话中要求依托"法信"系统研发高水平的审判职能辅助系统,为法官提供类案推送、裁判比对和数据分析等服务,帮助他们增强内心确信,提高运

图 6-44 "法信"平台产品方案

用自有裁量的能力和水平。截至 2017 年 7 月,"法信"平台共有注册用户 48.62 万,配备到全国 24 个省级法院,已经成为中国最大的法律知识和大数据平台之一。

(四)"法信"平台具体应用情况

1. 业务需求和场景

法官在办案过程中,从诉前调解、立案审查、庭审质证、裁判文书制作到执行的各个环节中,都面临知识服务和大数据匹配的需求(见图 6-45)。审判作为专业性极强,需要大量法律依据、法律观点、参考案例给予精准支持的业务工作,法官无论是出于具体业务场景需要,还是基于自身业务技能的提升和知识管理学习的需要,都面临在海量

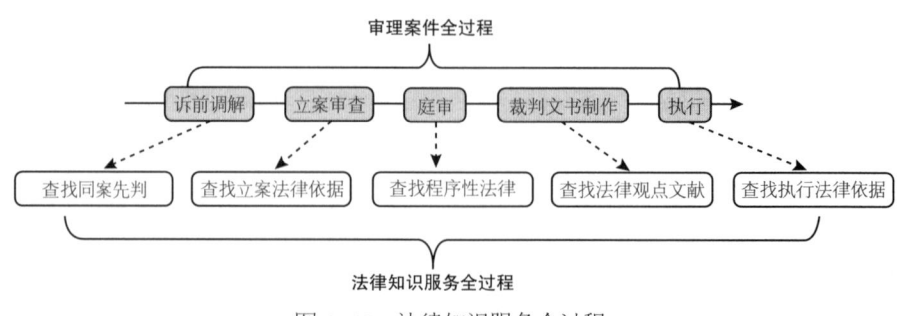

图 6-45 法律知识服务全过程

法律文献和案例中定位自己办理案件所需要知识资源。目前法官普遍面临寻找法律依据难、释法说法难和匹配同案难等几大痛点，这也是本项目主要解决的业务需求。

（1）解决法官寻找法律依据难的痛点

目前我国的法律法规有1100多部，司法解释和部门规章上万部，加上地方的法律文件累计有200多万部法律文件，每年的法律法规和司法解释都有大量的更新迭代，法官从浩如烟海的法律文件中寻找法律依据是一件耗费极大精力的工作。在解决法官找法难这个痛点时，至少应当进行两项工作：一是囊括式搜集法官办案所需要的各类法律、法规、司法解释、部门规章的标准、权威文本，确保审判所需要引用的法律规范种类全面不遗漏、版本权威准确。二是为大幅提升法官查询检索法律条文的质量和效率，应当对所有搜集的法律法规进行标签化管理，标注其效力等级、废止情况、发文单位等重要信息。

（2）解决法官释法说法难的痛点

中国特色社会主义法律体系虽然已经基本建成，但是很多法律条文抽象、原则、笼统，单纯依据法条很难直接下判决，法官需要参考大量立法机关、司法机关的权威解读和理解适用，同时法官在撰写裁判文书时又需要精准释法说理。故在解决法官释法说法难这个痛点时，至少应当进行两项工作：一是全面搜集法官办案所需要的各类参考文献，包括但不限于最高人民法院编撰的各类审判指导类图书、一二级大法官关于法律实务的个人著作、全国人大立法机关汇编的各类法律立法释义、各个部门法权威专家基于法律适用和司法实践所撰写的各类教材专著以及法律类期刊文章等。二是实现上述所有法律实务类图书、期刊的全文检索或者标题检索，同时对各类文献之间的引用关系进行标注，便于法官对上述资源的高效查询。

（3）解决法官找同案难、匹配同案不准的痛点

在缺少法律依据或者法律依据阐释不明的情况下，法官需要借助同类案件的判决来指导自己对法律的适用，比照类案在先判决创设规则类推填补。故在解决法官找同案难这个痛点时，至少应当进行两方面工作：一是对最高人民法院八大来源权威案例、各级各地法院上报的参阅参考案例、各出版社出版的案例汇编类图书进行全面搜集并完成数字化汇聚；同时对上述案例进行精细化加工，完成对案例要旨和案例梗概的提炼。二是利用裁判大数据，通过层层剖析和同案智推等功能，完成对法官寻找同类案件的高效支持。

（4）满足办案法官业务学习、个人知识管理的需求

"法信"平台可以满足法官提高业务素质、锻炼业务能力过程中对各类专业知识和案例学习管理的需求；也能满足非审判业务岗的法院工作人员学习、研究、分析法律专业知识和案例数据，更好地为审判工作服务的业务需求。

2. 平台的核心功能

"法信"平台的核心功能是利用法信大纲知识体系和大数据引擎进行多维度剖析和一站式知识解决方案智推。

法信大纲是按照我国立法现状和司法实践需要研发建成的具有自主知识产权的中国法律知识分类导航体系，以中国特色社会主义法律体系的部门法法条为"纲"，以从案例、法条、案由中提炼概括的基本法律纠纷点、关系点为"目"，结构化、系统化标注、串联、聚类法律条文、案例、法律观点等海量法律知识元，具有逻辑性、体系性、推演性等特点，能为用户提供权威、精准的法律知识服务。法律人通过极为精简的检索环节，即输入法律问题，就可以快速得到解决一个具体法律问题或围绕某一个法律争点的所有相关法律条文、法条释义、法律观点以及案例要旨，得到其在办案过程中所需要的一站式法律解决方案（见图6-46）。

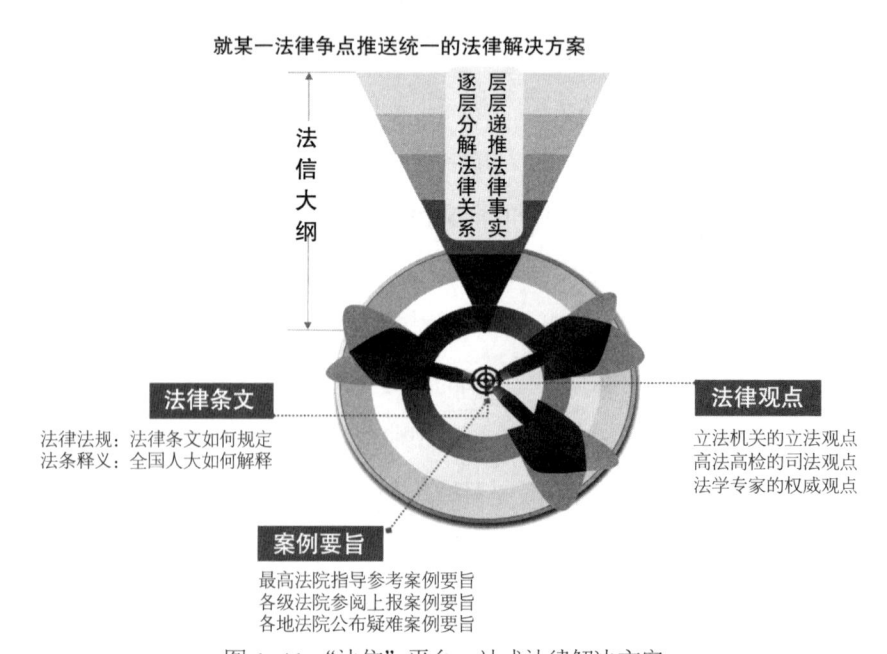

图6-46 "法信"平台一站式法律解决方案

"法信"平台采用基于人工智能语义分析技术研发的"同案智推大数据引擎"（SP）。该引擎通过自然语义分析和分词技术对裁判文书的法律专业术语进行匹配转化，实现智能化支持非法律专业的普通公众用自然语言一键式查找与自己所遇纠纷案情高度相似的既往判决，并通过匹配同案、比对案情等预测纠纷的预判结果和裁判走向。"法信"平台的自然语义同案智推服务支持整篇格式化裁判文书找同案、法言法语专业表述法律关系找同案和口语表述事实案情找同案，能够充分发挥以案释法、以案普法的作用，对面向公众的诉讼服务智能化有非常积极的应用价值。

"法信"平台采用基于大数据技术研发的"裁判剖析大数据引擎"（LD）（见图6-47），通过对裁判文书特定段落进行无限维度、多条件的自由组合和层层剖析，利用大数据的聚类分析和智能排序功能，帮助法律人在办理同类案件时同步实现法律事实的比对、法律关系的匹配、法律依据的核校和裁判量刑的参照。"法信"平台的专业剖析类案同判服务能够最大限度地减少或消除"同案不同判"，利用大数据技术手段帮助法官参考在先判决裁判尺度、减少主观因素影响、控制自由裁量权、统一法律适用。

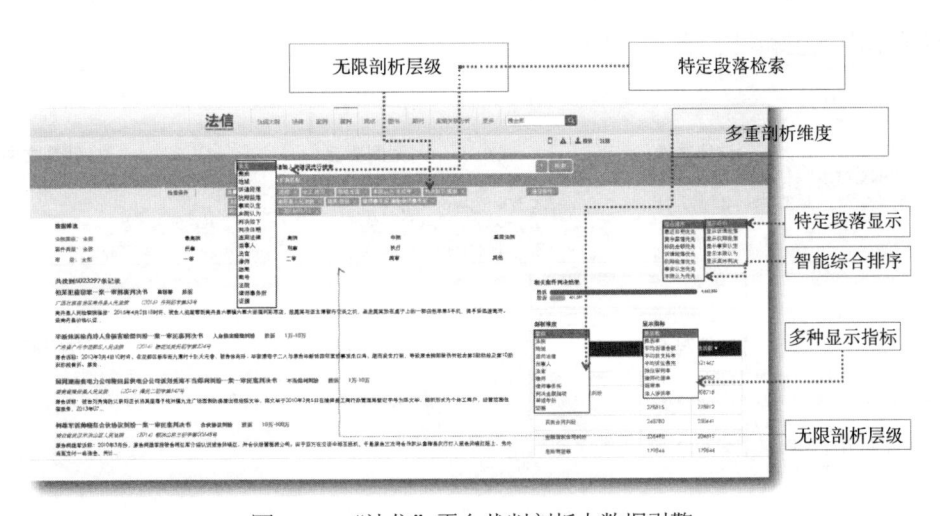

图 6-47 "法信"平台裁判剖析大数据引擎

3. 平台的数据采集和加工

"法信"平台的数据源为多渠道数据源，既有通过数据爬取软件获取的公版文献资源，也有自有版权图书通过排版文件转格和 XML 化形成的数据资源；既有采购其他版权方资源数字化加工后形成的数据,也有内容团队完全原创的版权资源(见图6-48)。

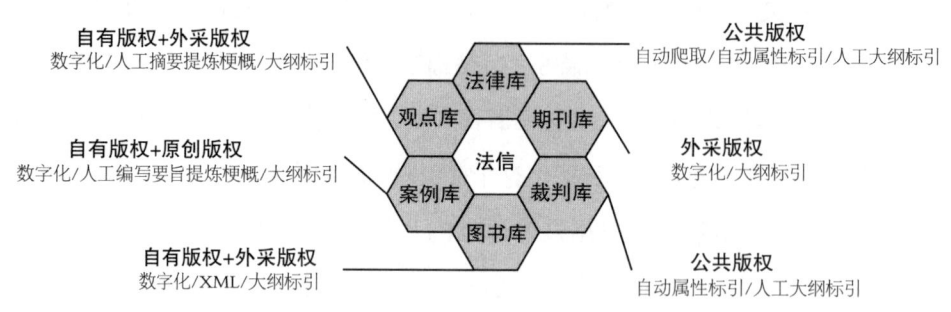

```
自有版权+外采版权                          公共版权
数字化/人工摘要提炼梗概/大纲标引          自动爬取/自动属性标引/人工大纲标引
                      法律库
              观点库       期刊库
自有版权+原创版权                          外采版权
数字化/人工编写要旨提炼梗概/大纲标引  法信   数字化/大纲标引
              案例库       裁判库
                      图书库
自有版权+外采版权                          公共版权
数字化/XML/大纲标引                        自动属性标引/人工大纲标引
```

图 6-48 "法信"平台多渠道数据源

对于不同渠道采集来的内容资源,平台以人工与机器相结合的方式来实现内容的聚类分析和知识图谱串联。首先,针对各类知识和数据元制定加工规范(见图6-49)。然后,在数据管理后台对上述规范进行软件化开发,从而使内容和数据管理团队能在编辑后台对所有碎片化的知识源和数据进行管理、标签、分类以及知识图谱串联,整个环节都由人工和机器结合完成。

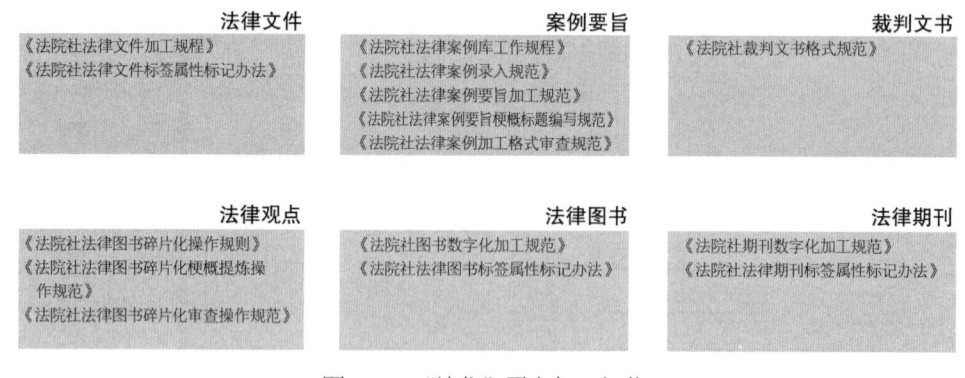

法律文件
《法院社法律文件加工规程》
《法院社法律文件标签属性标记办法》

案例要旨
《法院社法律案例库工作规程》
《法院社法律案例录入规范》
《法院社法律案例要旨加工规范》
《法院社法律案例要旨梗概标题编写规范》
《法院社法律案例加工格式审查规范》

裁判文书
《法院社裁判文书格式规范》

法律观点
《法院社法律图书碎片化操作规则》
《法院社法律图书碎片化梗概提炼操作规范》
《法院社法律图书碎片化审查操作规范》

法律图书
《法院社图书数字化加工规范》
《法院社法律图书标签属性标记办法》

法律期刊
《法院社期刊数字化加工规范》
《法院社法律期刊标签属性标记办法》

图 6-49 "法信"平台加工规范

4. 平台的数据应用与推送

加工后的碎片化知识资源和结构化裁判文书数据在前台通过两个应用入口给用户提供服务。

知识服务入口的算法逻辑是：当用户输入关键词、检索词以及已经掌握的法信大纲编码（法信码）的时候，大数据后台首先会通过词向量关系推送以往用户选择率最高的知识元，然后将关键词、检索词在法信大纲知识路径项下所命中的知识元进行优先推送，最后推送常规标题和全文检索命中的结果。

在大数据检索入口，基于两个大数据引擎提供两种服务入口：一种是通过对裁判文书多维度层层剖析而形成的裁判剖析服务入口；另一种是通过自然语义分析和分词技术实现的机器优先排序入口。

5. 平台的数据展示与效果

由于"法信"平台的大数据服务与传统法律数据库在底层方法、知识体系支撑、引擎算法和服务模式等方面有较大的差异，故平台在向用户进行数据展示时也与传统法律数据库有所不同。具体表现为两个方面。

一是以知识体系作为底层检索逻辑向用户推送知识元时，具有语义智推的效果，与传统所见即所得的检索效果有所不同。为了兼顾用户的两种检索习惯，"法信"平台在前台设计中把知识体系所提供的智能推送和常规检索结果并列，以方便用户使用两种不同的方式进行检索（见图6-50）。

图6-50 "法信"平台提供的两种检索方式

二是法信码所串联的一站式知识解决方案是"法信"平台独有的功能。因此在数据呈现方面为其单独设立了检索入口,以独有的呈现方式来提升用户体验(见图6-51)。

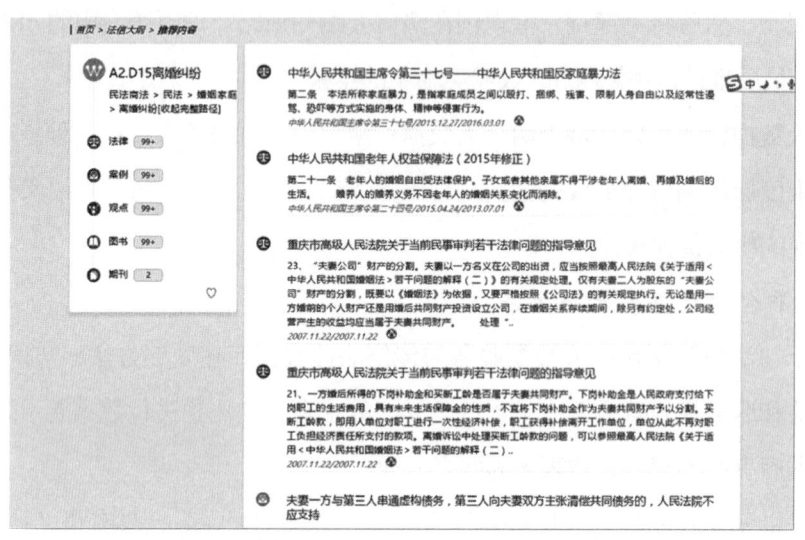

图6-51 "法信"平台一站式知识解决方案展示页面

四 社科文献出版社:运用大数据思维,从出版"小数据"做起

(一)社会科学文献出版社及其数字出版

1. 基本情况及业务范围

社会科学文献出版社(以下简称"社科文献")成立于1985年,是直属于中国社会科学院的社会科学领域专业学术出版机构,致力于做社会科学领域的知识服务商。社科文献以全面推动智库产品与专业学术成果的系列化、规模化、市场化、数字化、国际化为己任,业务范围涉及传统出版、数字出版和国际出版,优势出版领域有社会学、政治学与公共管理、法学、经济管理、国际国别问题、财政金融和哲学宗教等。社科文献以对当下中国深度分析解读的主题出版、规模出版而著称,打造了以"皮书"为代表的多种智库产品。

2. 重点产品及目标用户

(1)重点产品及服务

社科文献传统出版、数字出版、国际出版融合联动发展,已有重点产品及服务如表6-9所示。

表 6-9 社科文献重点产品及服务

出版方式	重点产品	业务模式
传统出版	"皮书"系列、《列国志》、"社科文献精品译库"、"全球化译丛"、"经济研究文库"、"社会理论译丛"等图书品牌	图书出版与营销推广
数字出版	4条数字产品线：中国发展与中国经验、国际国别问题研究、中国乡村研究、古籍与大型学术文献 11个数据库产品（上线8个）：皮书数据库、中国减贫数据库、京津冀协同发展数据库、"一带一路"数据库、列国志数据库、张乐天联民村数据库、台湾大陆同乡会文献数据库	以数据库产品建设及销售为导向，提供定制库、学术科研服务平台建设服务，提供全流程数字出版解决方案
国际出版	"皮书"系列外文版等	对外合作出版、版权贸易

（2）目标用户及其特征

社科文献主要目标用户为社会科学相关的高校、党校、智库研究部门、军队、政工研究机构的科研人员，据不完全统计约83万人。科研人员基本属性特征有：第一，知识分子阶层，以硕博士为主，一般具有较强支付能力；第二，以研究为业，研究相关知识消费由所在单位购买；第三，专业性强，对专业知识尤其是基础数据和基础文献资料具有较强需求；第四，既是内容提供者，又是内容接收者。

数字出版业务开展以来，社科文献目标用户群体进一步扩大，覆盖高校、高职高专院校学生群体，主要服务于学生的论文写作需求。据《中国高等教育质量报告》数据，2015年普通高校本专科在校学生逾2600万人。学生群体基本属性与科研人员重合度高，但在个人支付能力、所需知识专业度等方面有所差别。

（3）大数据时代目标用户需求的变化

随着互联网、大数据等新技术应用于学术研究，社会科学研究在研究对象、研究方法和学科范式等方面发生了变化，对社会科学专业领域出版机构在资源提供、研究支撑、成果推广等方面的服务提出了新要求。具体表现为：第一，对系统性、跨学科、多层次研究资料的需求成倍增加；第二，对研究资源的广度和深度提出了更高要求；第三，借助技术手段提升科研效率；第四，多领域、多层次主体共同参与研究；第五，扩大研究成果的影响范围和影响力；第六，个性化需求成倍增加。

3. 数据资源积累与利用现状

（1）数据资源类型及规模

目前，出版社存量数据可分为资源数据、销售数据、用户数据和使用数据4类。各类数据定义及积累情况见表6-10。

表 6-10　社科文献数据资源情况

数据类型	基本定义	出版模式	积累情况	积累周期	采集方式
资源数据	出版内容资源，有文本、图片、图表、多媒体、原始数据等形式	传统出版	图书：17718 种、61 亿字	1985 年至今	经营生产积累
		数字出版	图书：11350 种、34 亿字 期刊（整合）：3.7 亿字 资讯：42 万条	2007 年至今	数字化加工（PDF、Word、Xml、Txt、Mobi 等格式）、公共资源采集
销售数据	产品销售价格相关数据	传统出版	产品结构、造货码洋、发货码洋、定价、销售量、销售额、市场占有率、存销比等	1985 年至今	人工记录＋图书信息系统
		数字出版	销售码洋、中标码洋、中标未回款码洋等	2008 年至今	人工记录
用户数据	包含用户规模数据和用户基本属性数据（年龄、职业、性别、兴趣等）	传统出版	馆配用户名单及区域分布数据、作者基本信息	1985 年至今	人工记录＋作者信息系统
		数字出版	①用户规模数据：机构用户数、个人用户数 ②基本信息数据：机构/个人名称、所属国家/地区、机构性质、所属行业、研究领域、通信地址	机构信息：2008 年至今 个人信息：2014 年至今	数据库产品技术平台
使用数据	用户使用行为数据	传统出版	无	无	无
		数字出版	①浏览量：PV 量、UV 量、IP 量，包括时段分布、区域分布和用户类型分布 ②忠诚度：访问深度、访问频度、停留时间、跳出率、回头率 ③点击量来源：入口、出口、来源组成、搜索引擎、来源网站、关键字 ④阅读方式和喜好：浏览页面、访问量排行、资源浏览历史、客户端设置 ⑤交互数据：评论统计	2014 年至今	数据库产品技术平台

（2）引入"大数据思维"前数据资源利用局限

引入"大数据思维"之前，社科文献数据资源以非结构化的内容资源数据为主，主要用于内容产品生产，而对销售数据、用户数据和使用数据的收集和利用不足。主要应用场景为：根据销售数据调整选题方向、印数和定价，依托成本数据和销售数据进行考核，根据生产过程数据优化管理等。但整体来看，产品建设和市场开拓以经验驱动为主，对数据的重视和利用情况十分欠缺。数据资源利用的局限主要体现为以下三点。

第一，缺少对数据的管理。缺乏数据管理意识，没有统一的数据管理平台，使各类数据分散于出版社生产管理流程的各环节当中，不利于数据关联利用。

第二，数据来源渠道狭窄，覆盖范围有限。一方面，缺少主动搜集数据的意识，现有数据主要来自内部生产运营积累，用户数据、使用数据等出版社外部数据则未能有效覆盖。另一方面，由于缺少自动化的数据采集手段，销售数据等以人工统计整理为主，数据量小、采集效率低、采集不及时，数据准确性和可持续性欠缺。

第三，对数据的利用不足，没有充分挖掘数据价值并应用于产品建设和推广。资源数据方面，没有深层次开发，难以实现不同资源的重新整合和重复利用；用户数据和使用数据方面，没能有效收集并利用数据，导致对用户痛点及其变化掌握不足，产品建设与用户需求存在偏差，产品优化升级落后于用户需求升级发展，市场推广效果不够理想；数据清洗和数据分析方面，数据处理手段和分析方法单一，停留在简单的宏观统计分析层面，结果呈现以统计表格为主，缺少对数据间关联的深入挖掘和展示等。

（二）大数据在智库类数据库产品建设中的应用分析

面对新技术的冲击和用户需求的不断升级，原有经验驱动的产品建设和推广模式已不再高效，社科文献开始探索数据驱动的产品建设和推广模式，充分利用"大数据思维"挖掘现有出版"小数据"的"大价值"。目前，已打造了大数据驱动优化闭环（见图6-52）。

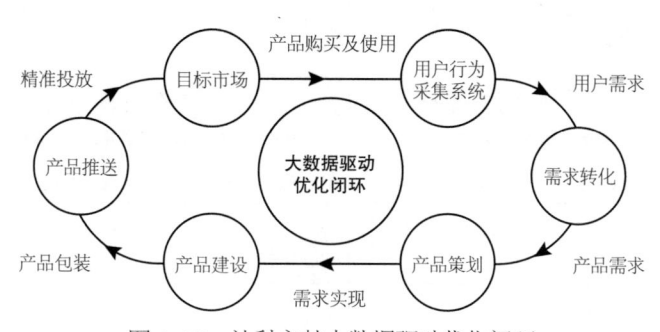

图6-52 社科文献大数据驱动优化闭环

社科文献最先引入大数据思维和方法优化建设的产品是智库类数据库产品，原因是大数据等新技术对智库研究的冲击强于普通学术研究，随着国家相关政策的推动，智库类产品的市场空间和市场需求日益扩大，而且从出版社已积累数据来看此类产品的数据基础最强。

1. 智库研究的特征与痛点

智库研究与一般学术研究在服务对象、研究对象、研究目的和研创人员等方面有较大区别。一般学术研究研究的是"知识",目的是发现并传播知识、传承文明,对研究周期要求相对较弱,个人研究较多。而智库研究服务对象为政府和企业,研究对象为经济社会发展过程中的各种实际问题,目的是为政府和企业解决现实问题提供智力支撑,由于经济社会变化速度较快,研究需要快速完成且依托大量历史数据做出较为准确的预判,个人力量难以胜任,多为团体性研究。这决定了智库研究者的需求有别于一般学术研究,在资源时效性、资源获取效率、数据类资源、合作研究、写作规范和评价标准、成果传播的速度与广度等方面都具有更高要求。

2. 大数据与智库类数据库产品建设的结合点

社科文献根据智库研究的本质特征,通过历史数据分析和用户调研等方式,对智库研究需求进行了深入分析,并结合大数据的思维和方法,制定了对应的产品优化方案,具体如表6-11所示。

表6-11 智库研究痛点及对应产品优化方案

需求类别		需求明细	产品优化措施	处理优先度
资源层面	主题	以经济发展、社会发展主题资源为主	利用采集系统和知识重组,丰富资源体量和资源类型,优化现有产品以智库研究成果为主体的单一架构	★★★☆☆
	时效性	要求资源快速甚至实时更新	优化采集技术,提高采集速度	★★★★★
	类型	对数据类资源需求度高	盘活现有报告中的数据类资源,加大采集力度	★★★★★
研创支持层面	资源获取效率	快速、精准地获取所需资料	优化检索与导航,开发知识精准推送功能	★★★★☆
	内容写作	快速成稿、保持多人写作的统一性	基于内容分析研发写作模板,为写作提供标准和量化参考	★★★☆☆
	研创工具	对快速数据处理和处理结果展示工具需求较高	研发数据指标体系,开发数据可视化功能	★★★★☆
成果推广层面	传播效率	快速传播,政策先声,引导舆论	基于用户行为分析进行精准营销、线上线下一体化营销	★★★★★
	影响力	构建智库机构、智库研究者的国内外影响力	构建影响力评价体系	★★★★☆
学术交流层面		与服务对象、同行专家学者及时交流	搭建交流平台	★★☆☆☆
增值服务层面		及时响应特定群体/个人需求变化和特殊需求,及时升级产品和服务,提供个性化服务	持续监测分析用户数据和使用数据,掌握用户需求、预判变化趋势,及时优化产品并主动引导用户需求升级,提供相应增值服务	★★★☆☆

注:处理优先度分为1~5星,星级越高表明优先程度越高,定级标准为用户需求程度与出版社优势综合得分。

（三）应用案例

1. 具体业务需求场景

目前，社科文献运用大数据思维和方法较为成功的三个智库类数据库产品分别为皮书数据库、"一带一路"数据库和中国减贫数据库。由于各数据库产品定位、目标用户和建设瓶颈仍有所差别，大数据应用场景也各有侧重。目前，各产品建设中运用大数据的具体场景如表6-12所示。

表6-12 社科文献数据库产品定位、特征、瓶颈及大数据应用场景

产品名称	产品定位	产品特征	建设瓶颈	大数据应用场景
皮书数据库	关于中国与世界现实问题研究的智库报告传播出版平台	·主体资源为中国发展各方面的年度连续性智库报告 ·目标用户以智库机构为主 ·产品上线10年，用户数据、使用数据、销售数据均有所积累	·资源体量仍满足不了用户需求 ·数据类资源薄弱 ·对用户特征和用户需求把握不足 ·已形成品牌口碑，影响力需进一步提升	·盘活智库报告中的大量数据资源 ·广泛收集用户行为数据，分析预判用户需求以指导产品优化和精准营销
"一带一路"数据库	"一带一路"倡议支撑平台	·主体资源为"一带一路"沿线各国基础资料、"一带一路"主题研究成果 ·用户以智库和政府机构为主，试图开拓企业用户市场	·国外政策、发展数据等资源采集困难 ·企业用户需求个性化程度高，其个性化需求难以满足	·开发采集系统，提高公共资源采集效率 ·借助技术手段进行市场调研，扩大样本量并快速清洗、分析数据，更准确地把握用户需求
中国减贫数据库	减贫研究的学术成果库和基础资料库	·主体资源为大体量贫困县、连片区基础信息和学术资源 ·目标用户为地方相关政策研究机构、研究减贫问题的智库及学术机构	·资源采集范围广、难度大 ·数据资源较丰富，但易读性相对较弱	·开发采集系统，提高公共资源采集效率 ·开发可视化功能，优化数据展示

2. 运用大数据的具体情况

（1）资源采集

目前，皮书数据库在数据类资源开发、"一带一路"数据库和中国减贫数据库在公共资源采集、皮书数据库在用户数据和使用数据采集方面，不同程度地引入了大数据思维和方法。引入前后的资源采集情况对比如表6-13所示。

表 6-13　引入大数据思维和方法前后资源采集情况对比

类别	传统	当前
采集方式	·资源数据：出版资源数字化加工 ·用户数据：人工记录＋简单的信息记录系统，只能采集用户规模数据和机构用户基本信息数据 ·使用数据：线下调查、重点客户回访 ·销售数据：人工采集＋简单的财务系统	·资源数据：数字化加工＋信息采集系统 ·用户数据与使用数据：数据库平台统计分析系统记录、线上市场调查，可记录用户行为数据 ·销售数据：人工采集＋数据库销售管理系统
采集数据量	受限于出版社存量资源	突破了出版社存量资源限制，资源量极大扩充
采集数据类型	以文本、图片等非结构化资源为主	非结构化资源＋结构化资源（如数据）
采集速度	较慢	快速
采集成本	技术成本低，人工成本高，均价高	技术成本高，均价低

① 皮书数据库的数据类资源开发

皮书数据库图表数据管理系统建设开始于 2015 年，2016 年全面引入大数据思维指导产品建设后获得阶段性进展，依照全面标准化加工图表、开发数据管理系统、开发数据检索功能进而实现数据可视化的步骤依次推进（见图 6-53）。

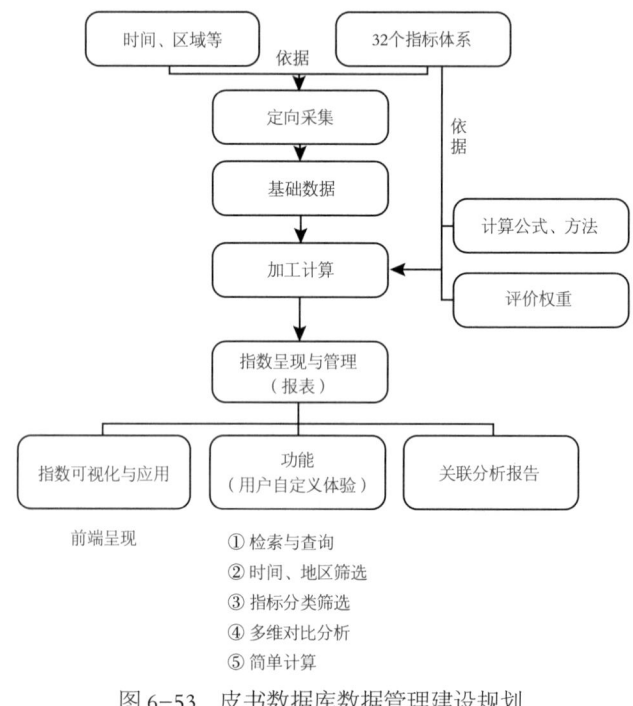

图 6-53　皮书数据库数据管理建设规划

开发基础资源为从智库报告中提取的36万余张数据图表，这些图表都是相对独立且以图片形式存在的（见图6-54），数据内容有价值，但不利于被挖掘和利用。

图片名称：2012~2015年西北五省区餐饮收入

单位：亿元

年份\省区	陕西	甘肃	青海	宁夏	新疆
2012	476.6	—	—	81.9	—
2013	495.2	—	—	89.0	—
2014	537.8	—	—	102.0	220.9
2015	673.3	542.6	56.4	127.8	329.8

图6-54 以图片形式存在的原始数据样例

技术逻辑为：第一步，分批次、分主题进行基于图表内容的标准化加工，将其处理为数据库可存储的标准化数据，为图表数据管理及精确检索奠定基础。第二步，开发图表数据管理系统，分为图表库管理和按指标体系分类管理两种。图表库管理可对图表资源及包含有效数据的图片资源依据标引信息按学科分类和行业分类两个维度进行管理、调取和展示。按指标体系分类管理是图表数据的进一步精细化管理，是在借鉴国家统计局、EPS数据平台等经济社会各领域通用统计指标的基础上，根据皮书数据资源独特性确定的数据管理指标体系。该指标体系会根据数据资源情况动态调整，实时优化。目前，已完成了国民经济核算、对外经济贸易、社会心态、生态城市等32个领域特色指标体系的构建，最深可达4级，示例见图6-55。

通过数据的标准化处理和指标体系构建，皮书数据库初步盘活了数据类资源，可实现连续性分析、对比分析和精准查找。

② "一带一路"数据库的公共资源采集

社科文献于2016年布局建设资源采集系统，旨在满足"一带一路"数据库升级对沿线国家对外政策、国内企业"走出去"、统计数据等信息的需求，目前进展情况较为可观。

```
社会心态
├─ 社会需要
│  ├─ 个体需要
│  │  └─ 马斯洛需要理论
│  └─ 社会需要
│     ├─ 基本需要
│     └─ 中间需要
├─ 社会认知
│  ├─ 态度与评价
│  │  ├─ 社会幸福感
│  │  ├─ 社会安全感
│  │  ├─ 社会公正感
│  │  ├─ 社会成就感
│  │  ├─ 个体效能感
│  │  └─ 其他
│  ├─ 群体与关系认知
│  │  ├─ 社会支持感
│  │  ├─ 社会信任感
│  │  └─ 社会认同与归属感
│  └─ 社会思维
├─ 社会情绪
│  ├─ 基本情绪
│  ├─ 复合情绪
│  ├─ 情绪氛围
│  └─ 其他
├─ 社会价值观
│  ├─ 个体价值观
│  └─ 社会价值观
└─ 社会行动
   ├─ 理性行动
   └─ 非理性行动
```

图 6-55 皮书数据库指标分类体系示例

资源采集系统的建设从确定采集站点入手，根据站点类型特点进行技术配置。建设完毕投入使用后，系统会利用爬虫技术自动捕捉已配置站点的页面文本、图片等信息，并按照标题、关键词、作者、时间、来源等基本字段分门别类地存储。部分网页文本信息会附带 Word、Pdf、Excel 等文件，采集系统可以将附件同时采集下来并单独存储且与原网页文本资源关联起来。此外，资源采集系统与"一带一路"数据库的资源管理系统还能进行无缝对接，保证采集的资源可以顺利地自动导入资源管理系统，方便编辑进行操作和管理。采集系统架构如图 6-56 所示。

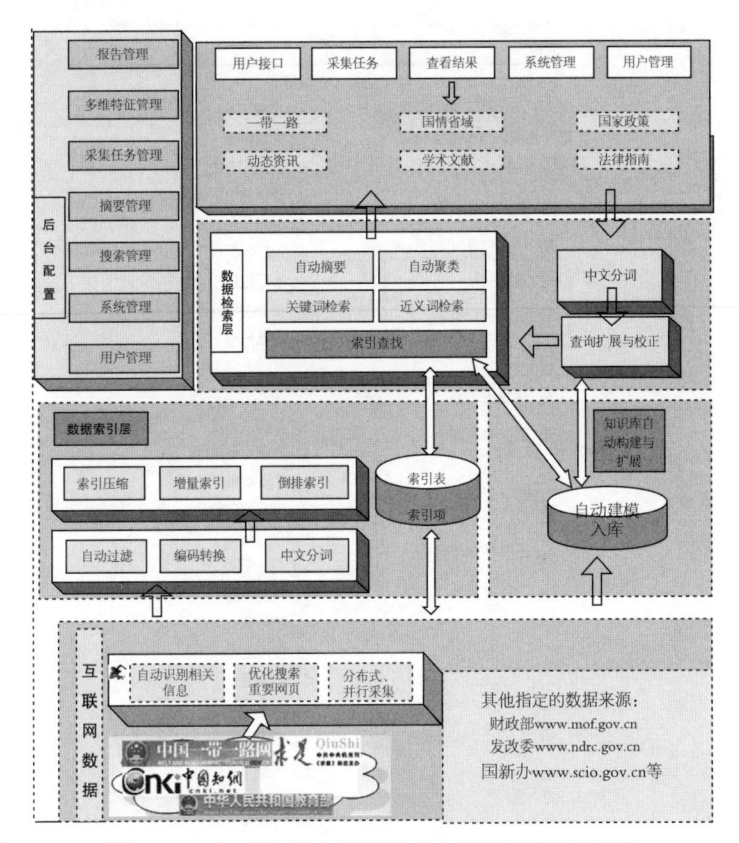

图 6-56 "一带一路"数据库公共资源采集系统架构

③ 皮书数据库的用户数据、使用数据采集

皮书数据库的统计分析系统（见图 6-57），已实现对用户基本信息和用户使用轨迹的记录。用户基本信息包括用户名称、性质/职业、研究领域等。使用轨迹信息包括用户历次访问时间、入口、出口、点击页面顺序、点击资源名称、页面停留时间、使用终端和登录 IP 等。系统能将部分离散孤立的"点数据""条数据"聚拢，打造成高关联、高价值的"块数据"，如根据 IP 地址自动判断用户所在地区、根据用户点击页面判断其兴趣点、将个人用户 IP 与机构用户 IP 进行匹配判断其所属机构等。虽然系统关联判断存在一定误差，但能掌握主动权快速收集样本，随着数据量的增长误差可以逐步忽略不计。

（2）数据分析

皮书数据库在数据分析方面已进行了一些探索。以前的数据分析更强调线性分

图 6-57　皮书数据库用户行为采集系统

析、因果分析,现在的数据分析重心转移到关联分析和趋势预判。目前,皮书数据库的统计分析系统已经实现了一些简单的关联分析和展示,如回头率分析(见图6-58),关联分析上更多的还是系统分析和人工分析结合的方式。

目前,系统分析和人工分析结合处理的情形有三类:第一,忠诚度分析。根据系统提供的用户访问深度、访问频度、回头率、页面停留时间结果,找出忠诚度较高的用户,并结合这些用户的基本属性信息,分析出潜在用户的群体性特征。第二,皮书报告影响力指数分析。根据系统使用量和使用深度统计分析结果,通过指标赋权计算皮书报告影响力。第三,营销活动效果分析。如系统能给出某一营销活动时段内的点击量、赠卡发放

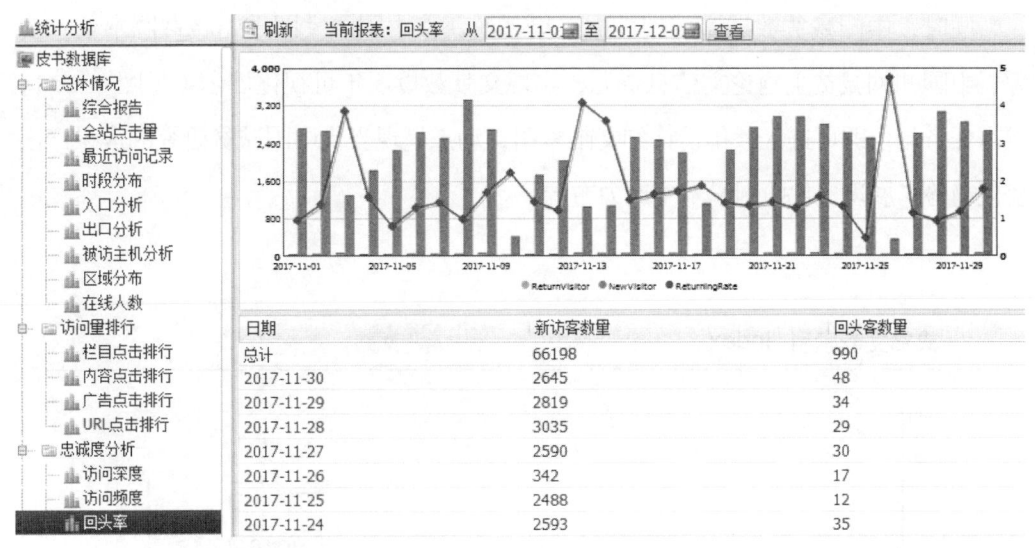

图6-58 皮书数据库统计分析系统回头率分析及呈现

及消费金额、支付宝和微信消费金额、消费用户基本信息和使用行为数据等,通过这些数据的关联分析便能判断营销活动的效果并预测不同类型营销活动的有效用户和有效方式。

(3)数据展示

中国减贫数据库、"一带一路"数据库在可视化展示方面均做了一些探索。现以前者为例详细介绍。

中国减贫数据库基于互联网采集的资源数据搭建了全国减贫地图,位置数据精确定位832个国家扶贫开发工作重点县、集中连片特困地区县,可视化呈现832个县及14个连片特困区的分布状况和贫困档案,针对已脱贫的贫困县特殊标注,记录脱贫重要时间节点,如脱贫贫困县达50个、100个等,对重要时间节点地图进行版本管理以供用户查看,展示中国脱贫攻坚进程全景。用户点击地图上任一省份即可展现该省贫困县分布;点击任一具体贫困县,可进入该县子库,立体、全面、多维了解该县基本情况、贫困状况、贫困治理情况及减贫成就,覆盖资讯、学术文献、视频及图片等多种资源类型;点击任一连片区,可进入连片区地图查看连片区概况、扶贫规划,并可阅读关于该连片区的研究文献及减贫数据。

同时，中国减贫数据库使用数据采集系统获取中国国家图书馆减贫图书信息资源、中国知网减贫主题论文信息资源，实现文献数量逐年可视化展示（见图6-59），点击任意年份即可进入该年份详细文献索引，动态呈现当代中国减贫研究的成果产出变化趋势，展现当代中国学术生产力布局。

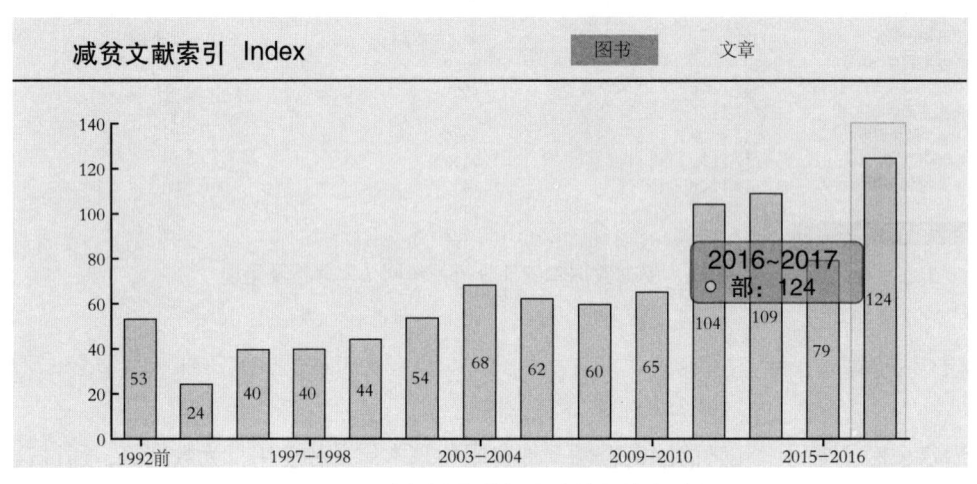

图6-59 中国减负数据库减贫文献索引

3. 运用大数据的效果

出版社由于主营业务、技术认知、人才结构等方面的限制，一般都无法第一时间充分引入新技术。所以社科文献首先引入大数据思维和部分技术模块，调整数据管理和利用思路，挖掘存量数据资源价值，至目前也取得了较理想的成效。主要表现为：第一，用户类型更加丰富、个人用户规模和消费增长速度得以提升。由于对各类用户群体的需求把控更加精准，能更好地提供个性化服务和精准营销，近年来，陆续有企业用户成交，个人用户规模和消费也快速增长，2017年上半年个人用户销售额已超过2016年全年销售额。第二，产品建设的投入产出比更高，风险更可控。基于四类数据的动态关联分析结果，产品优化升级方向更加明确，与用户真实需求的匹配度更高。

五 皖新传媒：AI 学智慧教育平台

（一）概况介绍

AI 学智慧教育平台是一款面向学校授课环境的软硬件集成系统，全面覆盖课前（备课、预习）、课中（课堂交互、大小屏幕互动、练习）、课后（作业评改、数据反馈）三个环节，综合利用大数据技术和智能计算开拓了教学场景中的数据闭环（见图6-60）。该平台通过集合智能手写笔、平板等终端组件，实现对教学中产生的授课、作业、考试等数据的收集；同时在后台构建了基于 Hadoop、Hive、Hbase、Spark 的大数据环境，在数据之上，深度学习算法体系被应用于识别和分析学生的学习状况，从而支撑高效的自适应学习。AI 学智慧教育平台是皖新传媒利用其资源与渠道优势，结合学霸君的技术优势开发的。

图 6-60　AI 学智慧教育平台上的教学活动数据闭环

皖新传媒前身为安徽省新华书店（1952 年成立），2010 年 1 月 18 日在上海证券交易所上市（股票代码：601801），成为全国发行业主板首发上市"第一股"。2012 年，皖新传媒规模化介入教育基础设施建设，截至 2017 年 8 月，累计销售额超 32 亿元，业务覆盖全国 1.8 万所中小学。现今皖新传媒信息化教育建设已全面进入变革时代，不断深化应用、融合创新，搭建综合性教育服务平台，提供多场景教育信息化解决方案，将人工智能应用于教学全场景，多层次构建新教育生态系统，促进教与学的变革，以实现教育公平和均衡发展。

学霸君是一家以技术为驱动的创业公司，在深度学习（Deep Learning）、模式识别等研究领域处于国内教育行业领先水平。学霸君在技术驱动下不断创新、高速发展，于2013年10月推出首个拍照答疑系统，2015年9月首家上线1V1实时答疑功能，2016年10月与皖新传媒合作推出面向学校的智慧课堂产品——AI学智能学习系统，并在安徽省试点推广，2017年6月在自身知识图谱的基础上推出了考试机器人挑战高考，并取得全国高考文科数学卷134分的成绩。

（二）中小学教育大数据需求背景

1. 教育行业发展情况

中国经济的工业化时代已经进入后半场，轻资产、重人力资本的服务业将成为主角。人力资本将为中国进入"新常态"的经济增长阶段提供新动力，而发展教育则是积累整个国家和社会人力资本的必由之路。教育作为积累人力资本的重要渠道，是促进经济增长的持久性因素，也将成为促进中国经济可持续增长的关键所在。

改革开放之初我国教育的投入基数较低，但近20年来我国教育经费持续高速增长。根据教育部、国家统计局以及财政部《关于2016年全国教育经费执行情况统计公报》，2016年全国教育经费总投入为38888.39亿元，比上年的36129.19亿元增长7.64%。其中，国家财政性教育经费（主要包括公共财政预算安排的教育经费、政府性基金预算安排的教育经费、企业办学中的企业拨款、校办产业和社会服务收入用于教育的经费等）为31396.25亿元，比上年的29221.45亿元增长7.44%。在持续的高投入下，全国的高考报考人数近十年每年都保持在900万人以上，这也体现了中国教育市场的庞大。[①]

2. 教育大数据技术趋势

在教育大数据领域，技术发展趋势主要包括以下五点：第一，预测，即觉知预料中的事实的可能性。第二，聚类，即发现自然集中的数据点。这有助于把有相同学习兴趣的学生分在一组。第三，相关性挖掘，即发现各种变量之间的关系，并对其进行

---

① 教育部、国家统计局、财政部：《关于2016年全国教育经费执行情况统计公报》，2017,http://www.moe.gov.cn/srcsite/A05/s3040/201710/t20171025_317429.html。

处理以便在分析中使用。这对探知学生在获得帮助后能够正确回答问题的概率很有帮助。第四，辅助提升人的判断，即建立可视化的机器学习的模式。第五，用模型进行知识发现，即通过大数据分析找出学习数据中的模式，如解题技巧。

3．智能+大数据——K12教育的新拓展方向

在中国K12（小学至高中）教育中，大量地做题是学生的常态，据不完全统计，高中学生在3年学习中要做2万至6万道数学题目。而AI学智慧教育平台的数据挖掘团队通过对近100亿次学生提问的数据分析，以及对众多教研老师的调研发现：很多时候做题是低效的重复性劳动，教学中欠缺针对学生个体量身定做的练习指导。其实只要合理规划学习路径，1万道数学题目的练习足以帮助高中学生获得良好的升学成绩。

为了帮学生更好地了解自己的知识薄弱地图，并为老师提供可靠的针对性教学参考，学霸君从2013年开始构建覆盖广泛学生群体的问答行为数据平台，数据源自全国K12学生每天提问的问题记录；并通过统一的渠道以标准的格式收集这些答疑行为数据，将这些数据电子化；然后结合科学的教研体系，使用大数据分析技术对这些数据进行分析，创造出崭新的教育数据应用。例如，从学霸君的数据平台上可获得全体、某一群体或某个个体的学习情况分析报告，根据报告便能给出个性化的学习指导方案、跟进学习情况并不断调整反馈等。对数据的有效利用有助于达到成倍提高个体和整体学习效率的目的，不管是社会价值还是商业价值都是十分巨大的。

（三）大数据案例具体应用情况

1．业务需求、功能概览、场景描述

（1）业务需求

经过多年发展，学校信息化建设取得了较大的进步，校园网络基本普及，信息化应用已逐步深入教学、管理、服务等各个方面，日益成为师生获取信息、丰富知识、学习交流的重要渠道，在推动教育改革发展、促进思想文化交流、丰富师生精神生活等方面起到了积极作用。

国务院《国家教育事业发展"十三五"规划》中特别提出"鼓励学校利用大数据技术开展对教育教学活动和学生行为数据的收集、分析和反馈，为推动个性化学习和针对性教学提供支持。支持各级各类学校建设智慧校园，综合利用互联网、大数据、

人工智能和虚拟现实技术探索未来教育教学新模式"。在国家的推动下，课堂的形态发生演变，从传统的"黑板+粉笔"方式，转变到电化课堂，再到支持"PPT+屏幕交互"的班班通课堂，之后将进入以"物联网+自动化"为特色的课堂，最终可能转变为引入大量 AI 技术来协助老师授课、学生听课的智慧课堂（见图 6-61）。

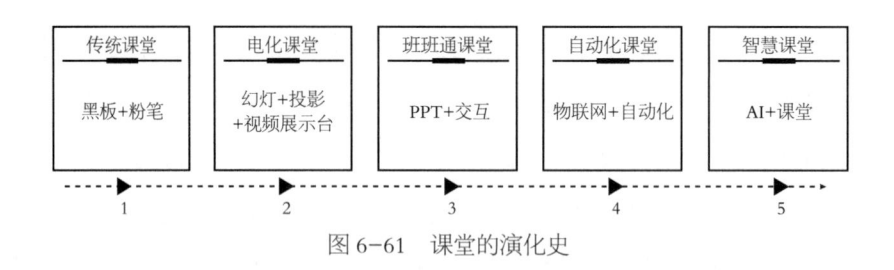

图 6-61　课堂的演化史

传统的学校课堂教学较少借助大数据的力量，在教师教学、学生学习和学校管理方面都面临一些难点，归纳起来如表 6-14 所示。

表 6-14　教师教学、学生学习和学校管理的难点

参与角色	面临困难
教师教学	组卷备课、作业批改费时费力
	学生学情难以实时、精准、直观掌握
	教学数据收集难、统计难、分析更难，教学决策缺少科学性
学生学习	大班教学针对性差、个性化发展很难实现
	以被动接受知识为主，自主学习能力缺失
	课堂互动机会有限，恶性循环导致学生厌恶课堂
学校管理	优质教学资源难以沉淀和分享
	对教师和学生的精准评价比较困难
	对教学趋势和结果的预测能力较弱

（2）功能概览

AI 学智慧教育平台通过"大数据+智能算法"的方式将老师的教学行为加以理解，并且全面支持老师教学，提供作业批改、学情分析、错题本收集和题目推荐等功能（见图 6-62）。

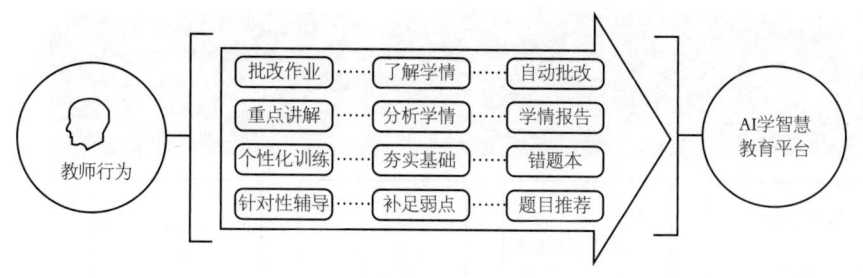

第六章 出版业及相关新兴业态在大数据时代的应对尝试

图 6-62 AI 学智慧教育平台支持的教学行为

AI 学智慧教育平台的功能涵盖 K12 教育中的课前、课中、课后三个环节,其核心功能如表 6-15 所示。

表 6-15 AI 学智慧教育平台核心功能

阶段	核心功能	功能说明
课前	导学、备课	以学定教:课前收集学生预习报告,针对性导学备课
课中	互动教学	信息化授课:实现课堂教学的完全信息化,使教学大数据得以记录
		多媒体授课:视频、音频、图片、文字等教学素材全面支持,使课堂更加生动
		互动授课:"全班""点名""抢答"等多种互动方式,使课堂更加活跃
		实时投屏:试验中,作答中的学生书写轨迹可以实时投上大屏幕,更便于老师讲评
		微课录制:微课一键录制,全班学生可回顾,优质名师课更便于分享
课后	作业、组卷、错题本	智能组卷:一键生成适合班级学情的小测验以及课后作业,老师省力且效果更佳
		自动批改:主客观题目全面支持,将老师从低效的重复劳动中解放出来
		作业报告:基于课后作业或小测验的全方位立体学情报告,班级学情一目了然
		原生做题:学生书写习惯无须任何改变,笔迹自动同步到云端,师生无痛切换到智慧教学时代
		错题本:历史错题自动保存,反复训练后手动移除
		自适应学习:每个学生得到的都是基于个人学习大数据的个性化习题,无须再用题海战术

AI 学智慧教育平台依托教育大数据,利用深度学习、自然语言理解、文字识别等前沿技术改进传统教学过程,以提高老师教学和学生学习效率,服务于教育监管部门、学校、老师、学生和家长(见图 6-63)。老师与学生可以通过智能作业模块布置作业、完成作业、查看作业报告等;通过配套的智能硬件设备(见图 6-64),在不改

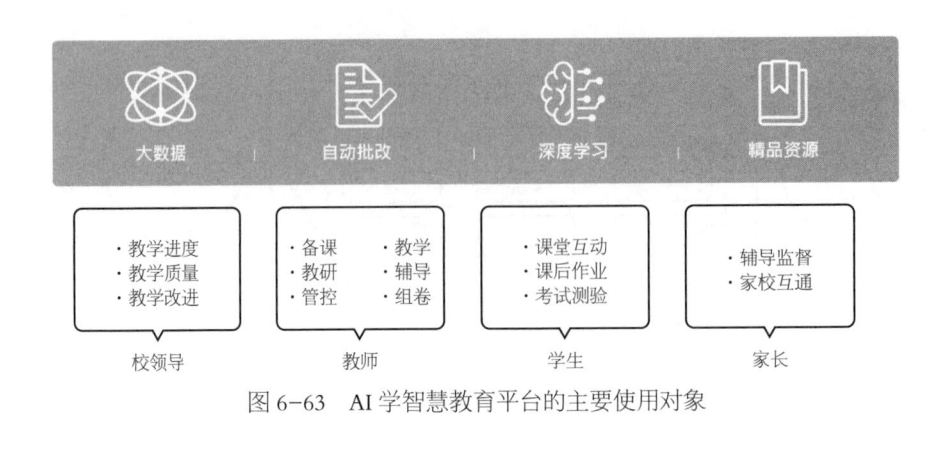

图 6-63　AI 学智慧教育平台的主要使用对象

图 6-64　AI 学智慧教育平台配套智能硬件设备

变学生纸笔书写习惯的前提下，实现对学生书写笔迹等数据的全程记录；并且系统会根据学生个人作业完成情况自动推荐相似题，针对每位学生的实际情况查漏补缺、拔高与提升。为了更好地采集学生的学习数据并深入分析各个学生的能力缺陷，AI 学智慧教育平台采用四大技术，分别是手写笔迹同传技术、大数据智能分析技术、自动解题机器人技术、图像及文字识别技术。各项技术的主要功能如图 6-65 所示。

图 6-65　AI 学智慧教育平台的四大技术

（3）环境需求

AI 学智慧教育平台的功能模块及对应的软件环境如表 6-16 所示。

表 6-16　AI 学智慧教育平台软件环境

部署位置	功能模块	软件环境
客户端	老师网页端	支持 Windows, Mac, Linux 等
	老师移动端	平板 Android 5.1 以上
	学生移动端	平板 Android 5.1 以上
		智能手写笔 + 点阵印刷笔记本
服务器端	部署环境	CentOS
	题库、业务数据库	MySQL，MongoDB，Neo4j
	行为数据仓库	Hbase，Hive，Hadoop，HDFS
	业务模块开发语言	Go，Python，Java，C++，Scala
	搜索引擎	ElasticSearch
	微服务容器环境	Docker
	Http 服务器	Nginx
	实时计算系统	Spark

2. 数据采集

（1）数据源

AI 学智慧教育平台的数据主要有知识内容数据和教学行为数据。在内容数据方面，AI 学智慧教育平台搭建了一个海量题库，这个题库覆盖了中国出现的大部分题目，AI 学智慧教育平台的团队目前也正在持续采集老师上传的各种试卷题目，不断丰富题库建设。教学行为数据方面，主要有三个数据源：课前老师备课的数据、课堂上学生做课堂练习的数据、课后学生做作业和自主练习所积累的数据。AI 学智慧教育平台通过智能笔收集学生在纸面上写作业的数据（见图 6-66）。

（2）数据采集技术

为了最大规模地收集数据，AI 学智慧教育平台开发了手写识别引擎。该引擎源自学霸君 2013 年开发的印刷体文字识别引擎，在此基础上衍生了手写体的拍照识别，继而开拓单字级别、带手写笔画顺序的识别，最终演变为多行多字复杂形态的联机手

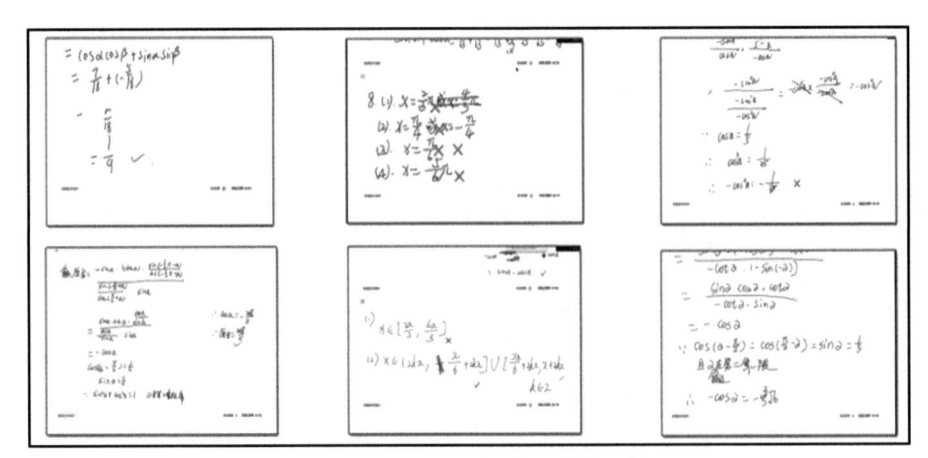

图 6-66　学生的手写作业数据示例

写识别。该技术被使用在 AI 学智慧教育平台学生作业的识别中，是内容数据和行为数据采集的重要技术。

为了建立适合课堂使用的题库，AI 学智慧教育平台采用深度神经网络进行试卷的分析，并提取出试卷中的每一道题目进行文字识别。神经网络模型如图 6-67 所示，该模型对较清晰图片（每个汉字 25 个像素高度以上）的单字识别准确率达到 99%。

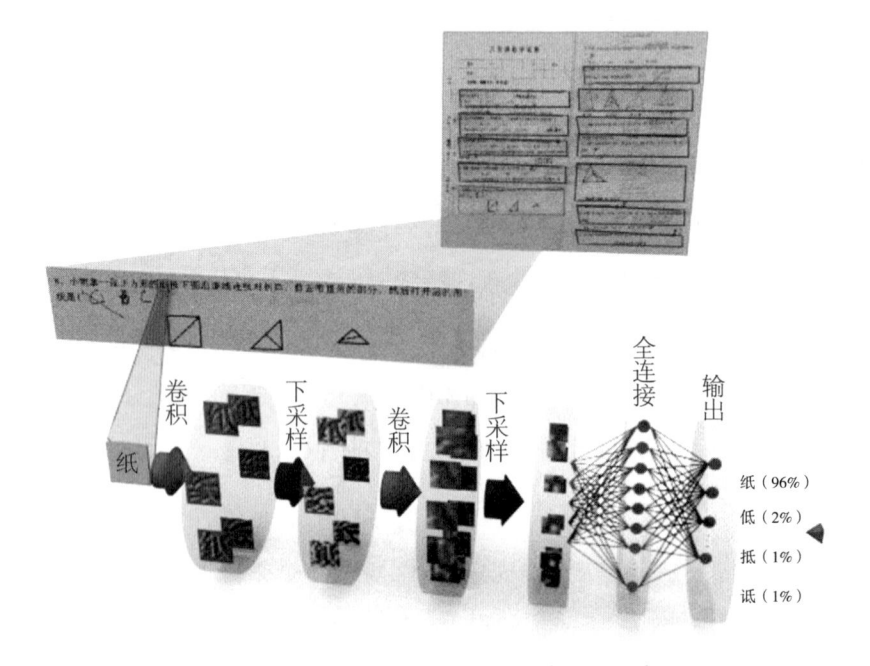

图 6-67　基于深度学习的文字识别技术

对于手写作业，识别引擎会进行行分割、抑制噪声处理，形成相对干净的单行手写数据后进行识别。其预处理和识别模型如图 6-68、图 6-69 所示。

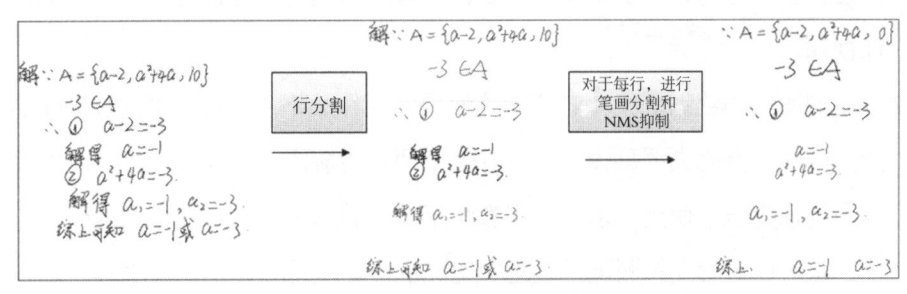

图 6-68　手写识别预处理策略

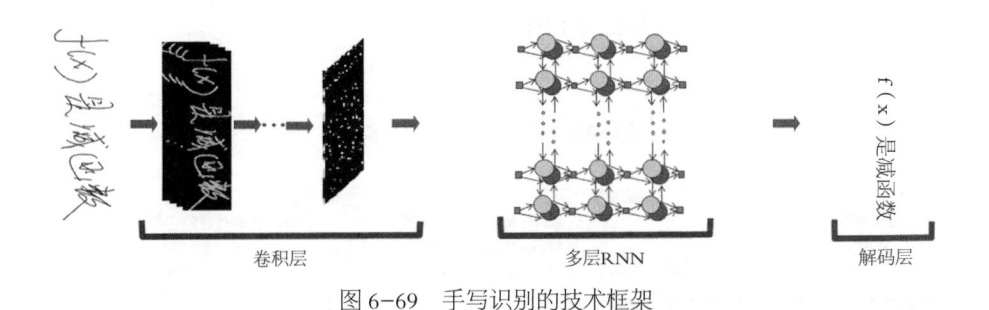

图 6-69　手写识别的技术框架

（3）采集特点

AI 学智慧教育平台的数据采集过程跟教学紧密结合，其中最重要的采集环节是作业数据采集。老师每天都会通过平台布置作业，学生每次做完作业都会上传当天数据到系统中，系统会进行评改，然后得到每个学生每道题目的对错情况。除此之外，课前备课环节和课堂互动环节的所有数据都悉数收集进系统，以供分析和使用。

（4）实现方式

课前备课阶段的数据采集：AI 学智慧教育平台提供了基于大数据和智能推送内容的备课模块，能将其他老师分享的课件以及精品课件提供给老师参考和使用，以协助老师方便快速地准备好高质量课件，同时老师也可以将自己制作的课件通过资源平台分享给其他老师使用。智能推送高质量课件资源的粒度已精准至章节，可一键调用 PPT 课件的所有页面，支持插入、预览、拖拽等操作。云端教育资源库的内容与教材目录、知识点匹配，教师备课时无须搜索，云端教育资源库会自动筛选出与当前课件关联的所有成品课件及教学素材，为教师备课减轻负担。老师通过同步备课模块，可以选择上课课件及相应的素材和课堂练习题。在上课过程中老师可以使用课件，并发送相应的习题给学生。下课后，老师可以通过课程报告查看课上笔迹，并回放上课视频。

课堂授课阶段的数据采集：老师上课使用的课件及相关资料，可通过 Pad 端互动课堂功能投屏在教室的大屏幕设备上，并保证两者讲解内容、操作同步，同屏过程稳定，可以满足课堂正常使用要求。利用教学工具，教师可以结合课堂学情随时增加图片或课件，也可以随时发起测试，快速实现课堂互动（见图 6-70）。老师可以在课堂上推题给学生练习，形式有全班推题、抢答、点名等，学生的作答笔迹也可实时同步在大屏上，同时也会收集到大数据平台中。

图 6-70　从 AI 学智慧教育平台中选取课堂互动授课内容示例

课后作业阶段的数据采集：学生作业的收集可以通过三个步骤完成。第一步，布置作业。老师可以选择教辅或者 AI 学题库布置作业，同时也可根据需要对布置作业的题型和题目难度进行筛选。老师选择题目并布置作业后，学生可以通过 Pad 接收作业。第二步，书写作业。学生使用智能笔在纸面上进行书写，作业数据被同步到系统中。每一道题每一步骤的书写都被记录下来。第三步，提交作业。学生将作业提交到系统后台，后台会调用 AI 引擎进行批改，然后获得每道作业题的答题情况。

3. 数据转换及清洗

AI 学智慧教育平台涉及的大量数据需要通过识别才能转换成可查询分析的数据。所以识别引擎的使用也是其典型特征。一般来说文字识别会产生很多噪声，来源于各种情况的干扰，包括纸面的透色、不规则的手写、阴影等。

AI 学智慧教育平台面向印刷体文本的文字识别引擎，采用基于深度学习的版面分析技术来提取图片数据中的文字部分。如图 6-71 所示，左边是原始图像，版面分析后非正常文本被清洗掉，经过识别就生成了右边的文本。

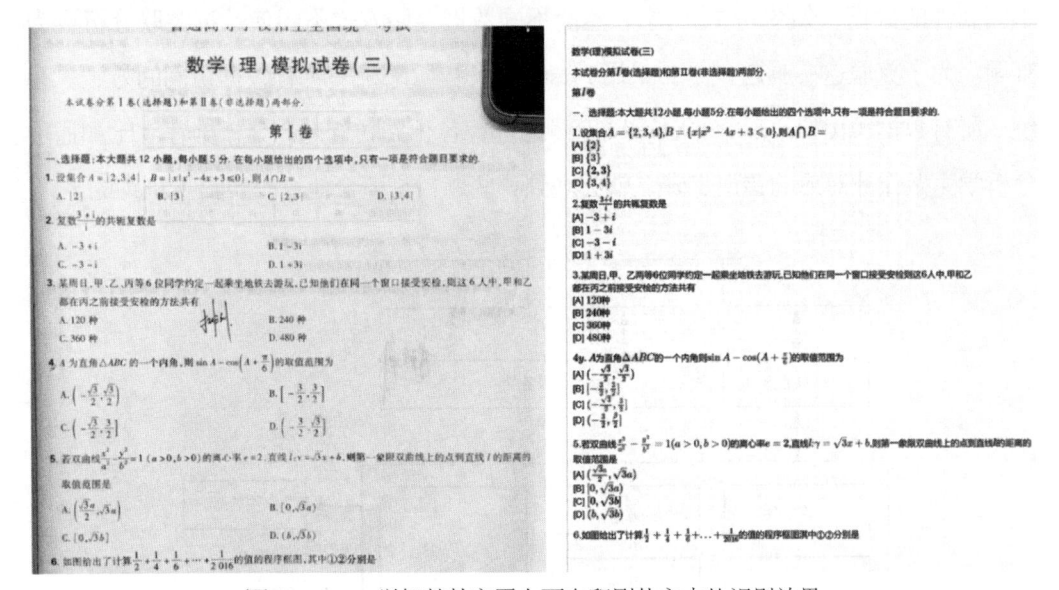

图 6-71　AI 学智慧教育平台面向印刷体文本的识别效果

学生使用智能笔书写作业，他们的涂改会对识别结果产生大量的干扰。对这一类数据的清洗是准确评改学生作业的重要条件。AI 学智慧教育平台采用深度学习和规则混合的方式来标识手写数据中发生涂改的部分，从而达到清洗噪声笔画数据的目的。

4. 数据存储

（1）存储方案

AI 学智慧教育平台拥有多种形态的数据，系统根据各种数据的特征采用不同方案来进行数据存储：①学生的手写数据分为原始笔迹序列文件和渲染后的图片，前者记录于 MySQL 集群中，而后者存放在文件服务系统中；②整个系统发生的各种高频次数据，被存储于分布式数据库和数据仓库 Hbase 和 Hive 中，以便于各种分布式分析和计算；③课件、视频等文件资料存放于云端的文件服务系统中；④题库数据采用 MySQL 进行存放；⑤知识图谱存放于 Neo4j；⑥所有支持老师、学生模糊搜索的数据都被存放于 ElasticSearch 中，使用者可以通过模糊的描述来获得想要的题目、课件或者授课视频等。

（2）存储技术

AI学智慧教育平台侧重于打通数据间的关联、消除知识孤岛，因而在数据整合、搭建通透的数据平台上做了相应的探索。AI学智慧教育平台构建了大数据体系来存放不同属性的数据，如图6-72所示。然而不同数据存储方式不同使数据关联分析成为难题。为了克服这一难题，平台采用Presto这一技术来统一所有数据访问的方式。在统一所有数据源出口之后，平台可以无缝地进行各种关联查询和分析推荐。比如通过分析学生做作业对应的错误步骤，就关联到哪些题目是适合他进一步自主训练的。

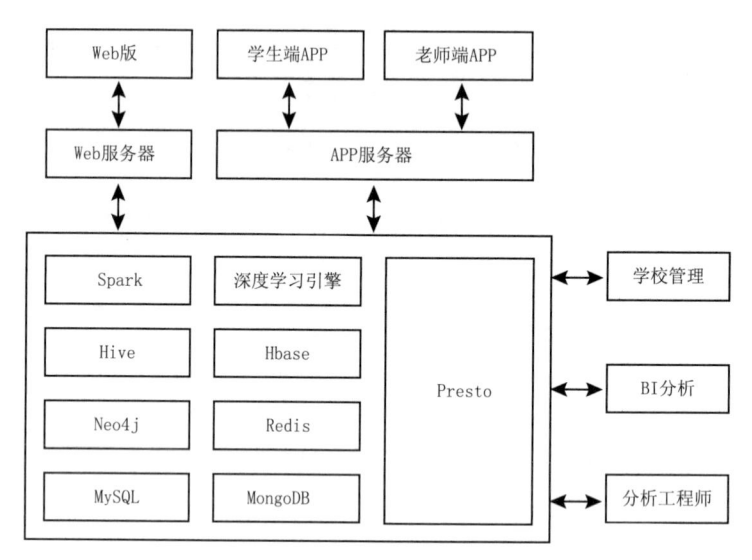

图6-72 AI学智慧教育平台大数据存储体系

5. 数据分析

AI学智慧教育平台采用多种方法对数据进行分析，而对内容尤其是题目的深度分析是提升平台应用效果的重要手段。这里重点介绍一下AI学智慧教育平台是如何构建基于知识图谱的分析体系的。

在内容管理方面，国内绝大多数题库资源提供商都采用树状的知识点结构来组织和管理题目。树状结构的优点是能方便快速地对题目进行查询，但是其局限在于不能有效地描述多个不同知识点下的题目间可能出现的关联关系。这种关联的缺失限制了题目推荐的精准程度。为了弥补这一缺陷，AI学智慧教育平台采用知识图谱来组织和管理题目。有了知识图谱，所有题目都可以在知识单元上形成关联（见图6-73）。

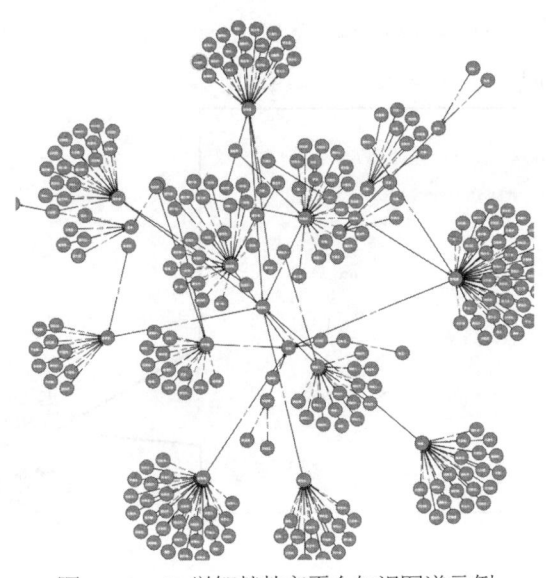

图 6-73　AI 学智慧教育平台知识图谱示例

根据知识图谱，每道题可以关联若干个知识单元的标签，而这些标签体现了解题的重要思路。为了更好地提取每道题背后蕴含的知识单元，AI 学智慧教育平台采取两步走的处理策略：第一步，抽取 100 万道题目，构建基础题目标注数据集，然后对数据集进行训练，预测模型。第二步，基于模型对题库所有题目进行知识点预测。这一步骤之后，题库中所有题目都有了相应的知识单元标签，给定任意一道题，系统都可以在整个知识图谱中找到这道题相关联的知识单元（见图 6-74）。

有了各个题目的知识单元标签便可以根据题目的标签信息和学生做题对错的情况对学生进行能力评估。在收集了大量的学生作业记录之后，可以将作业的数据看成一个时间序列，将大量学生作业数据进行无监督聚类后，可以将学生分成若干组。对于每一个新学生，只要有其做题数据，便很容易将其归并到某组里。因为做题对错比较相近的学生能力一般比较接近，完成这个步骤之后，也就达到了对学生进行智能分层的效果，从而使分层作业成为可能。

6. 数据挖掘

（1）使用技术

AI 学智慧教育平台的一个核心目标是优化学习效率，让学生能够学得轻松并得到好效果。为了达到这个目的，AI 学智慧教育平台开发了自适应学习模型，用来挖掘学

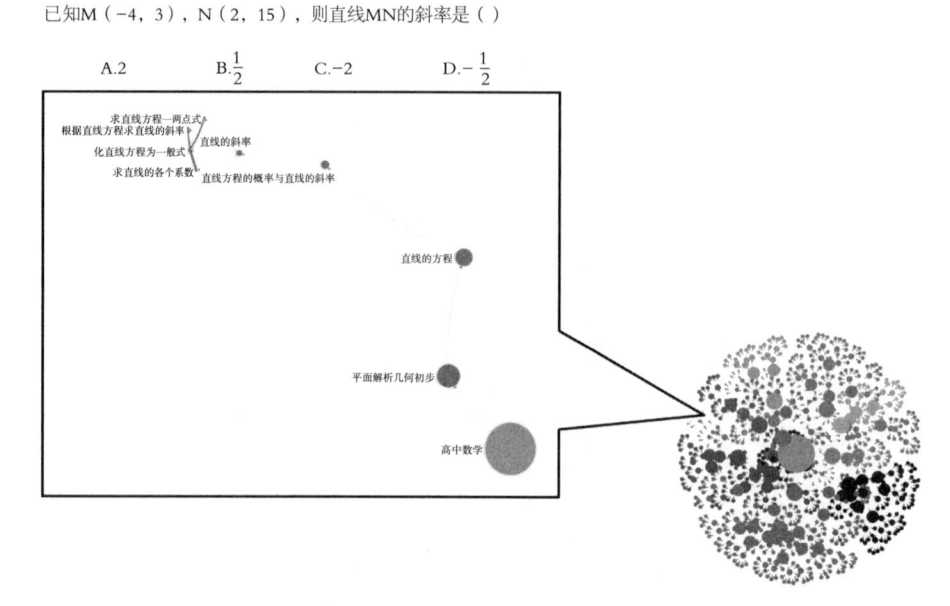

图 6-74　一个题目对应知识图谱中的多个知识节点示例

生的易错信息，并推荐最合适的练习题帮助学生提分。

自适应学习模型主要包含三个模块，分别是条件反应理论（IRT）、循环神经网络（RNN）和知识图谱（见图 6-75）。条件反应理论主要用来估算题目的难度和学生的能力。举个例子来说，分别有两道题，给 100 个同学做，第一道题有 80 人答对，而第二道题有 40 人答对，那么前者比后者难度更低。有大量的数据之后，条件反应理论就能绘制出每一道题的难度曲线。

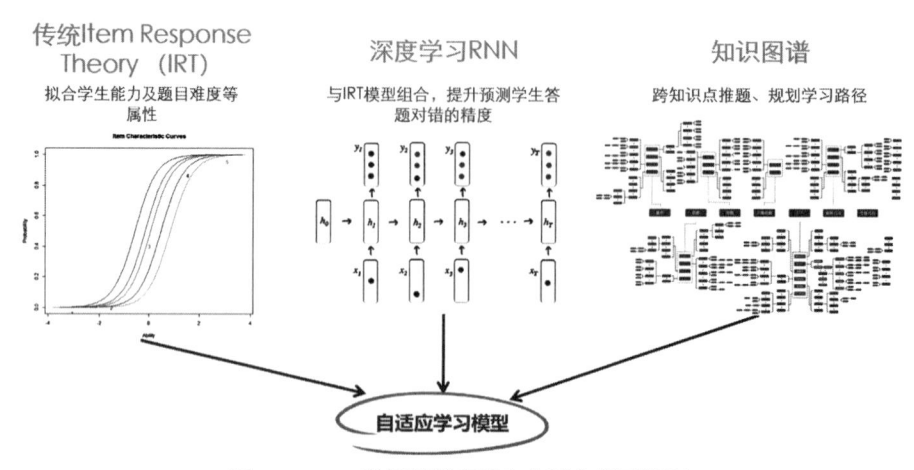

图 6-75　AI 学智慧教育平台自适应学习模型

RNN 可以通过对学生做题历史记录的训练来预测未来做题目的正确率。有了学生做每一道题目的正确率预估，就可以结合题目的难度曲线来计算学生练习哪道题目可以得到最高的分数提升；结合知识图谱，可以进一步扩大为学生推荐题目的范围。一个知识点的题目不懂，系统可能为其推荐上游知识点的题目，而不是孤立地"头疼医头、脚疼医脚"。

（2）实现步骤

自适应学习模型的实现分为以下三步：第一步，通过作业、考试、课堂练习收集大量学生做题的行为数据，并通过评改得到对与错的标签，所有答题数据汇集成行为数据表。第二步，基于条件反应理论计算学生能力数据和题目属性数据（见图6-76）。第三步，从题库中选取最适合当前学生练习的题目（见图6-77），最佳题目一般体现为信息熵最大，所以推荐问题变成一个最优化问题。

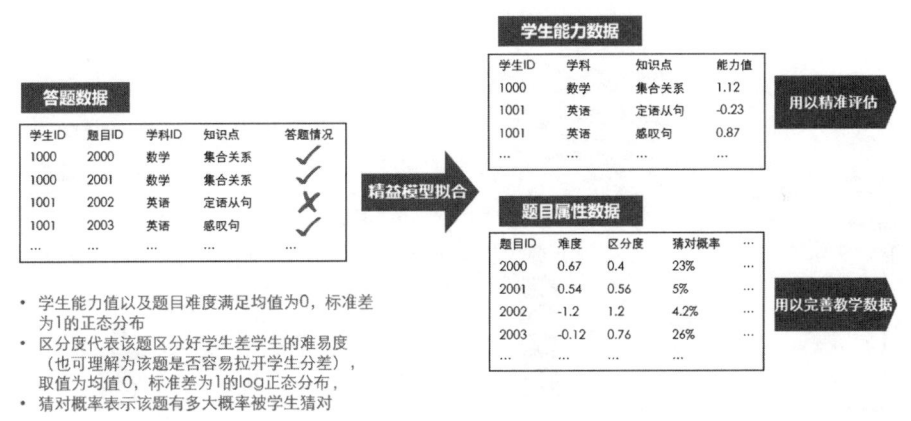

图 6-76　基于学生做题记录分析学生能力和题目难度示例

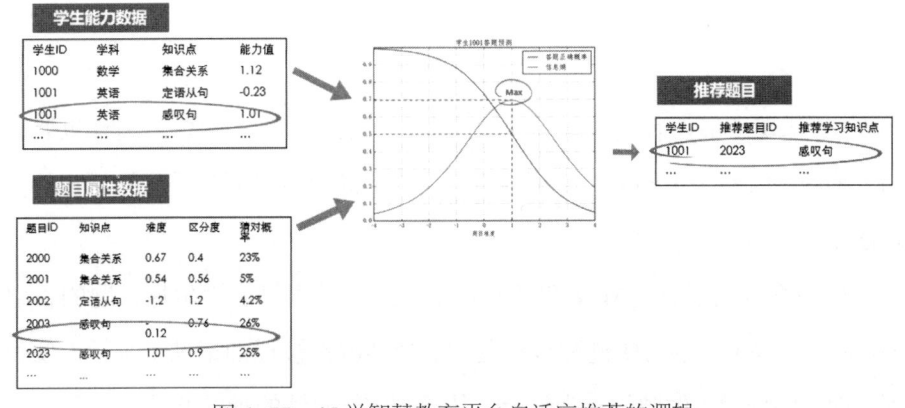

图 6-77　AI 学智慧教育平台自适应推荐的逻辑

7. 数据展现及平台应用结果数据分析

（1）展现形式

AI 学智慧教育平台的数据展现构建于大数据 Hadoop 生态之上，拥有多种维度的展现效果。AI 学智慧教育平台将以往运用于企业内部的大数据平台引入课堂，老师可以在课上或者课后看班级学生的信息。图 6-78 是 AI 学智慧教育平台对某班级某日作业的结果统计，其中可以看到正确率最高的题目是全部同学答对，而第 6 题只有 46% 的同学回答正确。这时候老师如果要重点讲解，就可以从第 6 道题开始。

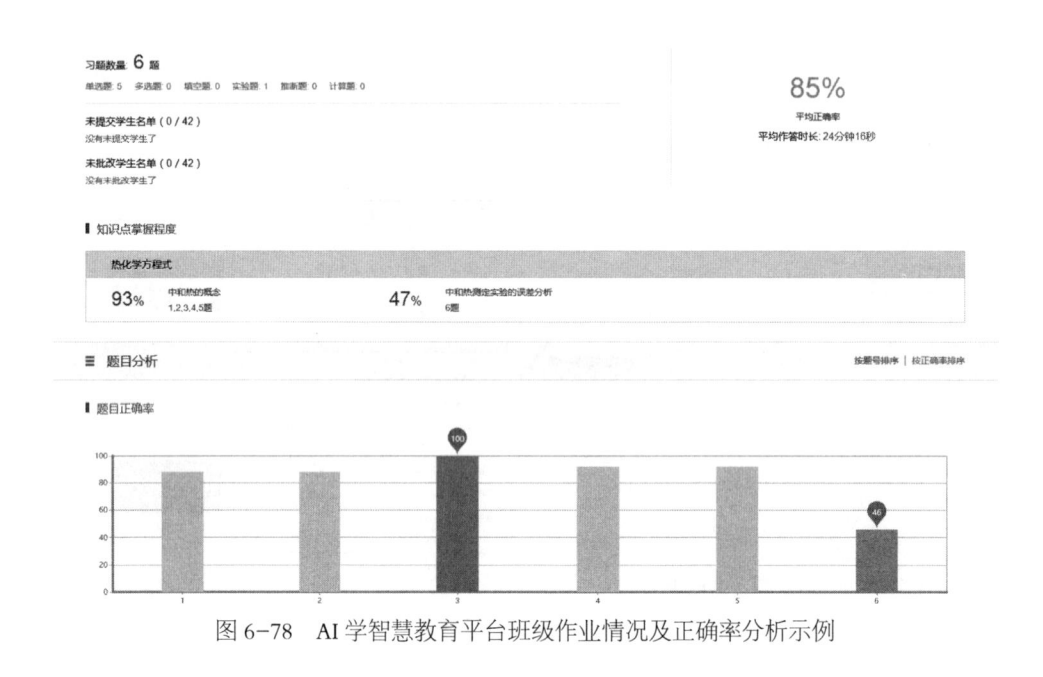

图 6-78　AI 学智慧教育平台班级作业情况及正确率分析示例

图 6-79 体现了每一道题内容层面的信息，包括知识点、解析；另外也展现了每道题的平均做题时间、正确率。根据这两点可以判断对班级而言哪些知识点需要着力加强解读。

除了班级维度的汇总，AI 学智慧教育平台还能看到每位学生每道题的答题情况（见图 6-80）。学生的手写轨迹和客观题的选择情况都被详细记录下来，这便于老师从数据层面下钻到学生做题的行为细节，从而制定针对性的辅导方针。

图 6-79　某班级某次作业的正确率和平均做题时间情况

图 6-80　某同学的作业记录

（2）AI 学智慧教育平台应用结果分析

AI 学智慧教育平台在进入学校之后，试点班级在优秀率、及格率和超均率方面都得到不同程度的提升，分别为 19.52%、7% 和 12.55%。这意味着基于大数据和平台的教学方式，能够帮助学生更好地完成学习。

将使用AI学智慧教育平台的班级和其他班级进行对比，更能看出平台的提升效果。图6-81、图6-82是安徽某试点班级使用AI学智慧教育平台后的数理化生学科总分、没有使用AI学智慧教育平台的其他科目成绩总分与同年级其他班级的比较，很好地体现了平台对班级的平均成绩有明显提升作用。

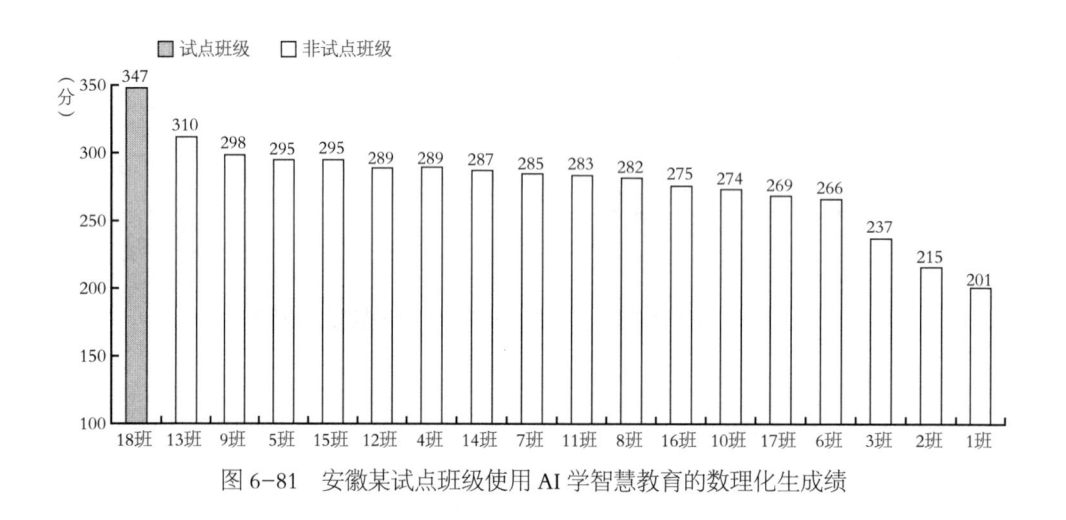

图6-81　安徽某试点班级使用AI学智慧教育的数理化生成绩

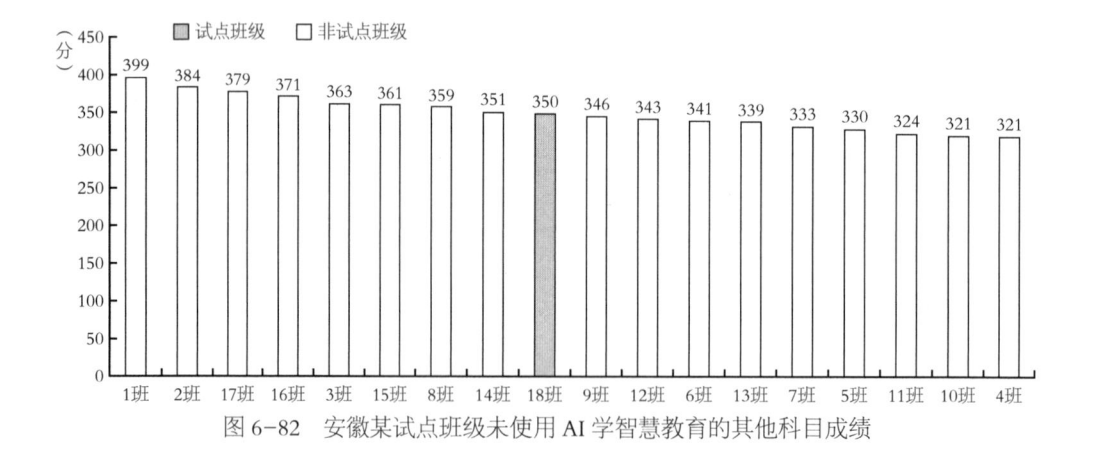

图6-82　安徽某试点班级未使用AI学智慧教育的其他科目成绩

据统计，在AI学智慧教育平台上进行基于学习大数据的自适应学习，平均练习176道题目即可牢固掌握此前需要练习800余道"大锅饭"题目才能掌握的知识点（见表6-17）。

表 6-17 自适应学习平均练习题目数量统计

科目	自主练习人数（人）	自主练习题目数（道）	平均数（道）
数学	36	1680	46.67
物理	40	3335	83.38
化学	37	2210	59.73
全部	41	7225	176.22

另外，老师方面的工作也得到明显优化。AI 学智慧教育平台平均每天为每位老师节省批改作业时间 3 小时。优质的备课资源和题目资源让老师备课和组卷都更省心，一目了然的作业报告和考试报告让老师快速掌握班级学情。

所有以上描述表明大数据的使用能够有效地帮助老师和学生提升效能，AI 学智慧教育平台为更智能化的教学提供了一个鲜明的案例。

第三节　新兴业态大数据技术应用案例

一　网络文学用户行为分析案例

以下以纵横中文网为例，介绍大数据在该行业中的应用情况，其中出现的神策数据（Sensors Analytics 是其大数据工具产品名称）是纵横中文网的数据分析依托单位，也就是说纵横中文网将其数据委托给神策数据公司进行数据分析。

（一）纵横小说案例概述

1. 行业特征

网络文学是以网络为载体发表的文学作品，其特征不局限于传播载体，更是在网络传播中形成的一种写作特征和行文方式，例如真实、大众、开放、平等、互动、更加个性化和自由化等，这样的特征符合现今网络文学作品应当具有的商业化价值。

2. 应用背景

产品需要把业务数据和用户行为数据打通，实现精细化运营；核心指标需要进行更深层的维度下钻，维度采集不局限于前端采集；需要提高研发人员和业务人员效率，让业务人员自助分析数据。

3. 核心方案

纵横中文网对数据进行全端接入，全面地分析行为数据和业务数据，实现业务人员自助式数据分析，主要体现在运营、产品、营销三个方面。

运营方面：第一，内容运营，为了提高产品的内容价值，通过数据分析对小说质量做出评估，找出可以对用户的黏着、活跃产生积极作用的内容。第二，用户运营，需要用数据来掌握用户结构，以用户的获取、活跃、付费、留存为目标，维护好产品的用户关系。第三，活动运营，通过数据来验证活动是否对核心指标提升有帮助。

产品方面：通过数据验证产品中功能的优化、功能的新增、交互设计等是否对目标转化提供了促进作用，用数据来支撑产品，让产品进行快速迭代。

营销方面：主要是对渠道的建立、把控、评估和优化。流量从渠道进入产品后，将用户在产品中的各种交互行为用数据进行统计，根据数据分析模型来判断渠道的质量。

（二）大数据案例具体应用情况

1. 业务需求

业务需求主要有：分析不同渠道获取新用户的能力，分析不同渠道新增用户在产品中的不同交互行为及后续效果转化，根据渠道质量判断优化后续的投放策略。

2. 场景描述

渠道是每一个产品都很关注的环节，它关系到用户的获取、效益的营收、品牌的推广等，所以对渠道的质量分析要细化到方方面面。纵横中文网接入的数据源目前包含 Android 和 iOS 两大平台，在渠道分析方面主要做了以下工作。

（1）做好渠道标记

以 iOS 为例，首先生成一个渠道推广链接交给渠道商，里面包含参数 utm_source、utm_medium、utm_term、utm_content、utm_campaign，分别指广告系列来源、广告系列媒介、广告系列关键词、广告系列内容、广告系列名称，如"utm_source=sina、utm_medium=banner、utm_term= 都市言情"代表来自新浪 Banner 位置且关键词是"都市言情"的广告（见图 6-83）。

第六章　出版业及相关新兴业态在大数据时代的应对尝试

图 6-83　纵横中文网 iOS 推广链接生成工具

在渠道页面，用户点击该链接后，用户浏览器会跳转到开发者指定的"跳转目标地址"，如上面样例中的 https://appsto.re/cn/JEp0z.i；Sensors Analytics 在返回的 Http Header 中，将用户此时的 IP、User Agent 以及"广告系列来源"等渠道信息写入用户浏览器 Cookie 中（使用该链接替换原有的跳转目标，对用户体验基本不会产生影响）。

在 APP 首次启动时，调用 trackInstallaion 接口传入代表"APP 激活"的事件名称及相关事件属性，iOS SDK 会发送追踪事件；如果 Sensors Analytics 根据本次追踪事件的 IP、User Agent 生成的设备指纹成功匹配服务端的设备信息，则会将 Cookie 信息中的渠道信息写入事件属性中；否则，认为匹配渠道信息失败（见图 6-84）。

对于 Android 有两种方法。第一种，针对不同的渠道来源、广告媒介、广告位等发布不同的 APK，也就是说把渠道信息写在 APK 中。在 APP 中，根据 Manifest 获取渠道信息，通过 Sensors Analytics Android SDK 的接口发送渠道追踪事件，这样可以拿到记录在 APK 中的渠道信息，实现精准追踪，并在事件属性中记录对应的信息即可。第二种，如果 APK 中没有写入相关的渠道信息，则 Android 的渠道追踪会和上述的 iOS 渠道追踪一样。此外，通过接口还可以把渠道信息放入用户属性表以便以后更好

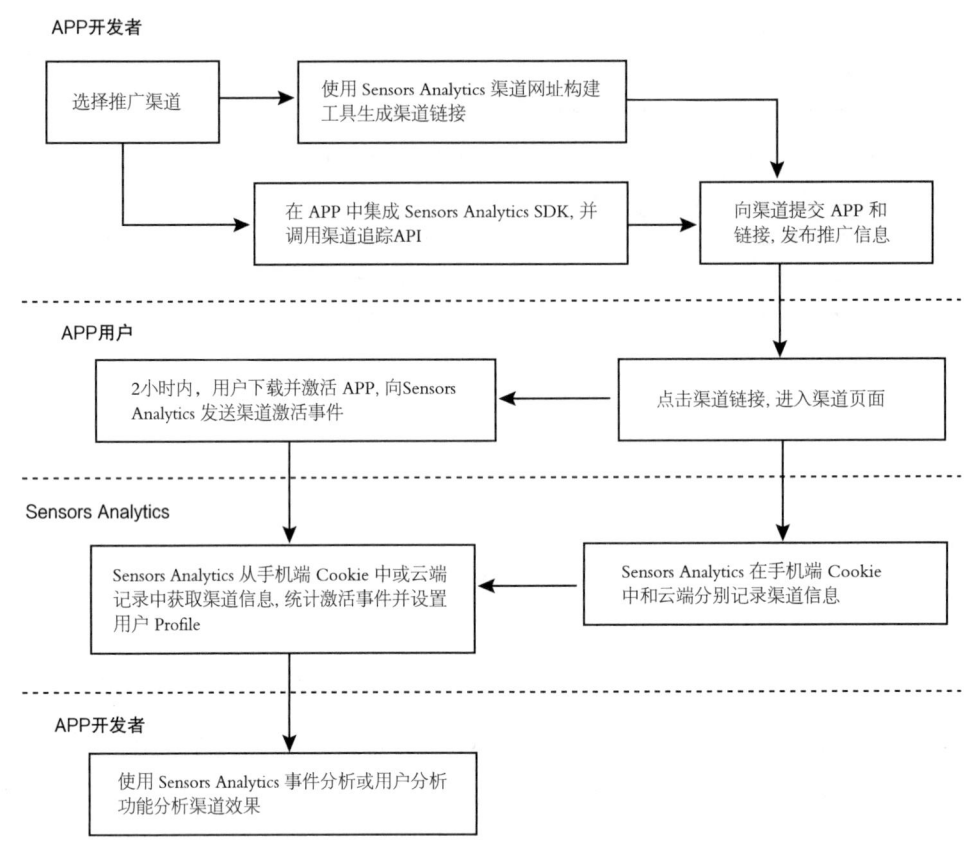

图 6-84　纵横中文网渠道追踪原理

地分析。

（2）建立数据分析模型

通过上一步的标记，纵横中文网拥有了不同渠道来源的用户在产品中的行为数据以及相关业务数据。然后纵横中文网根据自己的业务特征建立了一个完整的渠道质量评判体系，也就是一个完整的数据分析模型。

纵横中文网从用户与产品的交互（如注册、阅读、加入书架、充值等）和目标转化率（如付费率、留存率等）两方面构建了一个分析模型。通过这个数据分析模型，可以在每个环节进行渠道质量评估。举一个反例，若以活跃度指标进行评判，可能 A 渠道的数据要好于 B 渠道；但如果用付费转化率来评判，可能 B 渠道数据好于 A 渠道。所以纵横中文网对每一环节的评判都会根据自身的特征设计一个权重值，综合计算渠道质量的好坏。

（3）数据落地过程

对于渠道质量的判断，纵横中文网首先看新增用户数这个指标，新增用户指的是激活 APP 应用的用户和第一次进入网站的用户，这个指标可以直接反映渠道获取用户的能力。随后纵横中文网还会以每次会话的访问时长、访问深度、用户对小说的操作行为指标，如对小说的收藏次数、分享次数、充值金额等进行维度下钻分析。用户在产品中的每一个交互行为都可以用来衡量不同渠道来源用户的质量。例如，我们可以对其中一个阅读流程进行漏斗分析，根据业务特征设置好漏斗的窗口期（漏斗中第一个步骤发生后在窗口期内完成所有步骤后算为一次转化），并按照广告系列名称进行维度下钻，那么就可以得到不同系列广告的一个转化效果，从图 6-85 中可以看到 1005 和 1002 这两个系列广告带来的用户在 Banner 位置的转化效果是优于其他 3 个系列广告的。

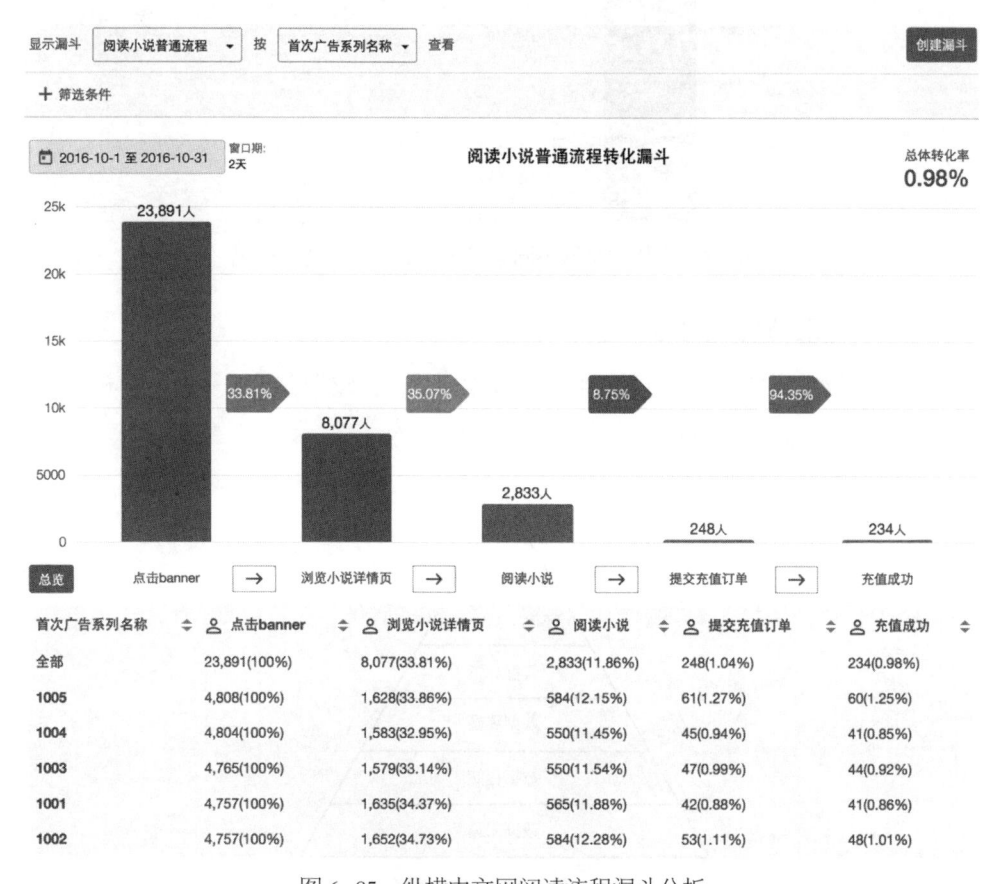

图 6-85　纵横中文网阅读流程漏斗分析

分析模型中还会通过留存分析计算用户后续的留存情况（见图6-86），通过漏斗分析查看流程转化效果，通过分布分析确定目标指标的分布情况等。针对这些情景纵横中文网也都进行了渠道分类分析。此外，纵横中文网还使用自己建立的分析模型，根据用户在产品中不同的交互进行权重值的综合计算，对现有的渠道做出质量评估，并结合这些渠道的成本进行综合分析，来指导渠道优化。

图6-86　纵横中文网不同渠道来源的新用户留存情况

3. 业务需求的实现路径

纵横中文网业务需求的实现路径为：数据采集 → 数据存储 → 建立分析模型 → 数据分析 → 决策支持（见图6-87）。

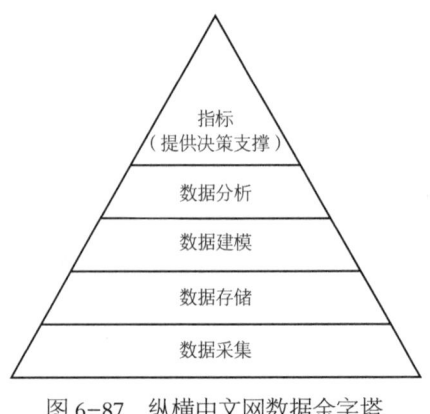

图6-87　纵横中文网数据金字塔

4. 环境需求

软件主要涉及 Sensors Analytics。单机版对机器的配置有如下要求：操作系统发行版为 CentOS 6.4/6.5/6.6，x86_64 位；内存至少 8G、CPU 至少 4 核；建议单独数据盘（大于 64G）、home 分区至少 20G，也可以是一块盘（大于 100G）；文件系统 ext3 或 ext4，不能使用 LVM；单独机器，不支持与其他服务混合部署；安装需要 root 权限。

集群版对机器的配置有如下要求：最少 3 个节点；CPU 建议 16 核或更高（不含超线程），如果是测试用可降至 8 核，必须支持 SSSE3 指令集；内存建议 64G 或更高，如果是测试用可降至 32G（不保证运行的稳定性）；硬盘具体多少根据数据量预估，如果是本地盘，每台需要有一块 RAID1 用作系统和元数据存储，剩下的都是裸盘，可以有多块；如果采用足够容量的 SSD 云盘作为数据盘，初期可以容量小一点，例如 1TB，后期随着数据量的增长再添加；系统为 CentOS 6.5/6.6/6.7 x86_64 位；文件系统必须是 ext4，不能使用 LVM；网络应为千兆级别，所有机器在一个交换机下，并且可以互相 SSH 登录，如果是云服务器尽量开启网络优化；安装需要 root 权限。

5. 数据采集环节

（1）数据源

从纵横小说 APP 中采集全局性页面浏览行为、特异性浏览行为、全局性点击行为、特异性点击行为以及特定业务行为数据，根据业务重要程度和维度分析深度进行主次设计和采集。使用 BatchImporter 批量导入历史的文件数据；使用 FormatImporter 导入 CSV、MySQL 数据库中的结构化数据；使用 LogAgent 将后端数据实时导入 Sensors Analytics 系统中。

（2）采集技术

采集技术分为代码埋点、可视化埋点、导入辅助工具三种（见图 6-88）。

（3）采集步骤及特点

采集分为前端采集和后端采集。前端采集通过嵌入 iOS SDK、Android SDK 和 JS SDK 统计一些前端需求，在 APP 或者界面初始化的时候，初始化第三方数据分析服务商的 SDK，然后在某个事件发生时就调用 SDK 里面相应的数据发送接口来发送数据。一些简单的业务需求，例如 PV、UV 等基本指标建议使用前端埋点。例如，纵横

图 6-88　纵横小说数据采集技术

小说想统计 APP 里面按钮的点击次数，则在 APP 的某个按钮被点击时，可以在这个按钮对应的 OnClick 函数里调用 SDK 提供的数据发送接口来发送数据。

后端数据采集采用 PHP、Java、Python 等常见后端语言的 SDK，同时，为了满足一些已有文件或者格式化数据的需要，纵横小说也封装了 LogAgent、BatchImporter、FormatImporter 等各式导入工具来进行后端的数据导入（见图 6-89）。后端采集主要用于一些精细化的核心流程分析、多维度交叉的指标预览、后端才有的属性分析。例如，

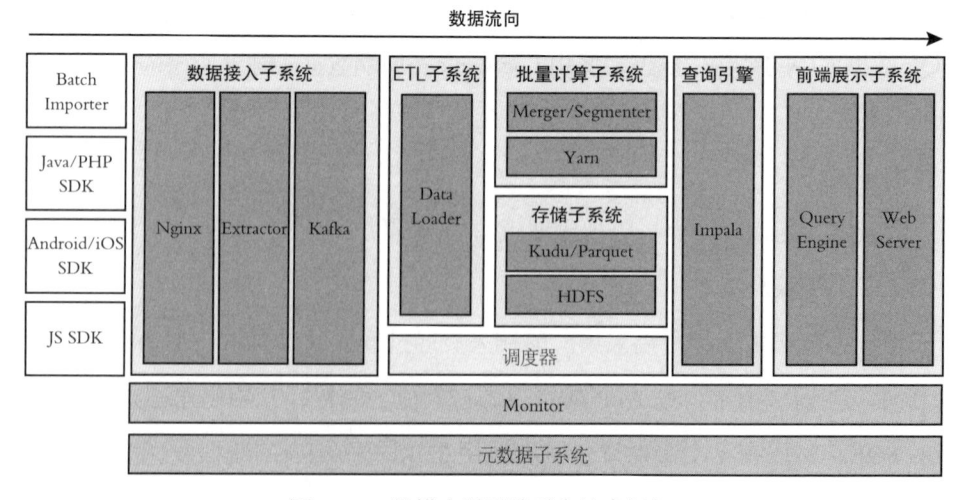

图 6-89　纵横小说后端采集技术框架

纵横小说APP中的一系列付费流程，这是该APP唯一的盈利方式，是业务中最重要的环节，对于这样的业务需求使用了后端的代码埋点。

采集后端日志会有以下优势：第一，保证了传输时效性。为了保证用户体验，前端采集数据是不能实时向后端发送的，所以会带来传输时效性的问题，而采集后端日志就不存在这个问题了。第二，数据可靠性得到提升。前端采集需通过公网进行数据传输，肯定会存在数据可靠性的问题；采集后端日志配合私有部署，则可以做到纯内网传输数据，数据可靠性问题大大缓解。第三，能够获取丰富的信息。有很多信息在前端都采集不到，例如商品库存、商品成本、用户风险级别、用户潜在价值等，只能在后端采集。

6. 数据清洗过程中用到的方法及技术

纵横小说使用的神策系统采用的事件模型包括事件（Event）和用户（User）两个核心实体，在 Sensors Analytics 中，分别提供了接口供使用者上传和修改这两类数据，在使用产品的各个功能时，这两类数据也可以分别或者贯通起来参与具体的分析和查询。一个 Event 描述了一个用户在某个时间点、某个地方以某种方式完成了某个具体的事情。一个完整的 Event 表记录的是用户的一个完整行为。User 表记录的是用户基本固定不变的属性，例如性别、年龄、注册时间、注册地域、注册渠道等。这种方式避免了传统数据仓库的清洗模式，根据其强大的计算能力直接进行结果性的计算，省去了 ETL 的过程。

7. 数据存储方案、技术及实现步骤

（1）存储方案

神策为每一个客户提供的存储方案是一致的，也包括纵横中文网。神策选择的是存储最细粒度数据，在每次查询时都从最细粒度数据开始使用 Impala 进行聚合和计算，而为了实现秒级查询，神策在存储部分做了很多优化，尽可能减少需要扫描的数据量以加快数据的查询速度。

（2）使用技术

Sensors Analytics 主要用到了 Hadoop、Impala 等开源的分布式存储和计算套件，纵横中文网结合业务的具体场景对这些代码做了很多针对性的修改和优化。

（3）实现步骤

具体来说，虽然存储都是构建在 HDFS 之上，但是为了满足秒级导入和秒级查询，神策将存储分为 WOS（Write Optimized Store）和 ROS（Read Optimized Store）两部分，分别为写入和读取进行优化，并且 WOS 中的数据会逐渐转入 ROS 之中。

对于 ROS，神策选择了 Parquet，这是一个面向分析型业务的列式存储格式，并根据纵横中文网面临的业务具体查询需求对数据的分区方式做了很细致的优化。首先，按照事件发生的日期和事件的名称对数据做 Partition，同一个 Partition 内会有多个文件，文件大小尽量保持在 512MB 左右；然后，每个文件内部先按照 User ID 的 Hash 有序排列，再按照 User ID 有序排列；最后，按事件发生时间有序排列，会有一个单独的索引文件记录每个 User ID 对应数据的文件 Offset。另外，与大多数列式存储一样，Parquet 对于不同类型的列，本身有着很好的压缩性能，也能大大减少扫描数据时的磁盘吞吐；即利用列式存储只扫描必要的列，利用纵横中文网自己的数据分区方案，在这个基础之上进一步扫描需要的行，两者一起作用，共同减少需要扫描的数据量。

虽然 Parquet 是一个查询性能很好的列式存储，但它是不能实时追加的。因此在 WOS 部分，神策选择了 Kudu。在向 Kudu 中写入数据时，选择了类似于 0/1 切换的方案，即同一时间只写入一张表，当这张表的写入达到阈值时就写入新表，而老表则开始转为 Parquet 格式。由于这样一个转换过程，不可避免地会带来 Parquet 的碎文件问题，因此也需要专门解决。图 6-90 比较详细地展示了这样一个转化过程。

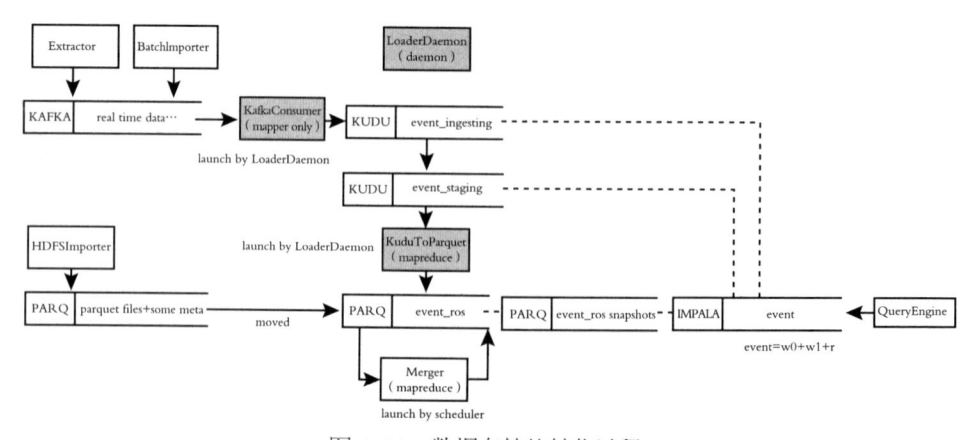

图 6-90 数据存储的转化过程

8. 数据分析方法

纵横中文网数据分析中用到的方法和技术如表6-18所示。

表6-18 纵横中文网的数据分析方法

分析方法		方法描述
行为事件分析		通过多维交叉分析洞察用户行为
漏斗分析		分析一个多步骤过程中每一步的转化与流失情况
留存分析		考察某类用户群体随着时间的推移是否真正在平台留存下来了，并完成了商家所期许的后续行为
分布分析		指定一个用户行为，查看在一段时间里用户进行该行为的频次，也可以看到某个指标的用户分布情况
用户路径		本质上一个桑基图，是对流量在产品中整体走向的一个展示
用户分析	用户分群	根据用户的属性和行为来对用户进行分类，查看分析某个群体的表现，还可以进行预测分群
	属性分析	根据用户的属性做分类统计，例如查看用户按省份的分布情况
	用户行为序列	根据用户的属性和行为对用户进行分类，查看分析某个群体的表现
	自定义查询	该功能支持使用标准 SQL 对 Sensors Analytics 的所有数据进行查询

9. 数据展现形式

仪表盘是报表的展示平台，对于报表的展示具体分为以下几类：一是整体数据概览，里面会有一些 PV、UV、注册数等全局性指标概览。二是营销推广数据概览，主要是流量通过付费广告、各种渠道等进入平台后的表现性指标。三是产品和转化数据概览，可分为多个业务线，分别对产品优化数据和目标转化数据做出展示。四是运营数据概览，主要是一些运营指标概览，包括内容运营、用户运营和活动运营数据。五是结果展现，不同概览展示不同业务线的指标结果，如对产品、内容、渠道会有各自相应的 DashBoard。展示形式举例如图 6-91 所示。

二 中国知网大数据出版实践案例

（一）大数据出版概述

大数据和互联网技术改变了很多传统行业，对于出版业来说大数据时代读者的需求已发生深刻变革，快速膨胀的知识服务需求与传统知识生产、传播方式之间的矛盾日益突出，这促使内容产业上下游加速转型升级、融合发展。中国知网创建20年来

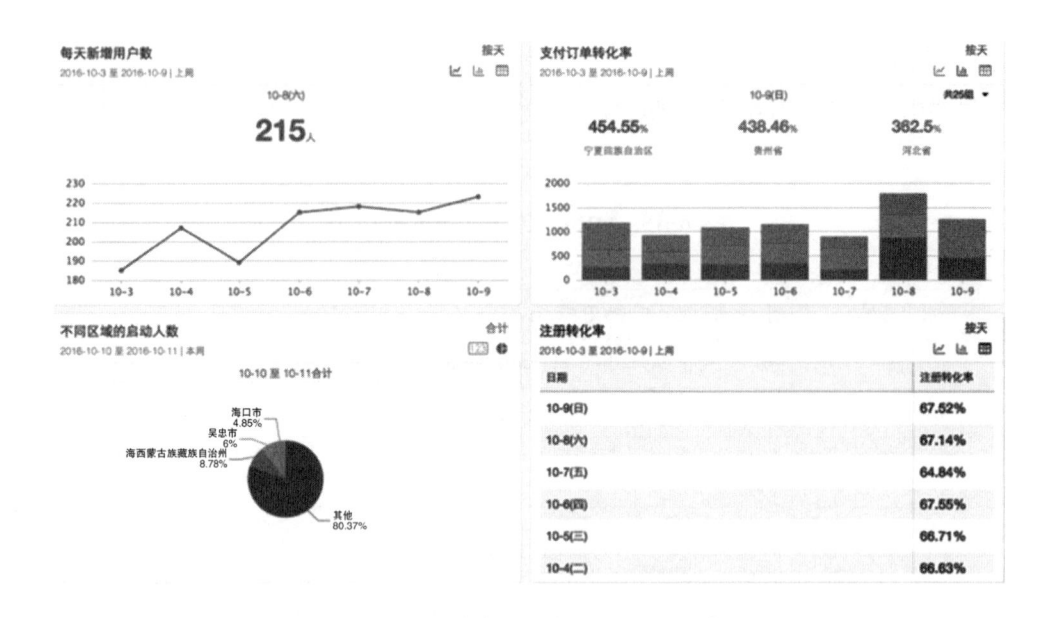

图 6-91　纵横中文网数据展现形式举例

专注于知识资源的大规模集成整合和增值利用，建成了全球最大的中文知识资源总库和知识服务平台，即国家知识基础设施（National Knowledge Infrastructure，CNKI）。中国知网与全球上万家出版机构进行资源合作，截至目前累计整合文献2亿多篇、题录3亿条、统计数据2.6亿条、知识条目10亿条、图片5000万余张，日更新数据达24万篇文章。目前，中国知网的用户遍布40多个国家和地区，拥有2万多家机构用户、4000万名作者、上亿名读者，数据库的日检索量达2亿次、日下载量达380万次，每天产生超过100G的日志文件，形成了以知识资源整合、生产、管理、用户分析、出版、服务为核心的全流程生态系统。

在互联网大数据时代，为了快速收集用户需求，中国知网很早就引入大数据技术，在对海量非结构化数据进行加工标引、管理、挖掘的基础上，结合学习社区海量的用户行为积极探索和实践大数据出版，承担了国家科技支撑计划《学习需求驱动下的数字出版资源定制投送系统及应用示范》项目，先后推出了网络出版、优先数字出版、复合出版、国际双语出版等多种数字出版形式，开发了智能内容发现系统、图片知识元库、读者需求分析系统与按需出版平台等基于大数据的系列增值服务平台，深度挖掘各层面出版大数据，为读者、作者、出版者提供更专业的服务，将大数据技术应用到出版全流程，服务出版产业上下游。

（二）大数据出版框架

中国知网在网络出版、数字出版的基础上结合互联网、云平台以及大数据技术对海量非结构化出版资源、用户行为大数据以及运营大数据进行深度挖掘分析，将大数据应用在出版的各个环节，包括资源采集加工、存储管理、内容产品生产制作、运营服务以及数字化编辑生产等。具体来说，就是在资源采集加工环节通过多渠道资源收集通道实现了各出版单位及内容提供者的多维多源出版资源采集，然后通过分布式云加工平台实现海量内容资源的及时加工标引和碎片化处理，再通过内容生产线（云出版平台及产品制作系统）进行各种内容产品的生产制作，并发布上架到云服务平台上提供知识服务。在此过程中，通过大数据技术对海量资源的内容进行挖掘，提取知识元、挖掘知识关联关系以及文献之间的引用关系，建立多维度的知识图谱和知网节。在运营环节，通过用户行为数据收集系统和运营大数据收集系统将上亿位用户（读者、作者、出版单位）的检索、浏览、阅读、下载等行为反馈到大数据分析平台进行深度挖掘和分析，为读者推荐相关知识、学术热点分析、选题策划服务，进而为出版环节服务，为出版单位提供个性化按需出版平台，形成一个打通出版上下游的闭环。其出版框架如图 6-92 所示。

1. 海量多维多源内容资源采集

图 6-92 中最底层的"海量多维多源内容资源"衔接上游出版机构，中国知网通过数据采集工具从出版者采集出版资源，实现原始资源层面的聚合。利用海量大数据采集技术进行资源采集，极大地缩短了资源从出版者到数据运营商的投送周期。

2. 分布式云加工平台

在本平台中，大数据加工流水线结合机器自动标引技术与分布加工流水线实现了大量非结构化文档数据的深度加工标引。自动版面理解技术属于文档处理技术，主要目标是在分析文档布局、样式信息的基础上抽取出更高层次的结构信息，实现对文档布局结构和逻辑结构的自动分析和理解。自动版面理解技术主要应用于存量资源的结构化加工，有助于深度利用文档资源、挖掘已有资源的价值。

3. 内容资源加工存储中心

"内容资源加工存储中心"依托相关的元数据标准，基于版面理解技术实现文档的形式元数据自动结构化；利用自动标引技术实现内容元数据自动结构化、碎片化加

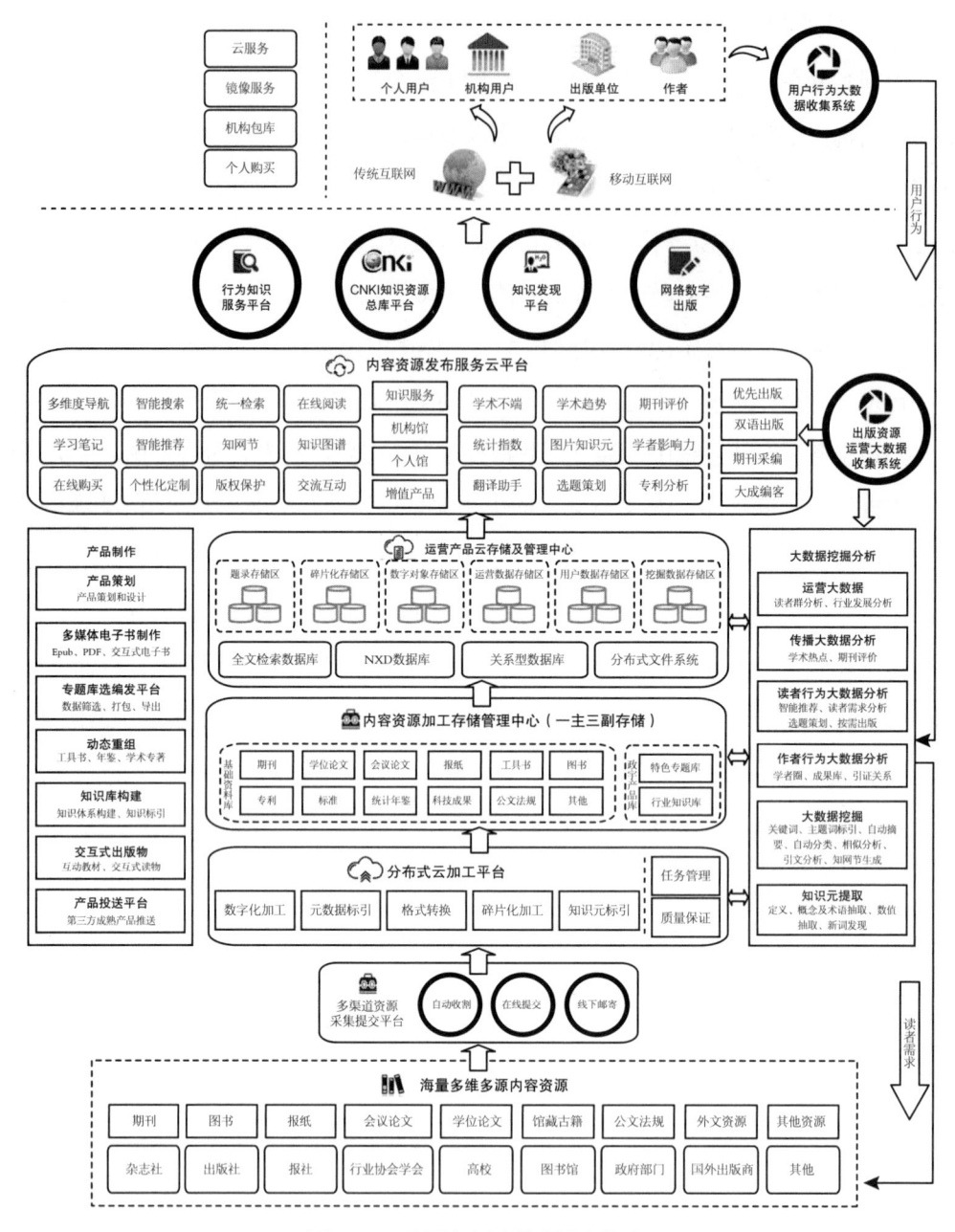

图 6-92 中国知网大数据出版框架

工;自动提取知识元,为构建本体、知识问答与检索、词典百科编撰、重组出版提供知识服务支持。

4. 运营产品云存储中心

"运营产品云存储中心"是以 Kbase 数据库为存储与管理数据的单元、以 HFS 分布式文件系统为存储节点构建的一个具有自我维护与管理功能的计算平台。平台由软件实现自动化管理，用户以透明的方式操作该系统，系统具有高可用性、横向扩展、分布式存储、负载均衡等特性。

5. 内容资源发布服务云平台

"内容资源发布服务云平台"是一个典型的大数据应用服务平台，包含中国知网诸多核心业务系统。这些系统提供多种服务，包括传统的数据搜索服务、在线阅读服务、知识图谱服务、在线电子商务服务、知网节服务等；也提供包括学术不端服务、统计服务、评价系统、选题策划等在内的增值服务。这些服务被集成为"行业知识服务平台""CNKI 知识资源总库平台""知识发现平台""大数据出版平台"等为出版行业上下游提供服务。

6. 学习社区

处于整个运营体系终端的用户通过移动互联网和传统互联网使用云服务或者本地镜像服务，以机构建馆包库或者个人购买、出版商合作等运营模式使用知识资源，形成了读者、资源（数据）运营服务商与出版商三者为核心的大型知识学习社区。

图 6-93 为大数据出版上下游业务流程概览，出版机构的原始资源通过聚合手段进

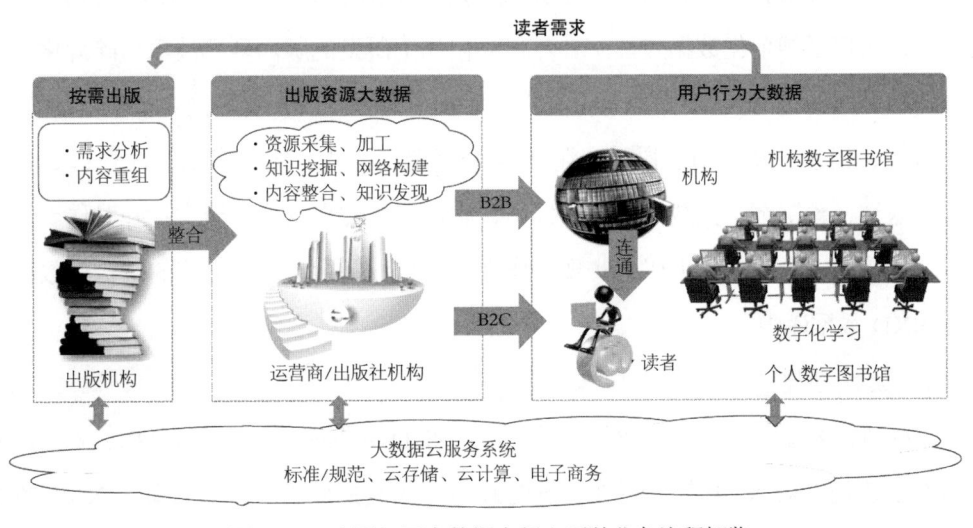

图 6-93　中国知网大数据出版上下游业务流程概览

入运营商或者数字出版机构，以 B2B、B2C 的商业模式投递到学习社区，运营商对学习社区的海量用户行为进行分析，得出读者需求，再反馈到出版机构为按需出版提供数据基础支撑，从而打通出版行业的上下游产业链。

围绕大数据出版整个生态链，在下文中将重点介绍"出版资源大数据""用户行为大数据"以及"大数据云服务系统"三个方面的大数据实践经验。前两者为应用层大数据实践案例，后者为大数据运营基础性支撑平台。

（三）出版资源大数据

中国知网出版资源大数据被广泛应用在文献信息分析挖掘工作中，每天离线处理数据条目、碎片化条目超过 10 亿条，在线处理数据分析请求超过 2000 万次。得益于底层大规模分布式计算与存储系统，能够迅速响应和满足用户每天的高并发统计分析需求。

1. 数据采集

原始资源采集实现从出版者或者互联网采集原始资源，出版资源数据可实现自动收割、出版机构主动提交、在线提交三种模式，根据用户的实际配置，向数据提供方请求元数据。数据提供者会向服务提供者返回一个标准 XML 数据，数据采集系统根据请求的格式解析 XML 文件获取对应的元数据，并按照设置的字段对应关系写入本地或远程的数据库中。

2. 数据处理

数据处理即数据加工，数据加工完成了对数字出版物内容进行 XML 结构化加工的任务，实现了规范化数据处理。针对自动化加工研发的版面理解技术与碎片化知识抽取技术应用到自动 XML 数据加工系统，实现了对题名、作者、摘要、基金、前言、序、后记、目录、章、节、段落、附录以及概念、公式、图、表格、注释、参考文献、主题词、关键词、元数据的自动标引，实现了数据自动分类聚类；并对作者、机构、基金实体进行规范化编码，实现了作者、机构、基金识别，最终的结构化数据存储于 NXD 数据库中。

3. 数据存储

出版资源数据采用中国知网自主研发的 NXD 数据库管理系统存储管理，NXD 数据库系统是针对 XML 数据特性研发的最新一代数据库管理系统，基于 XML 数据库系统标准规范，支持 XML 资源数据的直接存取、索引、查询与大规模集群部署，用以满足海量资源的分布存储与海量用户并发请求。

（1）XML 数据存储

存储模块是 NXD 技术方案的基础，其存储数据的正确性、效率以及操作便捷程度对索引、查询等模块起到关键作用。存储方案基于两种编码：一是结点的前缀编码（Dewey ID），另一种是路径类参考编码（Path Class Reference）。

（2）XML 数据索引

系统提供了一种能够获取内容和结构的索引结构。这种索引结构是基于前缀编码（Dewey ID）、路径索引（带 PCR）和 B* 树的。

（3）XML 数据查询

查询子系统负责执行用户提交的查询语句，该子模块的核心是一个基于索引的查询引擎。查询引擎主要包括如下模块：语法分析与优化、Twig 模式提取、简单路径提取、基于索引的 Twig 模式匹配。另外，该子系统还包括构件于该引擎之上的查询驱动模块，用于驱动查询的执行。

（4）集群扩展技术

集群包含三种角色，即集群中心管理节点、服务调度节点以及数据节点。所有的非中心节点都会与集群中心管理节点建立连接，并定期向集群中心管理节点报告本节点的信息。服务调度节点是服务提供的访问入口，数据节点是提供存储和计算的终端节点。

4. 算法模型

中国知网数据挖掘技术相较通用数据挖掘技术有自己的特点和难点。因为挖掘对象是文献这一非结构化数据，所以不确定性更大、异构资源更多、结构更为复杂，对挖掘结果的准确性要求也相对较高。

（1）知识网络挖掘

知识网络数据库构建主要采用了概念模型抽象建立不同知识元的知识网络模型；采用命名实体识别、知识元抽取、关系识别方法获得知识元和知识关系；采用超级链接平台化的方法整合知识节点和知识关系，构建完整的知识网络。整体设计思路如图 6-94 所示。

学术知识对象为客观的知识对象，指对学术研究有价值的信息，如文献题名、关键词、作者信息、机构信息、期刊信息、基金信息等。根据不同知识对象的特点，采

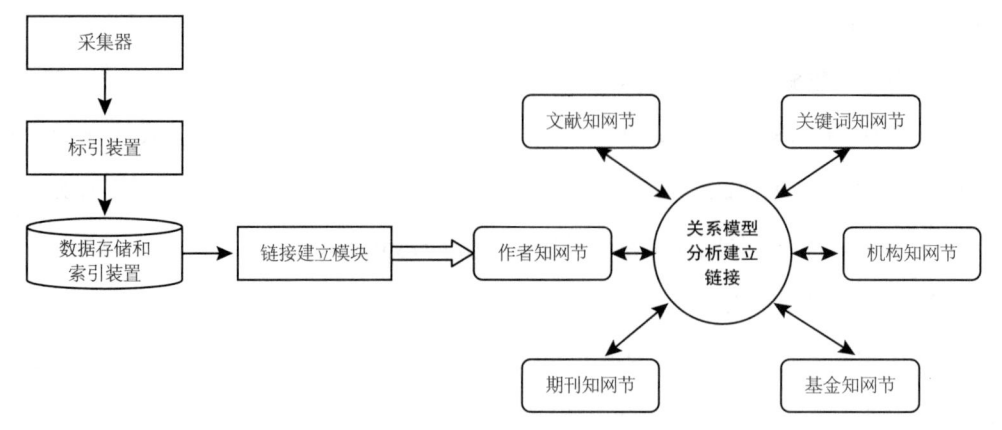

图 6-94　中国知网知识网络数据库设计思路

用知识关联、概念抽象的方法形成知识节点模型。

知识网络模型包括文献知识网络、关键词知识网络、作者知识网络、机构知识网络、期刊知识网络和基金知识网络。根据每种类型知识网络之间的客观规律，建立知识网络关系模型。如文献都有作者、关键词信息，则文献知识网络与作者知识网络、关键词知识网络存在关联关系；再如文献有参考文献，则文献知识网络内部也存在关联关系。

（2）知识元挖掘

①命名实体识别：采用大规模实体库与统计技术相结合的技术思路。人名识别采用分词碎片和概率相结合的思想，以得到单字成为姓或名的概率；以姓氏为驱动，计算相邻两个到三个分词碎片成为人名的概率；当概率大于某个阈值时则认为是人名，同时辅助后处理规则以提升准确率。地名识别方面，据统计，基本地名中，利用分词碎片的概率为91.48%，利用词语组合的概率为8.52%。因此，采用基于最小单位的组合匹配和概率相结合的方法，从地名表中对地名按字拆分，通过用字和构词概率形成最小地名单位表；按照最小单位的位置信息，将最小单位分为地名首单位、中间单位、尾单位三部分；计算相邻单位组合匹配的最大概率，当概率大于某个阈值时则认为是地名；同时辅助后处理规则以提升准确率。机构名识别的方法为在训练语料中提取出所有一级机构名，统计得到每个词语作为机构首词、机构中间词和机构尾词的概率。首先考察每个词作为机构首词的概率，如果概率大于阈值则开始向后识别每个词作为机构中间词的概率，当遇到机构尾词时结束扫描，计算该字串的平均概率，当平

均概率大于阈值时认为是机构名。

②自动文摘：利用基于词序列频率有向网的中文组合词提取算法，识别出文章中的组合词，计算词语和句子的权重，根据词语权重和句子权重得到文章文摘的候选句子集，最后通过排序算法等获得最终的自动文摘（见图6-95）。

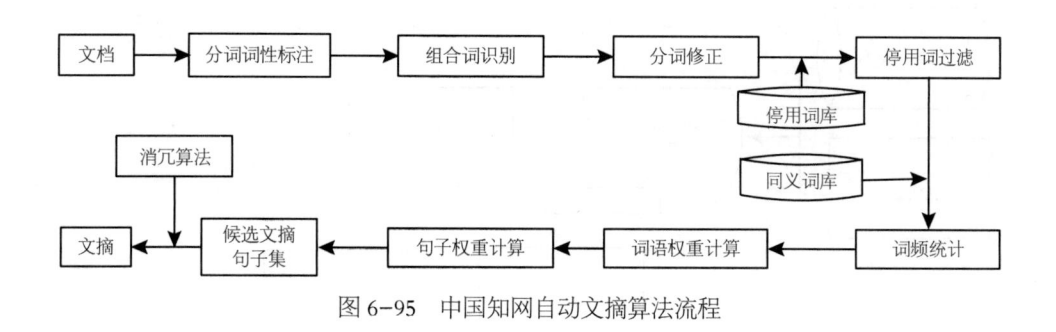

图6-95 中国知网自动文摘算法流程

③机标关键词：采用多特征融合的关键词抽取技术，以文档或文档集作为系统的数据输入，通过分类权值计算、TF-IDF计算、相似相同语义词合并等，并利用文档的结构化信息，输出权值较高的若干个关键词。

④自动分类：中国知网在文本表示、空间维度约减、分类器设计、样本不平衡问题等方面展开了深入研究。目前应用于标引的分类模块是一个多算法协同优化的分类框架，即多分类器集成学习的算法，分类框架的底层核心是贝叶斯模型和SVM算法。

⑤分类词典的选择：从语义上来说，一般短语作为类别的特征项比词更好。所以分类词典选择的短语库是从中国知识基础设施工程语料库中自动抽取并经过清洗的，其词条数规模为200万条左右。

⑥分类算法设计：在分类阶段利用贝叶斯模型和SVM算法，考虑TF-IDF、特征词语在文献中出现的位置、词语长度、特征词和类别的关系等特征。

⑦二元分类的引入：由于只有一个词语作为特征时不能很好地表达主题内容，因此引入二元组合词进行分类。二元训练的基本思路与原始算法类似，二元词对的权重计算是使用两个关键词的权重乘积的开方。

⑧主题标引：基于主题词表的智能受控标引技术分为两部分。首先是主题词表的构建，该部分以学术文献为输入数据，利用新词发现技术自动从输入数据中抽取术语

新词，构建主题词表，所以该部分的输出为主题词表；其次是文档的受控标引，该部分以待标引文档为输入数据，通过主题词表、规则集等数据资源的辅助，从而完成对文档的受控标引。所以，受控标引部分的输出数据为包含受控词的标引结果。具体系统流程如图 6-96 所示。

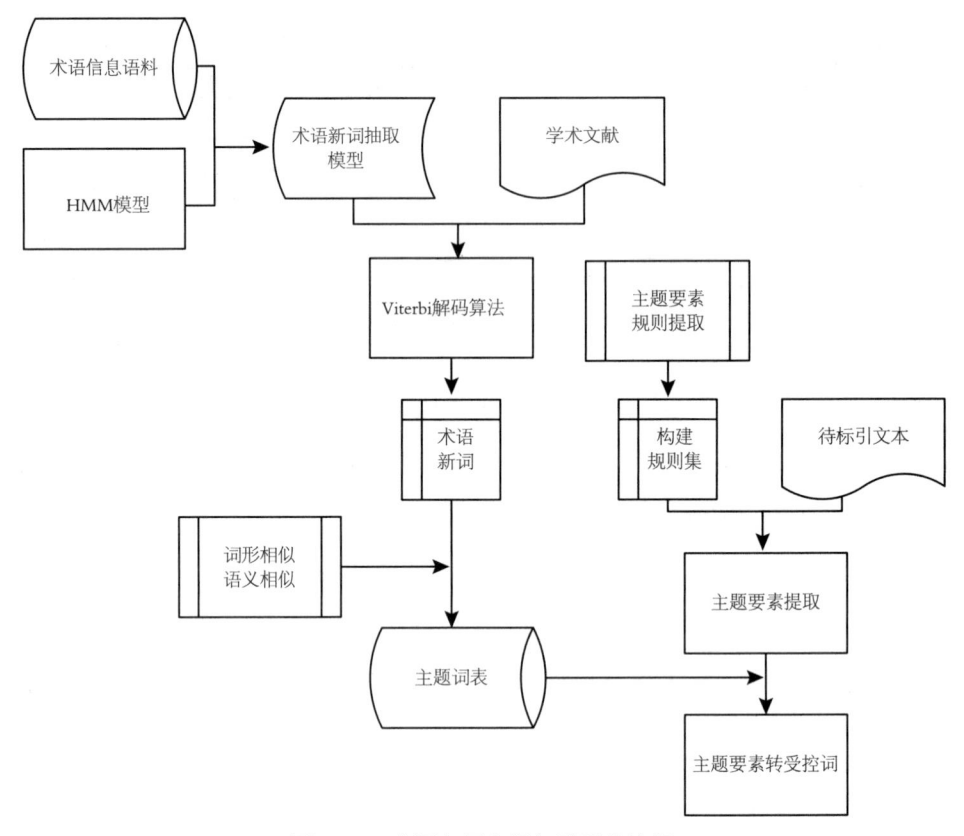

图 6-96 中国知网主题标引系统流程

5. 数据展示

出版资源的可视化展示与知识网络可视化展示是中国知网特有的知识展现形式，下边重点介绍知识网络可视化。知识网络节点是 CNKI 根据出版资源经过知识挖掘分析提供的论文参考文献、二级参考文献、引证文献、二次引证、相似文献、主题文献、作者社交网络、出版统计分析等进行构建，并结合作者、单位、内容相关性、用户行为等信息构建的完整知识网络，便于读者了解研究领域的当前研究情况、学科发展脉络，获得更充分的学术信息和知识资源。图 6-97、图 6-98、图 6-99 分别展示了时间维度的文献参考引证关系、数据来源分布和关联作者分析。

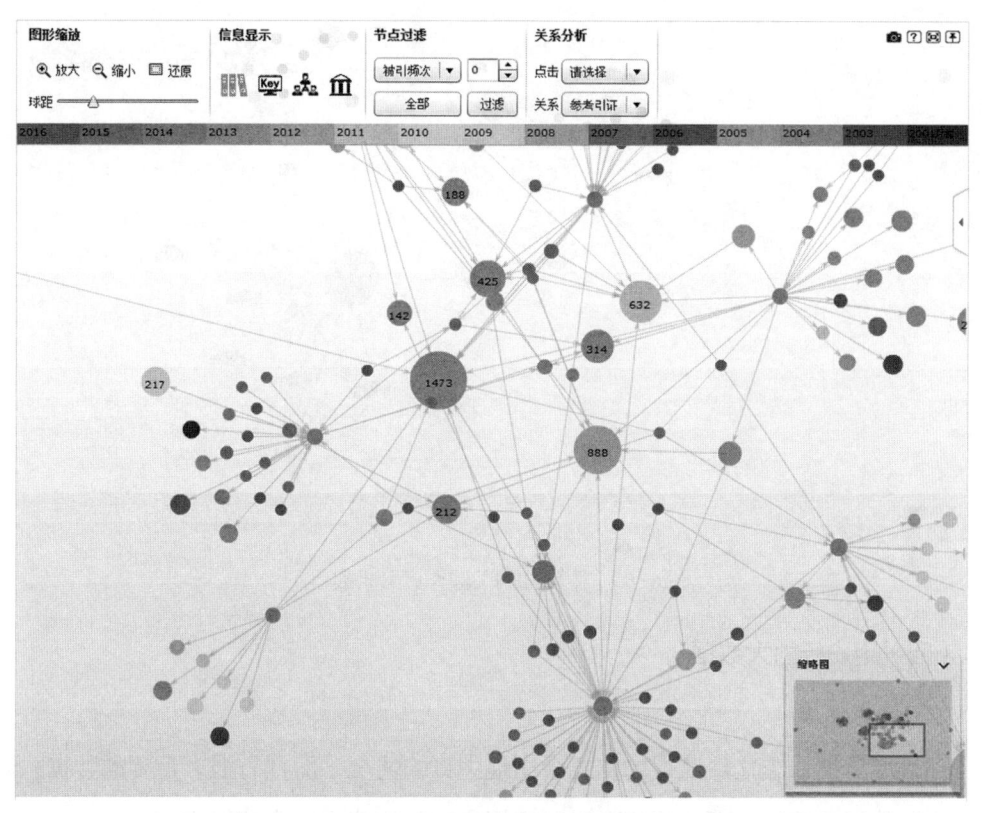

图 6-97　中国知网时间维度的文献参考引证关系展示

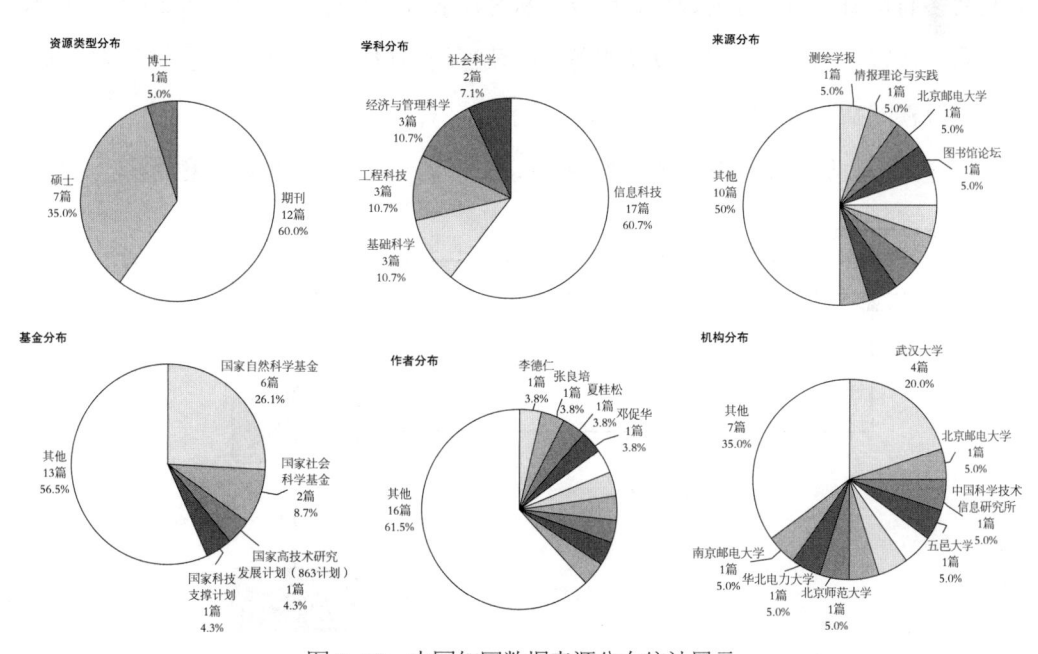

图 6-98　中国知网数据来源分布统计展示

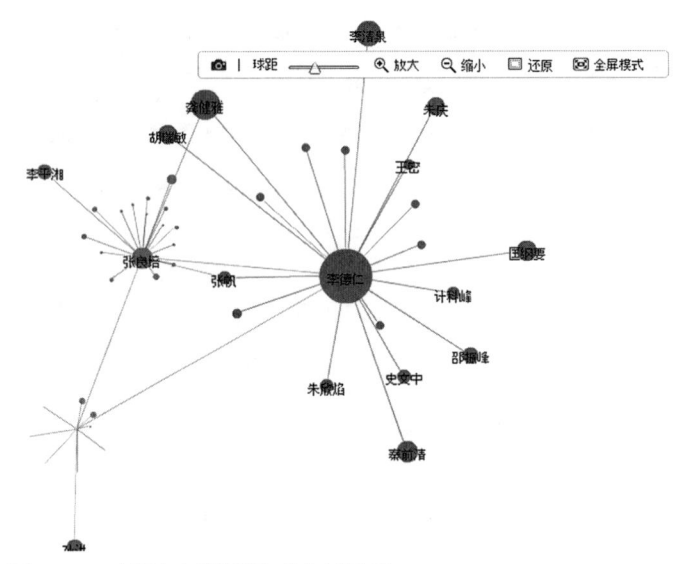

图 6-99　中国知网关联作者分析展示

（四）用户行为大数据

1. 数据采集

通过服务器日志文件获得的信息会出现失真的情况，而且有很多重要的数据只通过日志文件很难获得，而这些信息对研究用户完整的使用行为却很重要。因此，为了获得更多有价值的用户行为数据，研发了从客户端直接获得用户与网站交互情况的技术。直接从客户端获得大量难以从服务器端获得的用户行为数据，为进一步分析浏览行为、改善网站可用性提供了很大帮助。

从客户端收集数据的基本流程如图 6-100 所示，用户的行为会触发浏览器对被统

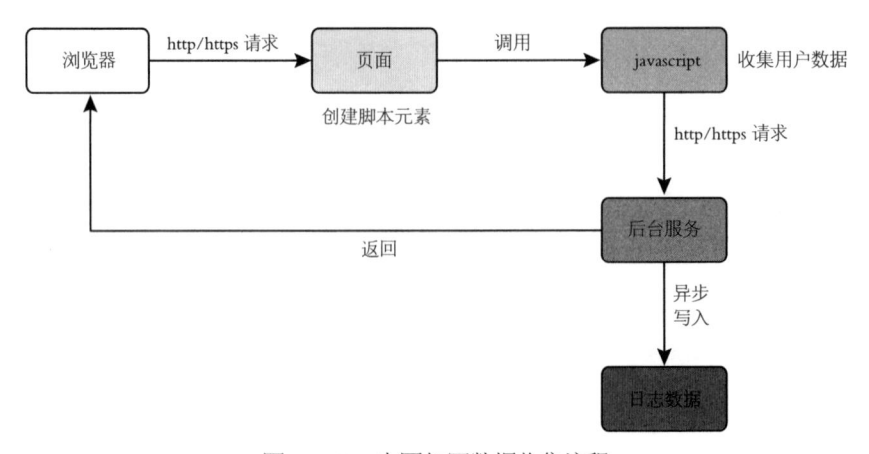

图 6-100　中国知网数据收集流程

计页面的请求，当网页被打开，页面中的埋点事件会被执行，插入的日志收集脚本会被浏览器请求到并执行。

对于分析用户行为而言，用户识别是个非常重要的维度，也是统计分析能落地的基础。一般来说，追踪或者识别一个用户的首选方案是 UserID，大多数产品都会要求用户进行注册、登录操作，都存在一个类似 UMC 的数据库用于管理和标示所有用户。对以闭环为主，必须登录才能使用的产品可以采用 UserID 方案。如果产品没有形成闭环，用户无须注册、登录，那通过 UserID 数据库来管理、追踪用户行为的方案就行不通了。当用户未登录访问一个网站时，网站生成一个含有唯一标示符（UUID）的信息，并通过这个信息将用户所有行为（如浏览了哪些页面、搜索了哪些关键字、对什么感兴趣、点了哪些按钮、用了哪些功能、看了哪些内容、下载了哪些内容等）关联起来。针对不同平台中国知网采用的用户识别技术如图 6-101 所示。

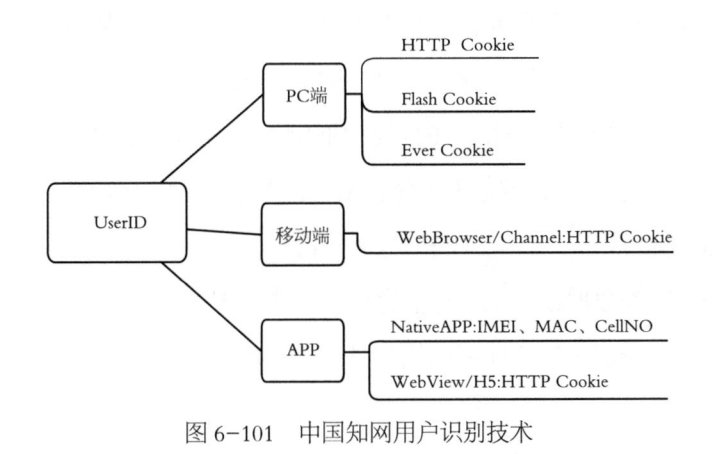

图 6-101　中国知网用户识别技术

2. 数据存储

中国知网的日志收集系统数据量大，时间一长文件变得很大，而且日志放在一个数据库中不便于管理，所以通常要按时间段将日志切分，例如每天或每小时切分一个日志。为了提升日志记录的效率，会在持久化存储之前架构一层缓存层，将日志从日志缓存服务器中异步批量地写入大数据云服务系统。

3. 算法模型

用户行为日志可以用来提供很多增值服务，不同的服务需要对日志做不同维度的分析。用户行为要发挥真正的使用价值必须针对不同的业务系统需求开发不同的数据模型，例如要做精准营销或者推荐系统，那么我们就要开发用户画像、用户群划分、用户关注热点等模型。对出版行业来说，掌握用户对资源的使用需求无疑对指导出版机构按需出版有至关重要的作用。本部分将重点围绕中国知网出版生态链中重要的一个环节"读者需求分析系统"展示用户行为起到的关键作用。

由于用户感兴趣的文献内容是不断变化的，知识专题内容也是不断发展的，用户需要系统能够动态地为其提供文献推荐等服务。系统首先收集用户行为，利用用户操作的相关文献的关联关系，分析得出用户的兴趣需求，为用户建立一个兴趣行为数据；然后利用相关推荐算法，为用户动态提供优质文献内容推荐等个性化服务。

（1）用户行为数据处理

目前的自然语言理解技术很难理解用户用来描述兴趣的自然语言；而且用户的研究方向是不断变化的，但用户不会不停地更新兴趣描述；此外，很多时候用户并不是专注于某一领域。因此，需要通过算法自动挖掘用户行为数据，从用户的行为中推测出用户的兴趣，从而给用户推荐满足他们需求的内容资源。目前，中国知网收集用户浏览、下载、分享、预览四种行为数据，对内容资源的评分可通过这四类行为数据体现。目前给出的行为预测标准模型为：预览为1分、浏览为2分、分享为4分、下载为5分。

（2）数据分析

在利用用户行为数据设计推荐算法之前，首先需要对用户行为数据进行分析，了解数据中蕴含的一般规律。这样不仅能对算法设计起到指导作用，还能得到各个平台感兴趣的数据。

行为分析可以分为群体性用户行为分析与用户个性化行为分析。用户个性化行为分析方面，主要通过用户的检索词、下载文献等对用户进行分析和聚类，例如可根据用户下载阅读的内容分类、关键词来确定用户的关注领域、标签、研究方向、研究层次等属性。目前，中国知网用到的主要方法有统计各种 Count 指数、Rate 指数、TopK 指数等。Count 指数包括活跃文献总数、活跃用户总数、用户浏览总数、下载总数等，Rate 指数包括检索与下载比例、预览与下载比例、分享与下载比例等，TopK 指数包括 TopK 检索词、TopK 下载文献、TopK 活跃学科等。

（3）推荐算法

推荐算法是推荐系统的核心，可以挖掘出用户真正感兴趣的内容和用户兴趣特点，能及时适应用户兴趣的变化，引导用户体验浏览过程，帮助用户发现真正满足其需要的产品。推荐系统需要不同特点的推荐算法，适应系统的算法是最好的算法，并且需要不同的算法互补和配合。中国知网主要用两类推荐算法：一是基于用户的推荐算法；二是基于内容的推荐算法。

4. 应用案例

图 6-102 是用户行为大数据应用于按需出版增值服务的示意。

图 6-102　中国知网按需出版增值服务中的用户行为大数据应用

读者需求分析系统为出版单位提供选题推荐和发现新选题等服务。首先，对需求采集环境中的各项信息进行采集、格式转换、清洗和入库，以满足各种维度的关联分析需要，此为需求采集的主要手段。其次，通过用户交互收集用户需求。数字化学习可分为组织学习和自主学习。组织学习时，由组织者根据学习目的和参加者的知识基础，提供对资源的需求。自主学习时，通过诸如屏幕取词、资源需求表填写等功能来搜集用户需求，此为需求采集的补充手段。

需求描述与分析子系统用形式化的方法描述用户需求，基于数据挖掘技术，在所采集的行为数据中抽取用户群体学习过程中精简、有效、新颖、可理解和有价值的知识和信息，发现隐匿的知识、事实和关联模型，从而帮助出版单位针对需求完成按需出版决策。所用策略有：①挖掘个体的学习热点，产生选题需求；②统计缺货出版物的检索次数，产生再版需求；③通过对大规模下载文献的聚类，对高下载量文献的强聚类集合，挖掘新图书的出版需求；④聚类分析中如有大量近期阅读的文献，而对应内容相关的图书陈旧，则有新书出版需求或旧书再版需求；⑤如发现无法与大量图书选题关联的文献内容，则产生新书的出版需求；⑥分析所申报科研项目及与其相似的文献，可产生新书出版需求。以上策略借助数据挖掘与统计分析的方法来实现，同时集成以增强伸缩性、时效性为目的并适合海量内容的理解算法，并利用根据应用场景的自适应理解策略，以提高场景中挖掘与分析的精确度。需求描述与分析子系统引入了面向互动服务的基于支持向量机回归的理解算法、贝叶斯模型的内容理解算法等。

5. 应用场景

用户行为大数据常用分析场景如表 6-19 所示。

表 6-19　中国知网用户行为大数据分析应用场景

序号	应用场景	说明
1	读者规模增长率分析	主要统计某学科下某检索词的 IP 量和 PV 量，IP 量变化趋势和 PV 量变化趋势
2	读者地域分析	主要统计检索日志、浏览日志、下载日志，学科下某检索词在指定地域的检索量、浏览量、下载量
3	读者消费能力分析	统计用户在学习社区的下载数据，分析用户消费水平分布情况
4	作者规模及增长率分析	统计某学科下与某检索词相关性较强的作者的规模及变化趋势
5	同类出版物规模分析	主要统计与某学科和某检索词相关的文献规模，根据发表文献的规模来分析当前检索词和学科的情况
6	科研项目需求分析	统计与指定学科和指定检索词相关的科研项目的情况，以及相关项目量的变化趋势
7	用户知识资源建设结构分析	主要统计与某学科和某检索词相关的知识资源被用户使用的情况
8	作译者及机构分析	主要分析现有作者及其所在机构的学术产出及学术影响力情况，某学科和某检索词相关的作者产出和影响力的分布情况
9	同类出版物销量分析	统计与指定检索词相关的出版物（主要是图书）的销售情况，分析相关选题可预期的收益情况
10	同类出版物定价分析	分析与指定检索词相关的出版物（主要是图书）的价格分布情况

6. 数据展示

以读者需求分析系统为例，图 6-103 至图 6-106 为读者行为按照学科分析的可视化展示。

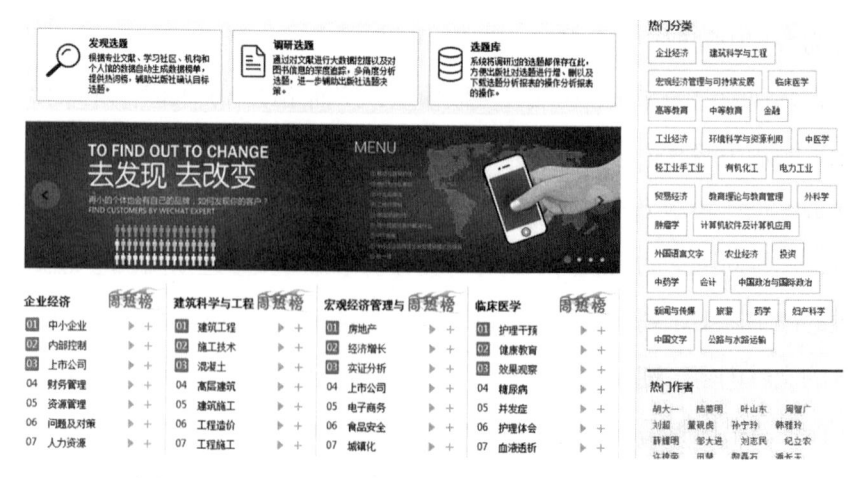

图 6-103　中国知网用户近一周高度关注的学科热点展示

第六章　出版业及相关新兴业态在大数据时代的应对尝试

图 6-104　中国知网不同热点总体统计结果展示

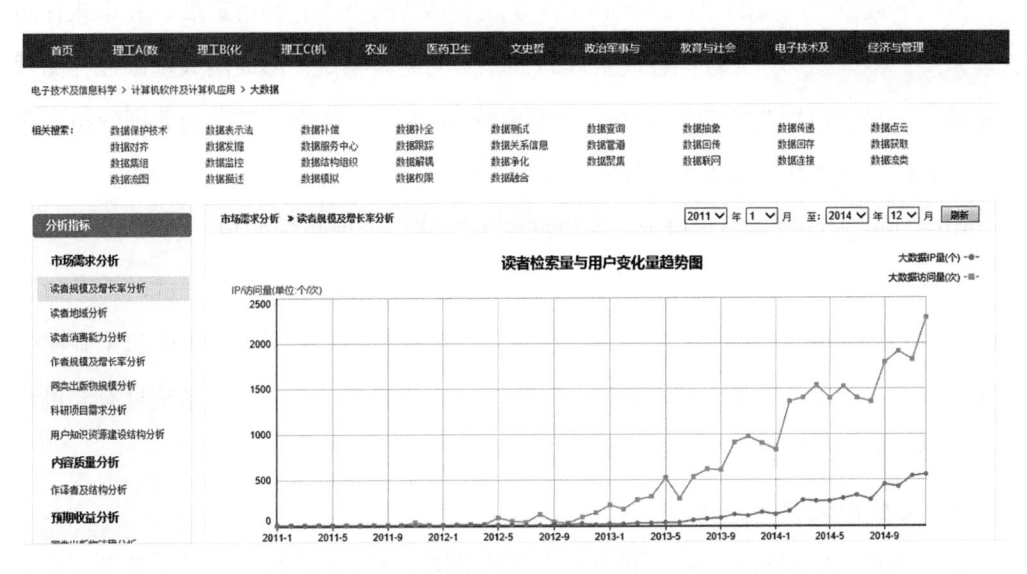

图 6-105　中国知网读者需求变化趋势分析结果展示

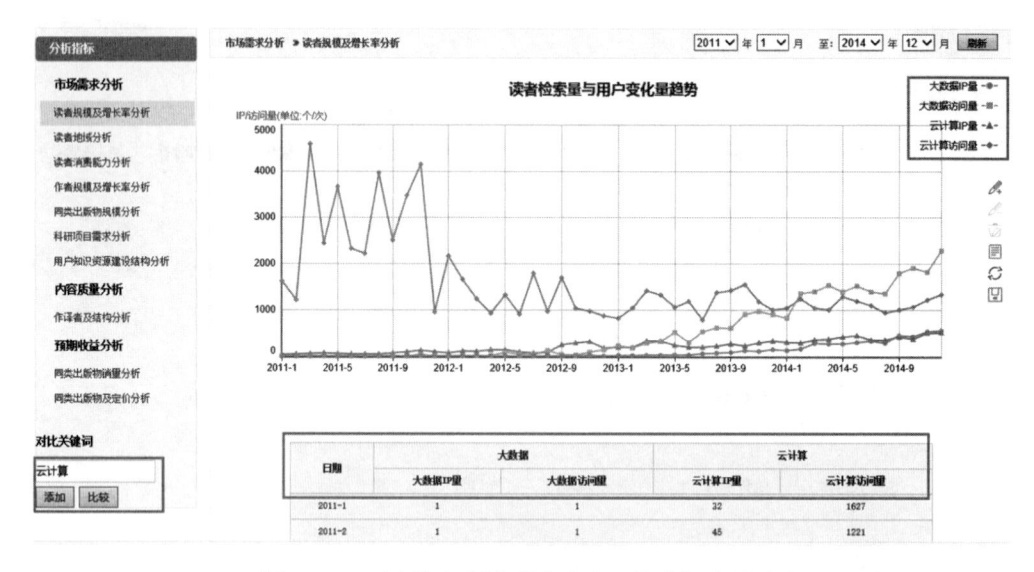

图 6-106　中国知网用户关注热点比较分析结果展示

（五）大数据云服务系统

1. 数据云存储

海量的数据与海量的用户请求必定需要底层具备高可用、高可扩展、分布式存储管理系统。中国知网在大数据存储管理方面积累的经验丰富，形成两大基础性存储管理系统：一是元数据类的数据库集群管理系统 Kbase，二是流式二进制数据分布式存储系统 HFS，两者共同构成中国知网云存储平台。

中国知网云存储平台是以 Kbase 数据库为存储与管理数据的单元、以 HFS 分布式文件系统为存储节点构建的一个具有自我维护与管理功能的计算平台，该平台将 Kbase 服务器、HFS 存储服务器、CPU 资源、内存资源、宽带资源等集中起来并由软件实现自动化管理，无须人参与，用户以透明的方式操作该系统。该系统具有高可用性、横向扩展、分布式存储、负载均衡等特性。

2. 大数据运营云系统

图 6-107 为中国知网大数据运营云系统的截图。通常云系统都是基于数据副本的热备份以保证连续的高可用性，好的副本复制机制不仅是高可用性的保障，也能提升系统的整体性能。一般云系统采用机架感知的副本保存策略，其依据是假设同机架的副本同时失效的概率相对高、不同机架间的带宽相对低，因此当副本数为 3 时其复制

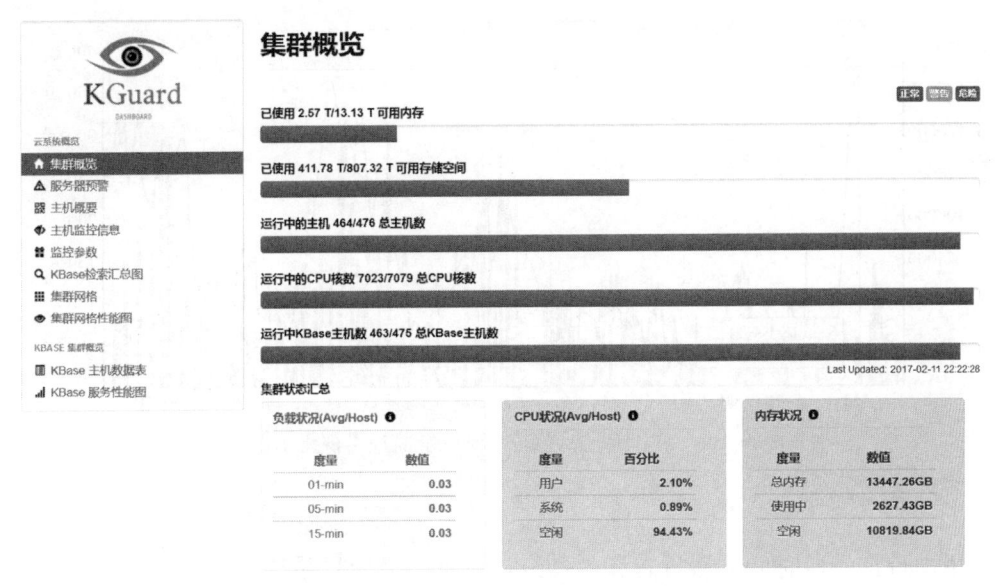

图 6-107 中国知网大数据运营云系统

策略是本机架放 2 份、另一个机架的结点放 1 份，既可保障高可用性，又可快速复制副本、减少系统内带宽占用。这种策略在读取性能与数据可考性之间做了平衡。

中国知网大数据运营云系统首要保障的就是高可用性，保证平台长时间的无故障运行和在容许范围内的宕机时间。中国知网内建了一套数据副本复制系统，不仅能保证高可用性，同时能自动优化系统内带宽资源，自动调整副本的数据量与位置，在发生结点失效时以最短的时间恢复。

3. 可视化运维

高可用性是用户对云系统提出的一个很重要的基本要求。在设计云平台时一般假设失效是必然发生的，虽然可以通过昂贵的硬件条件避免失效的发生，但是当服务器的数量达到一定程度，结点失效是一个不可回避的问题。针对节点失效问题，中国知网大数据运营系统开发的云监控系统实现了节点运行状态可视化展示。

性能监控能够及时发现运营过程中响应超时的情况（见图 6-108）。性能监控是指云平台对资源池中的节点进行各种运行性能监控，如各个节点实时的内存使用、CPU 占用率、硬盘使用情况等，这些参数可为平台进行内部自动调整提供依据，也是整个系统实现自组织的前提。除了对硬件性能的监控，还需对软件的运行进行日志分析与信息统计。日志主要记录、分析用户访问数据库的情况，可实现实时索引供

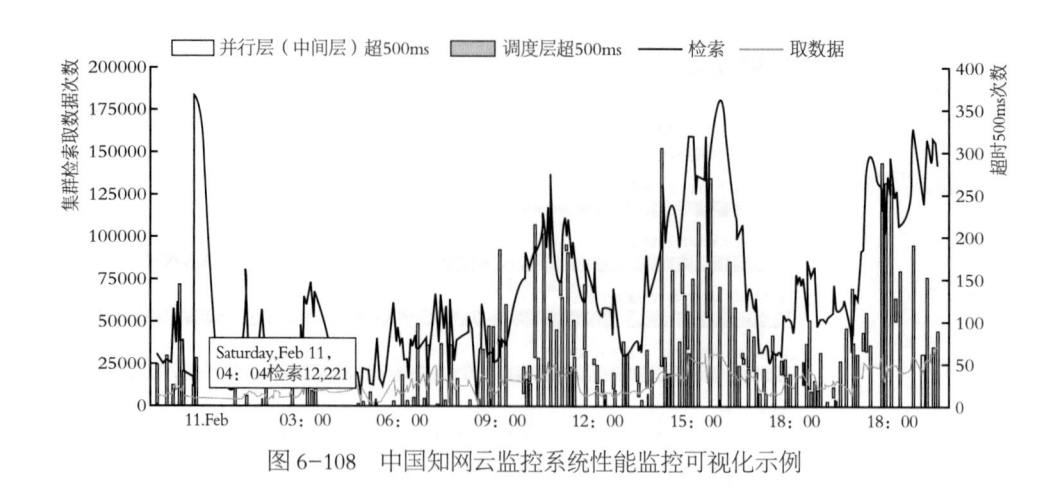

图 6-108　中国知网云监控系统性能监控可视化示例

应或用户查询一段时间的慢日志和各种统计信息，为分析系统热点提供依据，以实现系统的自动数据迁移。信息统计可定期采集用户的连接数、每秒查询率（QPS）以及本地 Kbase 实例的进程状态统计，并以某种形式展示（如 Web），为以后的弹性资源分配和自动化的 Kbase 实例迁移提供依据。当平台发生错误时，这些监控信息也可为错误恢复提供依据和线索。

横向扩展性是云计算另一个很重要的特性，也是用户对云平台的一个需求。云平台不仅要满足不断增长的数据存储要求，而且在面对不断变化的条件时，云数据库需要表现很好的弹性。如在指数级数据增长阶段能够动态调整资源并合理优化，待需求过去后又可立即释放资源。过去的系统通过升级硬件来纵向扩展系统，以期打破性能上的瓶颈，但效果并不佳；当无法通过升级硬件扩展系统时，就通过增加集群中服务器的数量以提升性能，但这是有代价的，通常需要对业务进行切分，或使用读写分离等额外手段改造系统。然而用户期望能简单地通过增加物理服务器的方式显著提升系统整体性能，这正是云计算所要达到的目的。

三　"壹学者"移动学术科研服务平台案例

（一）行业及业务特征

1. 行业特征

人文社会科学是人文科学和社会科学的总称，是以人、社会存在为研究对象，以揭示人的本质，研究并阐述各种社会现象及其发展规律为目的的科学。人文社会科学是人类文明素质进步和时代精神发展层次的重要标志，党和政府高度重视人文社会科学的创新驱动力，党的十八大、十八届三中全会均将"推动文化大发展大繁荣"提到前所未有的战略高度。

纵观国内学术服务提供商，大多以提供将文献、知识资源数字化的学术信息服务为主。如何在一个全新的时代满足移动化的学术科研需求，重组学术产业链上的各类主体的关系，包括期刊社、出版社、高校、科研院所、学协会、社科联等，实现学术产业的深度融合，成为数字时代不可规避的转型之路。

2. 业务特征

"壹学者"移动学术科研服务平台（以下简称"壹学者"）是人大数媒科技（北京）有限公司依托中国人民大学书报资料中心的期刊、文章、学者等学术资源开发的一款移动学术科研服务产品。平台充分挖掘了书报资料中心的发表阵地优势、评价阵地优势，聚合学者用户形成学者资源池，再以学者为中心充分挖掘、建立学者与机构、学科、文献之间的数据关联关系，形成多层次的业务体系。

在学术内容服务方面，"壹学者"通过开通"在线荐稿、原创投稿、学术文库"等功能模块，吸引学者向平台提交内容，以期实现内容资源的大数据整合；同时为读者提供阅读、分享、点赞、评论等互动交流与传播方式，以期实现内容资源的公众评价大数据整合；此外，通过认证，平台可筛选出一批具有较高学术水平的专家，为作者文章进行在线同行评议，逐步构建内容的评价、筛选机制，建设良性循环的学术信息服务模式。

在学术分析服务方面，"壹学者"从横向上将学者的个人信息、教育经历、学术成果等数据进行加工、分类、聚类、关联等数据挖掘，在纵向上建立学者与所在机构、学科、地域等的关联关系，并按关联关系的强弱排序，将定量分析结果与定性分析结果相结合，以此建成基于学者的大数据信息网络。通过基础信息网络的建设，平台可提供学者竞争力、学者影响力、学科竞争力、学科影响力、机构竞争力、机构影响力等多维度的学术分析服务。分析维度可细至二级、三级学科，并可进行定向的多维度交叉分析。

在学术管理服务方面，"壹学者"利用大数据挖掘分析技术为政府机构、企事业单位、科研团体等提供学者智力服务。在该平台上，政府机构等需求方可查看学者个人学术名片，了解该学者的基本信息、教育经历、研究方向、代表作、自媒体文章等，从而对学者形成充分细致、立体直观的认识。与其他智库服务平台不同，该平台具有以下几个优势：一是学者资源量大，几乎涵盖全国人文社科的全部学者。二是查找结果更准确，平台提供优质的数据查询、分析服务，因此匹配学者结果更准确。三是查找途径更多元，需求方获取学者智力的方式包括主动查找和自动推送。主动查找方面，平台提供便捷的查询途径，在 PC 端、移动端都可轻松实现；自动推送基于需求方的个人属性、平台行为产生，进一步提高了准确度。四是智库服务的形式更灵活，可跨地域线上提供服务，极大地提高了服务的范围和效果。

3. 应用背景

面对全新的信息社会，特别是大数据时代，人文社会科学研究思维及手段将迎来颠覆性变革的发展机遇期。随着大数据技术乘"互联网+"之风渗透各个行业，各大传统行业迫切需要加大技术创新力度以及产品服务能力，以满足用户群体日益增长的移动服务需求。人文社会科学领域亟须一个基于大数据技术的学术服务与科技深度融合的全新学术研究平台，充分利用网络通信和数字技术等高科技手段，全面促进学术产业生产方式的转变和产业升级。

大数据技术是革新人文社科学术服务模式的奠基之石、动力之源。通过运用大数据技术，构建一个真正实现人文为本、知识为谱，不断提升人文社科学术成果的社会价值，不断扩大人文学术主体的话语权和影响力的学术服务生态系统，是人文社科学术服务的探索方向。

4. 核心方案

"壹学者"技术架构运用了大数据技术。大数据技术和以往的信息技术是相通的，主要区别在于大数据采用了更先进的软件系统和框架，能获取更多的资源，并引入了相关的机器学习算法，能为平台提供数据分析服务。

"壹学者"的核心方案包含三个应用子系统：知识图谱子系统，提供知识点提取相关功能；文本分析子系统，提供文本摘要和文本关联；学术脉络子系统，提供学者关系、论文关系服务（见图 6-109）。

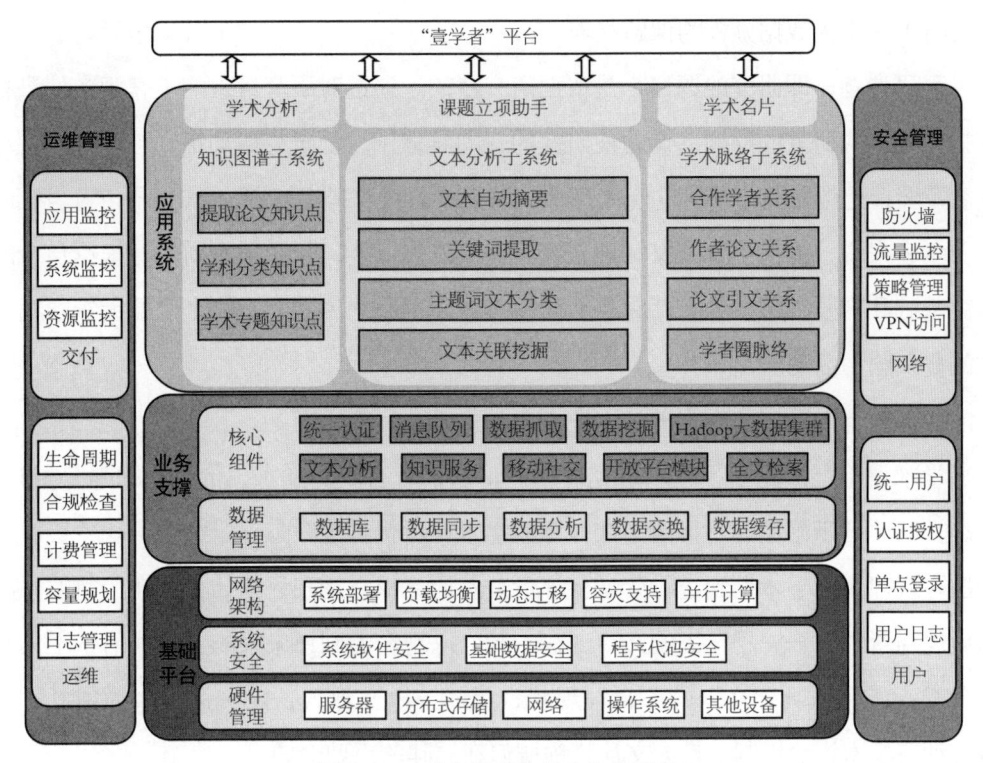

图 6-109 "壹学者"核心方案示意

5. 应用效果

通过运用大数据技术,"壹学者"建立了整个人文社科领域学者、论文、期刊、机构之间的相互关系,完成了人文社科知识图谱建设,从而建立了精准的学者脉络关系;实现了文章主题词自动获取(准确率 80%)、文章分类自动完成(准确率 90%)、文本摘要自动提取(准确率 60%),基于此可获得精准的学术热点和空白点分析;结合同行评议,形成了期刊、学者、机构的影响力评价数据。同时,大数据技术也被运用到了"壹学者"课题立项助手、在线荐稿及评议、学者名片等功能中,均获得了比较好的效果。

(二)"壹学者"案例中大数据具体应用情况

1. 业务需求

"壹学者"应用大数据分析的过程中,有三个极具代表性的业务需求应用场景。

（1）基于大数据分析的课题立项

科研课题，即研究的题目，是依据研究目的、通过对研究对象的主客观条件进行分析而确定的研究的问题。课题使研究的目的具体化，使研究活动指向特定的对象和内容范畴，选题是科学研究的起始环节，掌握不好会"差之毫厘、谬以千里"。然而，对于学者来说，如何结合国家和地方经济社会发展需要，紧扣学术前沿，根据自身的研究基础和特长，形成具有新思想、新观点、新论断的课题，是一个需要大量数据支撑的复杂脑力活动。

（2）基于大数据分析的学术评价

学术评价已成为当下学术研究的热门话题，随着专业学术评价机构的强势崛起，"核心期刊""来源期刊"日渐走红，专业学术评价机构按文献计量学理论和"集中与分散"规律来对学术期刊进行分学科评价。然而，核心期刊评估体系存在严重的时间滞后性与背离性——用过去的文评现在的刊，以现在的刊评未来的文。如何基于大数据分析突破"以刊评文"的不合理现状，建立"以文评人、以文评刊"的独立、客观、动态学术评价机制，是人文社科领域迫在眉睫的重要命题。

（3）基于大数据分析的学术传播

学术传播是学术科研领域易受忽视的高价值环节。学术传播是知识经济产生的前提。学术成果只有通过传播应用才能实现其价值，只有通过广泛而有效的应用才能实现价值峰值。在纸质出版时代，学术资源的权威传播载体是纸质期刊；在互联网时代，学术数据库成为更快捷、丰富的资源聚合及传播平台；而在移动互联网时代，随着传播方式和信息渠道的多元发展，每一位学者（用户）都是传播网络上的一个重要信息节点，团结用户成为学术服务构筑传播力最有效的方式。而目前基于学者社会价值实现的学术成果转化（传播）需求，还远远没有得到满足。

2. 功能描述

"壹学者"提供的课题立项助手功能，为学者提供人文社科领域相关关键词的学术热点和空白点、相关文献、潜在的合作作者和机构等信息。传统方式是通过数据库的关键词和文章相关性进行匹配，但这样做速度慢，而且仅限于人大复印库的论文信息；引入大数据技术有助于提升分析速度，将数据范围扩大到人文社科领域的所有数据。

"壹学者"提供的在线荐稿及同行评议功能，通过大数据挖掘及分析为刊社提供优质稿源平台，支持作者荐稿、编辑荐稿、专家荐稿、编辑约稿等功能；构建三级同行评议平台，支持线上线下相结合的大同行评议、小同行评议（专家评议）、学术共同体公众检验；打造专业学术传播渠道，支持学者自主传播、刊社及学术新媒体互推传播、中国人民大学书报资料中心"复印报复资料"系列刊互动传播；打造多元丰富的专业营销平台，支持按年度、半年度、季度征订纸刊及电子刊，支持按单本、单篇零售论文，支持赠送、推荐期刊及论文，支持活动及广告投放等。

"壹学者"提供的学术名片功能，基于移动互联网时代特征为学者、机构提供"学术名片"传播形式，支持学者聚合个人学术轨迹（包括论文论著）、学术脉络（学者关系网和学者论文关系网）和学术活动（包括调研行为、出版行为、合作行为、活动行为等），形成专属"学术名片"，支持其在社交平台上进行自主传播，极大地丰富了学术传播的多元应用。而大数据分析技术有助于获得更加精准的学术脉络信息。

3. 实现路径

首先，从互联网和社交媒体抓取人文社科领域所有相关数据，并且梳理这些数据，将其结构化入库；然后，运用大数据分析和文本挖掘算法建立文章、作者、期刊、机构的关联关系，完成主题词和关键词的提取；最后，根据分析数据结合业务需求，获得精准的学术热点分析和学术脉络信息。

4. 环境需求

软件环境方面，使用 Hadoop 集群：Ubuntu14.04 版本、64 位操作系统，JDK1.7 版本、64 位操作系统，Hadoop 2.6.0 和 Zookeeper 3.4.6 软件；数据分析使用 Python2.7 及相关数据挖掘的数据包，如 Numpy、Sklearn 和 Scipy 等。

硬件环境方面，Hadoop 集群采用 1 台主节点机器，配置为 8 个 CPU、32G 内存、2T 硬盘，3 台从节点机器配置均为 4 个 CPU、16G 内存、2T 硬盘；4 个 Hbase 磁盘阵列，配置均为 200T；2 台数据分析服务器，配置为 8 个 CPU、32G 内存、2T 硬盘。

（三）数据采集

1. 数据源

"壹学者"的大数据分析系统主要通过以下几方面的数据源进行采集。

第一，用户基本数据，主要从各大高等院校网站、百度百科、维基百科等抓取，同时面向学者本人提供个人学术名片的实名认证、在线编辑功能，进一步完善学者的基本信息（如性别、职业、专业、研究方向等）。

第二，用户行为数据，指学者操作日志记录、交易数据与 SNS 学者社交圈系统产生的社交关系数据，包括兴趣属性（如阅读偏好、分类维度等）、行为属性（如浏览、收藏、订购记录等）、统计数据（如 ARPU 付费率、PV 浏览量等）等数据信息。

第三，论文期刊数据，核心数据（论文元数据、全文数据）主要来源于中国人民大学书报资料中心编辑出版的复印报刊资料（115 种）、人文社科文摘（14 种）、报刊资料索引（7 种）和原发期刊（12 种）四个系列学术期刊 20 余年积累的学术资源，以及从知网、万方和维普等专业学术网站开放的 API 数据接口中抓取的论文、期刊基本数据（如标题、作者、关键词、摘要等）。

第四，学术机构相关数据（包括期刊社、出版社、高校、科研院所、学协会、社科联等），主要从政府官网、学术机构官网、学术服务平台、百度百科、维基百科等抓取，同时面向机构提供机构学术名片的实名认证、在线编辑功能，进一步完善机构基本信息（如机构名称、机构简介、机构成员、位置导航、研究方向等）。

第五，影响力相关数据（如点赞、收藏、分享、评论等），主要通过"壹学者"各大新媒体运营渠道获取，包括新浪微博、微信公众平台、今日头条等；还对学者、论文、期刊、机构等相关信息展开定向抓取，分析获得影响力数据。

2. 采集技术

"壹学者"针对不同的数据来源采取不同的数据采集工具。外来数据指从互联网网页抓取的数据，此类数据具有分布广、格式多样、非结构化等特点。互联网网页数据采集就是获取网站中相关网页内容的过程，主要采用 Python 的开源爬虫 Scrapy，这是一个基于 Python 的快速、高层次的 Web 抓取框架，用于抓取 Web 站点并从页面中提取结构化的数据。Scrapy 是一个框架，"壹学者"根据实际需求进行了一些定制化修改，通过多种类型爬虫的基类，如 BaseSpider、SiteMap 爬虫来完成数据采集。基本步骤包括：将需要抓取数据的网站的 URL 信息写入 URL Queue，从 URL 队列中获取需要抓取数据的网站 Site URL 信息，从 Internet 抓取 URL 对应的网页内容并按数据模板抽取出网页特定属性的内容值，对这些属性内容进行解析、分析，下载得到相关联的附件与链接内容,并初步判断是否重复抓取,最后将抽取的数据存储到分布式数据库中。

针对"壹学者"的用户行为数据,采用的是自有日志分析获取工具,只对所需要分析的日志记录进行采集分析,例如用户登录时间、用户社交行为、某论文的点击量、下载量、阅读时间、浏览停留时间、评论等。

(四)数据清洗方法

"壹学者"的重要数据大部分来自各大学术机构网站、政府官方网站、学术服务平台,以及百度百科、维基百科等正规专业网站。这些数据经过了编辑审核验证校对,相对来说比较干净。

1. 清洗规则

"壹学者"对来自同一网站的数据信息定义好相关的数据处理模板,按照清洗规则使用相关的清洗校对工具进行清洗处理。清洗规则包括以下几方面:第一,数据的完整性,即保证学者、期刊、论文基本信息的完整;第二,数据的唯一性,即学者信息的唯一性,解决同名作者问题;第三,数据的权威性,即同一个属性或同一个指标出现多个来源的数据且数值不一样时,则应该剔除非重要数据;第四,数据的合法性,即处理抓取到的数据异常信息,如作者出生年月等;第五,数据的一致性,即分析不同来源的不同指标,实际内涵一样的应该归为同一个数据。

2. 清洗步骤

第一步:分析数据。首先对数据进行描述性统计分析,查看哪些数据是不合理的,也可以知道数据的基本情况。此外,"壹学者"还通过作图的方式了解数据的质量,如有无异常点、有无噪声等。

第二步:缺失值处理。缺失值在实际数据中是不可避免的问题,主要需判断缺失的数据应该直接删除还是赋予固定的值,例如论文的发布年份、作者的年龄等。

第三步:异常值处理。首先建立一个数据模型,异常是那些同模型不能完美拟合的对象。如果模型是簇的集合,则异常是不显著属于任何簇的对象;在使用回归模型时,异常是相对远离预测值的对象。

第四步:噪声数据处理,主要是处理异常点(离群点)。离群点(Outlier)属于观测量，既有可能是真实数据产生的，也有可能是噪声带来的，但是总的来说是和大部分观测量之间有明显不同的观测值。

3. 清洗技术

"壹学者"大数据分析系统中，采用的数据清洗技术如下。

一是网页属性处理与格式转换。技术逻辑为：针对网页采集的数据使用 Expat 进行解析获取属性内容值，按照数据属性处理模板筛选数据内容，剔除不必要的属性内容，删除多余的空格与空行，清理转换 <、 、> 等字符实体；针对 HTML 内容使用 Tidy 等工具检查 HTML 代码，指出其中没有完全符合 W3C 发布标准的地方，自动进行必需的修改以使代码符合相关标准的要求；提供可视化显示，支持人工判断所需的筛选，同时按定义好的字典进行统一转换生成一种结构化标准规范数据格式（如 JSON 格式）。

二是拼写与校对检查。技术逻辑为：利用语义库或词库对数据内容进行分词处理，并且根据专业学术词库以及所对应的中文拼写进行校对检查匹配，同时可利用辅助的中文校对工具进行一般性中文内容检查，通过重点词监控库、敏感词库等对数据内容进行敏感性舆情分析及监控检查；还可利用学者与机构、期刊等信息库对作者姓名、作者地址、期刊机构地址、邮编、栏目标题等进行比对检查。

三是编码检查。"壹学者"平台统一采用 UTF8 编码规范，利用程序自动判断文件的编码格式，对异常的编码格式如 BIG5 编码等进行转换，对内容进行可视化显示以便识别判断是否出现乱码，从而进行修正处理。

四是数据排重。技术逻辑为：采用 Simhash 算法计算识别所抓取网页内容的相似度以进行查重，依据题目、作者、关键词等重要数据信息进行内容检查，同时也对内容按一定规则生成指纹图片以计算出相似度数值，从而排重。

（五）数据存储方案、技术

1. 存储方案

考虑到数据量巨大，为了保证数据的安全性和高效访问，区别于传统的数据存储方案，"壹学者"采用分布式存储架构，以处理结构化数据与非结构化数据等大量异构数据；在各个处理环节中都采用 MapReduce 等软件框架与并行处理编程模型进行分布式并行计算处理，以提高数据分析效率，从而完成海量数据的分析与挖掘，并且降低数据分析成本。其中，图片和文档文件存储在分布式文件系统 MooseFS 中，学者与论文相关结构化数据与用户行为数据按主题分类后存储在分布式数据库 Hbase 中（见图 6-110）。

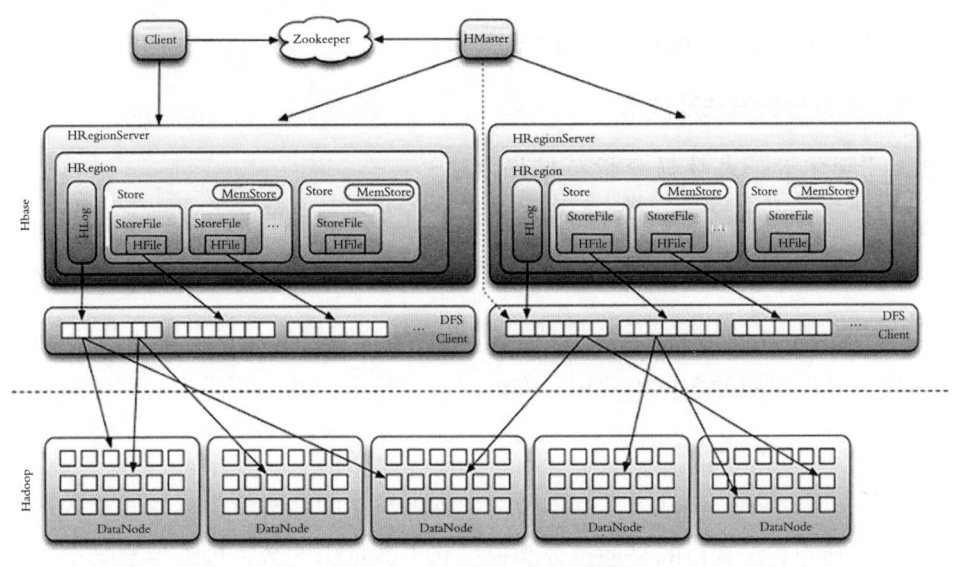

图 6-110 "壹学者"存储方案

2. 存储技术

（1）文件及图片存储技术

"壹学者"采用轻量级的分布式文件系统 MooseFS，这是一个具备冗余容错功能的分布式网络文件系统，它将数据分别存放在多个物理服务器、单独磁盘或分区上，确保一份数据有多个备份副本。对于访问的客户端或者用户来说，整个分布式网络文件系统集群看起来就像一个资源一样。从其对文件操作的情况看，MooseFS 相当于一个类 UNIX 文件系统。

（2）分布式数据库 Hbase

Hbase 是大多数大数据方案采用的数据库存储技术，是一个分布式、面向列的开源数据库，在 Hadoop 之上提供了类似 Bigtable 的能力，不同于一般的关系数据库，是一个适合非结构化数据存储的数据库。它是一个高可靠性、高性能、面向列、可伸缩的分布式存储系统，可在廉价 PC Server 上搭建起大规模结构化存储集群；并利用 Hadoop HDFS 作为其文件存储系统，利用 Hadoop MapReduce 来处理 Hbase 中的海量数据；利用 Zookeeper 作为协同服务。

在"壹学者"的大数据分析系统中，利用 Hbase 的海量存储技术方案，实现了小文件合并、全局名字空间、大文件拆分、一次写入多次读取、文件读取的自动纠错等，从而提高了系统分析的可靠性与查询效率。

（六）数据分析方法及技术

1. "壹学者"大数据分析与挖掘方法

第一，关联分析，即从大量的数据中发现项集之间的联系、相关关系或因果结构，以及项集的频繁模式。关联可分为简单关联、时序关联、因果关联。关联分析的目的是找出数据库中隐藏的关联规则。关联规则的挖掘过程主要包括两个阶段：第一阶段为从海量原始数据中找出所有的高频项目组；第二阶段为从高频项目组产生关联规则。

第二，分类分析，即找出大数据中一组数据对象的共同特点并按照分类模式将其划分为不同的类。其目的是通过分类模型将大数据中的数据项映射到某个给定的类别中。

第三，聚类分析，即将物理或抽象对象的集合重组为由类似的对象组成的多个类的过程。聚类分析是在没有给定分类的情况下，根据信息相似度进行信息聚集的一种方法。聚类分析技术包括统计、机器学习、神经网络等。

第四，时序演变分析，指分析事件或对象行为随时间变化的规律或趋势，并以此来建立模型。它主要包括时间序列数据分析、序列或周期模式匹配和基于类似性的数据分析。

第五，预测分析，即利用历史数据找出变化规律并以此建立模型，利用此模型来预测未来数据的种类、特征等。预测是一种很重要的决策支持手段。典型的预测方法是回归分析，即利用大量的历史数据、以时间为变量建立线性或非线性回归方程。预测时，只要输入任意的时间值，通过回归方程就可以求出该时间的状态。其他预测方法还包括人工神经网络方法、灰色模型、趋势外推模型等。

第六，Web 数据挖掘。在"壹学者"的大数据分析系统中，包含了诸如网页、文本、图片、GIS 等多项数据特征。鉴于此，"壹学者"利用数据挖掘技术对 Web 页面内容、相关资源、组织结构和链接数据关系以及后台行为数据进行挖掘，抽取用户感兴趣的、有用的模式和隐含信息，从而从 Web 文档内容及其描述中获取有用知识，并利用这些信息对页面进行排序，发现重要页面，为内容检索提供依据。"壹学者"采用的 Web 数据挖掘算法主要有 PageRank 算法、HITS 算法以及 LOGSOM 算法。

2. 使用技术

"壹学者"使用 Python 的标准机器学习库 Scikit-Learn，以实现上述机器学习算法（见图 6-111）。通过使用 Scikit-Learn，聚类算法完成了对文本数据的聚类、主题词提取、文本摘要，回归分析和关联分析算法完成了论文数据和学者数据的关联分析。

3. 实现步骤

"壹学者"大数据分析实现步骤如图 6-112 所示。

（七）大数据运用效果

1. 通过数据可视化，助力学者进行科学决策

"课题立项助手"功能基于大数据分析、关联挖掘和推荐、聚类算法等技术，可有效地帮助学者迅速确定某学科的研究热点、研究空白点和发文趋势等，为其推荐匹配度高的参考文献，并根据学者的研究方向为其推荐同学科及跨学科的合作学者，以达到"简便、易用、省时、精确"的目的，为学术科研提供一个方便快速的途径（见图 6-113）。

2. 通过数据挖掘及分析，助力刊社展开学术评价

"在线荐稿与评议"通过分类、估算、预测、相关性分组或关联规则、聚类等分析方法，深度挖掘学者间关系（同学科、同学校、同课题、同单位等），并基于此为刊社提供基于在线荐稿及同行评议的深度学术评价服务。自 2016 年起，"壹学者"与中国人民大学书报资料中心联合推出了新刊《高校思想政治理论课教学研究》，探索在线荐稿、同行评议、读者投票、纸刊出版与成果传播等相结合的新型"刊网互动"编辑出版和评价模式（见图 6-114）。

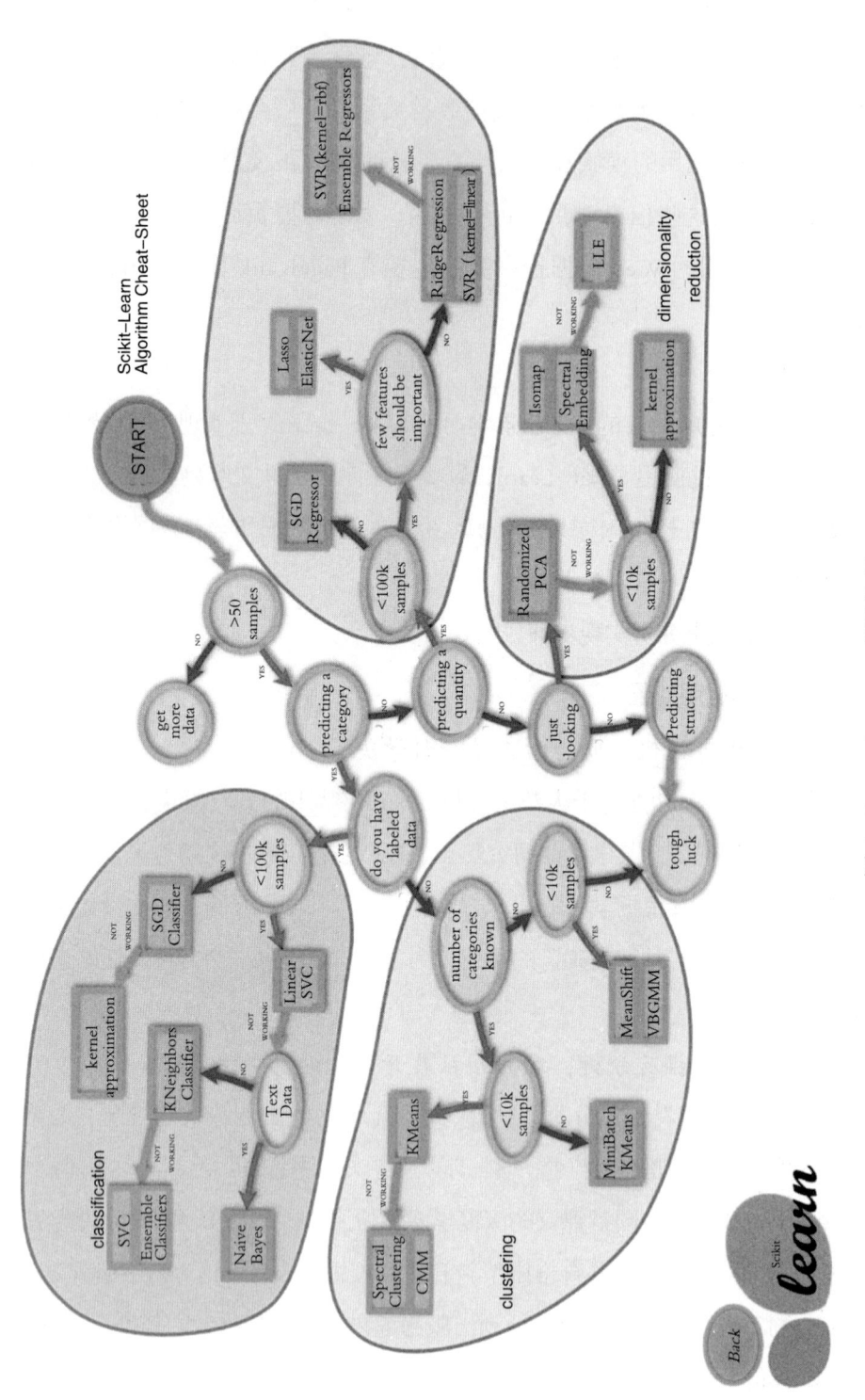

图6-111　Scikit-Learn 算法选择

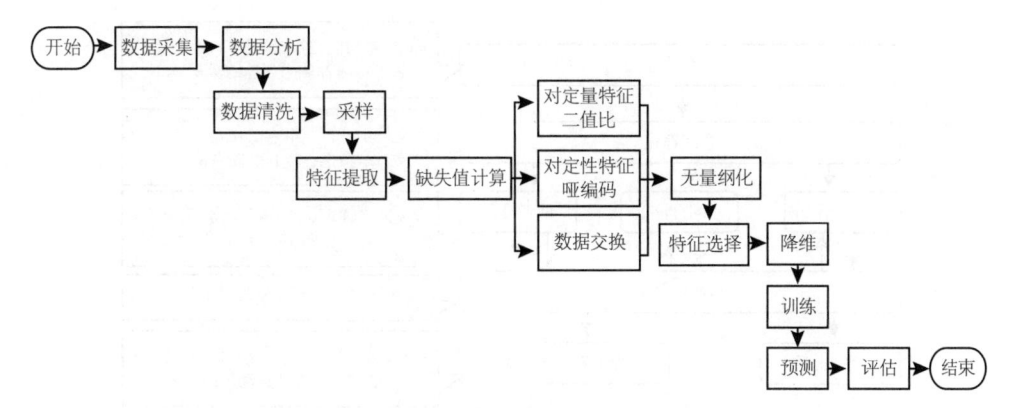

第六章　出版业及相关新兴业态在大数据时代的应对尝试　**225**

图 6-112　"壹学者"大数据分析实现步骤示意

图 6-113　"壹学者"课题立项助手功能示意

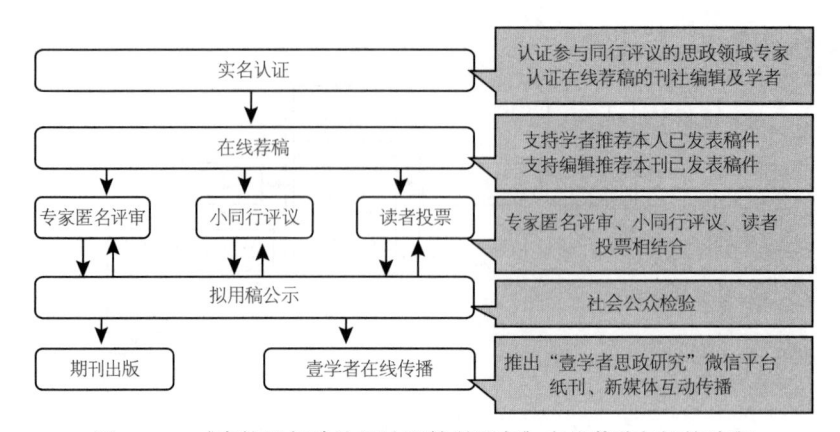

```
                    ┌─────────────────────────┐
                    │        实名认证          │──→ 认证参与同行评议的思政领域专家
                    └─────────────────────────┘    认证在线荐稿的刊社编辑及学者
                              │
                    ┌─────────────────────────┐
                    │        在线荐稿          │──→ 支持学者推荐本人已发表稿件
                    └─────────────────────────┘    支持编辑推荐本刊已发表稿件
                       │       │       │
                  ┌────────┐ ┌────────┐ ┌────────┐
                  │专家匿名││小同行 ││读者投票│──→ 专家匿名评审、小同行评议、读者
                  │  评审  ││ 评议 ││        │    投票相结合
                  └────────┘ └────────┘ └────────┘
                              │
                    ┌─────────────────────────┐
                    │       拟用稿公示         │──→ 社会公众检验
                    └─────────────────────────┘
                         │              │
                  ┌────────┐      ┌──────────────┐
                  │期刊出版│      │壹学者在线传播│──→ 推出"壹学者思政研究"微信平台
                  └────────┘      └──────────────┘    纸刊、新媒体互动传播
```

图 6-114 《高校思想政治理论课教学研究》在线荐稿与评议流程

3. 构建基于社交平台的专业知识传播及服务

"壹学者"一方面引入社交维度数据，构建知识社交传播平台，提供关注、评论、调研、收藏、分享等用户互动工具；另一方面基于专业知识用户信息及其关系数据，构建基于社交媒体传播的个人学术名片、机构学术名片，自动集成个人或机构发表的论文、出版的著作、所获的奖项、参与的项目、论文收录详情、期刊及网站转载详情、被引详情，个人或机构被关注度、学术创新程度、论文相关领域排名等。"壹学者"支持设定个人基本信息、论文论著情况、主要学术情况等对公众开放，同时支持社会化媒体（微信、微博、博客、论坛等）在线传播学术名片。

四 咪咕数媒"咪咕阅读"大数据平台案例

（一）业务概述

1. 公司及业务简介

咪咕阅读是由咪咕数字传媒有限公司开发的一款集阅读、互动等多种功能于一体的阅读器手机软件。目前，咪咕阅读业务的月活跃用户达 1.2 亿人，日活跃用户达 2200 万人，日 PV 达 6.5 亿次；同时灵犀业务发展迅速，用户数已达 1600 万。随着业务量的迅速扩大、产品线的更加丰富、用户的持续增长，需要利用大数据分析、挖掘等技术建立基于咪咕阅读用户数据的数据运营支撑系统。

咪咕阅读作为国内领先的数字内容汇聚和分发平台，打造"纸质出版、电子出版、有声出版、视频出版、衍生出版"五位一体的全媒体出版模式,能够进一步联动整个产业链。通过引进版权、自签约作家、自出版图书等方式,在构建正版图书汇聚平台的同时,建立起数字版权库。开展重点 IP 项目孵化,构建全 IP 产业链,不断放大产业价值,不断开展创新项目,如咪咕中信书店、咪咕京东书城、咪咕版 Kindle 等。

2. 行业特征

自 2011 年起,移动阅读市场进入高速发展期,2017 年移动阅读市场活跃用户将达到 7.2 亿人。移动端阅读与传统纸质出版和纸质阅读不同,它所具有的娱乐化、碎片化、多样性、交互性等特点更加符合当下网民的阅读习惯,它使大家低头划指之间便能利用碎片时间进行自我充电。但用户的访问行为特征各异、消费习惯各异、阅读偏好各异。如何正确地把握海量用户的阅读行为、消费行为、访问行为特征,更好地发展新客户、留住老用户,提升用户体验,增加用户消费额度尤为重要。这也是整个咪咕阅读大数据平台的重要任务。

3. 业务特征

咪咕阅读大数据平台通过横向的分布式文件存储、分布式数据处理和分布式数据分析技术在中国手机阅读领域很好地解决了大数据应用的各种问题。在大数据处理、存储和数据挖掘与分析领域,咪咕阅读研究、设计和开发了一整套大数据系统框架,特别是在 ETL、分布式计算以及智能推荐引擎方面分别设计开发了一套完整的产品,在个性化推荐特别是实时个性化推荐领域取得了长足的进步和良好的应用效果。

大数据与咪咕阅读业务的结合点主要包括以下几个方面:第一,数据采集、清洗、加载,利用大数据技术完成每天亿级的访问、订购数据的采集、清洗、加载工作。第二,数据仓库模型,基于 Hadoop 平台建设数据仓库,完成基础数据内容类产品的多主题域仓库模型。数据仓库支持各种建模技术,对所得到的经过转换的数据进行挖掘,并对其参数按照业务目标进行调优;支持常用的数据挖掘建模技术,包括分类预测、值预测、聚类、关联分析、时序分析等。第三,多维报表。支持多维度查询,持续监测运营效果,为业务运营提供全方位支撑;支持字段模板查询,针对不同的运营需求实现报表定制化;支持数据导出,用于后续数据汇报。第四,实时个性化推荐,在 APP 上根据用户个性化偏好进行千人千面的实时推荐,在保障用户的个性化需求时,同时满足1亿PV实时推荐请求，保障客户端的快速上线能力。第五，实时异常行为监控，利用大数据技术异常行为模式、分析模型、实时性方案针对图书产品实时分析用户异常的阅读行为，保障个性化推荐、结算稽核的准确性。第六，智能推荐与实时推荐，根据产品分析、用户分析结果进行精准化推荐，支持在APP等终端实时推荐。第七，竞品用户策反，利用大数据技术分析竞品特征，制定策略将竞争对手用户转化为咪咕阅读用户。

4. 具体应用场景

（1）新书推广

新书发布时，快速精准定位消费人群，以较低的运营成本迅速高效完成新书的市场推广工作，吸引更多优质内容提供商加入手机阅读平台，将新书的价值迅速转化为收益。具体操作方案为：在页面顶部增加一直展现的浮动窗（用户可手动关闭），展示1个月内发布的新书中符合用户历史阅读分类偏好的图书，其中若有用户偏好的作家新品则优先展示，用户点击后更换展示图书，展示形式为"新书推荐：XXX"；每月第一天针对上个月发布的新书进行自动Push营销，将符合用户分类和作家偏好且用户没有浏览过的新书推送给用户。

（2）活动推荐

实现活动、促销、"麻辣堂"内容的智能推荐，"麻辣堂"中的活动内容可以结合用户特征实现个性化。例如对资费敏感的用户在"麻辣堂"中主要看到折扣优惠活动，关注阅读品质的用户则主要看到精品书相关推广和讨论活动。

（3）新用户培养

为现有的每个用户群都构建特征库，当新用户访问时，结合用户BOSS数据和互联网数据，总结新用户特征，包括用户消费能力、社会属性、应用偏好等，然后匹配现有用户群，以匹配度最高的用户群作为该新用户临时归属群，然后推送该用户群的热门偏好信息。

（4）用户运营

咪咕阅读拥有4亿名存量用户，大数据环境下对这些用户进行的运营服务将决定其阅读业务的发展。这些用户中具有代表性的包括高价值用户、沉默用户、流失用户。其中，高价值用户是手机阅读业务的主要价值贡献用户群，业务活跃度高，通过建立高价值分析专题可进行用户价值保级；咪咕阅读沉默用户占比较高，且该部分用户具有一定的阅读行为习惯，通过建立激活分析专题可挖掘这部分用户蕴含的巨大业务价值；流失用户具备一定的规律性，通过建立流失预警模型可对即将流失的用户进行挽留服务。

（5）个性化搜索

搜索是用户在数字阅读平台最常使用的一大功能。大数据背景下，普通的搜索功能将逐渐无法满足用户日益增长的差异化搜索需求。咪咕阅读在基本搜索功能的基础上，结合用户个人特征模型，按照每个人的差异化需求进行搜索结果排序，将最贴合用户特征需求的结果集中在更靠前的位置，实现个性化搜索。随着用户历史搜索记录的不断增加，个性化搜索的效果将会不断得到完善。

（6）个性化门户

每个用户在数字阅读门户上的功能使用习惯是不同的，不同的用户群体也具有不同的门户版面布局和内容编辑需求。咪咕阅读通过建立用户门户分析模型，了解用户在数字阅读门户的行为习惯，为门户产品优化提供全面的数据支撑，逐步为用户构建差异化门户服务，最终实现因每个人而异的个性化门户。

（7）社交 SNS

随着手机阅读平台用户数的不断提升，人们在业务平台上进行社交活动的需求也不断增加。咪咕阅读通过对海量用户行为数据的分析，获取用户在数字阅读业务上的社交需求，设计属于手机阅读业务的 SNS 模式，让用户能够像在现实世界中一样分享自己的阅读体验。同时搭建业务 UGC 环境，引导用户生产更多的业务信息，扩充业务知识库，更好地为业务运营提供支撑。

（8）活动营销

咪咕阅读对各种各样的营销活动实施统一管理，实现优先级把控、目标用户资源分配、推广产品适配、营销效果反馈评估和优化等一体化"闭关"营销管理，能在合适的时间以合适的渠道通过合适的方式向合适的用户推送合适的服务活动。通过精准的活动营销和不断的反馈优化，降低了用户对营销活动的排斥感，提升了营销效果；同时，咪咕阅读建立了实时智能服务体系，结合用户生命周期模型和实时自动服务机制，及时推送用户需要的营销活动，提升了用户的业务体验和忠诚度。

（9）评论功能运营

咪咕阅读一方面将广场吧和书吧分开，采用不同的形式来区别书评和灌水；另一方面进行评论显示的智能排序，挑选评论中质量高的数条显示在前面，包括赞、补评、长度、内容等质量较高的评论，从评论中提取关于图书价格、剧情、文笔、作者、更新等细节信息，为用户提供导购服务。

应用与营销、推荐、投诉反馈等方面，咪咕阅读抽取评论中关于图书的内容，然后给图书打标签；抽取用户偏好信息为用户提供推荐服务；在用户留言投诉时通过文本分析以小机器人的方式进行用户安抚工作。另外，还可以针对相似评论的用户进行推荐等服务。

5. 用户群体特征

通过对抽样用户的消费行为和访问行为进行分群，可以看出咪咕阅读的用户群体特征。咪咕阅读将用户分为 8 个群体（见图 6-115）。

聚类 1 为低价值用户群，人均访问天数 1.274 天，人均消费 32.492 元，平均访问间隔时间 25.384 天，人均日 PV 6.147 次，订购率 12.5%，阅读率 41.8%，包月用户占比 6.9%。该用户群访问时长、人均 PV 和人均消费都很低，并且访问频率很低，因此贡献价值低。针对这类用户，宜采用推荐排行榜图书的方式。

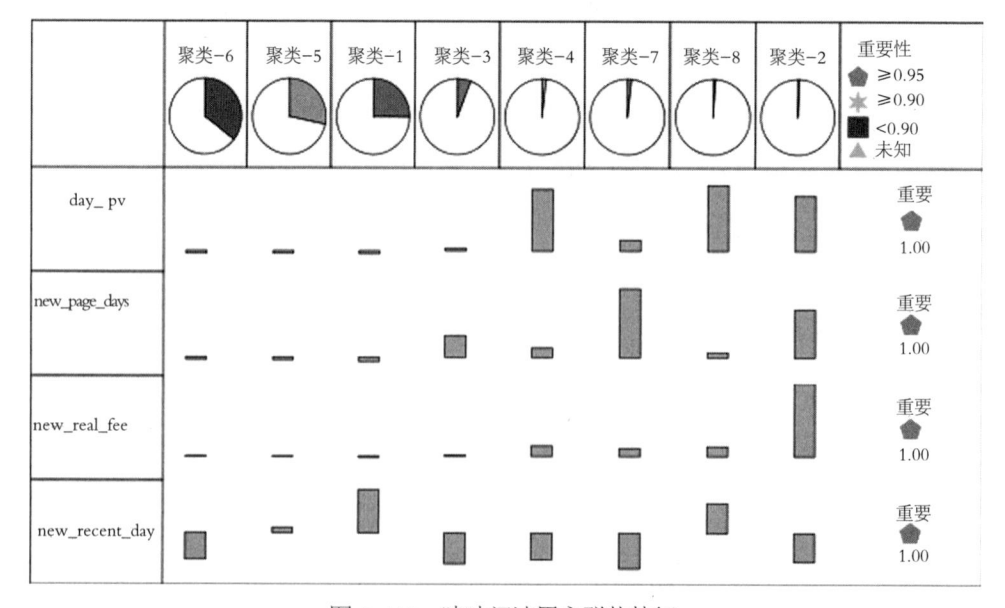

图 6-115　咪咕阅读用户群体特征

聚类 2 为高价值忠诚客户，人均访问天数 14.662 天，人均消费 1887.452 元，平均访问间隔时间 4.21 天，人均日 PV81.108 次，订购率 100%，阅读率 100%，包月用户占比 52.3%。该类用户访问频率高，日均 PV 高，消费金额是各类用户中最高的，因此具有较高的贡献价值和忠诚度。对于这类用户，宜根据其历史阅读偏好推荐热点图书或者品质新书，同时推荐包月活动。

聚类 3 为重要发展用户，人均访问天数 7.911 天，人均消费 99.194 元，平均访问间隔时间 3.551 天，人均日 PV13.768 次，订购率 26.2%，阅读率 78.3%，包月用户占比 12.4%。对此类用户，宜推荐包月、打折优惠、赠送书券等活动。

聚类 4 也是重要发展用户，人均访问天数 4.799 天，人均消费 333.194 元，平均访问间隔时间 4.868 天，人均日 PV90.04 次，订购率 66.2%，阅读率 96.5%，包月用户占比 25.9%。该用户群访问时长较少，但属于最近来访用户，人均 PV 很高，消费金额也较高，属于向高价值忠诚客户发展的群体，因此要重点发展。宜为其推荐热门图书、包月活动等。

聚类 5 为一般价值客户，人均访问天数 1.697 天，人均消费 44.661 元，平均访问间隔时间 14.26 天，人均日 PV6.597 次，订购率 15%，阅读率 45.5%，包月用户占比 8.2%。宜为其推荐排行榜图书、赠送书券。

聚类 6 为一般价值用户，人均访问天数 1.747 天，人均消费 45.33 元，平均访问间隔时间 4.712 天，人均日 PV6.366 次，订购率 14.8%，阅读率 50.6%，包月用户占比 8%。宜为其推荐排行榜图书、赠送书券。

聚类 7 为频繁访问用户，人均访问天数 19.858 天，人均消费 265.26 元，平均访问间隔时间 2.144 天，人均日 PV24.063 次，订购率 45.8%，阅读率 88.2%，包月用户占比 24.7%。该用户群访问频率高，人均 PV 较低，消费较高，应该是一个有固定阅读习惯的群体。宜为其推荐包月服务，同时根据其历史阅读偏好推荐新书。

聚类 8 为重要挽留用户，人均访问天数 3.67 天，人均消费 309.061 元，平均访问间隔时间 21.553 天，人均日 PV94.74 次，订购率 55%，阅读率 91.8%，包月用户占比 22.4%。该用户群体人均 PV 和人均消费很高，说明该群体用户有阅读需求并且对资费不敏感；同时该用户群体访问频率低，很长时间没有来访记录，因此流失的可能性会比较高。宜根据其历史阅读偏好推荐热点品质图书和新书，同时对订购用户进行定期提醒（账户余额和包月提醒等）。

（二）咪咕阅读的大数据应用情况

1. 业务需求及场景描述

（1）业务需求

智能推荐是咪咕阅读的核心交互系统。传统电子商务领域，经典且常用的方法是采用关联规则进行相关产品的推荐，但是这种关联推荐是纯粹基于产品的，缺乏个性化。大数据环境下的电子商务和互联网应用领域，为了更好地服务用户，了解用户的需求和偏好，对用户进行分群是实现智能推荐和智能服务的基础。

（2）实现路径

系统的客户细分部分根据用户的历史行为对用户的社会属性、综合价值、互动圈子、热点内容、生活轨迹、终端渠道等进行分群，对用户进行各个维度的建模。在这种模型的基础上，结合用户的历史使用行为可以对用户身份特征进行一定的推断，还可以对用户的偏好和行为进行计算并记录在用户的个人信息中，供后续智能推荐时使用。需要注意的是，在这些应用中，用户的身份信息保护是一个十分重要的问题。在很多大数据应用项目中，虽然用户的姓名、年龄、职业、住址等信息本身无法取得，但是通过用户的阅读记录和访问行为特征，能以半监督学习等方法大致推测出用户所处的年龄区间和职业特征。

在基于用户历史行为和身份信息得到用户的历史偏好和近期偏好之后，就可以采用相应的智能推荐算法对用户进行智能推荐。常用算法包括关联规则、标签推荐、基于长短期兴趣的自适应分类推荐、Item-Based 的协同过滤算法、Slope One 算法、基于局部扩散的热传导算法等。

实际使用算法时，并不是简单地将每个用户和产品直接输入算法进行计算，而是根据数据的状况进行算法的自适应匹配。例如，对于大规模的用户个性化智能推荐，不是针对所有的用户采用同样的算法进行推荐，而是首先根据用户本身的特点对用户进行一定的分群。对于不同的用户，采用不同的推荐算法进行匹配。

在大数据环境下，由于生产系统随时与经济效益挂钩，未经严格测试盲目上线算法不仅有可能引起故障、导致投诉,而且可能使企业的经济利益受到损失。因此,受环境的制约和系统的限制,算法的效果不能仅仅依靠在线的测试,必须通过离线和在线两种环境下的严格测试才能正式上线。其中,离线测试的方法可以通过对历史数据的模拟,采用类似 k- 折交叉验证的方式来进行,也可以采用较为简单的训练集—测试集划分的方式。在线测试的方法可以采用全量或者部分用户和产品数据参与实验,用 A/B 测试的方法进行。为了达到两种环境测试的目的,就要求智能推荐引擎中的算法通用化,数据与算法相分离,算法与展现相分离,达到用户级、算法级、应用级三级自适应,打造灵活配置的推荐应用(见图 6-116)。

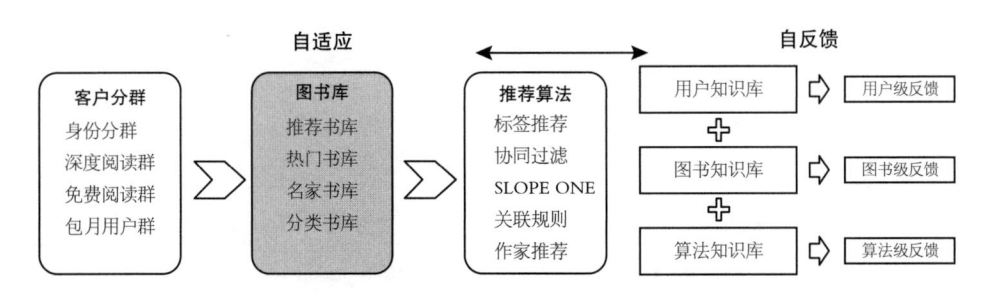

图 6-116 咪咕阅读智能推荐引擎中的自适应与自反馈

目前,咪咕阅读智能推荐系统每天为 1000 万名手机阅读用户提供个性化图书推荐,访问智能推荐的用户的阅读转化率达到 73%,其中按月计算的转化率达 60%,订购率提升至 28%,月转订率提升至 22%,相对于编辑营销效果提升 8% 以上,月均带来收入超过 1300 万元。

(3)环境需求

咪咕阅读智能推荐系统的软件环境、硬件环境如表 6-20 所示。

表 6-20 咪咕阅读智能推荐系统软、硬件环境构成

软件类型	所用组件	组件版本	对应硬件配置
操作系统	RHEL	Red Hat 6.4	—
中间件	JDK	JDK1.7.0_79	—
	Nginx	Nginx-0.8.54	—
	Jetty	—	—
	Tomcat	Apache Tomcat/8.5.15	—
	Zookeeper	Zookeeper-3.4.5	—
	Hadoop	Hadoop-2.6.2	—
	Hbase	Hbase-0.98.8	—
	Hive	Apache-hive-0.13.1	
中间件	Spark	—	—
	ElasticSearch	—	—
	MySQL	—	—
	Kafka	Kafka_2.10-0.8.1.1	—
	Storm	Apache-Storm-0.9.4	—
应用软件	TD DMP Plus	—	—
	Collector1-5/	PC	4×8/64G/36T
	ETL	刀片服务器	4×2/96/100T
	Datanode1-2/MySQL	PC 服务器	4×8/64G/36T
	DN1-DN126	PC 服务器	4×8/64G/36T
	Zookeeper1-5/Stomr1-11/Nimbus	PC 服务器	4×8/64G/20T
	Namenode1-2	PC 服务器	4×6/64G/20T
	Kafka1-4	PC 服务器	4×6/64G/20T
	Hbase Master1-2	PC 服务器	4×6/64G/20T
	Hbase Region Server1-23	PC 服务器	4×6/64G/20T
	Redis1-4	刀片服务器	4×8/128G/300G

2. 数据采集环节的大数据应用

（1）采集技术 咪咕数媒拥有自主知识产权的 ETL 工具软件，提供数据采集、数据加工（清洗、转换、加载、校验、分发等）、数据存储（数据的管理、监控、备份等）、数据质量监控功能，实现了对大数据 Hadoop 平台共享层已采集数据的预处理，并将其载入数据仓库，保证数据质量。

平台提供高速并发数据采集技术，支持 500G 及以上的数据采集、加载能力。平台既可以满足结构化、半结构化、非结构化等多种类型数据的采集，又能够满足海量数据的实时采集（见图 6-117）。

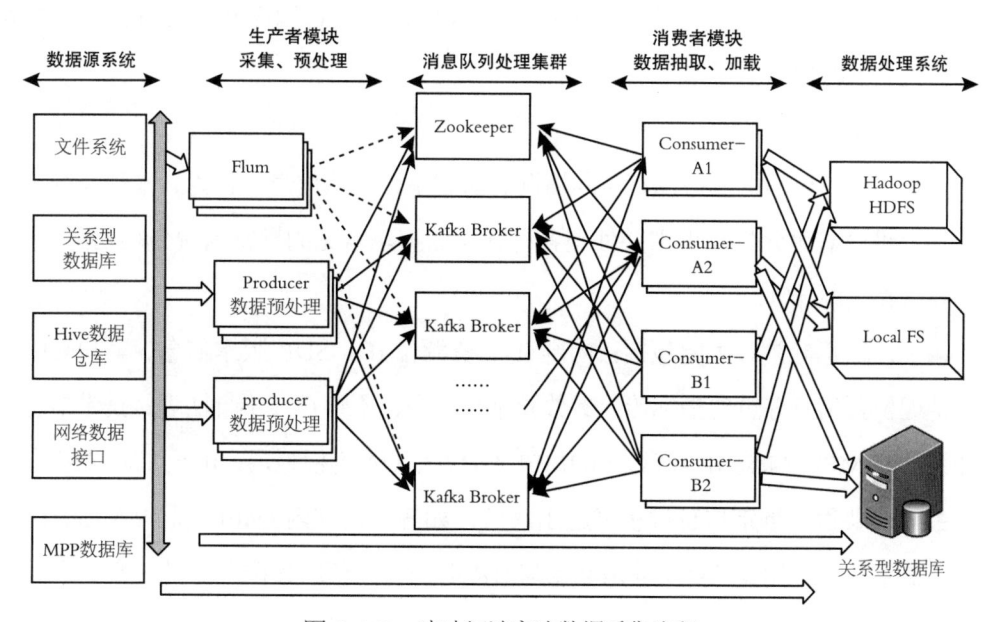

图 6-117 咪咕阅读高速数据采集流程

（2）采集特点

咪咕阅读数据采集特点如下。

第一，插件式开发。针对数据读写功能采用插件开发方式，可以灵活扩展，目前已具备支持多种数据读写的 Reader 和 Writer 插件，可以直接满足时延话单采集需求。

第二，高效的数据采集效率。Reader 和 Writer 之间采用数据缓冲区进行数据的生产和消费，各自多线程、多进程并行运行，读写效率高。使用多链路连接和并行采集技术，能并行进行多种类多文件时延话单采集。支持秒粒度的下载频度，在千兆网络带宽条件下，时延话单文件产生后数秒内（根据文件大小来定）就可以采集至数据展板平台。

第三，具有成熟的数据质量监控管理，能对话单文件的完整性、及时性、记录数量波动进行监控和异常预警。

3. 数据清洗方法及技术

（1）清洗规则

目前，咪咕阅读实时清洗实现至 ODS 的 Mid 层，DW 层只能在每天总调度里从 ODS 层进行统计聚合。Temp 统计至 Src 层，只做简单的插入操作，实时清洗的效果难以体现。未来将实现实时清洗至 DW 小时表层，每天总调度开启时直接统计 DW 层乃至更上层的数据。

（2）使用技术

数据清洗需要根据业务运营实际情况灵活调整，可从信息、行为、来源及统计分析挖掘等维度着手分析、识别并处理各种异常数据。常见的异常情况包括信息异常、行为异常和来源异常。

第一，信息异常。主要包括：内容 ID、资源位 ID、SDK 版本信息、客户端版本号、地理位置信息等重要指标传入参数异常，如空、不存在或不合法等；携带信息如操作系统、IMEI、UA、IP 异常，如 IMEI 不合法、UA 为模拟器、IP 已加入黑名单等；账户关联、映射或绑定信息过多或超出阈值，如统计周期内 IMEI 关联 UA 信息超过阈值；信息冲突，如登录类型获取数据与对应账户信息获取数据无法对应等。

第二，行为异常。主要包括：行为异常集中或同质，如同一内容用户来源集中于同一渠道、同一 IP 若干 UA；行为路径不完整，如内容观看前向无内容点击行为或启动行为；行为频度过高，如观看内容集数超出业务体验极限；必要的鉴权或验证行为缺失或顺序错乱，如观看流程异常；无意义行为，如评论中频繁发布无意义中文或恶意广告。

第三，来源异常。主要指业务运营过程中明确存在异常推广的 CP、渠道，内容行为记录如携带相关信息可标识为异常。

（3）实现步骤

数据清洗的实现步骤如图 6-118 所示。

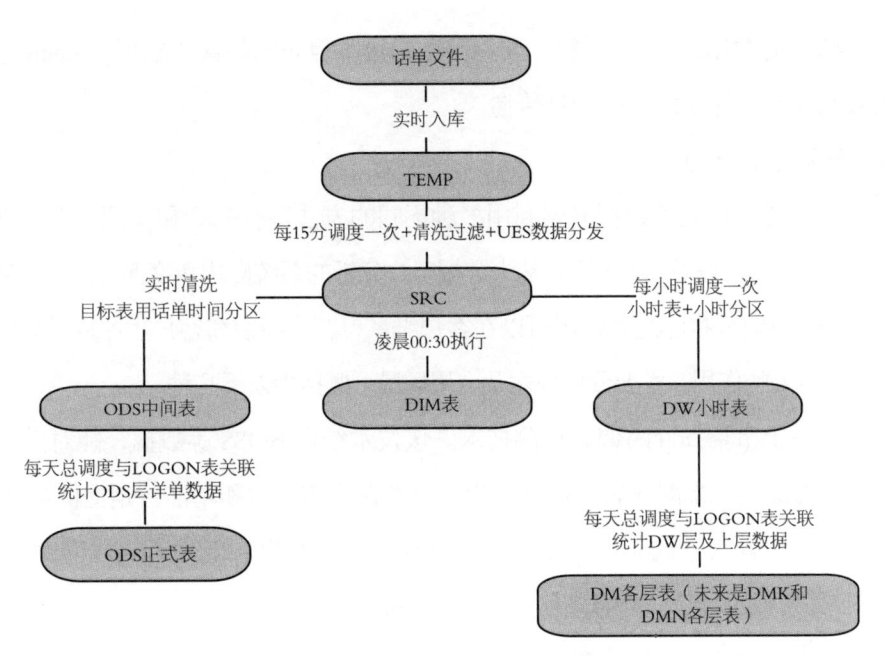

```
                    ┌─────────┐
                    │ 话单文件 │
                    └────┬────┘
                         │ 实时入库
                         ▼
                    ┌─────────┐
                    │  TEMP   │
                    └────┬────┘
              每15分调度一次+清洗过滤+UES数据分发
                         │
        实时清洗          ▼          每小时调度一次
    目标表用话单时间分区 ┌─────────┐  小时表+小时分区
      ┌──────────────│  SRC    │──────────────┐
      │              └────┬────┘              │
      │              凌晨00:30执行             │
      ▼                   ▼                   ▼
 ┌─────────┐         ┌─────────┐         ┌─────────┐
 │ODS中间表│         │ DIM表   │         │DW小时表 │
 └────┬────┘         └─────────┘         └────┬────┘
      │每天总调度与LOGON表关联                │
      │   统计ODS层详单数据          每天总调度与LOGON表关联
      ▼                                统计DW层及上层数据
 ┌─────────┐                                  ▼
 │ODS正式表│                           ┌──────────────┐
 └─────────┘                           │DM各层表(未来是DMK和│
                                        │   DMN各层表) │
                                        └──────────────┘
```

图 6-118　咪咕阅读数据清洗实现步骤

4. 数据存储方案及技术

（1）存储方案

咪咕数媒的数据仓库层主要为离线推荐计算和实时推荐计算提供数据支撑，包括基础数据的处理、汇总、维护等。如推荐图书库、补白图书库、图书黑名单、维表信息的维护和更新，用户历史图书、用户黑名单、用户偏好汇总、图书指标汇总等。数据仓库作为数据的收敛点，推荐应用从数据仓库层获取所有数据并计算产生推荐结果，故数据仓库中数据的及时性、准确性、完整性为推荐应用提供有力支撑。该层主要采用 Hive 来存储和计算。

（2）使用技术

咪咕数媒采用分布式计算技术最为成熟的框架之一 Hadoop 来进行大数据量的计算处理，其系统最核心的组成部件是 HDFS 和 MapReduce，HDFS 提供了海量数据的存储，MapReduce 提供了对数据的计算。

缓存层作为离线计算、实时计算、实时发布之间的衔接层，负责这几层之间的数据交互、消息交互功能，包括 Hbase 缓存和 Redis 缓存两种。Hbase 缓存主要存储量大、需要实时查询的数据，Redis 缓存主要存储数据量小但访问频繁的数据，Redis 还用于实时发布与实时计算层之间的消息传递。

5. 数据分析方法

咪咕阅读的大量业务数据需要利用多种不同的方法进行分析和挖掘，以下仅以客户细分中的应用为实例进行介绍。从大数据客户分析的系统应用角度而言，客户细分除了对客户进行针对性推荐之外，还可以在客户维系、客户挽留和客户生命周期分析和利用方面发挥重要的作用。主要分析技术及应用场景可概括为以下几种。

第一，基于市场细分的偏好预测技术。该技术结合 BOSS 等数据，能对潜在客户进行挖掘，并深度挖掘潜在客户偏好，为寻找潜在优质客户和精准营销提供帮助。

第二，分析新客户的访问习惯、访问路径。分析结果可以用于优化网站 UI，引导新用户习惯，及时跟踪新客户状态转移，加强流失预警。

第三，全方位分析高价值客户特征。根据分析结果制定优质客户培养方案，提供针对性关怀计划，能及时监控高价值客户异动情况，避免流失。

第四，对于流失和潜在流失用户，通过数据挖掘定位流失原因。在此基础上，结合市场调研、产品分析、渠道分析、身份识别、消费能力分析，制定针对性挽留策略，有助于用户运营。

此外，还可以通过深入分析包月客户行为特征，区分主被动订购、激活、退订、点播、阅读、互动等关键行为，评估包月产品质量，分析包月客户发展趋势。

咪咕阅读的数据分析实现框架如图 6-119 所示。该框架遵循用户生命周期的相关阶段和客户价值细分的基本方法，能更加充分地利用客户数据进行营销。

6. 数据挖掘应用情况

（1）算法模型

咪咕阅读数据挖掘算法系统总体上分为大数据中心和大数据应用两部分，两部分相对独立建设（见图 6-120）。

大数据中心采用实时消息、文件等多种数据接口，采集各业务平台、客户端和外部互联网的结构化、半结构化和非结构化数据；面向应用层提供了分布式数据中心、分布式离线、在线计算环境，以及各应用所需的关系型数据库集群。

大数据应用层利用大数据中心的存储与计算环境实现了多种大数据应用，如自助

客户细分	分析过程	结果输出
潜在客户发掘	·基于市场细分偏好预测，结合BOSS、VGOP等外部数据深度挖掘潜在客户偏好	√提供潜在优质客户清单及偏好 √实现精准营销
新客户关怀	·分析新客户访问习惯及路径，优化网站UI ·积极采用常态营销、事件营销培养新人习惯 ·及时跟踪新客户状态转移，加强流失预警	√网站优化建议 √积极营销驱动 √及时状态跟踪
高价值客户维系	·全方位分析高价值客户特征，沉淀优质客户培养方案，提供针对性关怀计划 ·及时监控高价值客户异动情况，避免流失	√沉淀培养方案，提供至尊关怀 √新颖方式刺激
流失客户挽留	·定位流失客户原因，结合市场调研、产品分析、渠道分析、身份识别、消费能力分析等方面，制定针对性挽留策略	√分析流失原因，针对性挽留
包月客户分析	·深入分析包月客户行为特征，区分主被动订购、激活、退订、点播、阅读、互动等关键行为，评估包月产品质量，分析包月客户发展趋势	√评估产品质量 √分析客户特征，预测发展趋势

图 6-119　咪咕阅读数据分析实现框架

报表、自助取数、数据质量监控、实时推荐、精准营销、外网爬虫分析与 NLP 自然语言处理、用户行为分析、产品关联分析与推荐、异常行为监控、竞品分析、门户分析与考核、运营数据分析支撑与建模等。

（2）使用技术

大数据中心采用分层建设思路，各层功能职责明确，相互独立，通过内部接口交互信息。各层功能采用模块化开发，各模块改变不影响整体结构。该架构在解决当前业务需求的前提下充分考虑未来的业务需求变化，为后续系统升级、扩展以及与其他应用系统的互通提供了快速响应、良好的扩展能力。

①数据开放层

数据开放层面向上层应用平台、系统用户提供多种数据访问、开放接入功能，包括通过 Oracle 数据库、Hbase-API 接口、SOAP 服务器、SFTP 访问等方式。数据开放层将不同用户以不同权限、采用不同方式、使用不同功能的差异化需求封装起来，对底层功能的具体实现做屏蔽，不仅有利于系统底层统一建设，而且便于灵活调整扩展。数据开放层具备丰富的规范化接口形式，采用符合运营商规范和互联网规范的通

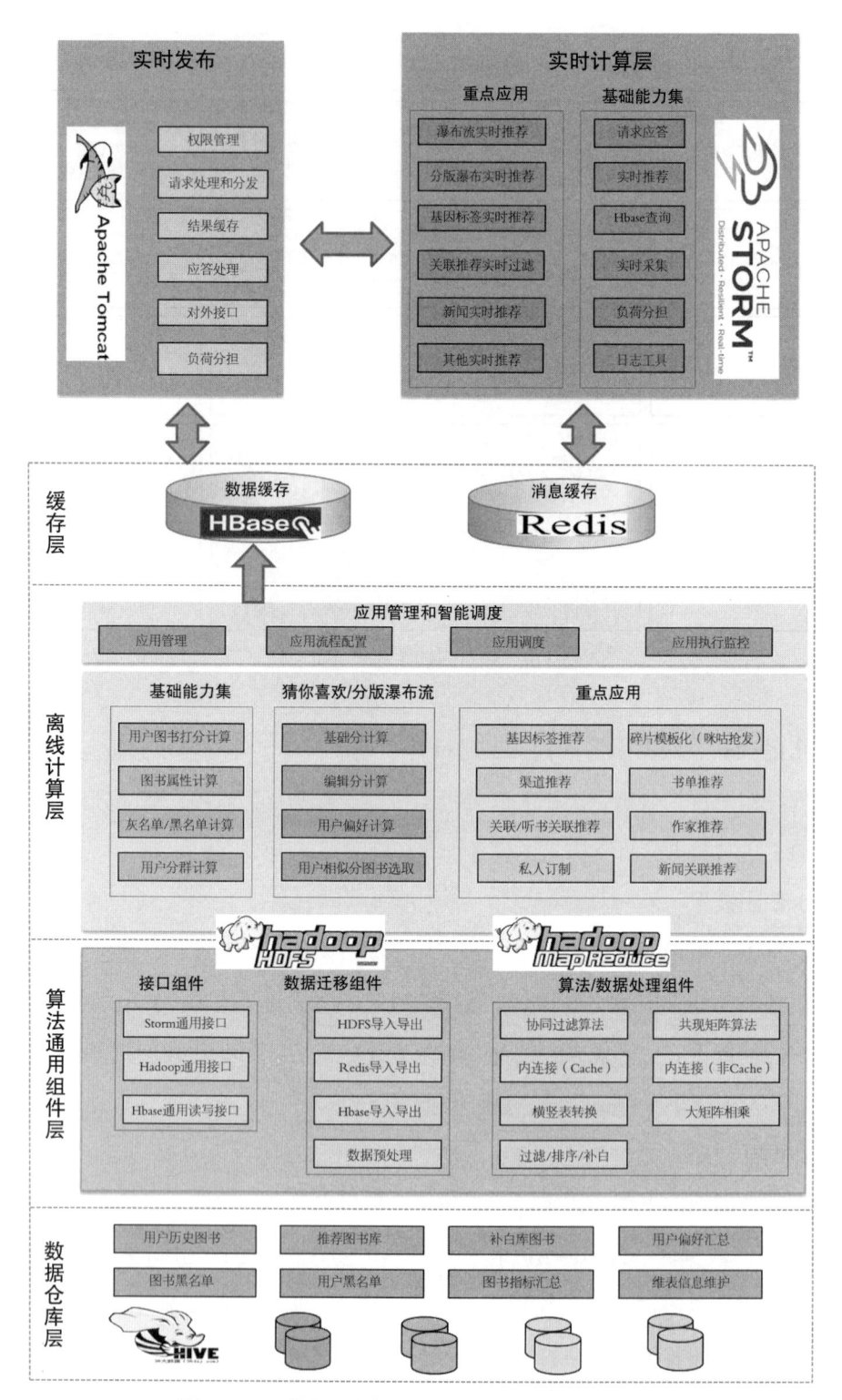

图 6-120 咪咕阅读大数据中心及其大数据应用框架

信协议，能满足各类数据产品向用户展现推送、与其他系统交互的需要。

②分析与挖掘层

通过分析需求，咪咕阅读在平台建设和应用中沉淀积累了一些基础、通用、可复用的功能框架和分析挖掘算法模型等，构成分析挖掘层，可以快速支撑上层应用的开发。目前积累的分析挖掘功能包括：离线专题分析能力，如用户分析、门户分析、产品分析、营收分析、合作伙伴分析；在线实时计算分析能力，如用户异常行为分析、投诉分析与监控、实时个性化推荐；推荐计算、数据挖掘模型库、数据分析引擎等能力。

③基础能力层

基础能力层通过整合当前主流的分布式大数据计算框架和存储架构，为数据采集处理、仓库构建、数据实时计算、深度分析挖掘提供基础IT支撑。基础能力层分为离线计算平台、在线计算平台、分布式数据采集中心三个部分。

数据采集中心采用Kafka技术搭建，向上层数据仓库和实时计算平台层提供实时数据采集功能。提供海量数据的分布式数据采集引擎，支持海量数据的实时、非实时采集；支持增量、全量、按条件（比如时间、文件名）采集；支持对结构化数据（数据库）、半结构化数据（WEB日志、话单、网页数据）、非结构化（图片、视频等）数据的采集。

离线计算平台采用Hadoop2.0（YARN）搭建。搭建Hadoop、Hive环境，用于提供离线计算和分布式数据存储能力。离线计算平台主要通过数据的获取、加工构建数据仓库、数据集市，为上层分析挖掘和各种应用提供数据基础。将获取的数据统一、有序、层次化地管理起来，存储到离线计算平台中，能为应用提供分析和统计的支撑。离线计算平台还负责数据的存储和备份，支持按时间备份、按使用冷热程度备份，定期将过期数据清除。

在线计算平台整合Kafka实时分布式数据采集能力、Storm流式计算模型、NoSQL存储模型（Hbase、Redis），构建实时流式计算环境，为实时计算、分析类应用提供IT支撑，如用户异常行为分析、投诉分析与监控、实时个性化推荐等。系统架构设计上，考虑实时计算平台的实时性、稳定性要求，与当前的Hadoop平台独立建设；采集独立的实时计算主机，搭建Storm；考虑Hbase查询服务对业务平台开放的稳定性、实时性要求，将Hbase环境同实时计算平台合设。

④平台管理功能

管理域从系统整体层面上进行基础设施和运维的管理，为系统平稳运行保驾护航。主要包括：第一，数据质量管理。分析性平台赖以生存的是数据，而数据赖以生存的是数据质量，只有保证数据质量才能提高数据的可用性。数据质量管理提供了文件级、记录级、表级和业务级4个级别的质量监控，提供最大力度的异常数据修复能力，并对异常行为进行告警。第二，元数据管理，主要包括对ETL元数据、仓库元数据、OLAP分析元数据、业务元数据等的搜集、规划、整理、版本管理和变更管理。第三，统一调度管理。把系统中的一些应用逻辑看成可复用组件组成的工作流，提供工作流的并行、串行、依赖调度执行，实现应用逻辑的快速支撑和分布式并行计算；并提供可视化的流程设计界面。第四，系统运维管理。咪咕阅读通过自主开发的EB-OMS系统，以Web界面的形式提供用户管理、日志管理、安全管理、系统监控功能。

7. 数据展现

（1）灵活的展现方式

数据展示方面，咪咕阅读支持纯浏览器方式，主要针对报表制作、分析、查询（包括任意查询、自定义报表、OLAP分析乃至高级分析）等的前端展示，支持主流浏览器如IE、Firefox、Chrome、Safari等；支持多种移动终端展示，如iPhone、iPad、Android手机等，支持直接在移动终端上进行数据分析（钻取、切片等）操作；支持包括柱图、饼图、折线图、面积图、复合图、散点图、气泡图、多坐标轴图等各种图形，允许用户通过基本图元（线、矩形、图形）绘制特殊图形效果，以满足个性化数据展示要求，图形与表格之间能够实现联动（见图6-121~6-123）；支持仪表板各个部分的独立刷新、自动刷新功能（见图6-124）。

（2）简易的用户操作

咪咕阅读支持方便地制作列表、交叉表、图表等简单报表，用户通过拖拉即可实现报表的制作，支持所见即所得的格式调整；支持报表页面、查询结果、表格等各种对象在不同报表、同一报表不同页面之间直接拷贝粘贴；支持用户自助式动态查询、排序等操作；支持在任意查询条件下，对查询结果小计、合计、按指定顺序排序，同时确保查询效率；支持用户自助选择分析结果中某列需要展现的数据（见图6-125）。

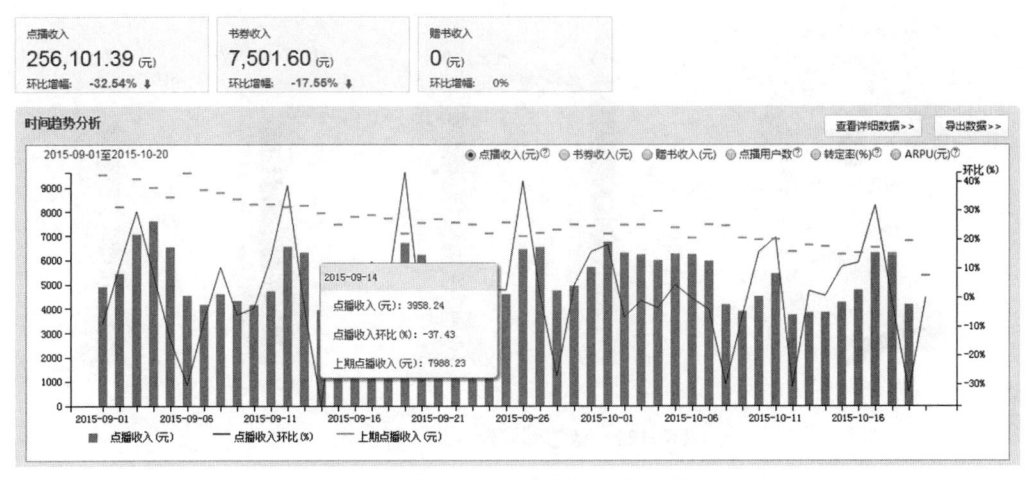

第六章 出版业及相关新兴业态在大数据时代的应对尝试

图 6-121 咪咕阅读时间趋势分析结果展示

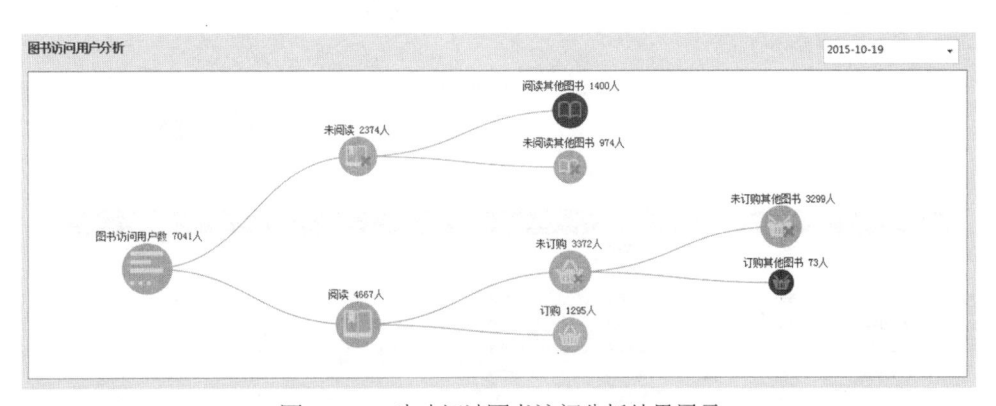

图 6-122 咪咕阅读图书访问分析结果展示

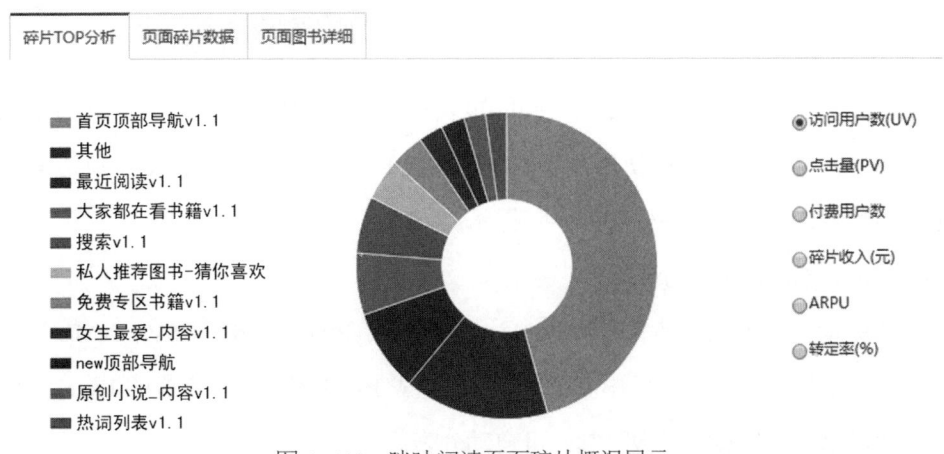

图 6-123 咪咕阅读页面碎片概况展示

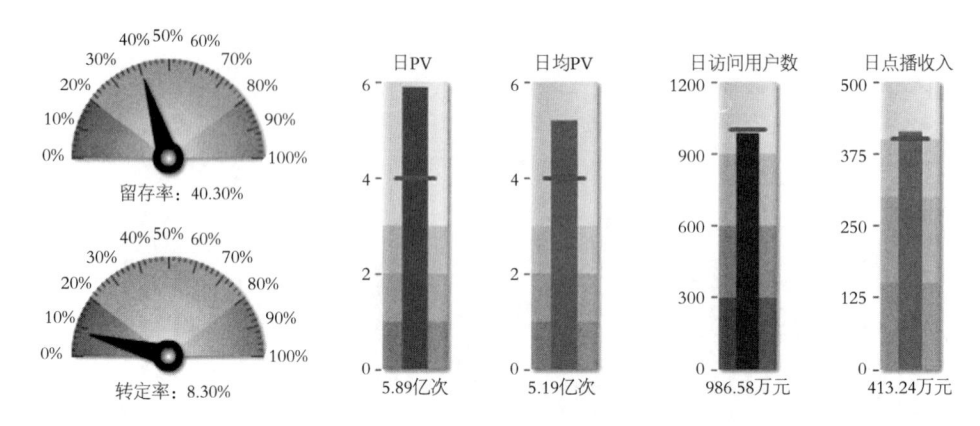

图 6-124　咪咕阅读仪表板展现形式

图 6-125　用户自助选择需要展现的数据示例

咪咕阅读面向不同的用户提供不同的报表开发方式,能满足高端用户和普通用户的开发需求。报表开发支持使用存储过程,支持自定义 SQL 查询,支持自定义 SQL 中创建临时表,能够提供指标解释伴随提示。

(3) 报表输出及离线分析

咪咕阅读支持无插件条件下导出 Excel、Word、PPT、PDF、CSV、XML 等多种输出格式,图形能够完整地导出到 Excel 中,生成 Excel 图表,当生成的 Excel 文件中数据量超过单个工作表的行数限制,可自动分表。

咪咕阅读支持基于时间、事件批量生成报表，支持查询调度功能，支持定时报表的分发、订阅功能。用户能够基于导出的 HTML 文档进行离线分析；支持将动态效果和二次分析功能完整转换为 PDF 格式，满足用户在离线 PDF 中对数据进行分析的需求。在没有网络支持的环境中，通过数据下载和同步机制，所有在线的分析功能都可以使用。

（4）预警机制

咪咕阅读能够根据不同的条件对报表进行颜色标记，通过"红绿灯"等预警显示提示用户关注异常数据；能够根据数据的异常变化来触发相应事件，如发送邮件等，能将预警信息发布到其他系统平台。

五 知乎——知识服务先行者

（一）知乎的发展定位及对"知识"的定义

如今，知乎正处于由知识讨论社区逐步发展成为大型知识平台的过程。知乎始终在围绕"知识分享、知识讨论"这件事优化产品、挖掘用户需求，以更好地服务用户。

知乎认为"知识"的定义本身就有着很大的变化。在这个时代下，"知识"已经更加广义化、网络化。如果还仅仅把"知识"归纳为书本上、论文里印刷的内容，就有一点狭隘了。从某种程度上来说，被分享出来、能够复用、能对我们产生帮助的，都可以被看作"知识"。

（二）知乎打造品牌的方法

知乎是围绕不断变化的用户需求来改进产品和做运营的。知乎争取满足用户的真实需求，为用户带来帮助，用户自然能够对产品和平台产生认可。从某种程度来说，知乎与用户在一起成长，不断更新着对"知乎"的定义。

（三）知乎对内容质量的把控

知乎通过整体的产品设计和规则定义把优质回答的判断权交给用户。每个话题讨论都是一个用户投票选择的过程，只不过没有那么显性。

知乎并不是一个一人一票的社区，知乎会优先参考专业人士、职业人士的判断力来判断答案的质量。另外，知乎相信每个人都会有自己所擅长的领域，知乎利用用户在不同的话题下的权重机制，对不同话题下的答案进行排序，使优质的内容能够被识别，继而得到优先展示，并能够分享给更多需要的人。

（四）知乎判断用户在某话题领域权重的方式

知乎站内的讨论都是围绕具体问题展开的（包括所有问答、文章、Live、电子书等），基本都归属和绑定于某一个或几个话题。有比较大的话题，它细分又会产生很多子话题。所以知乎站内的内容某种程度上有点像一个话题树，不断开枝散叶。

在话题下，知乎有着"权重"的设定。每个用户在不同的话题下有着不同的权重。当他们有实际互动行为，如通过点击"赞同"或"反对"按钮对某个用户的回答进行投票时，这位用户在该话题下的权重高低会对回答的排序产生不同程度的影响。

知乎站内问答和话题下的回答排序也受到用户专业权重的影响。知乎采用的是基于威尔逊算法改良的一种排序方式，知乎内部把它称作"威尔逊得分"算法（业界比较常见的还有"贝叶斯平均"算法等）。在知乎相关算法机制的作用下，不同的回答会得到不同比例的赞同和反对票数，通过公式计算反映该回答内容质量的得分，分数高的回答排序相对靠前。

知乎认为一个人可能有多个擅长和有一定研究积累的领域，但没有人是"全知"的，所以每个用户在不同话题的权重也是不同的，不可一概而论。例如知乎 CEO 周源，他在"创业"话题下面投票权重比较高，在"知乎"话题下面投票权重也很高，但并不代表他在"数学""天文""设计""心理学""电影"等话题下投票权重一样高。在这些话题下面，周源并不专业，因此他的投票权重跟其他普通用户没什么区别。

（五）知乎的知识结构化处理

知乎主要是围绕话题和问题来发起讨论和分享的。在这个过程中，有多种形式的产品，如知乎问答、专栏文章、圆桌、知乎书店、付费咨询和知乎 Live 等。

知乎在做知识结构化方面的尝试。除了出版电子书（如《知乎周刊》系列）是围绕某一个主题的结构化内容梳理之外，知乎还在站内上线了"话题索引"的功能，以公共编辑的形式，借助相关话题下专业用户的能力，来构建能够对更多人产生帮助的话题目录，从而降低大家获取优质信息的时间成本。

（六）知乎社区的运营

知乎通过产品设计和平台机制确保了优质内容的呈现和流通。除此之外，知乎还通过产品设计和社区管理这样综合的方式来维护知乎的讨论"信噪比"。

知乎的社区规范是持续更新的。产品机制方面，如果发现有违反法律法规和社区规范的行为，用户可以通过"举报"功能进行举报，管理员会对此类内容进行处理。数据算法方面，拥有"悟空"和"瓦力"两大反垃圾、反作弊系统。知乎通过不断升级"悟空"反作弊系统，打击刷粉、刷赞这类破坏社区信任的行为。除了"悟空"对 Spam 的实时拦截、实时清理，知乎还会定期对现有关注、赞同等进行主动筛查。从 2017 年 1 月至今，"悟空"累计处理近 250 万条垃圾广告信息、封禁了 57 万余个违规账号。2016 年 11 月，知乎优化了专门处理评论的算法机器人"瓦力"，它会对含有辱骂词的评论进行自动识别和即时折叠。截至 2017 年 3 月 8 日，共有近 30 万条评论被折叠。正因为这些保障措施，用户才能在知乎看到这么多专业和认真的分享。

（七）优秀回答者的确定及分成标准

"优秀回答者"是社区中的一个认证，跟付费咨询本身不直接挂钩。换言之，知乎并不是选出了"付费咨询"中的"优秀回答者"，而是这些用户凭借其在社区内的专业分享获得了"优秀回答者"的认证。

用户在知乎平台不同话题领域是有着不同权重的。在对应话题领域获得较高权重的用户，就会优先获得"优秀回答者"的认证。例如有个用户叫李松蔚，毕业于北京大学心理系，现在是清华大学心理发展指导中心的讲师。他长期在知乎心理学话题下分享自己的专业知识，进行知识分享和内容输出，获得了心理学从业者和知乎用户的认可，得到很多赞同，那么他在心理学相关话题下的权重就相对较高。一方面，他因此得到了知乎心理学话题"优秀回答者"的橙色标识；另一方面，他也通过在知乎的分享建立起个人品牌。后来外部有很多活动（比如线下的演讲、讲座）邀请他参加，他也开通了付费咨询服务，同时通过出版电子书、发起知乎 Live 等方式，在分享自己知识的同时也获得合理的经济收益。

目前知乎有3种付费产品，分别是知乎书店、知乎 Live 和付费咨询。在一对一付费咨询部分，知乎是不参与分成的；知乎 Live 部分，知乎会收取30%的服务费（目前会提供20%的补贴，所以实际只收取10%）。

（八）知乎的选题依据和出版初心

与传统出版推出的电子书不同，知乎利用话题热度、搜索数据等发现大家感兴趣的选题，针对选题进行深度编辑，将内容更好地结构化。知乎通过各领域的用户成长数据发现优秀作者，围绕选题定向约稿。知乎深度编辑站内不同地区、各行各业知乎用户对自己生活和专业的讲述，这也是选题来源之一。

目前知乎为合作出版社提供经过站内话题数据和销售验证的电子书选题，以及受到站内行业认可的作者。这些作者可以先出电子书在知乎平台上试水，探测市场反馈信息后再考虑纸书出版，这便避免了纸质书库存积压的问题。出版社以此为基础拓展纸书出版，极大地提高了纸质书出版项目的效益，知乎也以此帮助优秀电子书作者获得了更多的出版收益。

六　罗辑思维——用新技术重新生成知识

（一）"智能内容"的具体含义

罗辑思维定位是做互联网时代知识服务商和运营商，并认为知识产品下一个趋势是"智能内容"。"智能内容"是相对于"得到"的长远战略来说的，现在罗辑思维内容的承载形式主要是"手机APP"，APP还能存在几年无法预计，再往前看三五年，很难说内容行业会被什么力量洗礼，有人给出一个答案叫"人工智能"，所以我们先提一个词叫"智能内容"。"智能内容"主要指内容生成上的智能化和内容推送上的智能化。智能内容推荐的核心是"你不知道的内容，但我们猜你会喜欢"，而不应该是"你知道的内容，我们让你看更多"。

（二）判断产品"极致"的具体标准

没有任何一个单一的数据指标可以作为"极致"的标准，罗辑思维能做的更多是从横向、纵向两个维度来具体分析。横向指的是和其他专栏做对比，纵向指的是同一专栏跟之前做对比，各项指标如果有变化或者异常波动，就会重点关注并及时快速做出调整。逻辑思维有一套自己的标准流程，使产品不断地趋于"极致"。产品"极致"具体标准为：(1) 能帮助用户达成"人格跃迁"，即让用户觉得通过一年的订阅能变成那个"更好的自己"；(2) 知识价值感足够高（获得难度足够大），即能在用户的刚性时间里切下一个相对固定的知识需求；(3) 能在某个知识领域形成如同《新华字典》般持续迭代的版权内容；(4) 接口简单，不要有很强的心理发动成本，比如《5分钟商学院》；(5) 样式结构要明确且固定，降低用户的理解成本；(6) 自我功能化（解决问题、提供陪伴、提供谈资）；(7) 生产可持续，原料来源量大稳定、生产效率高、用户参与成本低；(8) 有明确的魅力人格、有可辨识的手艺。

（三）罗辑思维对用户数据和产品内容数据的分析

从用户的产品使用习惯到内容偏好，逻辑思维都会进行非常细致的分析。例如会根据不同专栏的用户群画像特征，优化内容结构和方向。但是每个用户又是独一无二的，所以只能分析出大的趋势，然后尽量让每个用户使用顺畅。

（四）"知识专栏"的用户数据利用

"知识专栏"会建立多条用户反馈路径，有应用内的专栏留言、学习小组、意见反馈，也有一些天使用户内测群，里面会有不少重度天使用户，运营团队会观察和分析典型用户的使用习惯和行为，从而进行产品迭代。为了持续保证产品价值的稀缺性，逻辑思维建立了一套完善的品控流程，从上线前到每天更新的内容，都必须保证内容的高质量和对用户的价值感。

（五）罗辑思维判断用户潜在知识需求和付费意愿的方式

逻辑思维做的不仅是判断用户潜在的知识需求，而是"知识服务"，是如何更有效率地把知识交付给用户。逻辑思维通过以下六点来判断是否帮助用户实现了"人格跃迁"。

1. "服务性"是最重要的产品诉求之一

第一，无论是哪个产品的作者，首先必须是"服务员"，并且是一位真诚、有魅力的服务员；第二，要做到内容输出的良好体验，如对内容的精选、深入浅出的解读、良好的耳朵信息获取效率等；第三，服务不等于跪舔和卑微，拒绝无微不至、生怕读者听不懂、把读者当白痴。

2. 是否提供了知识增量

"知识"是广义概念，作者的观点、思路、概念、方法论、心得、人生历程……凡精彩和有效的增量信息皆为逻辑思维所谓的"知识"。听众付费听完音频，关上手机，必须能清晰感受到自己收获了有效知识增量，听完之后脑中有东西留存。知识、洞察、见解，这是核心。故事、段子、八卦，这不是重点。

3. 对内容的提纯

以"每天听本书"为例，提纯后的效果诉求有两点：第一，挤掉所有水货，舍掉不够精彩的干货，只留下最精彩的干货，一本书信息的精彩指数将大幅提升；第二，帮用户节省时间，书中知识的吸收效率将大幅提升。

4. 重视交付感

除了保证内容本身的"知识"、对内容进行"提纯"之外，在内容形式上也必须给用户明确的交付感，让用户花完钱之后，必须有清晰的"收到"感受。交付感主要从3个途径实现：知识的提纯和聚焦；稿件的清晰结构，以及符合耳朵接收的信息流组织；APP中的其他辅助功能。

5. 重视效率

用户的时间很宝贵，用户掏钱买产品很重要的一个初衷就是为了节省时间，提高效率就是节省时间。

6. 为用户赋能

为用户赋能就是指让用户听完觉得自己变牛了，而不是听完觉得你很牛。

（六）罗辑思维的核心竞争力

逻辑思维的核心竞争力在于用新技术重新生产知识，为用户和作者赋能。最大的特点是内容的头部化、精品化。大数据技术带来的最大效能是能快速带来用户的真实动作反馈，并且对内容方可以随时反馈，使产品和服务一刻不停地进行针对性迭代和优化成为可能。

（七）罗辑思维对出版业开展知识服务的建议

出版业是印刷文化带来的商业模式和传播知识的载体，而罗辑思维是在新技术基础上重新生产知识的，罗辑思维创造的是新的市场，不是一个行业。

第四节　与内容产业相关的大数据技术应用案例

一　百度信息流——决战 AI 时代

（一）公司及业务简介

2017 年 7 月 28 日，百度公布了第二季度的财报。财报显示，本季度百度营收为 208.74 亿人民币，同比增长 14.3%；净利润 44.15 亿元人民币，同比增长 82.9%，其中移动营收占比 72%。在"夯实移动基础，决胜 AI 时代"的核心战略下，百度搜索、信息流、手机百度等核心业务稳健增长，同时 AI 驱动下的业务表现出强劲势头。在百度"搜索+信息流"双引擎的驱动下，信息流广告收入相比第一季度提升了 200%，信息流每日广告收入迅速上涨至 3000 万元人民币。百度信息流无疑是目前百度最为重要的核心业务之一，在财报中的表现相当亮眼。

（二）百度信息流产品概览

与传统千人一面的内容产品有很大的不同，百度信息流产品更强调千人千面，即根据用户的喜好和行为习惯进行内容推送，是一种更加个性化、智能化的信息产品。

在百度全面 AI 转型的大趋势下，围绕"AI、大数据、云计算"三位一体的差异化战略，百度信息流产品继承了百度在大数据方面的积淀，同时在 AI 赋能的催化之下快速成长为内容分发领域最具竞争力的产品之一。

在入口上，目前信息流产品的入口包括：手机百度、wise 首页、手机百度浏览器、PC 首页，以及百度地图、网盘、助手等其他百度系列产品，形成了强大的产品矩阵。这为百度信息流的快速发展提供了强有力的支撑与保障。

在推荐算法上，这是目前百度技术积累最为丰富、最具有竞争力的核心之一。随着 AI 与各个产品线的融合，百度信息流的推荐算法有了新的升华与飞跃。在以用户体验升级为导向的产品理念的牵动之下，信息流的推荐算法也更为智能、更为友好，除了能够为用户提供其已知兴趣范围之内的资讯文章，还可以对用户已知兴趣之外的未知领域进行探索。同时，通过 AI 技术，算法能更好地判断用户对资讯的喜好以及寻找意图；内容的获取方式也从搜索时代的"一搜即得"变为

"不搜即得"。

在内容与用户的理解上，百度有着业界领先的 NLP 技术以及语音识别、图像识别技术，能够更好、更多元化地理解内容，从更多、更细致的维度识别内容、标记内容，从而为内容的推荐和分发做好基础工作和前期准备。从用户层面来说，百度作为全球最大的中文搜索引擎，每日搜索量超过 50 亿次，这为百度更好地理解用户需求和目标提供了非常坚实的基础。

（三）大数据在信息流产品中的应用

大数据在信息流产品中有多个应用场景，从基础内容数据与用户画像数据的收集，到内容模型的构建、用户模型的优化，以及最为关键和核心的推荐系统的打造，都离不开大数据技术的应用。

百度依托强大的技术积累，构建了完整的兴趣与内容的表示体系，有一整套完整的内容模型构建以及用户模型构建体系，并在此基础上不断优化资源召回的排序逻辑，进一步进行展现策略的融合，最终使百度信息流产品不断朝着更加智能化、个性化的方向发展，不断满足、探索用户的阅读兴趣和潜在需求。

在信息爆炸的互联网上，用户信息获取方式变成了两种状态：一是传统的搜索模式，用户带着目的去百度上寻找某类信息，即"打酱油"。但很多人并不是时时刻刻都有"打酱油"的明确想法。二是盲目遇上信息流，结果自己模糊的需求变成了购买，即"超市货架"。这已经成为时下的一个主流，也是百度信息流广告的诉求点。用户不仅需要更便捷智能地找到信息，也需要获得个性化、针对性的信息推荐。信息流的产品服务形式已经从"人找信息"升级到"信息找人"。

信息流的推荐算法其实是一个满足约束条件的多目标序列优化问题。其约束条件主要包括：满足用户的个性化需求、用户对新热新闻的喜好度、用户对本地区域资讯的偏好和多种资源类型的组合等。

同时，在此基础上需要考虑用户使用场景、长期使用习惯、阅读会话控制等因素的影响，并兼顾用户点击行为与使用市场的预判，以及与产品产生的交互可能。综合诸多因素的共同影响之后，才确定信息推荐的最终结果和排序。这种排序是由数据驱动的，主要由数据和特征共同推动系统效果的提升（见图 6-126）。

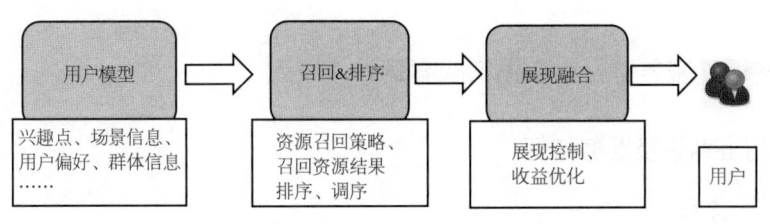

图 6-126　百度信息流产品中用户获取信息的方式

（四）大数据应用效果

在百度信息流产品中，通过对海量用户数据的分析与识别，用户被更大程度地进行了标签化。通过搜索数据、地理位置、知识图谱、交易数据等上百个维度的行为动作，百度实现了对单个用户打 200 万个标签；通过精准的用户画像建模，实现了在 6 亿名用户中精准识别每个人、了解每个人。在 2016 年百度 Moments 商业峰会上，百度搜索公司总裁向海龙公布了百度目前拥有的用户标签数据（见图 6-127）。

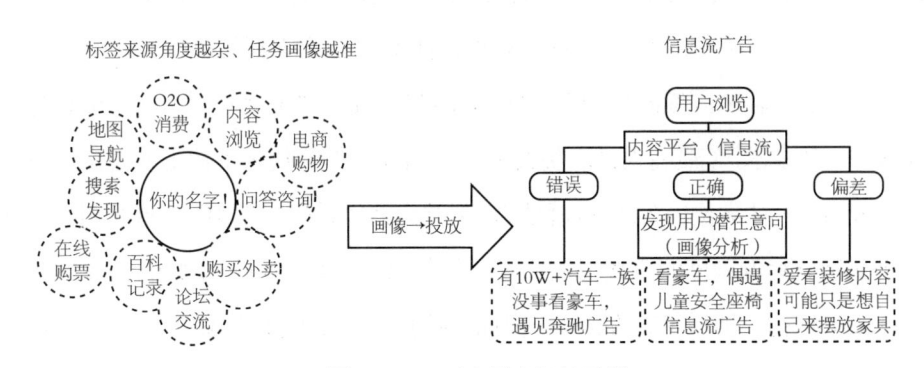

图 6-127　百度用户标签示例

随着大数据技术的普遍应用与 AI 技术的持续赋能，2017 年百度信息流产品会持续发力，成为百度的重要战略性产品。

二 互联网诉讼服务平台大数据实践案例

（一）行业背景及业务特征

1. 行业特征

2016年8月30日，修订后的《最高人民法院关于人民法院在互联网公布裁判文书的规定》正式发布，在大数据方面为法律行业带来巨大政策红利，从制度上确保了裁判文书"上网为原则、不上网为例外"。裁判文书上网公开为法律行业带来了丰富的数据资源，也收获了巨大反响。截至2016年11月9日，网上公开的裁判文书超过2270万篇，相关网站平均访问量突破35亿次。毫无疑问，随着"互联网+"时代的到来，案例大数据悄然形成。

经由上网公开，曾经只存在于纸面、在每次案件结束之后成为历史的裁判文书，可以成为能被搜集、储存、计算和分析的案例大数据。它不再是存在于法院档案馆里少有人问津的"内部资产"，转而成为可以被全社会利用的"共有财富"。

传统法律行业面临的困境主要有两点：一是律师行业的封闭性。传统律师事务所的工作方式存在一定封闭性，产生的实际数据相对较少，不能提供足够的样本数量，不同律所之间也很少共享数据，故当下律师事务所较少直接利用数据引导客户，客户也很少能接触到律师数据，双方信息不对称，律师担心找不到案源，客户担心找不到律师。二是法官面临的同案同判难题。"同案同判"或者"类案同判"通常被认为是对公正裁判的一般要求。《最高人民法院关于案例指导工作的规定》第七条规定"最高人民法院发布的指导性案例，各级人民法院审判类似案例时应当参照"。这表明同案同判是我国建立指导案例制度的直接目的所在。但是每一个法官可能了解的案件数量是有限的，再加上机构、地域等方面的客观因素制约，在全国范围内做到"同案同判"十分困难。

而大数据的出现为解决以上问题提供了可能。相对于传统的小数据研究来说，大数据带来的不仅是数量上的差异，更是一种思维方式的转变。目前在商业及公共服务等领域，大数据的开发和应用已经被广泛使用。基于对海量数据的挖掘和分析，很多传统行业开始发生了革命性的变化。法律行业也不例外。

2. 无讼诞生背景

无讼的创始人蒋勇律师，也是天同律师事务所主任合伙人。作为国内顶尖的律师事务所之一，天同律师事务所专注于高端的商事诉讼领域。而随着"互联网+"时代的到来，蒋勇律师相信未来所有的律师事务所都将是互联网化的，并开始投身于法律互联网领域。蒋勇律师相信，法律互联网的发展并不是以天同律师事务所为中心去连接全国的法律人，因为真正的互联网是去中心化的，是无边界的。没有谁是控制者，没有谁是所有者——这才真正符合未来互联网世界的发展方向。有赖于此，一个新的品牌——无讼应运而生。

新出生的无讼，从天同律师事务所获得了非常多的灵感，其中最有代表性的就是天同律师事务所的业绩墙。天同律师事务所有一面独特的业绩墙，整整一面墙上贴满了像"勋章"一样的盾形业绩牌，每个业绩牌上都记录着一个在最高法院胜诉的案例案号、案由、客户和标的额。每一份裁判都是诉讼律师的勋章。要证明诉讼律师的专业能力，最好的方法就是用成功案例说话。

蒋勇律师一直希望将这一做法推广到互联网上，让每一位诉讼律师都可以方便有效地用真实案例证明自己的专业能力，让每一个当事人都可以方便快捷地找到最适合的律师。随着无讼的努力，得益于裁判文书的公开，这件事从"不可能完成的任务"一步步变为现实。

3. 业务特征

无讼网络科技（北京）有限公司致力于为律师和企业打造强大的互联网法律服务平台，构建全新的"互联网+法律"服务模式，希望通过前沿的技术和巧妙的产品设计使中国法律行业的互联网创新达到一个新高度，让更多的企业使用法律更方便，让法律更精彩。

在推出一系列优秀产品的过程中，无讼克服了一系列困难，其采集、清洗、解构、分析和挖掘法律大数据的业务主要呈现以下特征：（1）数据分析及数据挖掘难度大。法律数据，尤其公检法系统内数据，以自然语言文本为主，对自然语言处理要求较高；而自然语言处理问题常常被转化为难度很大的多分类问题，对计算能力、建模能力和数据挖掘能力要求非常高。（2）数据质量差，部分数据失真。传统的数据采集以统计为导向，多靠人工录入，不仅法官、检察官的工作量大，也由于主观因素强而存在数据失真问题，部分公开的裁判文书质量不高，加大了数据解构的难度。（3）数据无法形成闭环。目前法律大数据公开得还不够全面，虽然法院依托信息化和司法公开向社会公开了裁判文书，但在审判过程数据等方面开放程度还不够；公检法司的数据公开还有很大的发展空间，律师行业的信息化程度也远落后于法院。法律大数据尚未贯通，还停留在一个个"数据孤岛"的状态，无法形成闭环。

（二）核心方案

1. 核心组件介绍

（1）无讼·案例

作为一款永久免费、更智能的案例检索工具，截至2016年11月8日，无讼·案例共收录了29688315篇裁判文书，注册用户超过10万人，每日案例查询数超过50万次。无讼·案例的工具属性尤其鲜明，多关键词同时搜索、法条关联、划词搜索、历审案例关联、相似案例推送等贴合法律人工作习惯的功能大幅度提升了检索效率。但是无讼·案例的工具价值仅仅是案例大数据的冰山一角，更为重要的是，案例大数据提供了丰富的诉讼参与人信息，为无讼·名片的破土提供了坚实基础。

（2）无讼·名片

无讼·名片是一款致力于"用案例数据打造律师专业影响力"的法律互联网新产品。将裁判文书和诉讼代理人一一对应起来后，就可以为每一个律师打造专属的名片，所在律师事务所、执业证号、执业年限、执业领域、代理经验及常去法院等信息都囊括在名片之中（见图6-128）。无讼的法律专家和技术专家分析了近3000万份裁判文书后，从中挖掘出近30万张律师名片。

（3）法小淘

无讼·名片只是改变律师行业的一小步，要打通当事人与律师之间的消息壁垒，无讼最想实现的莫过于一款利用大数据智能分析案情、根据案情遴选律师的智能产品。这个智能产品于2016年10月15日的云栖大会"法律之光"专场亮相，它的名字叫"法小淘"。法小淘可以根据用户的文字输入或语言表述，从无讼·案例和无讼·名片的大数据体系中，发现律师、法院、法规和案例之间的联系，基于对海量案例的机器学习分析用户描述的案情，并根据用户描述的案情向用户推荐最合适的律师。

图6-129是无讼各产品的数据结构。

第六章 出版业及相关新兴业态在大数据时代的应对尝试 **257**

图 6-128 无讼·名片示例

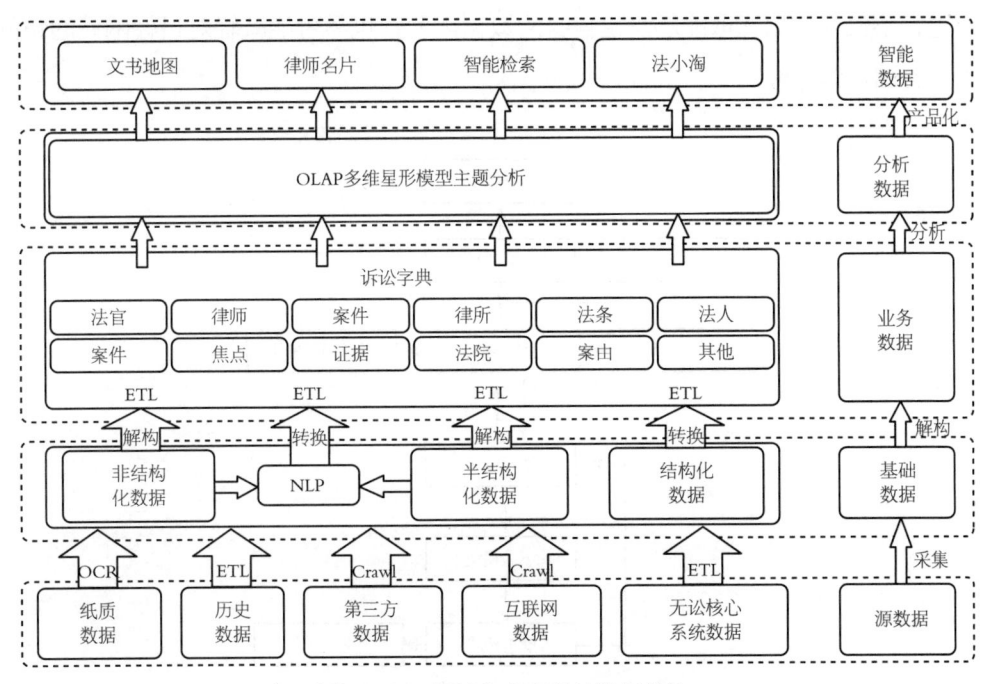

图 6-129 无讼各个产品的数据结构

2. 数据采集

(1) 数据源

无讼的数据来源包括中国裁判文书网在内的全国3000多个法律类网站,包含30万条律师和律所的信息,涉及法律纠纷的近150万家企事业单位信息,以及全国各个政府网站的百余万法律法规信息。

随着业务的发展,无讼对数据建设的完备度要求越来越高,在线上采集数据的同时,也将很多线下书籍中的裁判文书人工扫描入库,同时还购买了裁判文书网的部分数据和国家信息中心的法规数据,极大丰富了无讼的数据资源。

(2) 采集技术

针对裁判文书、法律法规及企事业单位信息的特点,无讼基于Hadoop构建了自己的分布式数据采集体系;并针对各个不同网站的特点,设计了一套采集框架满足个性化采集需求。无讼的数据采集模块如图6-130所示。

(3) 采集特点

无讼十分强调数据采集的实时性。对于数据源网站公开的裁判文书,无讼做到了当天发布当天抓取入库。无讼在抓取自动化、定时、自动调控抓取频率上做出了进一步改进,不仅使数据抓取能够满足自身的数据需要,也尽可能减轻对目标网站的访问压力,做到礼貌抓取。

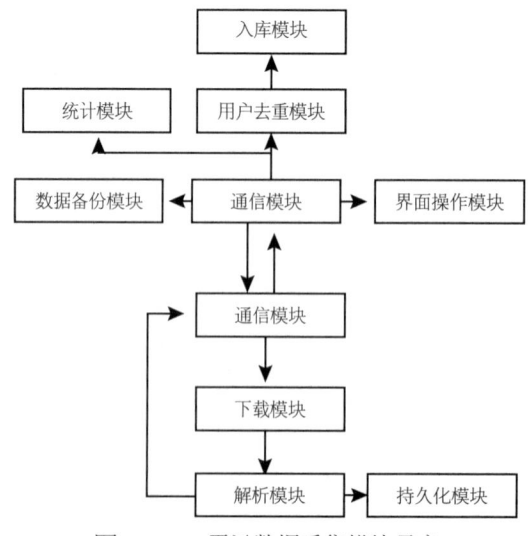

图6-130 无讼数据采集模块示意

3. 数据解构

采集到的裁判文书、法律法规和企事业单位信息等数据，其实质都是一段长度不定的自然语言文本，无讼需要对这些数据做标准化处理，使之符合无讼的数据格式，以便后续的分析和展现，这一过程就是对数据进行解构。

（1）解构规则

解构主要采用树形结构逐层拆分提取的方式。这种方式首先将文本内容拆分为几大块，然后再针对每一个大块做更细的拆分，不断重复这一过程直到最终被拆分的块足够小为止，最后从小块中提取出文本的属性。树形结构将复杂的问题简单化，以便针对简单问题做独立处理。

树形结构的优势还在于可以实现横向和纵向扩展。以原有的树形结构为模板，在横向上可以针对不同类型的文本定义新的树结构；在纵向上可以针对一类文书定义更加"枝繁叶茂"的树形结构，用于提取更详细的属性。

（2）解构技术

在提取文本的属性时，采用的主要技术有正则表达式、树形结构和递归等。提取可以在任何区块进行，多数是在最细粒度区块提取。提取属性的手段分为两种：针对全文唯一的属性（例如法官信息），可以直接使用命名分组的正则表达式提取；针对全文不唯一的属性（例如判决书中涉及的医疗费、交通费、误工费等各项费用），则需要尽可能多的提取值，然后再对提取结果进行识别和处理。

（3）解构步骤

准确解构一段文本的关键在于对文本条块的拆分。无讼的拆分思路是按照文本内容结构顺序建立第一层的拆分规则，按顺序扫描文本的每一段；具体到某一段后，构建第二层的拆分规则；按顺序遍历拆分出的段落，将规则和段落对应起来，形成文书内容和匹配规则同步前进，直到所有文书所有内容扫描完毕。第一层规则执行完毕后会把文书分为各自独立的区块，根据需要对这些区块建立进一步的拆分规则，拆分出更细粒度的区块，如此不断拆分直到最细粒度区块（见图6-131）。

4. 数据挖掘

无讼进行数据分析和数据挖掘最主要的样本就是裁判文书，裁判文书包含丰富的维度和属性，律师信息、法官信息和企业信息等数据都因指向了某一个具体的法律纠

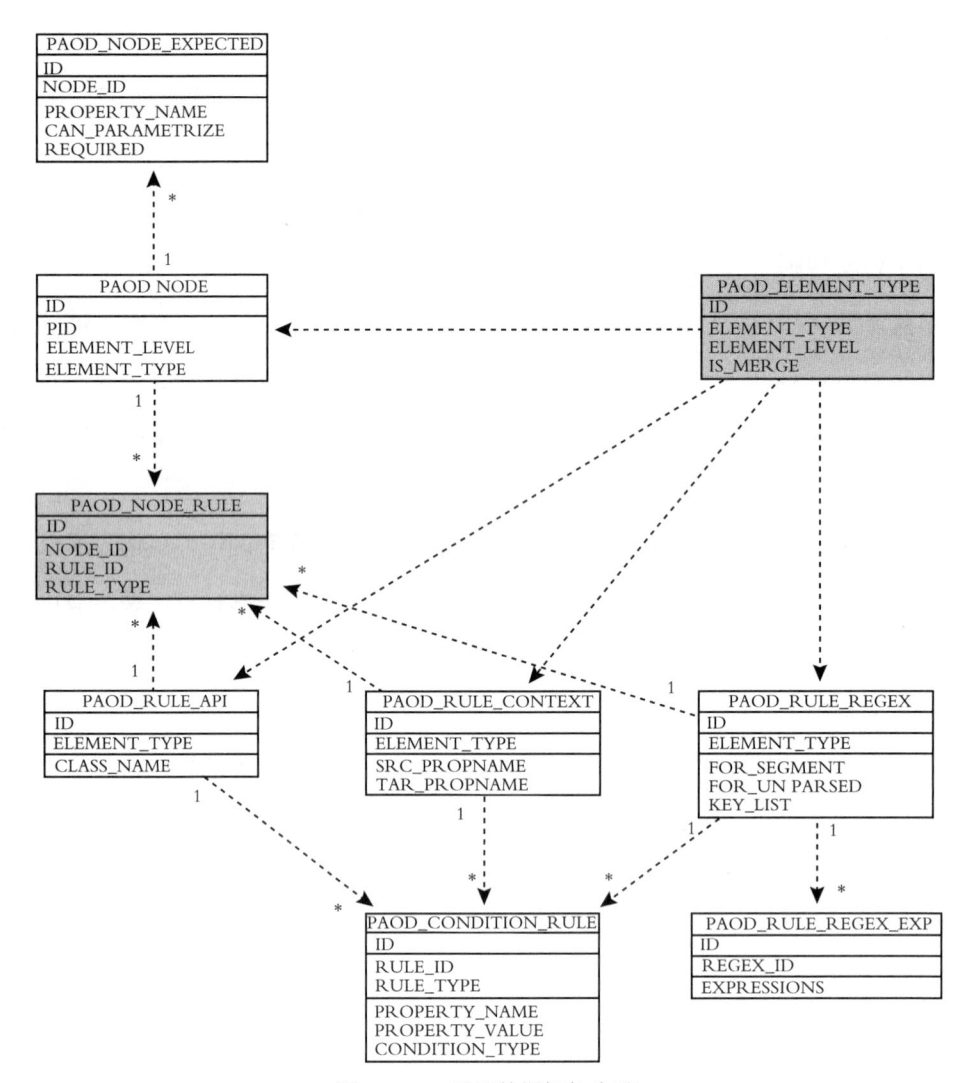

图 6-131　无讼数据解构步骤

纷而变得鲜活起来。无讼·案例、无讼·名片、无讼·法务、法小淘，无不依赖于对裁判文书的分析和挖掘。

法小淘最能说明无讼在分析和挖掘裁判文书方面所做的尝试和努力。图 6-132 是法小淘的整体架构。

（1）特征词提取

对裁判文书进行分析主要依靠自然语言处理，用"词向量"的方式表示文章的含义又是自然语言处理领域的主要技术。

图 6-132　法小淘整体架构示意

但是裁判文书中会经常包含"分别""第四""本院认为"这类无助于理解文书内容的词。法律专家可以提供一系列具有代表性的特征词，这在自然语言处理中，实际上是为文本贴标签的过程。但人工为文本贴标签是一个极为缓慢的过程，宾州中文树库在 2 年内只完成了 4000 句话的标签处理。因此有必要借助机器提取文本中的特征词，其中较为有效的是非负矩阵因式分解方法。

非负矩阵因式分解的主要思想是，将若干篇裁判文书和若干个词表示为一个矩阵，从矩阵中以数学方法挖掘出最具统计意义的特征。通俗地说，非负矩阵因式分解类似于将人脸拆成眼睛、鼻子、嘴巴、耳朵和眉毛等面部特征的过程。

机器挖掘出一系列特征词后再由法律专家来确认和审核，使特征词提取效率得到了极大提升；再依靠词频、词的共现、词的搭配来判断词在某类文书中所占的权重，就可以为裁判文书构建复杂的多维词向量。一个词向量就是一篇裁判文书的简历；而一个个特征词就好比简历中的姓名、性别、年龄、民族和出生年月等重要信息。

（2）相似案例发现

成功得到词向量和特征词后，用户已经能飞快地掌握裁判文书的内容了。但法律人并不满足于找到一篇或几篇裁判文书，还想找到类似的裁判文书，从而形成自己对一类法律问题的看法。通过聚类算法，可以为案例找到属于它的"圈子"。

聚类算法的核心思想是将一篇案例和与它最相似的一系列案例聚到一个圈子内，主要方法有分级聚类和 k 均值聚类。对于没有正确聚类的案例，k 近邻算法可以发挥查漏补缺的作用，将未正确聚类的裁判文书与已经聚类的裁判文书进行比较，找到与其最相似的 k 篇裁判文书，如果这些裁判文书绝大多数都属于某一个"圈子"，就将未聚类的裁判文书也纳入这个圈子。

（3）代理经验界定

律师行业专业性非常强，一位婚姻家事律师很可能在刑法方面和法盲相差无几，这并非夸张。但是，一位婚姻家事律师，这样的说法本身就是值得商榷的。基于传统执业领域的分类，在大数据时代仍然显得太过"粗犷"了。婚姻家事方面仍然有无限细分的可能。离婚是否可以请求返还彩礼、无过错方是否可以多分财产、家暴受害者是否可以主张损害赔偿……"婚姻家事"四个字并无法成功界定上述情形。

有了无讼·名片的律师数据库和案例聚类的大数据基础，无讼就可以在细粒度上界定一个律师的代理经验。有了相似案例的聚类，为案例划定了自己的"圈子"，那律师的圈子也相应被界定了。如果某位律师经常办理这个圈子的案例，这位律师就可以被界定到这个圈子。一个律师可以对应多个圈子，这些圈子相互联系，相当于对传统的执业领域做了再细分。

（4）寻找律师

输入"我被丈夫家暴，准备起诉离婚，想找一个婚姻家事方面的律师"来寻找律师，基于传统的做法，可以从律师圈子里检索所有带有离婚和家暴标签的律师，但是如果没有法律专家的标记，机器完全无法理解"殴打""拳打脚踢"和"家暴"之间是否存在联系。

机器学习技术的不断发展，让我们可以用人工神经网络解决这个问题。当神经细胞 A 重复或持久地激励另一个神经细胞 B 后，A 细胞与 B 细胞之间的连接有效性会增强。反向传播算法就是这一思路在计算机领域的应用。无讼在对用户的输入文本进行分析和查找律师方面，应用了人工神经网络技术，使无讼的智能律师推荐系统能不断地、自主地从数据中汲取养分，不断优化模型，让机器知道"殴打"妻子和"家暴"其实有隐藏联系，从而向用户提供最合适的律师。

（三）大数据应用效果

以法小淘的律师画像（见图6-133）来具体说明。2016年8月21日，无讼接到客户发单要求，希望找到河南濮阳办理交通事故案件的律师。当事人是江苏泰州人，在濮阳县被无照摩托车撞伤，住院1个多月刚刚出院，肇事方未购买保险。交通事故责任已经认定，但还未做伤残鉴定，预估为8级伤残。当事人联系了3名律师，但都不太满意，要么报价过高，要么没有类似服务经验。通过法小淘匹配适合的律师，并经过法律专家团队联系当事人和律师，客户最终在1个小时内找到了满意的律师。

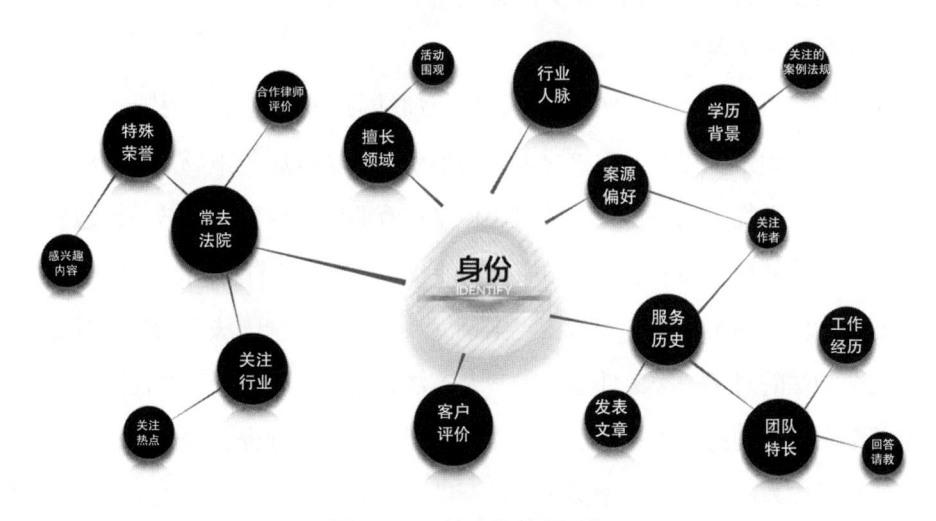

图6-133 法小淘律师画像

从上述案例可以看出，法律大数据提供的优化解决方案大大改变了传统法律行业的状况，以无讼·案例、无讼·名片和法小淘为例，法律大数据主要发挥了以下功能。

第一，消减律师与当事人之间的信息不对称。用案例数据呈现律师的执业经历，在一定程度上填补了信息不对称的"鸿沟"，让客户的需求与律师的能力更好地对接，使客户能够更精确地了解到相关信息和市场趋势，从而掌握更多主动权。法律行业也因此越来越透明化。

第二，为律师提供更加丰富的诉讼策略。案例大数据能够为参与诉讼的每一个人"画像"，每一位法官审理过什么样的案件，有怎样的裁判倾向；每一位律师代理过什么样的案件，胜诉率如何；每一位当事人涉诉状况、诚信度如何……诸如此类的问题都能通过案例大数据找到答案，从而为客观评价法官的裁判风格、律师的业务能力和当事人的诚信程度提供参考。通过大数据分析，律师可以评估代理案件的胜诉率，分析对方律师的专业能力，从而制定更有针对性的诉讼策略。

第三，促进律师专业化发展。不同于此前的综合能力主观评价，无讼·名片将律师的过往案例按领域分类聚类，客观展现律师在各个领域的经验长短、积累多少。客户在无讼·名片上找律师时，也会按照细粒度的案件类型寻找，致力于该领域的律师自然会获得更多机会。市场选择压力将促使所有律师专注于诉讼，专注于专业能力的提升，心无旁骛地学习与进步。

第四，为专业律师提供更多代理机会。互联网打破了地域的界限，为破除律师专业化的现实障碍带来可能。在这之前，受限于当地法律服务市场发展的滞后，专业化的律师很可能面临"吃不饱"的窘境。但是在互联网这样一个开放、无边界的平台上，专业化的律师在任何一个细分领域都可能找到足够的生存空间。

第五，为法官判案提供参考依据。案例大数据可以对全国法院的裁判观点进行分析，找出全国法院对某一类案件通行的裁判方法；可以及时发现某个法院做出的明显不同于其他法院的判决，为找出法院工作中可能出现的问题提供线索；在法官处理案件时，还可以由系统自动推送相似案例，帮助"类案推送"制度落到实处。这既能为实现法院的"同案同判"提供数据支持，也能切实减轻法官的工作量。

三 塔防类网页游戏产品分析中的用户数据分析应用

（一）行业特征

1. 游戏行业特征

对于游戏行业来说，评判一个游戏制作的好坏，除了主流媒体和平台的用户评分外，更重要的指标是游戏的收入额和玩家的留存率。当一款产品进入上线阶段后，会先进行小范围的推广和发行。这时候进来的用户被称为测试用户，也就是游戏产品数据分析的样本。一般来说，游戏最简单的好坏判断在于广告投放的金额和玩家的付费回报之间的比较。玩家在一定期限内的金钱回报量远高于广告投放的金额，则意味着游戏有利可赚，即可实行大范围的推广发行。

2. 游戏业务特征

在样本分析，乃至后期大规模推广后，游戏公司仍然会对玩家的游戏行为进行检测分析。对于新用户，会对玩家首日、3日内、7日内、14日内、30日内的游戏行为进行分析，将这些数据与游戏设计结构进行对比，确认游戏当前的优缺点，进行指导性修改；同时会分析这段时间玩家的充值行为，计算这批玩家的回报率。通过对比广告投入的金额和玩家的回报率，可以确认游戏是否还符合目前的市场需求，是否仍然有利可图。在游戏运营期间，运营商会做一些优惠活动来促进玩家的消费。这些活动的好坏也直接由实际数据来评价。总的来说，游戏行业在游戏立项前期、游戏制作中后期，再到最终的发行和运营，都是以用户的行为数据作为指导的。

从游戏制作到游戏上线，一般会经历三个部门：游戏项目组制作游戏，游戏发行部门负责广告投放推广，最后成功上线后由游戏运营部门负责维护和运营。有些大公司包含所有部门，拥有一套完整的流水线；而游戏小公司可能只专注于游戏制作或游戏发行。不同部门的游戏工作者关注的数据也会有所不同。

3. 游戏数据应用流程

在游戏制作过程中，需要基于数据来对整个产品进行把控和指导。良好的数据分析流程能够有效地加快工作进度、精准确定工作目标。一般来说，一款游戏的数据分析会经历如下流程（见图6-134）。

数据分析的流程一般是从研发部门或发行部门提出数据分析需求开始，确定好要记录的相关参量之后由技术部门来编写代码，记录用户的相关操作行为；然后将记录的数据同步给数据中心，数据中心整理后将数据返还给研发或发行部门进行进一步的数据分析。同时，数据中心会对已有数据进行多维度挖掘，从而发现一些切实有效的结论用于指导之后的游戏开发。

一般来讲，研发或发行部门、数据中心都会有自己的数据专员。这并不是由于数据中心的分析师不够专业。而是在产品研发过程中，研发人员对自身设计的游戏最为了解，所以一般细节类的数据分析都会交由研发或发行部门的专员进行分析。而数据中心一般面向全公司的所有产品，对游戏的核心设计并不完全知晓。所以一般游戏的常规分析会交由数据中心来完成分析和报告。

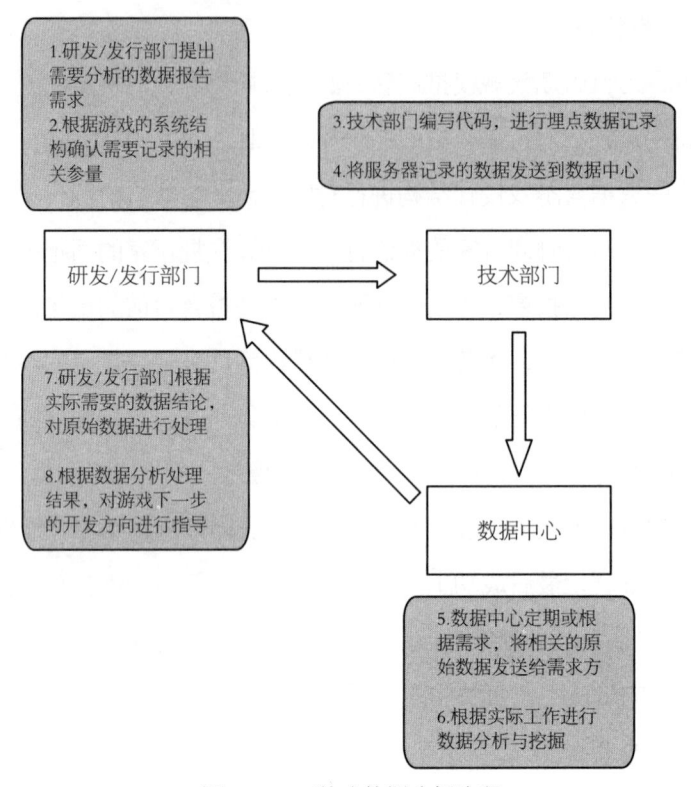

图 6-134　游戏数据分析流程

（二）数据采集与存储

1. 数据源

游戏研发、发行到运营的数据源，一般指系统所记录的玩家在游戏中的各种操作行为，如登录、点击按钮、充值消耗等。基于基础的数据源，可通过数据排列和关联进行数据挖掘，形成有效的数据分析。

在产品研发过程中，一般会对游戏整体特性和游戏系统的优良性进行把控，所以会针对留存、在线时长、连续登录、系统参与度等数据进行分析。相应地，便会对玩家的登录行为、退出行为以及用户对系统中某些操作按钮的点击行为进行记录。同时，相应产出的各类道具数量也是需要记录的，记录产出主要是用来确保游戏整体经济系统的稳定和检测错误。

在产品发行过程中，考虑的是投入与回报，一般会对用户的付费行为进行分析。所以一般会对玩家的充值行为、充值额度进行记录。同时在分析的时候加入时间维度，就可以对某一批用户的整体付费量和付费率，以及单个玩家的付费周期、付费额度等进行数据分析，从而评估该游戏的生命周期总价值或该批用户的质量。

在产品运营阶段，主要关注的是运营活动的质量，主要表现为活动的收入、消耗、参与度等数据的相关分析。这就要对玩家在某一个活动中的行为和该系列活动的产出进行记录，一般会对充值行为和额度、消耗行为和数量以及某些按钮的点击次数进行记录。同时，活动相关的道具产出也需要记录，用来指导调整产出率或更换产出道具等。

以上为游戏数据中常规的一些数据源，在实际工作中，由于游戏类型和游戏系统的不同，还需要具体情况具体设定相应的数据源，定好数据源后由程序人员设好记录点。

2. 数据采集

在游戏行业实际工作中，数据中心会根据开发部门所需要的数据需求进行埋点采集。埋点简单讲，就是用来记录有用或特殊数据的，每当玩家或系统触发了埋点的逻辑，则会记录一份数据到数据库中。埋点记录工作的流程为：设计者先根据游戏系统或游戏活动的设计，决定记录哪些数据来支撑系统的设计目的；然后把这些需要记录的数据交给后端程序员，程序员根据设计者的数据记录逻辑编写代码逻辑；当玩家或游戏本身触发了这一逻辑，服务器则记录下这个数据，储存到后台已经建立好的庞大数据库中。

之后数据分析部门会根据一段时间的用户数据来建立常规的数据分析模型，所谓常规的数据分析模型是指游戏行业内普遍认可的游戏数据分析模型，例如LTV-CPI模型。

3. 数据储存

塔防项目组对接的数据中心选择Redshift作为数据仓库，其使用列式存储、数据压缩及区域映射，降低了执行查询所需的I/O数量，对大小在100 GB至1 PB或更高的数据集拥有很强的查询性能。对于中小型互联网企业常规用户数据的存储，可以高效地处理。由于储存量有限且依赖计算机储存，所以一般不需要进行数据清理过程，保证了数据可以一直提供价值。

数据人员连接数据仓库所用的工具是Navicat。Navicat是基于直觉化的图形用户界面而建的，可以以安全简单的方式创建、组织、访问并共用信息，操作上比

Redshift 更加简洁。

塔防类网页游戏后端开发采用 Java，一般运用 MySQL 搭建数据库，在与数据中心对接的过程中，需要通过数据中心的工作人员进行数据转换。

对于研发部门或发行部门的数据分析需求，数据中心会提供一份常规的 Excel 数据文件。在游戏行业，数据分析更多是以结果为导向的，所以建模方面用得不多；而 Excel 可以直接表达数据间的关系，是游戏设计者比较青睐的一款软件。而其他一些数学软件，如 VB、Matlab 等，主要用于前期建立游戏数值模型，如经济系统、战斗系统。

4. 数据清洗

由于单个游戏产品的数据量、内容量较小，且一般的数据整理会由人工完成。所以当遇到数据异常时，一般人工处理，将赘余数据删除并将错误数据返还给数据中心，由数据中心来检查校验数据是否正确。如果后台数据记录确实异常，则会检查是否程序或设计上出现了没有预料到的错误。

（三）数据分析

1. 游戏项目组的数据分析

游戏项目组在进行数据分析的时候，会更多地关注与游戏内部系统功能相关的玩家行为，通过分析玩家在游戏中的操作行为数据来指导游戏优化和改进的方向。下面会以一款塔防类游戏的数据分析进行说明。

游戏中，新手引导留存数据是体现游戏质量的一个很好的评判数据。图 6-136 为某塔防游戏的新手引导数据分析。其中右侧为该游戏的新手引导步骤说明，即进入游戏后玩家被强制引导的操作流程。左侧的图形数据指的是，当达到该步骤时还剩余的玩家数量，即第一步的人数数量为当天进入游戏且达到过第一步的所有玩家；之后玩家在体验游戏的过程中由于种种原因关闭游戏，所以留下的人数会逐渐减少，形成一个被称为漏斗形的新手引导曲线。

从图 6-135 中可以看出有些步骤的玩家流失率非常高，这意味着该流失点所对应的游戏操作给玩家带来了困惑或不适，造成玩家没能进行到下一步就关掉了游戏。一般发现问题后，优化工作仍然是通过制作者的经验来完成。如发现某一个引导要求点击按钮 5 次，玩家点击到第 2 次时就不愿意继续点击而离开游戏，那么游戏制作者就

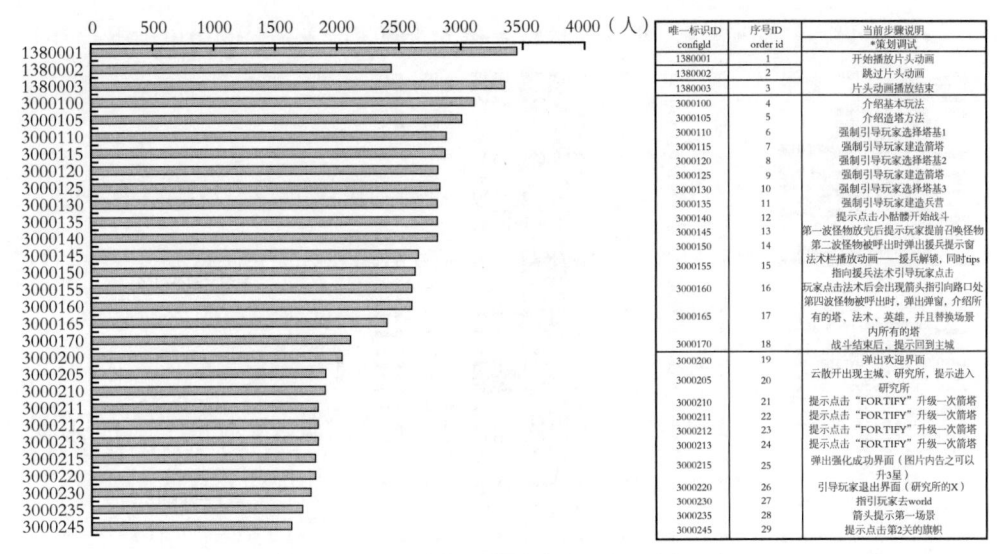

第六章　出版业及相关新兴业态在大数据时代的应对尝试

图 6-135　塔防类游戏新手引导数据分析示例

会尝试减少该操作的点击次数；修改后继续观察后续新用户在该步骤的数据，查看是否玩家只点击 1 次就不会离开游戏，而是进入下一步的游戏体验当中。这时候就会产生数据对比，通过数据来支撑游戏优化的方向性。在图 6-136 中，可以看到修改后的曲线有明显提高。这说明此次优化获得了成功。

此处所列举的新手引导数据分析，更多的作用在于问题发现，而非指导性的数据分析。由于每款游戏的玩法和设计角度不同，所以实际解决问题时还应具体问题具体分析。当发现问题数据以后，可以根据行业经验来对该问题做出修改，也可以设计相应的数据模型来分析问题的本质原因。

2. 游戏发行部门的数据分析

游戏发行部门在数据分析方面会更关注能反映用户游戏需求的数据和所推广游戏的收入数据。由于游戏发行部门的工作更多是在宣传推广和投放广告上进行策略分析，所以他们会收集大量用户的游戏诉求信息，这类信息包括玩家对不同种类游戏的搜索频率、对同类游戏的付费欲望等，并以这类数据为导向进行筛选性的广告投放。广告投放后发行部门主要关注的是这批玩家在一定时期内的金钱回报率。玩家充钱越多，意味着这次的投放越精准、越成功。

例如，上述塔防游戏在进入推广阶段后，发行部门会进行投放策略的设计和游戏

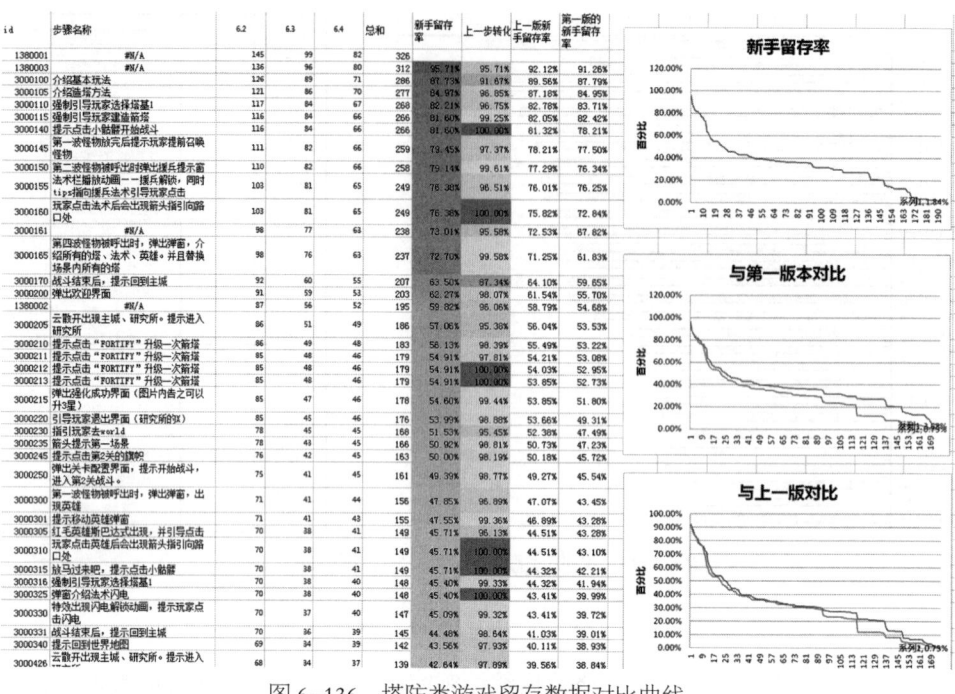

图 6-136　塔防类游戏留存数据对比曲线

收入数据的观察。如图 6-137 所示，这里 CPI 指的是 Cost Per Install，即每一个安装用户的成本。该类用户的多少会一定程度影响分摊到每一个用户身上的广告成本。对

图 6-137　塔防游戏投放策略以及游戏收入汇总

于已经进入游戏的广告用户，发行部门会关注这些玩家的付费率和付费额度，以及平均每付费用户收入。

通过这批玩家不同时期，如首日、3日内、7日内、14日内、1个月内、3个月内的用户付费数据可确认游戏的实际营收。单一列出付费率和付费用户的付费额度，主要是用于指导游戏制作方——项目组，为游戏充值付费内容上的改进和优化提供参考。同时，需要计算所有广告用户的数据，包括不付费的玩家，对比投放广告的金额，计算该产品多久能够实现盈利。

生命周期总价值是一项重要的指标，简单来讲就是平均每一个广告用户在指定时间内可以产生的金钱价值。若生命周期总价值在1个月内和CPI持平，则意味着游戏投放成本1个月即可收回，之后为纯盈利收入。所以当数据达标时，发行部门会大力在各个平台上进行广告推广。而若数据不达标，则会由研发部门重新打磨游戏，或从充值角度入手，或从游戏品质角度入手，调整游戏中可以优化的地方。

3. 游戏运营部门的数据分析

游戏经过了制作和发行推广阶段，会进入常规运营阶段。这个阶段的游戏一般会保持版本的稳定，定期开发一些新的功能，主要以运营维护为主。而运营部门的工作主要是在一些特定的节假日开放游戏的一些简单玩法和优惠礼包，提升玩家对游戏的参与度与黏性，增加玩家的付费欲望，提高游戏的收入。在某些公司，游戏的运营部门和游戏的研发部门不做过多区分，尤其在某些孵化器模式的公司，项目组的盈利是独立财政计算的，所以项目组会自己运营自己的游戏。

游戏的运营活动在设计时主要针对三点来进行。第一是拉动玩家参与度与黏度的活动，即吸引玩家更多地打开游戏，参与游戏活动。第二是消耗类活动，通过稀有的游戏道具来吸引玩家消耗游戏内的财富，目的是减少玩家财富的积累，为之后玩家的充值做好铺垫。第三是直接的充值类活动，通过优惠礼包或优惠玩法等方式刺激玩家充值。

图6-138展示了塔防游戏运营活动的实际数据，数据分析曲线是制作者用来和自己设计活动的初衷进行对比的。例如图中最后一个图示，线性增长直线为设计者希望玩家充值达到的最高档位，理论上的曲线应该是个斜率减缓甚至出现拐点的曲线。然而实际发现曲线是线性增长直线，没有放缓的迹象，这说明玩家对这个活动的付费欲望远高于设计者的初衷，在之后的优化中就可以将该活动的充值额度调整得更高，直

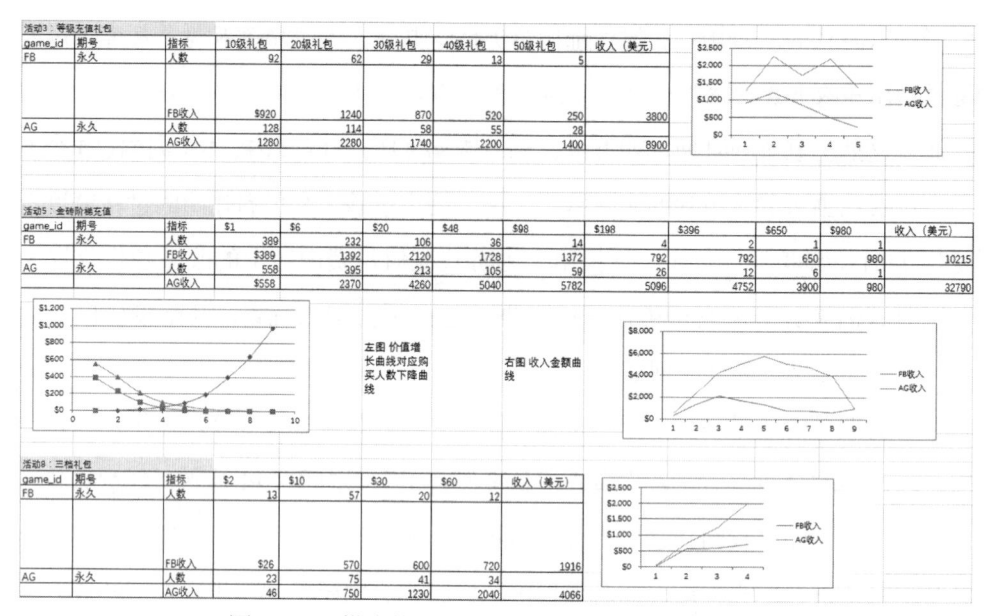

图 6-138 塔防游戏运营活动数据及其数据分析曲线

到玩家的付费曲线趋于缓和。

以上只是举例说明了一些游戏开发中数据分析指导工作的例子。在实际工作中，用户数据分析无时无刻不在指导着游戏设计的方向。从游戏的设计到游戏的体验，再到游戏的盈利，都离不开数据的支撑。

不同岗位的游戏工作者会提出对自己的设计有指导意义的数据模型，定期提取数据进行分析，以校验近期工作结果是否符合预期方向，非常好地避免了在设计游戏的过程中陷入误区。

另外游戏设计者为了佐证一些游戏设计思路，会对已记录的数据进行重新排列组合，分析其之间的关系，进行数据挖掘。有时会发现一些没有考虑到的游戏设计优势或游戏设计漏洞。通过数据分析来指导游戏开发是游戏开发中的常规指导手段。

（四）数据挖掘

在游戏研发过程中，游戏制造者的诉求是非常明确的，即让玩家热爱自己设计的游戏，乐于在游戏中探索，同时能够让玩家对其所制作的游戏进行不同形式的付费。所以哪些游戏设计是吸引玩家的内容，是游戏设计师关注的点。除了常规游戏设计的经验外，一些潜在的因素也可能影响游戏的好坏。这时候一般会对已有的数据进行一定的挖掘。

研发部门常用的数据挖掘方式是相关性分析。例如,当游戏新用户的长期留存不好,且没有发现有效的方式来解决这个问题时,就会进行多维度的数据关联长期留存,计算多维数据之间的相关系数,将明确有影响的数据提出,运用到游戏设计中,指导进一步的梳理和改进。

例如,筛选相关性高的数据,发现玩家每升一级所需要的时间与长期留存呈反相关,实际的时长曲线在中后期远远偏离了规划的时长曲线(见图6-139)。那么,研发部门的数值设计师需要对后期的数值成长进行调整。版本更新后会进行下一批次的数据报告,若长期留存数据得到提升,则说明此次数据挖掘提供了非常有价值的成果。

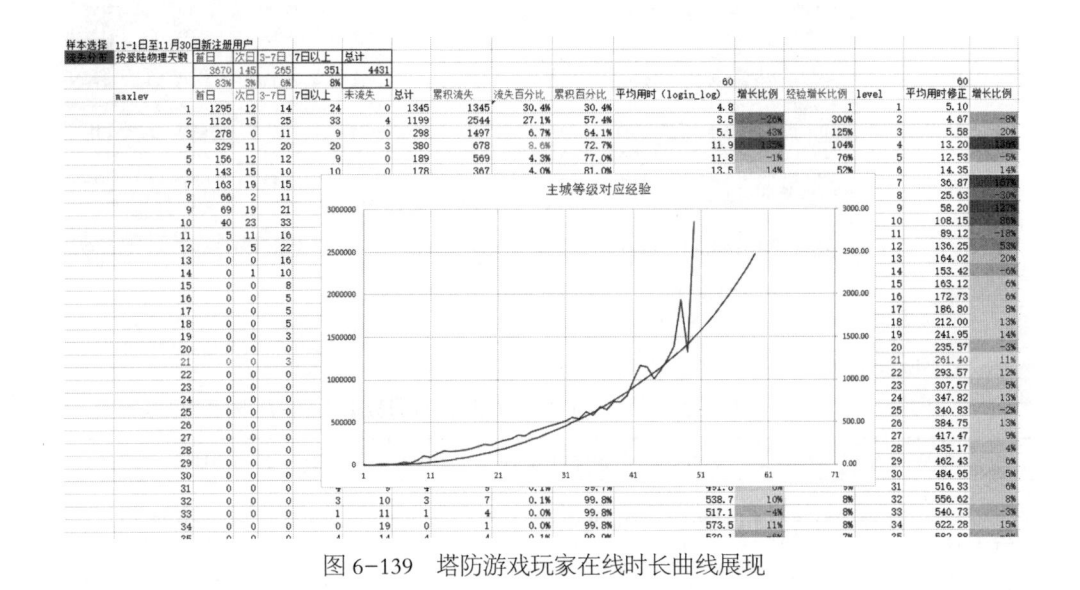

图6-139 塔防游戏玩家在线时长曲线展现

（五）数据标准模型

当游戏用户数据积累到一定程度且相关的数据分析相对完善时,就可以开始建立一套完整的成功游戏数据标准模型。例如,发行部门会用新游戏数据去对比这套数据标准,如果符合数据模型,就可以进行推广发行;如果不符合,就针对数据不合格的地方进行修改,直至数据达标。研发部门在设计游戏的时候也可以根据已有的游戏数据和数值直接建立新的游戏数值架构和系统结构。这都是基于已经成功的游戏项目建立的数据标准模型,用来指导新游戏的开发。一般来说,数据直接与标准模型对接的部门是发行部门和运营部门。下面以发行部门为例说明。

表 6-21、表 6-22 所示的标准模型为塔防游戏推广数据标准模型。该模型对游戏有三个评价尺度：一为新用户玩家留存；二为新用户玩家付费额度；三为玩家的付费率。如果两项及以上数据达标，则可以尝试进行广告投放。用来和标准模型对比的数据是当前小额投放测试用户的数据（见图 6-140）。

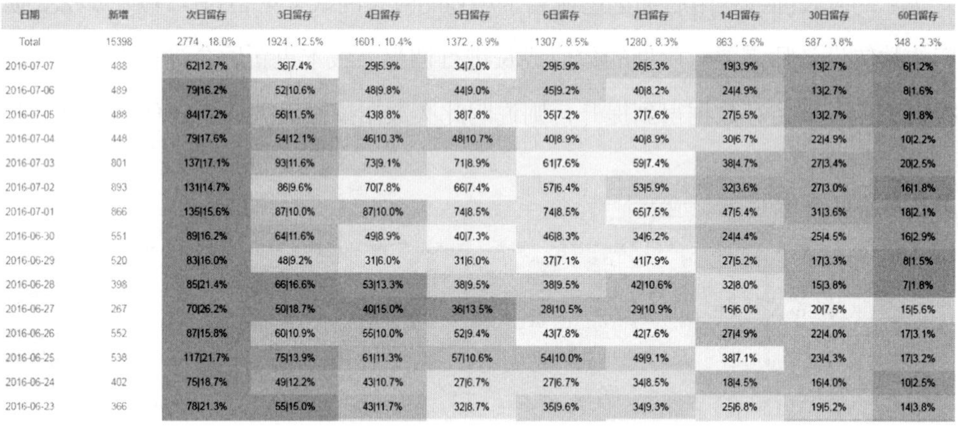
<table>
<tr><th>日期</th><th>新增</th><th>次日留存</th><th>3日留存</th><th>4日留存</th><th>5日留存</th><th>6日留存</th><th>7日留存</th><th>14日留存</th><th>30日留存</th><th>60日留存</th></tr>
<tr><td>Total</td><td>15398</td><td>2774，18.0%</td><td>1924，12.5%</td><td>1601，10.4%</td><td>1372，8.9%</td><td>1307，8.5%</td><td>1280，8.3%</td><td>863，5.6%</td><td>587，3.8%</td><td>348，2.3%</td></tr>
<tr><td>2016-07-07</td><td>488</td><td>62|12.7%</td><td>36|7.4%</td><td>29|5.9%</td><td>34|7.0%</td><td>29|5.9%</td><td>26|5.3%</td><td>19|3.9%</td><td>13|2.7%</td><td>6|1.2%</td></tr>
<tr><td>2016-07-06</td><td>489</td><td>79|16.2%</td><td>52|10.6%</td><td>48|9.8%</td><td>44|9.0%</td><td>45|9.2%</td><td>40|8.2%</td><td>24|4.9%</td><td>13|2.7%</td><td>8|1.6%</td></tr>
<tr><td>2016-07-05</td><td>488</td><td>84|17.2%</td><td>56|11.5%</td><td>43|8.8%</td><td>38|7.8%</td><td>35|7.2%</td><td>37|7.6%</td><td>27|5.5%</td><td>13|2.7%</td><td>9|1.8%</td></tr>
<tr><td>2016-07-04</td><td>448</td><td>79|17.6%</td><td>54|12.1%</td><td>46|10.3%</td><td>48|10.7%</td><td>40|8.9%</td><td>40|8.9%</td><td>30|6.7%</td><td>22|4.9%</td><td>10|2.2%</td></tr>
<tr><td>2016-07-03</td><td>801</td><td>137|17.1%</td><td>93|11.6%</td><td>73|9.1%</td><td>71|8.9%</td><td>61|7.6%</td><td>59|7.4%</td><td>38|4.7%</td><td>27|3.4%</td><td>20|2.5%</td></tr>
<tr><td>2016-07-02</td><td>893</td><td>131|14.7%</td><td>86|9.6%</td><td>70|7.8%</td><td>66|7.4%</td><td>57|6.4%</td><td>53|5.9%</td><td>32|3.6%</td><td>27|3.0%</td><td>16|1.8%</td></tr>
<tr><td>2016-07-01</td><td>866</td><td>135|15.6%</td><td>87|10.0%</td><td>87|10.0%</td><td>74|8.5%</td><td>74|8.5%</td><td>65|7.5%</td><td>47|5.4%</td><td>31|3.6%</td><td>18|2.1%</td></tr>
<tr><td>2016-06-30</td><td>551</td><td>89|16.2%</td><td>64|11.6%</td><td>49|8.9%</td><td>40|7.3%</td><td>46|8.3%</td><td>34|6.2%</td><td>24|4.4%</td><td>25|4.5%</td><td>16|2.9%</td></tr>
<tr><td>2016-06-29</td><td>520</td><td>83|16.0%</td><td>48|9.2%</td><td>31|6.0%</td><td>31|6.0%</td><td>37|7.1%</td><td>41|7.9%</td><td>27|5.2%</td><td>17|3.3%</td><td>8|1.5%</td></tr>
<tr><td>2016-06-28</td><td>398</td><td>85|21.4%</td><td>66|16.6%</td><td>53|13.3%</td><td>38|9.5%</td><td>38|9.5%</td><td>42|10.6%</td><td>32|8.0%</td><td>15|3.8%</td><td>7|1.8%</td></tr>
<tr><td>2016-06-27</td><td>267</td><td>70|26.2%</td><td>50|18.7%</td><td>40|15.0%</td><td>36|13.5%</td><td>28|10.5%</td><td>29|10.9%</td><td>16|6.0%</td><td>20|7.5%</td><td>15|5.6%</td></tr>
<tr><td>2016-06-26</td><td>552</td><td>87|15.8%</td><td>60|10.9%</td><td>55|10.0%</td><td>52|9.4%</td><td>43|7.8%</td><td>42|7.6%</td><td>27|4.9%</td><td>22|4.0%</td><td>17|3.1%</td></tr>
<tr><td>2016-06-25</td><td>538</td><td>117|21.7%</td><td>75|13.9%</td><td>61|11.3%</td><td>57|10.6%</td><td>54|10.0%</td><td>49|9.1%</td><td>38|7.1%</td><td>23|4.3%</td><td>17|3.2%</td></tr>
<tr><td>2016-06-24</td><td>402</td><td>75|18.7%</td><td>49|12.2%</td><td>43|10.7%</td><td>27|6.7%</td><td>27|6.7%</td><td>34|8.5%</td><td>18|4.5%</td><td>16|4.0%</td><td>10|2.5%</td></tr>
<tr><td>2016-06-23</td><td>366</td><td>78|21.3%</td><td>55|15.0%</td><td>43|11.7%</td><td>32|8.7%</td><td>35|9.6%</td><td>34|9.3%</td><td>25|6.8%</td><td>19|5.2%</td><td>14|3.8%</td></tr>
</table>

图 6-140　塔防游戏测试玩家留存数据

表 6-21 《VA》LTV 测试用户首月数据

日期	当日	次日	3 日	7 日	14 日	21 日	30 日
导入用户量（人）	1000	0	0	0	0	0	0
留存率（%）	100.0	14.0	12.0	8.0	6.0	5.0	4.0
付费率（%）	0.8	1.8	2.0	2.0	2.0	2.0	2.0
ARPPU（美元）	17	18	19	20	20	20	20
相隔天数（天）	1	1	1	4	7	7	9
金额（美元）	136.00	45.36	45.60	128.00	168.00	140.00	144.00
累计金额（美元）	136.00	181.36	226.96	354.96	522.96	662.96	806.96

表 6-22 《VA》LTV 模型预估值

生命周期	1st 30 天 LTV	2nd 30 天 LTV	3nd 30 天 LTV	4th 30 天 LTV	5th 30 天 LTV	6th 30 天 LTV	LTV 预估为（总计）
用户价值（美元）	0.8	0.7	0.5	0.4	0.3	0.3	3.0
衰减系数（%）	100.0	80.0	60.0	50.0	40.0	40.0	370.0

以线上新玩家的留存数据为例，选取其中两列与标准模型进行对比，可以看出，玩家在前几天的留存是高于标准模型的，中期低于标准模型，之后与标准模型趋于相同。这说明玩家对游戏的新鲜度结束以后，在中期对游戏失去了黏性（见图6-141）。故需要在这一方面对游戏进行改进，或通过系统回流发放奖励，或通过改进游戏品质吸引用户，具体执行方式会根据项目组建议和实际市场需求来决定。

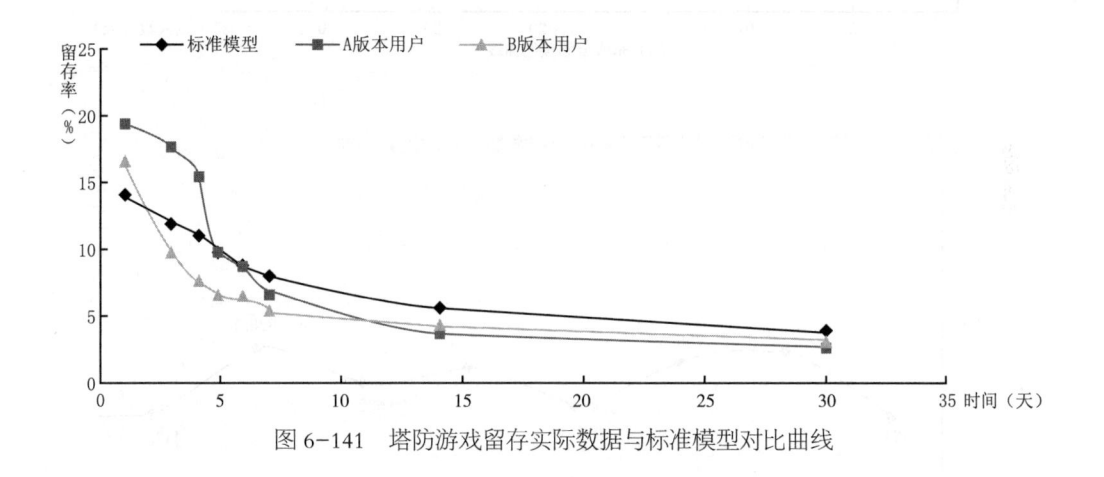

图 6-141　塔防游戏留存实际数据与标准模型对比曲线

另一个更为重要的参考数值是实际的新用户收入。这关系到游戏是否可以赚钱，项目是否能够继续进行下去。从图6-142可以看出一周的新用户收入是远高于塔防收入的标准预期的。这说明游戏是可以实现盈利的。虽然30日留存数据还未达标，但是可以先进行投资推广。在推广的同时，游戏需要逐步版本迭代，改善品质。这也是一种推广策略。由于游戏是有时效性的，有些游戏会由于时代的进步而被淘汰，所以当游戏可以盈利时一般宜先进行推广。

数据标准模型的意义在于可指导发行部门进行广告投放，帮助游戏在实际的运营中实现盈利。不仅发行部门需要标准的数据模型，整个游戏研发中所有和数字相关的内容都是有标准模型可以参考的。标准模型是游戏快速开发和生产的基础，在追求工作时效和产品快速迭代的互联网行业，标准模型的指导意义显得格外重要。

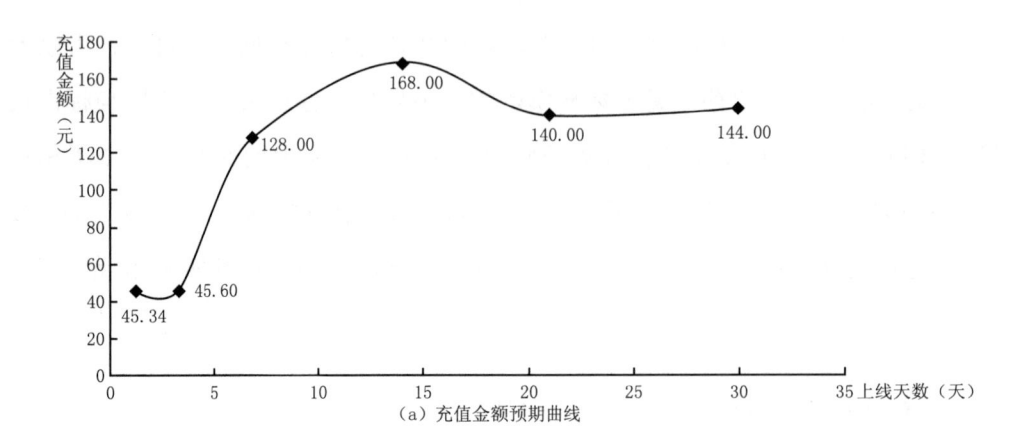

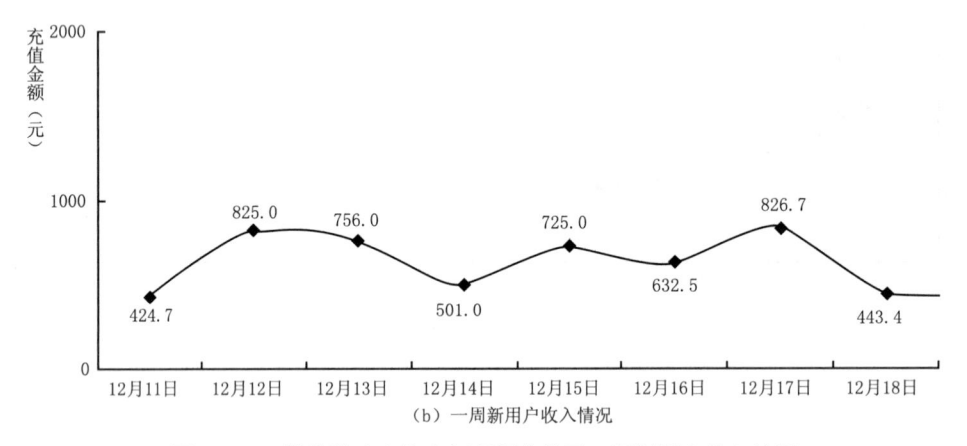

图 6-142　塔防游戏充值金额预期曲线及一周新用户收入情况

四　学生试题推荐系统中的大数据应用

（一）总体概况

1. 行业特征及应用背景

目前来说，针对学生的试题推荐系统还不多，大部分都是拍照找答案的应用。拍照找答案的应用主要解决的是那些学习成绩不好、学习积极性不高的次等生在做作业时快速查找答案的需求。下面以魔方格为例介绍学生试题推荐系统中的大数据应用。魔方格认为这些次等生首先需要做的是优化学习的认知观、强化学习动力，让他们端正态度之后再去优化学习方法。所以魔方格认为这种拍照搜题的应用，面向的用户群体就不合适，而且还会恶化用户的学习动力和思想意识。反过来说，对于那些学习认知观正确、目标和动力都比较强的学生，这类应用能提供的帮助极为有限。魔方格的试题推荐系统，面向的用户群体是那些思想意识端正、学习动力充足的学生，旨在帮助这些好学生进行效率优化和技能提升。

目前，中小学生在学习过程中为了取得高分，无论是老师层面，还是学生自身层面，都普遍采取题海战术，通过做大量的练习题、模拟题来训练做题技能和巩固学习效果。学生的做题时间被极度扩大，既让学生失去了本应拥有的其他素质训练的时间，又让学生陷入一种无休止的重复性工作中。目前相关领导和专家已经注意到这个问题，开始提倡给学生减负，希望通过优化学习方法和过程来实现高效学习和高素质的培养。其实，每个学生对每个科目知识的掌握是有自身特点的，不同的学生掌握的知识面和题型各不相同。这样不分个体特征的"大水漫灌"无疑是一种事倍功半的方式。魔方格希望能够在学生学习过程中最核心的做题环节帮学生减负，也就是不再让所有学生做同一套试卷，避免会做的、不会做的都要做，做对的题重复做的现象。魔方格系统会不断采集和分析学生的做题数据，监控做题过程。经过综合分析后，魔方格的试题推荐系统会给学生推荐最需要练习的最小试题集合。这样就使学生能够有针对性地进行训练，从而达到很好的学习效果。由于是最小试题集合，还节约了大量的学习时间，避免了重复劳动，达到了事半功倍的效果。

2. 魔方格实现方案

魔方格依赖上千万道的试题进行大数据分析和挖掘。针对每一道题都在题库中找到相似题或者相关题。这些相关题的考察知识、出题思路及陷阱、解题技巧、推理方式等都有很大的相似性。通过这种方式魔方格把千万级的题库压缩成只有约 300 万道题的母题库。每一个母题不再是一道独立的试题，而是一组相关的试题集合。如果学生不会做这个集合中的一道题，完全可以取本集合中的其他题来训练。首先，这种相关题能够训练学生解决某一类问题的技巧，同时会增强学生解决本类试题的信心。其次，如果确定学生掌握了一种题型后，与这种题型属同一集合的所有试题就不应再让学生反复练习。

魔方格依靠自己的母题库把千万级的学生做题情况记录下来，例如学生做错的题、收藏的题、做题时间等，对每一个学生的学习数据进行汇总和分类并去掉垃圾内容，例如秒级做完的试题；再根据试题的相关性向学生推荐他应该学习和训练的试题，而已掌握的试题不必再重复劳动。这样就极大地提高了学生的学习效率。同时，有针对性地训练了学生解决某一类问题的能力。

3. 魔方格平台组成架构

魔方格系统平台分为 4 个部分：应用层、关系数据层、文档数据层、数据分析层（见图 6-143）。应用层由 Web 服务器组成，主要是功能实现、数据采集和推荐应用。关系数据层由 MySQL 数据库集群组成，全部采用主主复制的方式提供高可用性。文档数据层由 HDFS 组成，主要完成各种原始数据、分析中间数据、分析结果数据等大数据的存储。数据分析层由 GPU 集群组成，主要完成各种方式数据的高速并行处理。

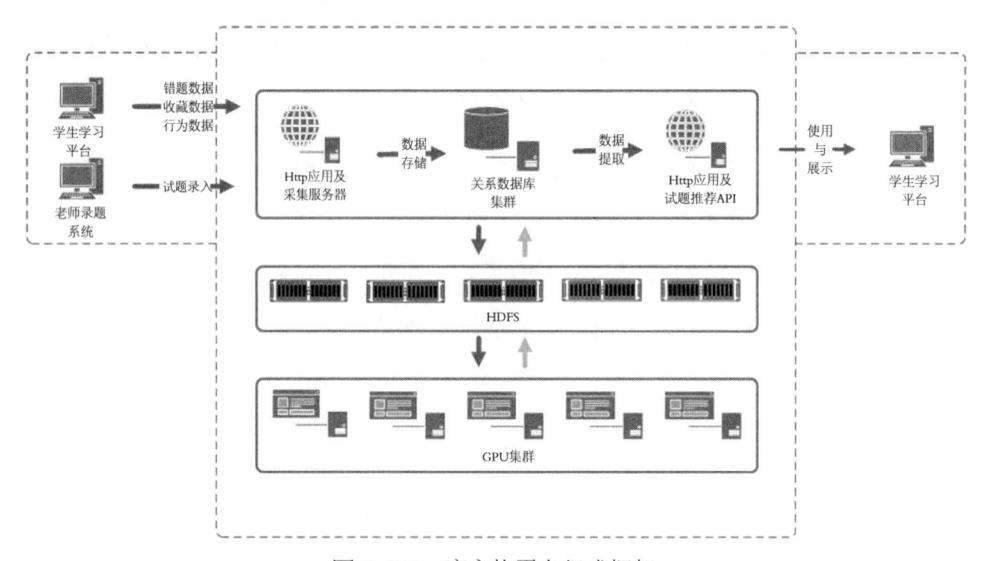

图 6-143　魔方格平台组成框架

为了让系统能够协调稳定运行，系统还有一些公共服务设施，分别是：缓存系统、调度系统、系统服务、全文索引系统、IM 系统、文件系统。缓存系统由 Redis 集群组成，主要服务于数据缓存、Session 存储、队列等功能。调度系统由 Zookeeper 集群组成，主要服务于应用服务的注册与订阅。系统服务主要包括各种自动运行的定时批处理业务和监控业务以及所有的中间件。全文索引系统由 2 台互备的 Sphinx 服务器组成，主要完成对文本内容的全文检索功能。IM 系统由魔方格自主研发的基于 Socket 的 TCP 和 UDP 长短连接服务器集群组成，主要完成 APP 之间的即时通信功能。文件系统提供基于 Nginx 的互备静态文件读写服务，主要完成图片、文本、office 文档等文件的 Http 存储和读取。

4. 软硬件环境

为了保证整个系统的良好运行，整个平台在 IDC 机房部署了数十台服务器。硬件环境如表 6-23 所示，软件环境如表 6-24 所示。

表 6-23　魔方格硬件环境

序号	角色	型号及配置	数量及备注
1	高速局域网	华为 S5700S-28P-LI-AC	由 8 台交换机两两堆叠后通过双机端口绑定方式实现 2G 的高速、高可用局域网
2	VPN	华为 AR1220-S	1 台，实现 IDC 局域网与单位工作区互联
3	上行网络	华为 S5700-28C-EI	由 2 台交换机堆叠后通过双机端口绑定实现高可用的外网通道
4	Web 服务器	DellR420 CPU：Xeon E5-2430 V2×2、2.5GHz/6 核心 12 线程 内存：16G/1600×4 硬盘：300G/1.5K/SAS×4 Raid 5 Dell Prec H710P Mini	6 台，通过 Esxi5.5 实现虚拟化后，供所有 Web 服务使用
5	MySQL 服务器	DellR720 CPU：Xeon E5-2430 V2×2 2.5GHz/6 核心 12 线程 内存：16G/1600×4 硬盘：4T/7200/SAS×8 Raid 10 Dell Prec H710	6 台，两两通过 KeepAlived 组成了 3 组主主复制的高可用 MySQL 集群
6	HDFS	DellR720 CPU：Xeon E5-2430 V2×2 2.5GHz/6 核心 12 线程 内存：16G/1600×4 硬盘：4T/7200/SAS×8 Raid 10 Dell Prec H710	由 5 台组成
7	GPU 集群	自行配置 PC NVIDIA TITAN X 12G	自行组装的由 7 个显卡组成的 GPU 集群
8	Zookeeper	DellR220 CPU：Xeon E3-1220 v3×1、3.1GHz/4 核心 4 线程 内存：8G/1600×1 硬盘：1T/7200/STAT×2 Raid 1 Dell Prec H310	由 3 台组成集群

续表

序号	角色	型号及配置	数量及备注
9	Redis 集群	DellR420 CPU：Xeon E5-2430 V2×1、2.5GHz/6 核心 12 线程 内存：16G/1600×8 硬盘：300G/1.5K/SAS×2 Raid 1 Dell Prec H310 Mini	由 3 台组成
10	全文索引	DellR420 CPU：Xeon E5-2430 V2×2、2.5GHz/6 核心 12 线程 内存：16G/1600×4 硬盘：4TG/7200/SAS×4 Raid 5 Dell Prec H710P Mini	由 2 台组成
11	文件系统	DellR420 CPU：Xeon E5-2430 V2×2、2.5GHz/6 核心 12 线程 内存：16G/1600×4 硬盘：4T/7200/SAS×4 Raid 5 Dell Prec H710P Mini	由 2 台组成
12	服务系统	DellR420 CPU：Xeon E5-2430 V2×2、2.5GHz/6 核心 12 线程 内存：16G/1600×4 硬盘：2TG/7200/SAS×4 Raid 5 Dell Prec H710P Mini	3 台，通过 Esxi5.5 虚拟化后组成

表 6-24　魔方格软件系统版本汇总

序号	名称	版本	序号	名称	版本
1	网络设备	V200R003C00SPC300	7	Sphinx	2.0.x
2	操作系统	CentOS7.2	8	ESXi	5.5
3	Nginx	1.8	9	Jexus	5.8.2
4	Zookeeper	3.5.x	10	Spark	1.5.x
5	KeepAlived	1.2.x	11	Redis	3.2.5
6	MySQL	5.7			

（二）数据采集

1. 数据源

魔方格系统产生了大量的内容数据、业务数据、用户信息数据、用户行为数据，这些数据服务于不同的需求。试题推荐系统的数据源主要包括试题数据（HTML 富文本）、试卷信息、学生学习数据（错题、收藏分类、做题时间等）。

试题数据包括试题的题干和解析的 HTML 富文本内容，用于提取试题的碎片。碎片是一个比喻，就是按照一定的规则和方法从试题中提取的关键内容，包括概念性、事实性、程序性内容，是用来进行试题相似度计算的原始素材。

试卷信息细分下来包括：考试类型、地区、教材版本、试题序列（试题难度和考查知识点）。通过这几个细分数据，经过大量统计分析可以归纳出不同地区、教材版本和考试类型下试卷对试题知识点的覆盖特征和难度特征，从而分析出应对某一种考试学生需要重点掌握的知识点和需要训练的试题难度。结合学生注册时填写的地区和教材版本，根据当前时间就可以知道学生需要应付哪个考试。

错题是学生在自我练习过程中做错的试题，以及收藏时标注为错题的试题。错题是学生不会做的试题，最大限度表征了学生对这种试题的掌握情况。学生在进行试题收藏时可以标注标签如错题、难题、好题等。这些标签是系统定义好的，代表了收藏入此标签的试题对该学生的意义。这种标签在一定程度上表征了学生对某种试题的掌握情况。

做题时间包括做题的具体时间和做每一道题消耗的时间。做题时间和速度可以从侧面表示学生做题时的状态和认真程度，用于进行垃圾数据判断；排除垃圾数据后，做题时间的长短代表了这道题对这个学生的复杂程度，也在一定程度上表征了学生对试题的掌握情况。

2. **数据采集方式**

魔方格的数据采集有数据埋点和数据库直接提取两种方式（见图 6-144）。数据埋点有三种形式：一种是通过 JS 编写的客户端 SDK 对基于浏览器访问的页面用户行为进行采集；一种是通过 Java 编写的 SDK 对 Android 客户端进行数据采集；最后一种是通过 Object-C 编写的 SDK 进行采集。最后这三种方式都通过 HttpPost 方式向数据采集服务器发送并存储数据。数据库直接提取方式是通过服务端程序在关系型数据库中直接提取。试题推荐系统使用的数据都来自关系数据库，所以都通过数据库直接提取的方式获得。

（三）数据存储

1. **存储方案**

魔方格试题推荐系统中的数据，根据不同的数据类型和应用场景会分布在不同的存储类型和介质上。目前的存储方式有：关系型数据库（MySQL）、内存数据库

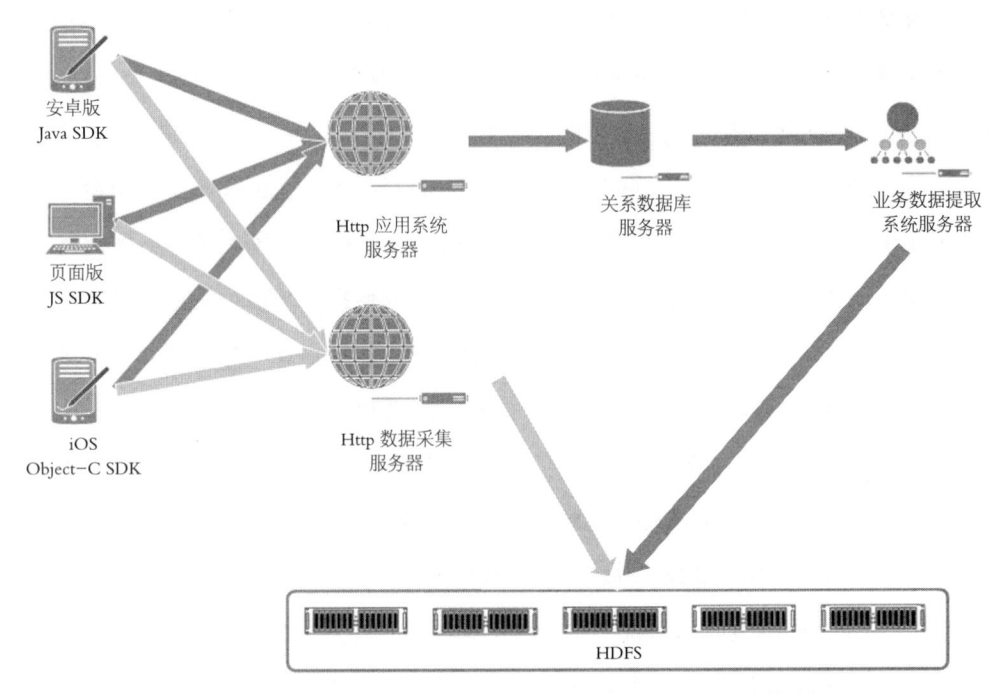

图 6-144 魔方格试题推荐系统中业务数据和行为数据采集路线

（Redis）、分布式文件数据库（HDFS）、NoSQL 文档数据库（MongoDB）。

关系型数据库主要存放业务相关的数据。例如用户的个人信息，教材、知识点、专题、目录等教研数据，用户做题情况等业务数据。它的结构化很强，支持频繁存取。

内存数据库主要是为了加速数据访问而采用的高速缓存。它用于存储非持久化数据，如用户的 Session、数据列表的缓存等。

分布式文件数据库的特点是横向扩展方便和多备份安全存储，适合存储大量的静态数据，如试题碎片、用户行为数据、日志数据、关系数据经整理后的数据等。分布式文件数据库是魔方格试题推荐系统规模最大的数据存储介质。

NoSQL 文档数据库适合存储非关系型、频繁读取但更新较少的数据。如各种教材的目录、游戏化应用中的竞技场业务数据、跟学生学习进度相关的数据等。

2. 存储技术

关系型数据库采用的是 MySQL 数据库，为了保证数据库的高可用性和进行灾备，通过 KeepAlived 把两台 MySQL 服务器组成了主主复制的一组高可用集群。

内存数据库采用 Redis，为了保证内存数据库的高可用性，Redis 分布在多台不同物理节点的机器上；然后通过修改 Redis 源码实现 Zookeeper 服务的节点自动注册；再通过编写带有负载和错误发现的 Redis 访问客户端 SDK，从而保证每一个对 Redis 依赖的服务能够自动发现 Redis 服务、分散访问以及错误发现等功能。

分布式文件数据库通过 HDFS 来提供，其生来就为了分布式，所以直接使用它就可以实现数据库灾备和负载功能。在部分数据使用上，根据使用场景的不同分别采用 MapReduce 和 Spark 两种方式。通过 GPU 集群对数据进行分析和运算是拆分碎片和计算碎片关联性使用的方法，是试题推荐系统的基础和核心，也是实现实时推荐的高速计算引擎。

NoSQL 数据库采用的是 MongoDB，由于其设计时就考虑了分布式，所以其集群天然支持横向扩展和灾备，可以有一个主节点和多个从节点以读写分离的方式提供服务，通过一个仲裁节点来完成服务的监控和协调。

（四）数据分析和加工

1. 核心目的

数据分析的核心目的有两点：一是计算题库中同年级、同科目所有试题的两两相似度；二是评估学生最需要训练的题型。

2. 实现方案及步骤

（1）计算题库中同年级、同科目所有试题的两两相似度

首先将数据库中 HTML 富文本中的 HTML 标签全部去掉，变成纯文本内容。然后经过三次相似度计算：第一次通过纯文字比对计算相似度；第二次将题目进行分词后计算相似度，要针对不同的科目建立词库；第三次通过标点将题目拆分成句子后，对句子进行一次相似度计算。

最后，依据三次相似度计算结果，根据科目特征取不同的权重进行最终相似度的计算。

（2）评估学生最需要训练的题型

首先根据学生注册时填写的地区、教材版本、年级和当前时间等信息锁定学生需要面对的考试类型和试卷特征，从而分析出学生重点需要练习的知识点范围；然后根据学生做题中的错题、收藏的试题、做题时长推断学生不会做的题；再根据这些题的特征为学生推荐相似度高的试题。

补充知识：大数据常用工具及算法

一 大数据常用工具

工欲善其事，必先利其器。也就是说虽然大数据是金矿，但是缺乏合适的工具，金矿也将长埋于地下，不能发挥任何作用。众多的大数据软件或工具是洞悉数据的重要途径。课题组在研究过程中发现具体业务的复杂性使得使用单位在进行数据处理的过程中通常会依据实际情况选择多种软件或工具组合以便达到最佳效果。在此，课题组仅对一些较为常见的大数据软件或工具进行分类介绍（见表6-25）。有些软件或工具可能适用于多种处理环节或应用场景，课题组归类时将会把其放到其最擅长处理的类别中，由于大数据技术本身尚在发展中，本书对大数据软件或工具的归类可能无法做到完全清晰合理，以下内容仅供参考。

表6-25 常见大数据工具介绍

序号	分类	名称	优势
1	传统分析/商业统计	Excel	适用于简单统计（分组、求和等）需求，方便好用
		SPSS Statistics	轻量、易于使用，适合常规基本统计分析
		SAS	功能丰富而强大，适合复杂与高要求的统计分析
2	数据挖掘	SPSS Modeler	主要提供面向商业挖掘的机器学习算法（决策树、神经元网络、分类、聚类和预测等）的实现，数据预处理和结果辅助分析方面较为方便
		Matlab	更关注科学与工程计算领域
		Mahout	扩展性强，是应对海量数据的分析工具
3	大数据计算	Hadoop	适用于一次写入、多次读取的场景，擅长大数据量的离线批量计算
		Spark	适用于需要多次操作特定数据集的应用场合
		Storm	分布式实时处理软件，拥有低延迟、高性能、分布式、可扩展、容错等特性

续表

序号	分类	名称		擅长于
4	数据查询	Impala		可查询 HDFS、Hbase 的数据，相比 Hive 查询性能更好，支持近线和在线查询
		Hive		基于 Hadoop 生态，提供 SQL 接口，最常用的数据仓库组件之一
5	可视化工具	Tableau		支持多种大数据格式，众多的可视化图表类型，提供拖拽式的使用方式，上手快，能够涵盖大部分分析研究场景
		Gephi		擅长解决图与网络分析的很多需求，插件众多，功能强且易用
		ECharts		自带很多图表类型
		D3		可以提供大量线性图和条形图之外的复杂图表样式
		Google Chart API		动态图表工具
6	编程语言	R		具有丰富的统计分析功能库，可视化绘图函数可直接调用，可解决更复杂更大数据规模的问题
		Python		在文本处理以及大数据量处理场景中优势巨大，易于开发
		Java		通用性编程语言，能力最全面，拥有最多的开源大数据处理资源
		Perl		擅长文字处理
		Scala		多范式的编程语言
7	数据库	SQL	Oracle	适用于结构化存储，支持事务处理，支持复杂的读写查询操作；应用在关系型数据库管理系统中，SQL 的主要功能就是与数据库建立联系，进行沟通
			MySQL	
			SQL Server	
			Access	
			Sybase ASE	
			PostgreSQL	
		NoSQL	MongoDB	易扩展，大数据量，高性能，灵活的数据规模，高可用性
			Cassandra	

二 大数据常用算法

大数据常用算法包括分类算法、聚类算法、关联分析算法、集装与推进算法、链接挖据算法和回归算法等。各类算法的具体算法名称及典型应用场景如表 6-26 所示。

表 6-26 大数据常用算法汇总

序号	算法类别	算法名称	典型应用场景	优点	缺点	偏向
1	分类	Naive Bayes	垃圾邮件分类	对小规模的数据表现较好，能够处理多类任务，适合增量式训练	需要计算先验概率，对输入数据的表形式很敏感	学术和产业算法
2		SVM	社交网站的用户分类、文本主题分类	适用于高维度大数据样本	比较难寻找最佳核变换函数	学术和产业算法
3		KNN	预测价格	对数据没有假设，准确度高；可用于非线性分类	计算量大，需要大量的内存	学术算法
4		C4.5	只适合于能够驻留于内存的数据集，当训练集大得无法在内存中容纳时，程序无法实施	产生的分类规则易于理解，准确率较高	在构造树的过程中需要对数据集进行多次的顺序扫描和排序，导致算法低效	学术算法
5		Random Forest	—	能够处理很高维度的数据，训练速度快	在某些噪声较大的分类或回归问题上会过拟合；取值划分较多的属性会对随机森林产生更大的影响，所以随机森林在这种数据上产出的属性权值是不可信的	学术和产业算法
6		GBDT（梯度递增的决策树）	广泛用于互联网领域大数据预测、搜索排序等	基于并行架构，可以支持超大规模的数据（几十亿级别）	—	产业算法
7		CART	信息失真识别、电信业潜在客户识别、预测贷款风险等	抽取规则简便且易于理解，面对存在缺失值、变量数多等问题非常稳健	要求被选择的属性只能产生两个子节点，类别过多时错误可能增加较快	产业算法

续表

序号	算法类别	算法名称	典型应用场景	优点	缺点	偏向
8	聚类	K-means	机器学习和计算机视觉的数据聚类	适合数值型数据	收敛慢、算法复杂度高	学术和产业算法
9	聚类	EM	—	简单稳定	收敛较慢，不适用于大规模数据集和高维数据	学术算法
10		SVD	—	奇异值分解是线性代数中一种重要的矩阵分解，是矩阵分析中正规矩阵酉对角化的推广，工业界一般会用其做并行化实现	—	学术和产业算法
11	关联分析	Apriori	消费市场价格分析、入侵检测、移动通信领域，适用于包含大量事务信息的数据库	简单、易理解、数据要求低	I/O 负载大，产生过多的候选项目集	产业算法
12	集装与推进	AdaBoost	人脸检测、目标识别等	高精度、简单、无须做特征筛选、不会过度拟合	训练时间过长，执行效果依赖于弱分类器的选择	—
13	链接挖掘	PageRank	页面排序中的超链接结构	完全独立于查询，只依赖于网页链接结构，可以离线计算	忽略了网页搜索的时效性	产业算法
14	回归	GLM（广义线性模型）	—	是为了克服线性回归模型的缺点出现的，是线性回归模型的推广	—	—
15	回归	Linear Regression	—	利用数理统计中回归分析，来确定两种或两种以上变量间相互依赖的定量关系的一种统计分析方法（做回归分析的机器学习算法之一，不做分类）	—	—
16	回归	Logistic Regression（逻辑回归）	互联网广告中的点击率预估	互联网广告方面最有价值的算法之一，并行化计算，能够使用千亿样本训练模型并高效产出	—	产业算法
17		Gradient Machine	—	—	—	—

第七章
大数据时代出版业的发展思考与建议

> 面对大数据时代带来的影响,政府应该如何引导传统出版业转型升级,并保障新业态的健康发展?行业应该如何调整发展战略,以提升竞争力?企业对大数据技术应该采取何种态度?本章将从政府层面、行业层面及企业层面给出具体的发展思考及建议。

➤ **政府层面:以行业管理为抓手引领行业健康发展**

　　政府宜从完善制度及加强对新技术应用的管理着手,具体措施包括:修订现有出版行政管理制度、扩展年检范围、呼吁出版单位开展自主管理、出台新兴出版从业人员职业资格管理制度、依靠技术手段升级内容审核效率、推行特殊管理股制度等。

➤ **行业层面:从人才、机制等方面推进转型升级发展**

　　传统出版行业宜从认识转变、人才建设和制度完善等方面推进转型升级,具体举措包括:转变思路、重视整体、鼓励内部竞争、完善薪酬及资本机制、吸引新型人才、积极尝试跨界融合、积极探索知识服务模式等。

➤ **企业层面:应理性考量,让大数据"为我所用"**

　　出版单位要明确自身需求及想要解决的具体问题,结合自身业务情况,以需求和应用为出发点,合理选择和使用大数据。最终只有那些以出版单位实际需求为出发点建设的大数据平台,才会使大数据技术和应用真正落地并发挥效益。

第一节 政府层面：加强新兴出版监管

国家新闻出版广电总局 2015 年 3 月印发的《关于推动传统出版和新兴出版融合发展的指导意见》提出，要充分利用新一代网络技术优势，加快发展移动阅读、在线教育、知识服务、按需印刷、电子商务等新业态。

新兴出版的出现，深刻地改变了出版业的格局、内容的传播方式以及人们的生活方式，促进了社会的进步。由于新兴出版自身存在传播速度快、传播主体多元化等特点，如果对其监管不力，就会产生非常严重的社会危害。近几年来，有人利用新兴出版平台散布网络谣言或者发布侵犯他人隐私、名誉等权益的图片和视频；有人利用新兴出版平台给他人发送垃圾信息，这些垃圾信息包含恐怖、凶杀、暴力、色情、迷信等不良信息，有的还暗藏"木马""蠕虫"等计算机病毒。这些行为既耗费了大量的社会资源，扰乱了正常的社会秩序，也严重侵害了消费者的合法权益。[①] 为保证新兴出版的健康发展，构建一个文明和谐、健康向上的网络环境，实现网络社会有序管理，将新兴出版纳入政府有效监管势在必行。

一 新兴出版平台监管现状

1. 管理存在空缺

我国法律规定，在中华人民共和国境内从事电信活动、互联网文化活动、出版活动、互联网视听节目服务、互联网新闻信息服务、网络出版服务，设立广播电视节目制作经营机构或从事广播电视节目制作经营活动，经营电信业务等应当依照规定取得相关主管部门颁发的许可证或履行备案手续，并在其网页醒目位置公开。

著者通过分析各大平台首页备案信息，总结出目前主要有增值电信业务经营许可、网络文化经营许可、出版物经营许可、信息网络传播视听节目许可、互联网新闻信息服务许可、互联网出版许可、广播电视节目制作经营许可、电信与信息服务业务经营许可和网络出版服务许可九类（见表 7-1）。

---

① 惠向红：《论我国新媒体监管机制的完善》，《新闻研究导刊》2016 年第 6 期，第 28 页。

表 7-1　新兴出版相关许可证发证机关、设定依据及监管制度

序号	许可证名称	发证机关	设定依据	监管制度
1	增值电信业务经营许可证	国务院信息产业主管部门或者省、自治区、直辖市电信管理机构	《中华人民共和国电信条例》① 《互联网信息服务管理办法》② 《电信业务经营许可管理办法》③	发证机关对经营许可证实行年检制度年检材料：（1）本年度的电信业务经营情况；网络建设、业务发展、人员及机构变动情况；服务质量情况；执行国家和电信管理机构有关规定的情况等。（2）公司的企业法人营业执照复印件。（3）发证机关要求报送的其他材料
2	网络文化经营许可证	文化行政部门	《互联网文化管理暂行规定》④	有效期为3年，需继续从事经营的，应当于有效期届满30日前申请续办
3	出版物经营许可证	出版行政主管部门批准，向工商行政管理部门依法领取	《出版管理条例》⑤ 《出版物市场管理规定》	出版行政主管部门对出版物内容和质量进行监管
4	信息网络传播视听节目许可证	广播电影电视主管部门	《互联网视听节目服务管理规定》⑥	广播电影电视主管部门应建立公众监督举报制度广播电影电视主管部门依法对互联网视听节目服务进行实地检查，有关单位和个人应予以配合有效期为3年；有效期届满，需继续从事互联网视听节目服务的，应于有效期届满前30日内，持符合本办法第八条规定条件的相关材料，向原发证机关申请办理续办手续
5	互联网新闻信息服务许可证	国务院新闻办公室	《互联网新闻信息服务管理规定》⑦	本规定第五条第一款第（一）项、第（二）项规定的互联网新闻信息服务单位，应当中央新闻单位在规定期限内向国务院新闻办公室提交年度业务报告；属于其他地新闻单位或者非新闻单位设立的，应当每年在规定期限内通过所在地省、自治区、直辖市人民政府新闻办公室向国务院新闻办公室提交年度业务报告国务院新闻办公室根据报告情况，可以对互联网新闻信息服务单位的人员资质、服务内容、管理制度等进行检查互联网新闻信息服务单位应当接受公众监督

续表

序号	许可证名称	发证机关	设定依据	监管制度
6	互联网出版许可证	国家新闻出版广电总局	《互联网信息服务管理办法》《互联网出版管理暂行规定》	—
7	广播电视节目制作经营许可证	广播电影电视主管部门	《广播电视节目制作经营管理规定》[8]	有效期为2年
8	电信与信息服务业务经营许可证（国家对经营性互联网信息服务实行许可制度，对非经营性互联网信息服务实行备案制度）	通信管理部门	《中华人民共和国电信条例》《互联网信息服务管理办法》	发证机关对经营许可证实行年检制度年检材料：（1）本年度的电信业务经营情况；网络建设、业务发展、人员及机构变动情况；服务质量情况；执行国家和电信管理机构有关规定的情况等。（2）公司的企业法人营业执照复印件。（3）发证机关要求报送的其他材料
9	网络出版服务许可证	出版行政主管部门	《网络出版服务管理规定》[9]（本规定自2016年3月10日起施行，原国家新闻出版总署、信息产业部2002年6月27日颁布的《互联网出版管理暂行规定》同时废止）	各地出版行政主管部门应当加强对本行政区域内的网络出版服务单位及其出版活动的日常监督管理，对网络出版物内容和质量进行监督，定期组织内容审读和质量检查，并将结果向上级出版行政主管部门报告网络出版服务单位实行年度核验制度，年度核验每年进行一次；年度核验内容包括网络出版服务单位的设立条件，登记项目，出版经营情况，出版质量，遵守法律规范、内部管理情况等

资料来源：1.《中华人民共和国电信条例》，http://www.miit.gov.cn/n11293472/n11293877/n11301753/n11496139/11537485.html。
2.《互联网信息服务管理办法》，http://www.gov.cn/fwxxx/bw/gjgbdydsj/content_2263004.htm。
3.《电信业务经营许可管理办法》，http://www.miit.gov.cn/n11146295/n11146557/n11146624/c3554636/content.html。
4.《互联网文化管理暂行规定》，http://www.miit.gov.cn/n1lfg/2011-03/21/content_1828568.htm。
5.《出版管理条例》，http://www.cnfla.com/tiaoli/25890.html。
6.《互联网视听节目服务管理规定》，http://www.gov.cn/flfg/2007-12/29/content_847230.htm。
7.《互联网新闻信息服务管理规定》，http://www.gov.cn/flfg/2005-09/29/content_73270.htm。
8.《广播电视节目制作经营管理规定》，http://www.gov.cn/gongbao/content/2005/content_64182.htm。
9.《网络出版服务管理规定》，http://www.miit.gov.cn/n1146290/n4388791/c4638978/content.html。

依据表 7-1 对许可证发证机关、设定依据及监管制度的梳理，现有的监管制度基本分为年检或年度报告、主要部门检查和公众监督举报三类。

（1）年检或年度报告

增值电信业务经营单位、电信与信息服务业务经营单位实行年检制度。需要提供年度的电信业务经营情况，网络建设、业务发展、人员及机构变动情况，服务质量情况，执行国家和电信管理机构有关规定的情况等。

互联网新闻信息服务单位应当每年在规定期限内向国务院新闻办公室提交年度业务报告；属于其他新闻单位或者非新闻单位设立的，应当每年在规定期限内通过所在地省、自治区、直辖市人民政府新闻办公室向国务院新闻办公室提交年度业务报告。

网络出版服务单位实行年度核验制度。年度核验内容包括网络出版服务单位的设立条件、登记项目、出版经营情况、出版质量、遵守法律规范情况、内部管理情况等。

（2）主管部门检查

出版行政主管部门对出版物经营单位的出版物内容和质量进行监管；各地出版行政主管部门对本行政区域内的网络出版服务单位及其出版活动进行日常监督管理，对网络出版物内容和质量进行监管，定期组织内容审读和质量检查，并将结果向上级出版行政主管部门报告；广播电影电视主管部门对互联网视听节目服务单位进行实地检查；国务院新闻办公室根据互联网新闻信息服务单位的年度报告情况，可以对其管理制度、人员资质、服务内容等进行检查。

（3）公众监督举报

互联网新闻信息服务单位应当接受公众监督，广播电影电视和电信主管部门应建立公众监督举报制度。

综上所述，电信主管部门的监管重点主要在于经营情况及建设情况等；新闻出版主管部门依据行业特殊性，在此范围基础上加强了对内容和质量的监管，可以保证在信息内容传播和舆论方向上的引导。

通过浏览新兴出版平台网站信息可以发现，一些新兴出版平台并没有取得由新闻出版主管部门颁发的出版物经营许可证、互联网新闻信息服务许可证和网络出版服务许可证，在内容监管上存在空缺。

有的互联网信息资讯平台，不论是其网站，还是手机客户端，用户都能够轻松地看到大量有关政治、经济、军事等社会公共事务的报道、评论，以及有关社会突发事件的报道、评论。《互联网新闻信息服务管理规定》中明确规定"有关政治、经济、军事、外交等社会公共事务的报道、评论，以及有关社会突发事件的报道、评论属于时政类新闻信息"。该平台通过互联网登载新闻信息、提供时政类电子公告服务和向公众发送时政类消息，是在从事互联网新闻信息服务，应当取得监管部门发放的"互联网新闻信息服务许可证"。但是，该平台没有在网站上挂出能证明登载合法的"互联网新闻信息服务许可证"，脱离了有关部门的监管。

目前，对移动媒体进行监管的主要部门是管理我国通信业的工业和信息化部等。但是从严格意义上来说，这些部门都不是专门的新兴出版内容管理部门，并没有对不良内容、非法内容的监管权限。也正是因为几乎所有部门都参与了对新兴出版的监管，造成了我国新兴出版监管较为混乱的局面。

2. 职业资格制度有待完善

中国互联网络信息中心 2017 年 8 月发布的第 40 次《中国互联网络发展状况统计报告》显示，目前我国网站总数达到 506 万个，即便每家网站平均有 1 个网络编辑，我国网络编辑总量也超过 500 万人，远超过传统媒体采编人员数量。随着微信、微博等移动媒体的快速发展，新兴出版的从业人员还在持续大幅增加，但其从业人员的职业资格管理与职业发展与传统出版相比仍重视不够。近年，北京市新闻出版广电局推出了数字出版编辑职称评审，但总体上我国还没有建立完善有效的新兴出版从业人员职业资格管理制度。

新兴出版所需的编辑、记者是新兴出版健康发展的核心资源。由于新兴出版从业人员职业资格管理滞后，导致当前新兴出版采编人员素质参差不齐，网络谣言、虚假新闻、网络炒作等事件不断。可见，缺乏有效的新兴出版从业人员职业资格管理制度不仅不利于新兴出版从业人员自身的职业发展，而且还使其正常的职业准入、职业退出、职业培训、职级晋升和基本的职业采编权利缺少有效的制度保障，从而给新兴出版产业和新兴出版的舆论引导工作带来了隐患。

二 改善新兴出版监管现状的建议

1. 修订现有出版行政管理制度

新兴出版在飞速发展，相对于其应用形态的不断涌现和发展，我国现有出版行政管理制度仍有不足之处，需要根据不断变化的实际情况及时进行相应修订及完善。具体来说，应加快修订并健全相关的出版法律法规体系，完善网络规范与监督手段，依法治网，注重保护公民的隐私权与著作权，使得民众在享受自己言论自由权利的同时也可以更好地履行自己的义务，不至于为了追求个人的利益而罔顾他人的合法权利；并在此基础之上，逐步形成规范的网络秩序，以保证网络的健康发展。

国家和政府对新兴出版发展的重视和关注，将对解决新兴出版存在的问题及正确引导舆论起到重要的指导作用。面对复杂的网络环境，政府应明确指导舆论的方向，切实加强网络管理，才能使互联网真正成为传播先进文化的崭新阵地，成为教育的重要渠道和有效载体。[①]

2. 通过年检等手段，规范新兴出版管理

通过对新兴出版现有监管制度的梳理，我们可以看到各制度基本上是通过年检或年度报告、主管部门检查、公众监督举报三种方式来进行监督管理的。虽然已经有年检制度，但大多停留在经营资质、机构变动等经营信息层面，对具体内容制作情况、传播情况、经营状况等缺乏足够的重视，使得监管部门无法通过年检报告来洞察新兴出版单位实际运行状况。新兴出版单位虽然有追求市场效益的客观需求，但也必须承担社会责任，在进行商业运作的同时，也必须以客观公正的态度来报道社会事件。

在现有的监管制度中，针对各经营单位违反相关规定的情况，主管部门已出台了一些处罚措施，如《网络出版服务管理规定》中根据网络出版服务单位违反该规定的不同程度，给出了相应的惩罚措施。例如，2016年10月，北京市文化市场行政执法总队发布"京文执罚（2016）第40289号"行政处罚书，显示北京搜狗信息服务有限公司因违反《网络出版服务管理规定》第二十四条规定，依据《网络出版服务管理规

[①] 桂钰涵：《新媒体存在的问题及解决对策——以互联网为例》，《今传媒》2014年第4期，第114~117页。

定》第五十二条第一款的规定，被处以罚款人民币30000元的行政处罚。这一定程度上有效规范了新兴出版企业的网络出版行为。

3. 倡导新兴出版单位自主管理，推动行业自律

近两年来，我国对新兴出版的管理力度不断加大。例如，2015年4月出台了《互联网新闻信息服务单位约谈工作规定》，对互联网企业提供有害信息等不规范行为进行约谈处理；2015年6月出台了《互联网等信息网络传播视听节目管理办法（修订征求意见稿）》，不再允许商业网站自制时事政治视频新闻节目；同时开展了一系列净网和打击活动。这些举措都促使新兴出版单位开始思考自我管理、自主管理的措施。例如，腾讯针对微信公众号的抄袭问题制定了比较严厉的惩罚措施。首先，设置了举报功能；其次，还制定《微信公众平台运营规范》给出了明确的处罚规则：违规一次删文并警告、违规二次封号7天、违规三次封号15天、违规四次封号30天、违规五次永久封号。只有充分调动新兴出版单位自主管理，整个行业才能健康发展，才能更快捷有效地打击各类虚假、谣言、恐怖、侵权等有害内容，从而推动整个新兴出版行业繁荣发展。

4. 强化新兴出版行业从业资格管理

新闻出版行业是一个与科学技术、文化建设密切相关的行业，肩负着传播社会主义核心价值观，弘扬中华民族优秀文化，推动社会主义经济建设、政治建设、文化建设、社会建设以及生态文明建设的历史重任。[①] 新兴出版从业者和传统出版从业者一样，不是普通的专业技术人员，而是承担着新闻宣传和舆论引导等政治、社会职能的特殊专业人员。

2016年3月10日起开始施行的《网络出版服务管理规定》对网络出版服务单位从业人员的资质进行了明确要求：法定代表人和主要负责人至少1人应当具有中级以上出版专业职业资格；除法定代表人和主要负责人外，应当具备适应网络出版服务范围需要的8名以上具有国家新闻出版广电总局认可的出版及相关专业技术职业资格的专职编辑出版人员，其中具有中级以上职业资格的人员不得少于3名。

全国出版专业技术人员职业资格考试是出版行业规模最大、考核最严格的综合性

---

① 宗淑萍、李川、梁虹等：《我国建立出版专业职业资格制度的必要性及其意义》，《河北农业大学学报（农林教育版）》2009年第11期，第511~513页。

职业能力水平测试，2002年举办首次考试，到2012年全国已有17.8万人报名参加，为出版业选拔了合格的专业技术人才。但到目前为止，并没有具体针对新兴出版从业人员职业资格管理和考试的法律规范，有必要制定相关法规对新兴出版从业人员职业资格管理和考试程序等进行具体有效规范，以有效提高新兴出版行业人才队伍的素质和能力，为新兴出版行业提供科学、公正的人才评价和选拔机制。

5. 通过布码技术加强内容监管

传统出版内容生产是经过严格的内容评价与筛选机制的，如三审制等，非经过三审的稿件是无法得以面世的。正是这种严格的内容审查与编辑机制使得传统出版内容具有较高的价值含量，同时也形成传统出版内容生产流程复杂、周期较长的特点。而新兴出版的特点是用户创作内容、传播速度快、传播范围广，目前内容方面缺乏严格的把关机制，多数仅限于关键词过滤，但这种方式过滤有害信息的有效性显然不足。而用传统出版的内容评价与筛选机制来要求新兴出版显然不符合其传播特点。传统的三审制已不能延续至大数据时代，目前亟须利用技术手段对新兴出版内容进行监管，布码到各新兴出版平台，以便对发布内容实时监管。同时应设立一套评价体系，以便对发布内容进行预评价，以此来判断内容质量；对那些有害信息、虚假消息等影响社会稳定的内容进行直接屏蔽和删除处理，减少此类信息的发布和传播。建议将内容评价系统搭建到各新兴出版平台，以此来加强内容发布前的监管力度。

6. 推进特殊管理股制度，坚持正确导向

特殊管理股制度是一种国际通行的股份制企业管理制度。特殊管理股的设计有两种：一种是具有较多的投票权，例如特殊管理股的投票权相当于一般股的5票甚至更多，确保其在持有股份很低的情况下仍然保持掌控力；另一种是具有一票否决权，即规定特殊管理股可在股权占比很低时依然享有一票否决权。[1] 在新兴出版领域实施特殊管理股制度，可以避免由于资本多元化和股东诉求多样化而给企业经营带来不必要的冲击，从而在一定程度上保障媒体社会公器作用及其公共职能。[2]

近年来，国家出台的一系列文件中都涉及特殊管理股制度：2013年11月，党的

---

[1] 吕骞：《特殊管理股制度：国外已成熟 国内待试水》，http://finance.people.com.cn/n/2014/1017/c1004-25850766.html。

[2] 金雪涛：《我国传媒领域有效推进特殊管理股制度的思考》，http://theory.people.com.cn/n1/2016/1206/c83865-28928486.html。

十八届三中全会《中共中央关于全面深化改革若干重大问题的决定》提出，要对按规定转制的重要国有传媒企业探索实行特殊管理股制度；2014年2月，中央全面深化改革领导小组第二次会议审议通过的《深化文化体制改革实施方案》着重把传媒企业实行特殊管理股制度试点工作列为2014年的工作要点；2014年4月，国务院办公厅发布《关于印发文化体制改革中经营性文化事业单位转制为企业和进一步支持文化企业发展两个规定的通知》，其中明确提出对按规定转制的重要国有传媒企业探索实行特殊管理股制度，经批准可开展试点；2015年8月，中共中央、国务院印发《关于深化国有企业改革的指导意见》，提出允许将部分国有资本转化为优先股，在少数特定领域探索建立国家特殊管理股制度；2016年5月，国家新闻出版广电总局召开会议，建议国资特殊管理股比例至少1%，拥有董事席位，对内容有一定审查权。

未来，国家应进一步推进特殊管理股制度，通过制度规制构建媒体话语权及舆论导向的基础。在维护传媒公共利益的同时，应用特殊管理股制度深化我国传媒产业的改革与发展。

第二节　行业层面：切实转变思路

大数据时代，传统出版单位要与时俱进，积极主动引入新思维、新技术提升其传播能力，才能提高自身的核心竞争力和影响力。传统出版单位要在书、刊、报品牌基础之上，利用新兴出版的优势，打造自身的品牌。网络时代要实现有效传播必须提高产品的受众意识，提高受众的主体地位。传统出版单位在信息传播的过程中对受众的关注较少，而新兴移动媒体终端却满足了受众在信息接收过程中的信息价值需求，故越来越多的受众选择移动终端作为获取信息的主要方式。这种现象的出现给传统出版单位传递了一个重要的理念，那就是把用户上升为核心地位。传统出版单位要不断运用互联网思维积极与用户互动，在互动中实现对舆论的引导，在共建中实现传播功能的全面释放。关于具体实施措施，著者提出以下几点建议。

一　探索转型升级之路，始终坚持把社会效益放在首位

"从事出版活动应将社会效益放在首位，实现社会效益与经济效益相结合"，这是我

国《出版管理条例》的规定。对于大数据时代的新兴出版来说，追求社会效益依旧是出版单位的根本任务。中共中央办公厅、国务院办公厅2015年9月印发的《关于推动国有文化企业把社会效益放在首位、实现社会效益和经济效益相统一的指导意见》（以下简称《意见》）将社会效益的重要性提到了新高度。《意见》指出，出版单位应树立精品意识，完善引导激励机制，加强原创和现实题材创作，努力创作生产更多传播当代中国价值观念、体现中华文化精神、弘扬中华优秀传统文化、反映中国人民奋斗追求的优秀文化产品；健全传播网络，规范传播秩序，发展现代流通形式，加强市场营销，鼓励和引导文化消费，不断扩大优秀文化产品的覆盖面和影响力；加大核心技术研发攻关力度，建立健全相关标准规范、管理制度和技术手段，抢占文化科技融合发展制高点；扩大对外文化贸易和文化投资，提升国际传播能力，讲好中国故事，传播好中国声音。[①]

任何一种新兴技术的出现必然给社会的经济文化发展带来影响与变化，我们不能否认大数据技术的发展对社会经济文化的发展起着推动作用。积极探索与自身相适应的大数据转型升级之路，利用数据驱动出版物产品及服务优化，形成内容优势和传播优势，扩大市场占有率和话语权，追求社会效益的最大化，是出版单位在大数据时代的第一原则和终极目标。

二 推进"一把手"工程，重视整体战略转型

许多人对大数据的认识还停留在技术层面，而没有将大数据与本单位的业务需求结合起来考虑，出版行业应从自身特点出发提出一个切实可行的大数据战略。大数据是"一把手"工程，大数据项目的成功落地需要出版单位的决策者以身作则，给予大数据更多的重视，制定整个单位的大数据目标和战略，落实责任部门及分工，在方向上进行把握，在工作上给予指导。

以传统出版单位为例，一把手对转型创新的态度在很大程度上决定了出版社的转型升级是否有新的突破。传统出版单位要把融合发展当成企业转型升级的战略来规划和实施，而不能简单地把事情推给数字出版部门来落实。面对新媒体、新技术的冲击，一把手要有强烈的危机感，高度重视出版社转型升级，并配备人员从事大数据相

---

① 《关于推动国有文化企业把社会效益放在首位、实现社会效益和经济效益相统一的指导意见》，http://politics.people.com.cn/n/2015/0915/c1001-27583682.html。

关工作，出版单位的技术人员要深入了解大数据的知识，明确如何通过技术手段达到大数据分析的目标。

三 加快跨界融合，延伸出版产业链

近年来，随着国家"互联网+"战略的持续推进，不同产业之间的边界逐渐被打破，各个领域对内容资源的需求都在不断提升。出版业具有存量资源丰富的产业特点，专业出版社更是聚集了大量高价值的知识内容，这为其跨界服务提供了机会，使其将原本的读者群体变为提供服务的对象成为可能。产业链的延伸带来了数据链路的打通，使原本难以获取的用户数据得以回流，为大数据运营提供了可能。

例如，《中国家庭医生》杂志社融合自身34年医学知识库内容资源，融合健康传媒、智慧医疗、用户行为心理学及移动互联云服务等应用领域，打造了"智囊""智联""智教""智疗"四大应用平台构成的医疗健康生态服务平台。该平台面向基层医疗，能帮助医生和患者高效精准地对接医疗资源，提供预约、咨询、问诊、随访及健康管理等服务；并应用大数据技术，通过数据分析和标签配对接入社区各类健康便民服务，利用系统采集用户行为数据并分析用户偏好，精准推送定制化的信息知识服务。

由此可见，跨界发展成为新闻出版单位开展转型升级、融合发展的重要途径。创新发展模式、探索跨界融合将为传统出版单位带来新的市场、新的空间。

四 弱化出版物形态，积极探索知识服务模式

知识服务是以知识为主导要素的一种经济社会中快速发展的服务形式，其对一个国家的知识创新与传播起着极其重要的作用。[1] 推进专业化知识服务平台建设将有效聚集专业领域数字内容资源，推动国家知识服务体系建设。近几年，国家积极推进专业化知识服务平台建设的进程，2015年8月下发的《国务院关于印发促进大数据发展行动纲要的通知》中将建立国家知识服务平台与知识资源服务中心列为主要任务之一。

出版业是专业知识内容的重要生产部门，其精英化的内容生产模式积累了大量高度专业化、高附加值的内容资源。从这方面看，出版社完全有资格作为知识服务的提

---

[1] 李霞、樊治平、冯博：《知识服务的概念、特征与模式》，《情报科学》2007年第10期，第1584~1587页。

供者。然而，在传统纸媒体时代，内容和介质是封装在一起的，一本书的内容和构成这本书的介质无法分离，封装成型的纸质书籍意味着介质所承载的内容无法关联和交互，也就无从谈及服务。数字技术的发展使内容与介质的分离成为可能，内容可以脱离介质独立存在，数字化的内容资源可以被整合、关联。通过对存量资源进行加工、挖掘、开发与综合利用，提炼出有价值的内容进行细分、标引，能把信息变为知识，构建知识体系和知识库。新的内容产品可以不再拘泥于传统出版业的封装形态，而是以更为精准的方式向用户提供服务，帮助用户获取知识，提高用户解决问题的能力，帮助用户理性决策，或者直接帮助用户解决问题，满足用户的知识需求。

五 引进新型人才，建立市场化薪酬机制

大数据时代对出版人才的需求已不再是传统出版人才的简单相加，而是需要具有创新思维的复合型人才，以适应新技术新媒体发展和信息时代传播多元化趋势。[①] 出版具有记录内容、传播知识的功能，这就要求出版人在时刻把握最新发生的信息的同时，也要去寻找信息背后的"信息"。出版人要看到网络和新媒体对图书、报纸、杂志这些传统媒体的冲击。传统出版缺乏与读者互动，而这却恰恰是新媒体所具有的最大优势之一。新型出版人才要具有强烈的跨界意识，要以一种创新和开放的态度正视媒体产业内部的深度融合，以及媒体行业与其他行业的融合发展。

相较于其他行业，出版业的薪酬水平偏低，无法吸引大数据相关技术人才，也会导致部分原有复合型人才的流失。出版单位要建立科学的薪酬体系，为优秀人才提供更好的待遇回报。

出版业的大数据技术人才不仅要具备收集、整理、分析数据和撰写报告的能力，更重要的是要能够结合企业自身的发展，找出数据背后隐藏的挑战和机遇，并将这些有价值的发现应用到企业内部战略规划和具体的市场运营之中。因此，较高的技术素养、强大的数据分析能力、深谙数字出版业务和市场运作成为这一时代对大数据出版人的要求。

总的来说，出版单位必须大力加强人才队伍建设，建立科学的薪酬机制，以人才为核心促进出版业的发展。

---

① 黄灿英：《浅析"互联网+"背景下数字出版人才培养》，http://www.bookdao.com/article/268316。

六 鼓励内部竞争，形成优胜劣汰机制

激烈的市场竞争要求传统出版单位不仅在技术和产业上要增强创新能力，人才的优胜劣汰和吐故纳新工作也十分重要。

长期以来，在事业单位体制下，出版单位的人力资源管理习惯于用事业单位的各项人事规定来管理人员编制、晋升工资计划等，很少围绕单位发展战略问题配置人力资源。[1] 传统出版单位在事业体制下，人力资源采取配给方式，人员只进不出、只上不下、只升不降以及待遇方面的"铁饭碗"形成了封闭式的用人方式，这严重挫伤优秀人才的积极性。在转型升级过程中，应积极推行市场化用人理念，建立符合出版企业发展战略的人事管理制度，打破在岗人员资格资历的限制，全面建立岗位、考勤、绩效、薪酬等相关人事制度，形成以能力为基础、以业绩为导向的岗位竞聘制和绩效优先的分配制度。

优胜劣汰的人才竞争机制的引入，有利于在企业内部形成富有生机与活力的用人环境，促使优秀人才脱颖而出；有利于加快人才流动、及时发现人才；能有效地激发企业全体员工要求上进、自我完善的能力，促进企业员工整体素质的提高，加快高素质管理人员和专业技术人员队伍的建设。

七 鼓励大胆尝试，健全容错机制

出版单位在进行大数据尝试的过程中，势必会打破固有传统出版的观念，引入互联网思维重新规划。在基础环境、技术人才与技术力量等的准备中，很多事情都需要大胆尝试。尝试中难免因缺乏经验、先行先试而出现失误，或为推动创新发展而出现过失，要对出错者抱有包容态度，而不是求全责备。出版单位应探索建立鼓励创新、宽容失败、允许试错、责任豁免的"容错"机制，为转型创新营造良好的氛围。

八 激发内在动力，引入资本机制

近年来，国家大力支持文化产业与资本融合，加强对文化企业的财税金融支持，鼓励社会资本进入文化领域，积极推进相关事业单位分类改革，鼓励国有文化企业

---

[1] 张星：《出版行业人力资源管理存在的问题与对策》，《科技与出版》2012年第3期，第24~27页。

引进战略资本实行股份制改造,积极引导民间资本投资文化创意和设计服务领域。出版单位应当积极争取中央财政专项资金扶持,通过并购、重组等方式壮大自身资本实力,运用多种融资方式开拓资金渠道来源,发挥资本市场的推动作用,激发产业转型升级、融合发展的潜能。

第三节 企业层面:以需求为导向理性应对大数据

一 要理性看待大数据

1. 客观认识大数据及其价值

自2011年以来,大数据以迅雷不及掩耳之势火遍中国大江南北,成为继云计算、物联网等技术之后的新一轮技术热潮,很多领域都在热火朝天地谈论大数据,以期能应用新技术有所作为。正因为如此,我们希望各领域在热议大数据的同时能够多一份冷静,能够对大数据有更加客观和理性的认知,避免生搬硬套,要明确辨析本产业或企业自身业务场景是否需要用大数据技术,或如何用大数据技术来提高各自产业或企业效率,以便更好、更高效地提供服务。

在大数据发展的过程中,有些时候人们会过度解读大数据的意义及其价值,只看到一些应用的亮点,忽视了大数据技术的真正原理,甚至神话了大数据应用的预期效果,期望大数据能一下子解决行业或企业自身遇到的所有问题,从而制定出不合理的技术目标。目前,大数据的确已经很好地在很多行业或企业中得到实际应用,但是它也是有一定的应用场景和使用要求的,大数据更擅长于处理数据类型多样、数据来源多样、需要及时响应、数据间操作频繁、不断有增量数据涌入等业务场景。同时,大数据的价值很多时候并不是直接产生效益,它更多是起到驱动业务的作用,需要行业专家通过对大数据分析技术的业务转化来提高本行业的效率或改变行业应用形态,从而带动整个经济的发展。

2. 正确看待大数据技术应用中面临的问题和未来

一个新技术在发展的过程中除了能带来好处外,不可避免地将带来一些问题,正如硬币有正反两面一样,事物也有其两面性。大数据发展的过程中也出现一些问题,如个人隐私问题、数据安全性问题、数据垄断问题、数据产权问题、滥用数据问题和数据泄露问题等。这些问题已引起多方关注，如欧盟就已通过《数据保护总规》（以下简称《总规》），将于 2018 年生效。《总规》明确了数据被遗忘权、数据更正权、数据限制处理权、数据可携权、数据获取权、信息知情权、知情同意权等规则和企业设立数据保护官、限制用户画像、限制随意跨境转移等义务。美国白宫两度发布大数据报告，探讨大数据时代的数据保护及数据伦理，积极推动个人数据保护综合性立法和领域性立法，颁布了个人数据保护操作指南。日本修订了《个人信息保护法》（PIPA），扩展了个人数据定义及法律适用范围，增加了敏感数据、匿名化等条款，建立了统一的个人数据保护委员会等。① 预计我国将很快出台相关法律法规，促进相关行业解决好大数据发展和开放带来的利益与各种问题之间的平衡关系。

未来，随着数据意识越来越强，各种传感设备越来越多，社会越来越智能化，我们必将更深一步地进入数据化时代，而大数据时代将带领我们走向一个新的世界。与此同时，大数据技术也将在一定程度上推动人工智能以及未来其他技术的发展，因为每项技术从来都不是独立、单一存在的，新技术的出现往往都是底层系统的成熟促进上层应用技术发展的过程，它无法割断历史，但又有新的含义。

二 小数据亦有其用武之地

1. 大数据时代的小数据

小数据是相对于大数据而言的，是个相对概念。目前，关于什么是小数据有两种说法：一种是相对于大数据的定义，认为小数据是可以通过目前主流软件工具在合理时间内采集、存储、处理的数据集，也就是传统意义上的数理统计和数据挖掘可以解决的问题；另一种是马丁·林斯特龙（Martin Lindstrom）在他的专著《痛点：挖掘小数据满足用户需求》中提出的，即小数据是以个人为中心全方位表现出的表情、手势、偏爱、习惯等消费者真实内在的数据。

目前来说，随着互联网的发展和数据量的激增，大数据分析有着诸多的优势；但并不能因此而放弃抽样调查和案例研究等小数据研究方法。大数据更关注整体发展走向以及事物的相关关系等；而小数据在因果关系的分析上更具有优势，在抽样调查时

---

① 《加快推进我国大数据立法》，http://news.163.com/16/0518/10/BNBDVF5300014AED.html。

更具有代表性；在案例分析时更具有针对性。事实上，大数据和小数据的关系应该是互补、相辅相成的。

综上所述，还是应该根据具体问题来选择具体的方法。大数据和小数据解决问题的方式不同、方向不同，用处也不同。大数据更适合总结和描述特征，小数据更适合洞察细节、进行归因。比如一些企业进行个性化推荐和精准营销时，就既要用到大数据的采集技术，也要用到小数据的分析方法，因为小数据在解决微观问题上，尤其是在个体研究、精准分析背后的原因方面有着巨大的优势。如乐高公司的战略性转型调整恰恰就是运用小数据研究方法来完成的。

2. 从乐高公司战略转型看小数据的作用

互联网游戏的兴起使乐高公司的业绩受到重创。[①] 在世纪之交时，乐高公司的销售额接连出现两位数的下滑。更令人悲观的是，乐高公司的每一次大数据分析都得出了同样的结论：未来几代人会失去对乐高的兴趣，乐高公司要开始研究游戏棒、棍子棒、捉迷藏了。乐高公司的每一次研究都表明，时代的强烈需求是即时满足，这是任何积木都无法应付的。面对这样的预测，乐高公司似乎无法扭转局面了，它削减了产品数量，进入服务水平低下的全球新市场。乐高公司时任CEO甚至表示："我们一直在亏本，都火烧眉毛了，公司还将面临巨额债务违约的风险，很可能破产"。

为了力挽狂澜，乐高公司的管理者们改变了做法，他们决定走进全欧洲顾客的家中。在一位德国11岁小男孩的家里，他们了解到这位小男孩不仅是乐高迷还是狂热的滑板爱好者。当被问到最钟爱的东西时，小男孩指了指一双破旧的阿迪达斯运动鞋；他们问小男孩为什么把一双阿迪达斯球鞋置于家中这么醒目的位置，小男孩回答说："我是全镇数一数二的滑板高手，这双鞋能时刻提醒我这一点"。

乐高公司从中顿悟到，孩子们想要在同龄人中获得社会存在感就要具备一种高超的技能，为此他们是愿意花费心思与精力的。乐高公司改变了原先的战略，重新回归了核心产品，甚至开始增加更多小块积木。乐高积木拥有了更精确的安装手册，游戏的挑战也更有难度。这种"召唤人们克服困难、刺激人们掌握技巧"的变革使乐高

[①] 马丁·林斯特龙：《痛点—挖掘小数据满足用户需求》，北京：中信出版集团，2017。

公司从电子游戏业对手的封锁中成功突围，迎来了公司史上又一个高速发展期。

在此之前，乐高公司的战略决策还完全依赖于大数据，然而最终帮助其走出困境的竟然是对乐高迷小男孩的个体案例调研。这样看来，小数据在解决特定问题方面是可以发挥巨大效能的，小数据不会因为大数据时代的到来而过时和落伍，它依然有自己的用武之地。目前来看，更多企业其实更适合使用小数据来解决其遇到的挑战，在未理清大数据应用目标和思路时，不宜盲目去建立大数据平台。

三 出版单位要明确需求，量体裁衣

出版单位在申请项目和资金支持时，动辄就是"大数据""云出版""知识库"等，看似技术先进、前沿，但问题是出版单位现有数据规模和数据特点是否算得上"大数据"？是否需要建设大数据平台来进行数据分析，并能够通过数据分析指导出版单位运营？还有一种情况是出版单位没有存量大数据，只是希望通过建设大数据平台来探索新的内容生产与内容服务模式。如果是这一种情况，应该说这样的想法本身是非常值得肯定的，在数字化的今天也是非常必要的。但这里也有一个问题，就是出版单位想要建设大数据平台是从人云亦云的概念出发，还是从出版单位转型和实际业务需求出发。这里至少涉及大数据平台建设的业务模型、技术细节、应用过程、应用场景、人员结构、投入产出、用户需求和体制风险等。只有这些都考虑清楚了，并进行了认真的论证，出版单位才能最大化地降低大数据平台建设风险，才能真正发挥大数据的效能。[①]

大数据平台建设本身不是目的，其目的是要建立数字化时代的新商业运营模式，通过直接或间接的方法为企业创造利润，同时增加企业的影响力和话语权。大数据平台的使用一定要与实际需求挂钩，离开了实际需求空谈大数据是没有意义的，就像一定要让线装书局转型去出版电子书一样，有点儿为转型而转型了。同时，如果不考虑大数据的特点，一味从概念出发强行上马，最后很可能是"筷子夹汤"一场，永远也走不到真正的应用。

总之，发展大数据不能蜂拥而上，出版单位首先要明确本单位的实际需求以及想

---

① 张立：《出版业有"大数据"吗？》，《出版人》2016年第8期，第52~55页。

要解决的具体问题，并结合自身业务情况，以需求和应用为出发点，合理选择大数据或小数据。只有选对了数据技术和分析方法，才能最大限度发挥数据和技术的价值，才能更好地为出版单位服务。最终只有那些以出版单位实际需求为出发点而建设的大数据平台，才可能使大数据技术和产品真正落地并发挥效益。

写在后面的话
坚守与变革 —— 一个值得思考的问题*

第一，目前传统出版业的数据应用较局限。传统出版业与互联网企业在生产模式、产品形态、传播形式和运营模式等方面都有很大差异。这致使传统出版业的数据并不完全具备"大数据"的特征，有些出版单位也许离"大数据"应用还相当遥远。传统出版业目前业务所涉及的各种数据更多地应用在宏观统计、趋势分析、选题策划和营销发行等方面，这些数据仅在某种程度上为出版业整体发展方向提供了一定借鉴和指导意义。

第二，"大数据"不只是数据分析。"大数据"是信息技术和信息产业发展到一定阶段的产物，它的前身与数据挖掘息息相关，如果用宽泛的概念进行界定，目前相当多的数据分析工作都可以归属其中。也就是说，"大数据"本身代表着一个承上启下的过程，它无法割断历史，但又有新的含义。这些新含义表现在它的数据规模应该足够大，并具有分布式、异构性和实时性等特点。也就是说，不是简单做点数据分析就可以归为"大数据"了。

第三，"大数据"不仅是概念，还是具体的应用。出版单位在提"大数据"时，首先应想清楚是否会真正用到这些技术去改变现有的内容生产模式。如果有一天，出版业移师互联网，相信"大数据"工具一定能很好地派上用场。因为"大数据"工具在对实时产生的数据进行分析时会有相当不错的表现，这些实时产生的数据往往是基于互联网在线采集到的机器数据、交易数据或用户行为数据等；而在其他情况下，大

---

* 张立：《出版业有"大数据"吗？》，《出版人》2016年第8期，第52~55页。

数据并不能保证解决所有问题。所以，切忌为追求"大数据"而"大数据"，应以要解决的问题为导向。

第四，以移动互联网技术为代表的信息技术正在日益改变着人们获取信息和知识的方式。如今作为文化阵地主力军的传统出版业遭受着巨大冲击。可以肯定的是，传统出版业现有数据和数据背后蕴含的价值是存在的，而这部分价值还远未被挖掘出来。那么是否可以依靠大数据技术来加快出版业的转型升级，这成为出版业生存与发展的新课题。当今出版业到底该怎样利用好大数据，还需出版人不断进行探索。

第五，机遇总是和挑战并存，出版单位应主动转变思路，以"科技创新、产业融合"为导向，以"新媒体、新业态、新技术、新产业链"为切入点，运用新思路、新思维、新方法，立足优质内容并应用先进技术进行融合发展，努力在大数据时代的浪潮中拓宽发展思路、寻求转型升级，并通过不断调整自身发展方向谋求创新。在互联互通的今天，现代出版人需要将业态延伸至互联网领域，积极地进行转型升级。只有转型升级成功，才能真正迎来出版业的大数据时代。

第六，无论如何，世界已进入由数据主导的时代，我们已经生活在一个充满数据的时代，并在不断产生着各种新数据。大数据已经与我们的工作生活息息相关、须臾难离。不管是否认同，大数据时代已经来临，并将深刻地改变我们的生活和工作。即便不主动融入大数据，也不能忽视它给生活和工作方方面面带来的影响。坚守与变革都是一种情怀，就看传统出版单位的掌门人如何抉择了。

参考文献

[1] 张良均、樊哲、赵云龙:《Hadoop 大数据分析与挖掘实战》，北京：机械工业出版社，2015。

[2] 石勇、陈懿冰:《大数据技术在金融行业的应用及未来展望》，《金融电子化》2014 年第 7 期，第 22~23 页。

[3] 麦肯锡:《医疗行业的大数据革命》，http://www.ctocio.com/reports/12037.html。

[4] 李欣:《新媒体环境下 UGC 模式对用户属性的影响》，《青年记者》2013 年第 14 期，第 74~75 页。

[5] 董碧水:《我国数字阅读呈井喷之势》，《中国青年报》2017 年 4 月 17 日（3）。

[6] 官思发:《大数据知识服务关键要素与实现模型研究》，《图书馆论坛》2015 年第 6 期，第 87~93 页。

[7] 冯宏声:《新闻出版业大数据体系建设与应用》，http://www.cbbr.com.cn/article/106074.html。

[8] 冯宏声:《冯宏声深度解读——新闻出版业"十三五"时期科技发展规划》，http://www.bookdao.com/article/214794。

[9] 第十三届文博会新闻出版业数字化转型升级工作回顾专栏。

[10] 张宏森:《推进转型升级，力促创新发展》，https://www.suilengea.com/wn/43/egfjzci.html。

[11] 李霞、樊治平、冯博:《知识服务的概念、特征与模式》，《情报科学》2007 年第 10 期，第 1584~1587 页。

［12］黄灿英：《浅析"互联网+"背景下数字出版人才培养》，http://www.bookdao.com/article/268316。

［13］惠向红：《论我国新媒体监管机制的完善》，《新闻研究导刊》2016年第6期，第28~28页。

［14］《中华人民共和国电信条例》，http://www.miit.gov.cn/n11293472/n11293877/n11301753/n11496139/11537485.html。

［15］《互联网信息服务管理办法》，http://www.gov.cn/fwxx/bw/gjgbdydszj/content_2263004.htm。

［16］《电信业务经营许可管理办法》，http://www.miit.gov.cn/n1146295/n1146557/n1146624/c3554636/content.html。

［17］《互联网文化管理暂行规定》，http://www.gov.cn/flfg/2011-03/21/content_1828568.htm。

［18］《出版管理条例》，http://www.cnfla.com/tiaoli/25890.html。

［19］《互联网视听节目服务管理规定》，http://www.gov.cn/flfg/2007-12/29/content_847230.htm。

［20］《互联网新闻信息服务管理规定》，http://www.gov.cn/flfg/2005-09/29/content_73270.htm。

［21］《广播电视节目制作经营管理规定》，http://www.gov.cn/gongbao/content/2005/content_64182.htm。

［22］《网络出版服务管理规定》，http://www.miit.gov.cn/n1146290/n4388791/c4638978/content.html。

［23］陆高峰：《加强新媒体从业人员职业资格管理的问题与建议》，《西部学刊》2017年第1期，第51~54页。

［24］桂钰涵：《新媒体存在的问题及解决对策——以互联网为例》，《今传媒》2014年第4期，第114~117。

［25］宗淑萍、李川、梁虹等：《我国建立出版专业职业资格制度的必要性及其意义》，《河北农业大学学报（农林教育版）》2009年第11期，第511~513页。

［26］吕骞：《特殊管理股制度：国外已成熟国内待试水》，http://finance.people.com.

cn/n/2014/1017/c1004-25850766.html。

[27] 金雪涛:《我国传媒领域有效推进特殊管理股制度的思考》,http://theory.people.com.cn/n1/2016/1206/c83865-28928486.html。

[28] 贵阳大数据交易所:《2015年中国大数据交易白皮书》,http://www.docin.com/p-1163220694.html。

[29] 贵阳大数据交易所:《2016年中国大数据交易产业白皮书》,http://www.cbdio.com/BigData/2016-06/02/content_4965656.htm。

[30] 工业和信息化部信息化和软件服务业司国家标准化管理委员会工业二部、全国信息技术标准化技术委员会大数据标准工作组中国电子技术标准化研究院,《大数据标准化白皮书（2016版）》,https://wenku.baidu.com/view/cbdaab8e48d7c1c709a145a3.html。

[31] 张立:《出版业有"大数据"吗?》,《出版人》2016年第8期,第52~55页。

附 录

附录 A：相关政策

一 国务院办公厅关于运用大数据加强对市场主体服务和监管的若干意见

国办发〔2015〕51 号

各省、自治区、直辖市人民政府，国务院各部委、各直属机构：

为充分运用大数据先进理念、技术和资源，加强对市场主体的服务和监管，推进简政放权和政府职能转变，提高政府治理能力，经国务院同意，现提出以下意见。

一 充分认识运用大数据加强对市场主体服务和监管的重要性

简政放权和工商登记制度改革措施的稳步推进，降低了市场准入门槛，简化了登记手续，激发了市场主体活力，有力带动和促进了就业。为确保改革措施顺利推进、取得实效，一方面要切实加强和改进政府服务，充分保护创业者的积极性，使其留得下、守得住、做得强；另一方面要切实加强和改进市场监管，在宽进的同时实行严管，维护市场正常秩序，促进市场公平竞争。

当前，市场主体数量快速增长，市场活跃度不断提升，全社会信息量爆炸式增长，数量巨大、来源分散、格式多样的大数据对政府服务和监管能力提出了新的挑战，也带来了新的机遇。既要高度重视信息公开和信息流动带来的安全问题，也要充分认识推进信息公开、整合信息资源、加强大数据运用对维护国家统一、提升国家治理能力、提高经济社会运行效率的重大意义。充分运用大数据的先进理念、技术和资源，是提升国家竞争力的战略选择，是提高政府服务和监管能力的必然要求，有利于政府充分获取和运用信息，更加准确地了解市场主体需求，提高服务和监管的针对性、有效性；有利于顺利推进简政放权，实现放管结合，切实转变政府职能；有利于加强社会监督，发挥公众对规范市场主体行为的积极作用；有利于高效利用现代信息技术、社会数据资源和社会化的信息服务，降低行政监管成本。国务院有关部门和地方各级人民政府要结合工作实际，在公共服务和市场监管中积极稳妥、充分有效、安全可靠地运用大数据等现代信息技术，不断提升政府治理能力。

二 总体要求

（一）指导思想

全面贯彻落实党的十八大和十八届二中、三中、四中全会精神，按照党中央、国务院决策部署，围绕使市场在资源配置中起决定性作用和更好发挥政府作用，推进简政放权和政府职能转变，以社会信用体系建设和政府信息公开、数据开放为抓手，充分运用大数据、云计算等现代信息技术，提高政府服务水平，加强事中事后监管，维护市场正常秩序，促进市场公平竞争，释放市场主体活力，进一步优化发展环境。

（二）主要目标

提高大数据运用能力，增强政府服务和监管的有效性。高效采集、有效整合、充分运用政府数据和社会数据，健全政府运用大数据的工作机制，将运用大数据作为提高政府治理能力的重要手段，不断提高政府服务和监管的针对性、有效性。

推动简政放权和政府职能转变，促进市场主体依法诚信经营。运用大数据提高政府公共服务能力，加强对市场主体的事中事后监管，为推进简政放权和政府职能转变提供基础支撑。以国家统一的信用信息共享交换平台为基础，运用大数据推动社会信用体系建设，建立跨地区、多部门的信用联动奖惩机制，构建公平诚信的市场环境。

提高政府服务水平和监管效率，降低服务和监管成本。充分运用大数据的理念、技术和资源，完善对市场主体的全方位服务，加强对市场主体的全生命周期监管。根据服务和监管需要，有序推进政府购买服务，不断降低政府运行成本。

政府监管和社会监督有机结合，构建全方位的市场监管体系。通过政府信息公开和数据开放、社会信息资源开放共享，提高市场主体生产经营活动的透明度。有效调动社会力量监督市场主体的积极性，形成全社会广泛参与的市场监管格局。

三 运用大数据提高为市场主体服务水平

（三）运用大数据创新政府服务理念和服务方式

充分运用大数据技术，积极掌握不同地区、不同行业、不同类型企业的共性、个性化需求，在注册登记、市场准入、政府采购、政府购买服务、项目投资、政策动态、招标投标、检验检测、认证认可、融资担保、税收征缴、进出口、市场拓展、技术改造、上下游协作配套、产业联盟、兼并重组、培训咨询、成果转化、人力资源、法律服务、知识产权等方面主动提供更具针对性的服务，推动企业可持续发展。

（四）提高注册登记和行政审批效率

加快建立公民、法人和其他组织统一社会信用代码制度。全面实行工商营业执照、组织机构代码证和税务登记证"三证合一""一照一码"登记制度改革，以简化办理程序、方便市场主体、减轻社会负担为出发点，做好制度设计。鼓励建立多部门网上项目并联审批平台，实现跨部门、跨层级项目审批、核准、备案的"统一受理、同步审查、信息共享、透明公开"。运用大数据推动行政管理流程优化再造。

（五）提高信息服务水平

鼓励政府部门利用网站和微博、微信等新兴媒体，紧密结合企业需求，整合相关信息为企业提供服务，组织开展企业与金融机构融资对接、上下游企业合作对接等活动。充分发挥公共信用服务机构作用，为司法和行政机关、社会信用服务机构、社会公众提供基础性、公共性信用记录查询服务。

（六）建立健全守信激励机制

在市场监管和公共服务过程中，同等条件下，对诚实守信者实行优先办理、简化程序等"绿色通道"支持激励政策。在财政资金补助、政府采购、政府购买服务、政府投资工程建设招投标过程中，应查询市场主体信用记录或要求其提供由具备资质的信用服务机构出具的信用报告，优先选择信用状况较好的市场主体。

（七）加强统计监测和数据加工服务

创新统计调查信息采集和挖掘分析技术。加强跨部门数据关联比对分析等加工服务，充分挖掘政府数据价值。根据宏观经济数据、产业发展动态、市场供需状况、质量管理状况等信息，充分运用大数据技术，改进经济运行监测预测和风险预警，并及时向社会发布相关信息，合理引导市场预期。

（八）引导专业机构和行业组织运用大数据完善服务

发挥政府组织协调作用，在依法有序开放政府信息资源的基础上，制定切实有效的政策措施，支持银行、证券、信托、融资租赁、担保、保险等专业服务机构和行业协会、商会运用大数据更加便捷高效地为企业提供服务，支持企业发展。支持和推动金融信息服务企业积极运用大数据技术开发新产品，切实维护国家金融信息安全。

（九）运用大数据评估政府服务绩效

综合利用政府和社会信息资源，委托第三方机构对政府面向市场主体开展公共服务的绩效进行综合评估，或者对具体服务政策和措施进行专项评估，并根据评估结果及时调整和优化，提高各级政府及其部门施政和服务的有效性。

四 运用大数据加强和改进市场监管

（十）健全事中事后监管机制

创新市场经营交易行为监管方式，在企业监管、环境治理、食品药品安全、消费安全、安全生产、信用体系建设等领域，推动汇总整合并及时向社会公开有关市场监管数据、法定检验监测数据、违法失信数据、投诉举报数据和企业依法依规应公开的数据，鼓励和引导企业自愿公示更多生产经营数据、销售物流数据等，构建大数据监管模型，进行关联分析，及时掌握市场主体经营行为、规律与特征，主动发现违法违规现象，提高政府科学决策和风险预判能力，加强对市场主体的事中事后监管。对企业的商业轨迹进行整理和分析，全面、客观地评估企业经营状况和信用等级，实现有效监管。建立行政执法与司法、金融等信息共享平台，增强联合执法能力。

（十一）建立健全信用承诺制度

全面建立市场主体准入前信用承诺制度，要求市场主体以规范格式向社会作出公开承诺，违法失信经营后将自愿接受约束和惩戒。信用承诺纳入市场主体信用记录，接受社会监督，并作为事中事后监管的参考。

（十二）加快建立统一的信用信息共享交换平台

以社会信用信息系统先导工程为基础，充分发挥国家人口基础信息库、法人单位信息资源库的基础作用和企业信用信息公示系统的依托作用，建立国家统一的信用信息共享交换平台，整合金融、工商登记、税收缴纳、社保缴费、交通违法、安全生产、质量监管、统计调查等领域信用信息，实现各地区、各部门信用信息共建共享。具有市场监管职责的部门在履职过程中应准确采集市场主体信用记录，建立部门和行业信用信息系统，按要求纳入国家统一的信用信息共享交换平台。

（十三）建立健全失信联合惩戒机制

各级人民政府应将使用信用信息和信用报告嵌入行政管理和公共服务的各领域、各环节，作为必要条件或重要参考依据。充分发挥行政、司法、金融、社会等领域的综合监管效能，在市场准入、行政审批、资质认定、享受财政补贴和税收优惠政策、企业法定代表人和负责人任职资格审查、政府采购、政府购买服务、银行信贷、招标投标、国有土地出让、企业上市、货物通关、税收征缴、社保缴费、外汇管理、劳动用工、价格制定、电子商务、产品质量、食品药品安全、消费品安全、知识产权、环境保护、治安管理、人口管理、出入境管理、授予荣誉称号等方面，建立跨部门联动响应和失信约束机制，对违法失信主体依法予以限制或禁入。建立各行业"黑名单"制度和市场退出机制。推动将申请人良好的信用状况作为各类行政许可的必备条件。

（十四）建立产品信息溯源制度

对食品、药品、农产品、日用消费品、特种设备、地理标志保护产品等关系人民群众生命财产安全的重要产品加强监督管理，利用物联网、射频识别等信息技术，建立产品质量追溯体系，形成来源可查、去向可追、责任可究的信息链条，方便监管部门监管和社会公众查询。

（十五）加强对电子商务领域的市场监管

明确电子商务平台责任，加强对交易行为的监督管理，推行网络经营者身份标识制度，完善网店实名制和交易信用评价制度，加强网上支付安全保障，严厉打击电子商务领域违法失信行为。加强对电子商务平台的监督管理，加强电子商务信息采集和分析，指导开展电子商务网站可信认证服务，推广应用网站可信标识，推进电子商务可信交易环境建设。健全权益保护和争议调处机制。

（十六）运用大数据科学制定和调整监管制度和政策

在研究制定市场监管制度和政策过程中，应充分运用大数据，建立科学合理的仿真模型，对监管对象、市场和社会反应进行预测，并就可能出现的风险提出处置预案。跟踪监测有关制度和政策的实施效果，定期评估并根据需要及时调整。

（十七）推动形成全社会共同参与监管的环境和机制

通过政府信息公开和数据开放、社会信息资源开放共享，提高市场主体生产经营活动的透明度，为新闻媒体、行业组织、利益相关主体和消费者共同参与对市场主体的监督创造条件。引导有关方面对违法失信者进行市场性、行业性、社会性约束和惩戒，形成全社会广泛参与的监管格局。

五 推进政府和社会信息资源开放共享

（十八）进一步加大政府信息公开和数据开放力度

除法律法规另有规定外，应将行政许可、行政处罚等信息自作出行政决定之日起7个工作日内上网公开，提高行政管理透明度和政府公信力。提高政府数据开放意识，有序开放政府数据，方便全社会开发利用。

（十九）大力推进市场主体信息公示

严格执行《企业信息公示暂行条例》，加快实施经营异常名录制度和严重违法失信企业名单制度。建设国家企业信用信息公示系统，依法对企业注册登记、行政许可、行政处罚等基本信用信息以及企业年度报告、经营异常名录和严重违法失信企业名单进行公示，提高市场透明度，并与国家统一的信用信息共享交换平台实现有机对接和信息共享。支持探索开展社会化的信用信息公示服务。建设"信用中国"

网站,归集整合各地区、各部门掌握的应向社会公开的信用信息,实现信用信息一站式查询,方便社会了解市场主体信用状况。各级政府及其部门网站要与"信用中国"网站连接,并将本单位政务公开信息和相关市场主体违法违规信息在"信用中国"网站公开。

(二十)积极推进政府内部信息交换共享

打破信息的地区封锁和部门分割,着力推动信息共享和整合。各地区、各部门已建、在建信息系统要实现互联互通和信息交换共享。除法律法规明确规定外,对申请立项新建的部门信息系统,凡未明确部门间信息共享需求的,一概不予审批;对在建的部门信息系统,凡不能与其他部门互联共享信息的,一概不得通过验收;凡不支持地方信息共享平台建设、不向地方信息共享平台提供信息的部门信息系统,一概不予审批或验收。

(二十一)有序推进全社会信息资源开放共享

支持征信机构依法采集市场交易和社会交往中的信用信息,支持互联网企业、行业组织、新闻媒体、科研机构等社会力量依法采集相关信息。引导各类社会机构整合和开放数据,构建政府和社会互动的信息采集、共享和应用机制,形成政府信息与社会信息交互融合的大数据资源。

六 提高政府运用大数据的能力

(二十二)加强电子政务建设

健全国家电子政务网络,整合网络资源,实现互联互通,为各级政府及其部门履行职能提供服务。加快推进国家政务信息化工程建设,统筹建立人口、法人单位、自然资源和空间地理、宏观经济等国家信息资源库,加快建设完善国家重要信息系统,提高政务信息化水平。

(二十三)加强和规范政府数据采集

建立健全政府大数据采集制度,明确信息采集责任。各部门在履职过程中,要依法及时、准确、规范、完整地记录和采集相关信息,妥善保存并及时更新。加强对市场主体相关信息的记录,形成信用档案,对严重违法失信的市场主体,按照有关规定列入"黑名单"并公开曝光。

（二十四）建立政府信息资源管理体系

全面推行政府信息电子化、系统化管理。探索建立政府信息资源目录。在战略规划、管理方式、技术手段、保障措施等方面加大创新力度，增强政府信息资源管理能力，充分挖掘政府信息资源价值。鼓励地方因地制宜统一政府信息资源管理力量，统筹推进政府信息资源的建设、管理和开发利用。

（二十五）加强政府信息标准化建设和分类管理

建立健全政府信息化建设和政府信息资源管理标准体系。严格区分涉密信息和非涉密信息，依法推进政府信息在采集、共享、使用等环节的分类管理，合理设定政府信息公开范围。

（二十六）推动政府向社会力量购买大数据资源和技术服务

各地区、各部门要按照有利于转变政府职能、有利于降低行政成本、有利于提升服务质量水平和财政资金效益的原则，充分发挥市场机构在信息基础设施建设、信息技术、信息资源整合开发和服务等方面的优势，通过政府购买服务、协议约定、依法提供等方式，加强政府与企业合作，为政府科学决策、依法监管和高效服务提供支撑保障。按照规范、安全、经济的要求，建立健全政府向社会力量购买信息产品和信息技术服务的机制，加强采购需求管理和绩效评价。加强对所购买信息资源准确性、可靠性的评估。

七 积极培育和发展社会化征信服务

（二十七）推动征信机构建立市场主体信用记录

支持征信机构与政府部门、企事业单位、社会组织等深入合作，依法开展征信业务，建立以自然人、法人和其他组织为对象的征信系统，依法采集、整理、加工和保存在市场交易和社会交往活动中形成的信用信息，采取合理措施保障信用信息的准确性，建立起全面覆盖经济社会各领域、各环节的市场主体信用记录。

（二十八）鼓励征信机构开展专业化征信服务

引导征信机构根据市场需求，大力加强信用服务产品创新，提供专业化的征信服务。建立健全并严格执行内部风险防范、避免利益冲突和保障信息安全的规章制度，依法向客户提供便捷高效的征信服务。进一步扩大信用报告在行政管理和公共服务及银行、证券、保险等领域的应用。

（二十九）大力培育发展信用服务业

鼓励发展信用咨询、信用评估、信用担保和信用保险等信用服务业。对符合条件的信用服务机构，按有关规定享受国家和地方关于现代服务业和高新技术产业的各项优惠政策。加强信用服务市场监管，进一步提高信用服务行业的市场公信力和社会影响力。支持鼓励国内有实力的信用服务机构参与国际合作，拓展国际市场，为我国企业实施海外并购、国际招投标等提供服务。

八 健全保障措施，加强组织领导

（三十）提升产业支撑能力

进一步健全创新体系，鼓励相关企业、高校和科研机构开展产学研合作，推进大数据协同融合创新，加快突破大规模数据仓库、非关系型数据库、数据挖掘、数据智能分析、数据可视化等大数据关键共性技术，支持高性能计算机、存储设备、网络设备、智能终端和大型通用数据库软件等产品创新。支持企事业单位开展大数据公共技术服务平台建设。鼓励具有自主知识产权和技术创新能力的大数据企业做强做大。推动各领域大数据创新应用，提升社会治理、公共服务和科学决策水平，培育新的增长点。落实和完善支持大数据产业发展的财税、金融、产业、人才等政策，推动大数据产业加快发展。

（三十一）建立完善管理制度

处理好大数据发展、服务、应用与安全的关系。加快研究完善规范电子政务，监管信息跨境流动，保护国家经济安全、信息安全，以及保护企业商业秘密、个人隐私方面的管理制度，加快制定出台相关法律法规。建立统一社会信用代码制度。建立健全各部门政府信息记录和采集制度。建立政府信息资源管理制度，加强知识产权保护。加快出台关于推进公共信息资源开放共享的政策意见。制定政务信用信息公开共享办法和信息目录。推动出台相关法规，对政府部门在行政管理、公共服务中使用信用信息和信用报告作出规定，为联合惩戒市场主体违法失信行为提供依据。

（三十二）完善标准规范

建立大数据标准体系，研究制定有关大数据的基础标准、技术标准、应用标准和管理标准等。加快建立政府信息采集、存储、公开、共享、使用、质量保障和安全管理的技术标准。引导建立企业间信息共享交换的标准规范，促进信息资源开发利用。

（三十三）加强网络和信息安全保护

落实国家信息安全等级保护制度要求，加强对涉及国家安全重要数据的管理，加强对大数据相关技术、设备和服务提供商的风险评估和安全管理。加大网络和信息安全技术研发和资金投入，建立健全信息安全保障体系。采取必要的管理和技术手段，切实保护国家信息安全以及公民、法人和其他组织信息安全。

（三十四）加强人才队伍建设

鼓励高校、人力资源服务机构和企业重点培养跨界复合型、应用创新型大数据专业人才，完善大数据技术、管理和服务人才培养体系。加强政府工作人员培训，增强运用大数据能力。

（三十五）加强领导，明确分工

各地区、各部门要切实加强对大数据运用工作的组织领导，按照职责分工，研究出台具体方案和实施办法，做好本地区、本部门的大数据运用工作，不断提高服务和监管能力。

（三十六）联系实际，突出重点

紧密结合各地区、各部门实际，整合数据资源为社会、政府、企业提供服务。在工商登记、统计调查、质量监管、竞争执法、消费维权等领域率先开展大数据示范应用工程，实现大数据汇聚整合。在宏观管理、税收征缴、资源利用与环境保护、食品药品安全、安全生产、信用体系建设、健康医疗、劳动保障、教育文化、交通旅游、金融服务、中小企业服务、工业制造、现代农业、商贸物流、社会综合治理、收入分配调节等领域实施大数据示范应用工程。

各地区、各部门要加强对本意见落实工作的监督检查，推动在服务和监管过程中广泛深入运用大数据。发展改革委负责对本意见落实工作的统筹协调、跟踪了解、督促检查，确保各项任务和措施落实到位。

国务院办公厅

2015年6月24日

二 国务院关于印发促进大数据发展行动纲要的通知

国发〔2015〕50号

各省、自治区、直辖市人民政府，国务院各部委、各直属机构：

现将《促进大数据发展行动纲要》印发给你们，请认真贯彻落实。

国务院

2015年8月31日

大数据是以容量大、类型多、存取速度快、应用价值高为主要特征的数据集合，正快速发展为对数量巨大、来源分散、格式多样的数据进行采集、存储和关联分析，从中发现新知识、创造新价值、提升新能力的新一代信息技术和服务业态。

信息技术与经济社会的交汇融合引发了数据迅猛增长，数据已成为国家基础性战略资源，大数据正日益对全球生产、流通、分配、消费活动以及经济运行机制、社会生活方式和国家治理能力产生重要影响。目前，我国在大数据发展和应用方面已具备一定基础，拥有市场优势和发展潜力，但也存在政府数据开放共享不足、产业基础薄弱、缺乏顶层设计和统筹规划、法律法规建设滞后、创新应用领域不广等问题，亟待解决。为贯彻落实党中央、国务院决策部署，全面推进我国大数据发展和应用，加快建设数据强国，特制定本行动纲要。

一 发展形势和重要意义

全球范围内，运用大数据推动经济发展、完善社会治理、提升政府服务和监管能力正成为趋势，有关发达国家相继制定实施大数据战略性文件，大力推动大数据发展和应用。目前，我国互联网、移动互联网用户规模居全球第一，拥有丰富的数据资源和应用市场优势，大数据部分关键技术研发取得突破，涌现出一批互联网创新企业和创新应用，一些地方政府已启动大数据相关工作。坚持创新驱动发展，加快大数据部署，深化大数据应用，已成为稳增长、促改革、调结构、惠民生和推动政府治理能力现代化的内在需要和必然选择。

（一）大数据成为推动经济转型发展的新动力。以数据流引领技术流、物质流、资金流、人才流，将深刻影响社会分工协作的组织模式，促进生产组织方式的集约和创新。大数据推动社会生产要素的网络化共享、集约化整合、协作化开发和高效化利用，改变了传统的生产方式和经济运行机制，可显著提升经济运行水平和效率。大数据持续激发商业模式创新，不断催生新业态，已成为互联网等新兴领域促进业务创新增值、提升企业核心价值的重要驱动力。大数据产业正在成为新的经济增长点，将对未来信息产业格局产生重要影响。

（二）大数据成为重塑国家竞争优势的新机遇。在全球信息化快速发展的大背景下，大数据已成为国家重要的基础性战略资源，正引领新一轮科技创新。充分利用我国的数据规模优势，实现数据规模、质量和应用水平同步提升，发掘和释放数据资源的潜在价值，有利于更好发挥数据资源的战略作用，增强网络空间数据主权保护能力，维护国家安全，有效提升国家竞争力。

（三）大数据成为提升政府治理能力的新途径。大数据应用能够揭示传统技术方式难以展现的关联关系，推动政府数据开放共享，促进社会事业数据融合和资源整合，将极大提升政府整体数据分析能力，为有效处理复杂社会问题提供新的手段。建立"用数据说话、用数据决策、用数据管理、用数据创新"的管理机制，实现基于数据的科学决策，将推动政府管理理念和社会治理模式进步，加快建设与社会主义市场经济体制和中国特色社会主义事业发展相适应的法治政府、创新政府、廉洁政府和服务型政府，逐步实现政府治理能力现代化。

二 指导思想和总体目标

（一）指导思想。深入贯彻党的十八大和十八届二中、三中、四中全会精神，按照党中央、国务院决策部署，发挥市场在资源配置中的决定性作用，加强顶层设计和统筹协调，大力推动政府信息系统和公共数据互联开放共享，加快政府信息平台整合，消除信息孤岛，推进数据资源向社会开放，增强政府公信力，引导社会发展，服务公众企业；以企业为主体，营造宽松公平环境，加大大数据关键技术研发、产业发展和人才培养力度，着力推进数据汇集和发掘，深化大数据在各行业创新应用，促进大数据产业健康发展；完善法规制度和标准体系，科学规范利用大数据，切实保障数据安全。通过促进大数据发展，加快建设数据强国，释放技术红利、制度红利和创新红利，提升政府治理能力，推动经济转型升级。

（二）总体目标。立足我国国情和现实需要，推动大数据发展和应用在未来5~10年逐步实现以下目标。

打造精准治理、多方协作的社会治理新模式。 将大数据作为提升政府治理能力的重要手段，通过高效采集、有效整合、深化应用政府数据和社会数据，提升政府决策和风险防范水平，提高社会治理的精准性和有效性，增强乡村社会治理能力；助力简政放权，支持从事前审批向事中事后监管转变，推动商事制度改革；促进政府监管和社会监督有机结合，有效调动社会力量参与社会治理的积极性。2017年底前形成跨部门数据资源共享共用格局。

建立运行平稳、安全高效的经济运行新机制。 充分运用大数据，不断提升信用、财政、金融、税收、农业、统计、进出口、资源环境、产品质量、企业登记监管等领域数据资源的获取和利用能力，丰富经济统计数据来源，实现对经济运行更为准确的监测、分析、预测、预警，提高决策的针对性、科学性和时效性，提升宏观调控以及产业发展、信用体系、市场监管等方面管理效能，保障供需平衡，促进经济平稳运行。

构建以人为本、惠及全民的民生服务新体系。 围绕服务型政府建设，在公用事业、市政管理、城乡环境、农村生活、健康医疗、减灾救灾、社会救助、养老服务、劳动就业、社会保障、文化教育、交通旅游、质量安全、消费维权、社区服务等领域全面推广大数据应用，利用大数据洞察民生需求，优化资源配置，丰富服务内容，拓展服务渠道，扩大服务范围，提高服务质量，提升城市辐射能力，推动公共服务向基层延伸，缩小城乡、区域差距，促进形成公平普惠、便捷高效的民生服务体系，不断满足人民群众日益增长的个性化、多样化需求。

开启大众创业、万众创新的创新驱动新格局。 形成公共数据资源合理适度开放共享的法规制度和政策体系，2018年底前建成国家政府数据统一开放平台，率先在信用、交通、医疗、卫生、就业、社保、地理、文化、教育、科技、资源、农业、环境、安监、金融、质量、统计、气象、海洋、企业登记监管等重要领域实现公共数据资源合理适度向社会开放，带动社会公众开展大数据增值性、公益性开发和创新应用，充分释放数据红利，激发大众创业、万众创新活力。

培育高端智能、新兴繁荣的产业发展新生态。 推动大数据与云计算、物联网、移动互联网等新一代信息技术融合发展，探索大数据与传统产业协同发展的新业态、新模式，促进传统产业转型升级和新兴产业发展，培育新的经济增长点。形成一批满足大数据重大应用需求的产品、系统和解决方案，建立安全可信的大数据技术体系，大数据产品和服务达到国际先进水平，国内市场占有率显著提高。培育一批面向全球的骨干企业和特色鲜明的创新型中小企业。构建形成政产学研用多方联动、协调发展的大数据产业生态体系。

三 主要任务

（一）加快政府数据开放共享，推动资源整合，提升治理能力

1. **大力推动政府部门数据共享。** 加强顶层设计和统筹规划，明确各部门数据共享的范围边界和使用方式，厘清各部门数据管理及共享的义务和权利，依托政府数据统一共享交换平台，大力推进国家人口基础信息库、法人单位信息资源库、自然资源和空间地理基础信息库等国家基础数据资源，以及金税、金关、金财、金审、金盾、金宏、金保、金土、金农、金水、金质等信息系统跨部门、跨区域共享。加快各地区、各部门、各有关企事业单位及社会组织信用信息系统的互联互通和信息共享，丰富面向公众的信用信息服务，提高政府服务和监管水平。结合信息惠民工程实施和智慧城市建设，推动中央部门与地方政府条块结合、联合试点，实现公共服务的多方数据共享、制度对接和协同配合。

2. **稳步推动公共数据资源开放。** 在依法加强安全保障和隐私保护的前提下，稳步推动公共数据资源开放。推动建立政府部门和事业单位等公共机构数据资源清单，按照"增量先行"的方式，加强对政府部门数据的国家统筹管理，加快建设国家政府数据统一开放平台。制定公共机构数据开放计划，落实数据开放和维护责任，推进公共机构数据资源统一汇聚和集中向社会开放，提升政府数据开放共享标准化程度，优先推动信用、交通、医疗、卫生、就业、社保、地理、文化、教育、科技、资源、农业、环境、安监、金融、质量、统计、气象、海洋、企业登记监管等民生保障服务相

关领域的政府数据集向社会开放。建立政府和社会互动的大数据采集形成机制，制定政府数据共享开放目录。通过政务数据公开共享，引导企业、行业协会、科研机构、社会组织等主动采集并开放数据。

专栏1　政府数据资源共享开放工程

推动政府数据资源共享。制定政府数据资源共享管理办法，整合政府部门公共数据资源，促进互联互通，提高共享能力，提升政府数据的一致性和准确性。2017年底前，明确各部门数据共享的范围边界和使用方式，跨部门数据资源共享共用格局基本形成。

形成政府数据统一共享交换平台。充分利用统一的国家电子政务网络，构建跨部门的政府数据统一共享交换平台，到2018年，中央政府层面实现数据统一共享交换平台的全覆盖，实现金税、金关、金财、金审、金盾、金宏、金保、金土、金农、金水、金质等信息系统通过统一平台进行数据共享和交换。

形成国家政府数据统一开放平台。建立政府部门和事业单位等公共机构数据资源清单，制定实施政府数据开放共享标准，制定数据开放计划。2018年底前，建成国家政府数据统一开放平台。2020年底前，逐步实现信用、交通、医疗、卫生、就业、社保、地理、文化、教育、科技、资源、农业、环境、安监、金融、质量、统计、气象、海洋、企业登记监管等民生保障服务相关领域的政府数据集向社会开放。

3.**统筹规划大数据基础设施建设**。结合国家政务信息化工程建设规划，统筹政务数据资源和社会数据资源，布局国家大数据平台、数据中心等基础设施。加快完善国家人口基础信息库、法人单位信息资源库、自然资源和空间地理基础信息库等基础信息资源和健康、就业、社保、能源、信用、统计、质量、国土、农业、城乡建设、企业登记监管等重要领域信息资源，加强与社会大数据的汇聚整合和关联分析。推动国民经济动员大数据应用。加强军民信息资源共享。充分利用现有企业、政府等数据资源和平台设施，注重对现有数据中心及服务器资源的改造和利用，建设绿色环保、低成本、高效率、基于云计算的大数据基础设施和区域性、行业性数据汇聚平台，避免盲目建设和重复投资。加强对互联网重要数据资源的备份及保护。

> **专栏2　国家大数据资源统筹发展工程**
>
> 　　整合各类政府信息平台和信息系统。严格控制新建平台，依托现有平台资源，在地市级以上（含地市级）政府集中构建统一的互联网政务数据服务平台和信息惠民服务平台，在基层街道、社区统一应用，并逐步向农村特别是农村社区延伸。除国务院另有规定外，原则上不再审批有关部门、地市级以下（不含地市级）政府新建孤立的信息平台和信息系统。到2018年，中央层面构建形成统一的互联网政务数据服务平台；国家信息惠民试点城市实现基础信息集中采集、多方利用，实现公共服务和社会信息服务的全人群覆盖、全天候受理和"一站式"办理。
>
> 　　整合分散的数据中心资源。充分利用现有政府和社会数据中心资源，运用云计算技术，整合规模小、效率低、能耗高的分散数据中心，构建形成布局合理、规模适度、保障有力、绿色集约的政务数据中心体系。统筹发挥各部门已建数据中心的作用，严格控制部门新建数据中心。开展区域试点，推进贵州等大数据综合试验区建设，促进区域性大数据基础设施的整合和数据资源的汇聚应用。
>
> 　　加快完善国家基础信息资源体系。加快建设完善国家人口基础信息库、法人单位信息资源库、自然资源和空间地理基础信息库等基础信息资源。依托现有相关信息系统，逐步完善健康、社保、就业、能源、信用、统计、质量、国土、农业、城乡建设、企业登记监管等重要领域信息资源。到2018年，跨部门共享校核的国家人口基础信息库、法人单位信息资源库、自然资源和空间地理基础信息库等国家基础信息资源体系基本建成，实现与各领域信息资源的汇聚整合和关联应用。
>
> 　　加强互联网信息采集利用。加强顶层设计，树立国际视野，充分利用已有资源，加强互联网信息采集、保存和分析能力建设，制定完善互联网信息保存相关法律法规，构建互联网信息保存和信息服务体系。

4. **支持宏观调控科学化。**建立国家宏观调控数据体系，及时发布有关统计指标和数据，强化互联网数据资源利用和信息服务，加强与政务数据资源的关联分析和融合利用，为政府开展金融、税收、审计、统计、农业、规划、消费、投资、进出口、城乡建设、劳动就业、收入分配、电力及产业运行、质量安全、节能减排等领域运行动态监测、产业安全预测预警以及转变发展方式分析决策提供信息支持，提高宏观调控的科学性、预见性和有效性。

5. **推动政府治理精准化**。在企业监管、质量安全、节能降耗、环境保护、食品安全、安全生产、信用体系建设、旅游服务等领域，推动有关政府部门和企事业单位将市场监管、检验检测、违法失信、企业生产经营、销售物流、投诉举报、消费维权等数据进行汇聚整合和关联分析，统一公示企业信用信息，预警企业不正当行为，提升政府决策和风险防范能力，支持加强事中事后监管和服务，提高监管和服务的针对性、有效性。推动改进政府管理和公共治理方式，借助大数据实现政府负面清单、权力清单和责任清单的透明化管理，完善大数据监督和技术反腐体系，促进政府简政放权、依法行政。

6. **推进商事服务便捷化**。加快建立公民、法人和其他组织统一社会信用代码制度，依托全国统一的信用信息共享交换平台，建设企业信用信息公示系统和"信用中国"网站，共享整合各地区、各领域信用信息，为社会公众提供查询注册登记、行政许可、行政处罚等各类信用信息的一站式服务。在全面实行工商营业执照、组织机构代码证和税务登记证"三证合一"、"一照一码"登记制度改革中，积极运用大数据手段，简化办理程序。建立项目并联审批平台，形成网上审批大数据资源库，实现跨部门、跨层级项目审批、核准、备案的统一受理、同步审查、信息共享、透明公开。鼓励政府部门高效采集、有效整合并充分运用政府数据和社会数据，掌握企业需求，推动行政管理流程优化再造，在注册登记、市场准入等商事服务中提供更加便捷有效、更有针对性的服务。利用大数据等手段，密切跟踪中小微企业特别是新设小微企业运行情况，为完善相关政策提供支持。

7. **促进安全保障高效化**。加强有关执法部门间的数据流通，在法律许可和确保安全的前提下，加强对社会治理相关领域数据的归集、发掘及关联分析，强化对妥善应对和处理重大突发公共事件的数据支持，提高公共安全保障能力，推动构建智能防控、综合治理的公共安全体系，维护国家安全和社会安定。

> **专栏3 政府治理大数据工程**
>
> 推动宏观调控决策支持、风险预警和执行监督大数据应用。统筹利用政府和社会数据资源,探索建立国家宏观调控决策支持、风险预警和执行监督大数据应用体系。到2018年,开展政府和社会合作开发利用大数据试点,完善金融、税收、审计、统计、农业、规划、消费、投资、进出口、城乡建设、劳动就业、收入分配、电力及产业运行、质量安全、节能减排等领域国民经济相关数据的采集和利用机制,推进各级政府按照统一体系开展数据采集和综合利用,加强对宏观调控决策的支撑。
>
> 推动信用信息共享机制和信用信息系统建设。加快建立统一社会信用代码制度,建立信用信息共享交换机制。充分利用社会各方面信息资源,推动公共信用数据与互联网、移动互联网、电子商务等数据的汇聚整合,鼓励互联网企业运用大数据技术建立市场化的第三方信用信息共享平台,使政府主导征信体系的权威性和互联网大数据征信平台的规模效应得到充分发挥,依托全国统一的信用信息共享交换平台,建设企业信用信息公示系统,实现覆盖各级政府、各类别信用主体的基础信用信息共享,初步建成社会信用体系,为经济高效运行提供全面准确的基础信用信息服务。
>
> 建设社会治理大数据应用体系。到2018年,围绕实施区域协调发展、新型城镇化等重大战略和主体功能区规划,在企业监管、质量安全、质量诚信、节能降耗、环境保护、食品安全、安全生产、信用体系建设、旅游服务等领域探索开展一批应用试点,打通政府部门、企事业单位之间的数据壁垒,实现合作开发和综合利用。实时采集并汇总分析政府部门和企事业单位的市场监管、检验检测、违法失信、企业生产经营、销售物流、投诉举报、消费维权等数据,有效促进各级政府社会治理能力提升。

8. 加快民生服务普惠化。 结合新型城镇化发展、信息惠民工程实施和智慧城市建设,以优化提升民生服务、激发社会活力、促进大数据应用市场化服务为重点,引导鼓励企业和社会机构开展创新应用研究,深入发掘公共服务数据,在城乡建设、人居环境、健康医疗、社会救助、养老服务、劳动就业、社会保障、质量安全、文化教育、交通旅游、消费维权、城乡服务等领域开展大数据应用示范,推动传统公共服务数据与互联网、移动互联网、可穿戴设备等数据的汇聚整合，开发各类便民应用，优化公共资源配置，提升公共服务水平。

专栏4　公共服务大数据工程

医疗健康服务大数据。构建电子健康档案、电子病历数据库，建设覆盖公共卫生、医疗服务、医疗保障、药品供应、计划生育和综合管理业务的医疗健康管理和服务大数据应用体系。探索预约挂号、分级诊疗、远程医疗、检查检验结果共享、防治结合、医养结合、健康咨询等服务，优化形成规范、共享、互信的诊疗流程。鼓励和规范有关企事业单位开展医疗健康大数据创新应用研究，构建综合健康服务应用。

社会保障服务大数据。建设由城市延伸到农村的统一社会救助、社会福利、社会保障大数据平台，加强与相关部门的数据对接和信息共享，支撑大数据在劳动用工和社保基金监管、医疗保险对医疗服务行为监控、劳动保障监察、内控稽核以及人力资源社会保障相关政策制定和执行效果跟踪评价等方面的应用。利用大数据创新服务模式，为社会公众提供更为个性化、更具针对性的服务。

教育文化大数据。完善教育管理公共服务平台，推动教育基础数据的伴随式收集和全国互通共享。建立各阶段适龄入学人口基础数据库、学生基础数据库和终身电子学籍档案，实现学生学籍档案在不同教育阶段的纵向贯通。推动形成覆盖全国、协同服务、全网互通的教育资源云服务体系。探索发挥大数据对变革教育方式、促进教育公平、提升教育质量的支撑作用。加强数字图书馆、档案馆、博物馆、美术馆和文化馆等公益设施建设，构建文化传播大数据综合服务平台，传播中国文化，为社会提供文化服务。

交通旅游服务大数据。探索开展交通、公安、气象、安监、地震、测绘等跨部门、跨地域数据融合和协同创新。建立综合交通服务大数据平台，共同利用大数据提升协同管理和公共服务能力，积极吸引社会优质资源，利用交通大数据开展出行信息服务、交通诱导等增值服务。建立旅游投诉及评价全媒体交互中心，实现对旅游城市、重点景区游客流量的监控、预警和及时分流疏导，为规范市场秩序、方便游客出行、提升旅游服务水平、促进旅游消费和旅游产业转型升级提供有力支撑。

（二）推动产业创新发展，培育新兴业态，助力经济转型

1. **发展工业大数据**。推动大数据在工业研发设计、生产制造、经营管理、市场营销、售后服务等产品全生命周期、产业链全流程各环节的应用，分析感知用户需求，提升产品附加价值，打造智能工厂。建立面向不同行业、不同环节的工业大数据资源聚合和分析应用平台。抓住互联网跨界融合机遇，促进大数据、物联网、云计算和三维（3D）打印技术、个性化定制等在制造业全产业链集成运用，推动制造模式变革和工业转型升级。

2. **发展新兴产业大数据**。大力培育互联网金融、数据服务、数据探矿、数据化学、数据材料、数据制药等新业态，提升相关产业大数据资源的采集获取和分析利用能力，充分发掘数据资源支撑创新的潜力，带动技术研发体系创新、管理方式变革、商业模式创新和产业价值链体系重构，推动跨领域、跨行业的数据融合和协同创新，促进战略性新兴产业发展、服务业创新发展和信息消费扩大，探索形成协同发展的新业态、新模式，培育新的经济增长点。

专栏5　工业和新兴产业大数据工程

工业大数据应用。利用大数据推动信息化和工业化深度融合，研究推动大数据在研发设计、生产制造、经营管理、市场营销、售后服务等产业链各环节的应用，研发面向不同行业、不同环节的大数据分析应用平台，选择典型企业、重点行业、重点地区开展工业企业大数据应用项目试点，积极推动制造业网络化和智能化。

服务业大数据应用。利用大数据支持品牌建立、产品定位、精准营销、认证认可、质量诚信提升和定制服务等，研发面向服务业的大数据解决方案，扩大服务范围，增强服务能力，提升服务质量，鼓励创新商业模式、服务内容和服务形式。

培育数据应用新业态。积极推动不同行业大数据的聚合、大数据与其他行业的融合，大力培育互联网金融、数据服务、数据处理分析、数据影视、数据探矿、数据化学、数据材料、数据制药等新业态。

电子商务大数据应用。推动大数据在电子商务中的应用，充分利用电子商务中形成的大数据资源为政府实施市场监管和调控服务，电子商务企业应依法向政府部门报送数据。

3. **发展农业农村大数据**。构建面向农业农村的综合信息服务体系,为农民生产生活提供综合、高效、便捷的信息服务,缩小城乡数字鸿沟,促进城乡发展一体化。加强农业农村经济大数据建设,完善村、县相关数据采集、传输、共享基础设施,建立农业农村数据采集、运算、应用、服务体系,强化农村生态环境治理,增强乡村社会治理能力。统筹国内国际农业数据资源,强化农业资源要素数据的集聚利用,提升预测预警能力。整合构建国家涉农大数据中心,推进各地区、各行业、各领域涉农数据资源的共享开放,加强数据资源发掘运用。加快农业大数据关键技术研发,加大示范力度,提升生产智能化、经营网络化、管理高效化、服务便捷化能力和水平。

专栏6 现代农业大数据工程

农业农村信息综合服务。充分利用现有数据资源,完善相关数据采集共享功能,完善信息进村入户村级站的数据采集和信息发布功能,建设农产品全球生产、消费、库存、进出口、价格、成本等数据调查分析系统工程,构建面向农业农村的综合信息服务平台,涵盖农业生产、经营、管理、服务和农村环境整治等环节,集合公益服务、便民服务、电子商务和网络服务,为农业农村农民生产生活提供综合、高效、便捷的信息服务,加强全球农业调查分析,引导国内农产品生产和消费,完善农产品价格形成机制,缩小城乡数字鸿沟,促进城乡发展一体化。

农业资源要素数据共享。利用物联网、云计算、卫星遥感等技术,建立我国农业耕地、草原、林地、水利设施、水资源、农业设施设备、新型经营主体、农业劳动力、金融资本等资源要素数据监测体系,促进农业环境、气象、生态等信息共享,构建农业资源要素数据共享平台,为各级政府、企业、农户提供农业资源数据查询服务,鼓励各类市场主体充分发掘平台数据,开发测土配方施肥、统防统治、农业保险等服务。

农产品质量安全信息服务。建立农产品生产的生态环境、生产资料、生产过程、市场流通、加工储藏、检验检测等数据共享机制,推进数据实现自动化采集、网络化传输、标准化处理和可视化运用,提高数据的真实性、准确性、及时性和关联性,与农产品电子商务等交易平台互联共享,实现各环节信息可查询、来源可追溯、去向可跟踪、责任可追究,推进实现种子、农药、化肥等重要生产资料信息可追溯,为生产者、消费者、监管者提供农产品质量安全信息服务,促进农产品消费安全。

4. **发展万众创新大数据**。适应国家创新驱动发展战略，实施大数据创新行动计划，鼓励企业和公众发掘利用开放数据资源，激发创新创业活力，促进创新链和产业链深度融合，推动大数据发展与科研创新有机结合，形成大数据驱动型的科研创新模式，打通科技创新和经济社会发展之间的通道，推动万众创新、开放创新和联动创新。

专栏7　万众创新大数据工程

大数据创新应用。通过应用创新开发竞赛、服务外包、社会众包、助推计划、补助奖励、应用培训等方式，鼓励企业和公众发掘利用开放数据资源，激发创新创业活力。

大数据创新服务。面向经济社会发展需求，研发一批大数据公共服务产品，实现不同行业、领域大数据的融合，扩大服务范围、提高服务能力。

发展科学大数据。积极推动由国家公共财政支持的公益性科研活动获取和产生的科学数据逐步开放共享，构建科学大数据国家重大基础设施，实现对国家重要科技数据的权威汇集、长期保存、集成管理和全面共享。面向经济社会发展需求，发展科学大数据应用服务中心，支持解决经济社会发展和国家安全重大问题。

知识服务大数据应用。利用大数据、云计算等技术，对各领域知识进行大规模整合，搭建层次清晰、覆盖全面、内容准确的知识资源库群，建立国家知识服务平台与知识资源服务中心，形成以国家平台为枢纽、行业平台为支撑，覆盖国民经济主要领域、分布合理、互联互通的国家知识服务体系，为生产生活提供精准、高水平的知识服务。提高我国知识资源的生产与供给能力。

---

5. **推进基础研究和核心技术攻关**。围绕数据科学理论体系、大数据计算系统与分析理论、大数据驱动的颠覆性应用模型探索等重大基础研究进行前瞻布局，开展数据科学研究，引导和鼓励在大数据理论、方法及关键应用技术等方面展开探索。采取政产学研用相结合的协同创新模式和基于开源社区的开放创新模式，加强海量数据存储、数据清洗、数据分析发掘、数据可视化、信息安全与隐私保护等领域关键技术攻关，形成安全可靠的大数据技术体系。支持自然语言理解、机器学习、深度学习等人工智能技术创新，提升数据分析处理能力、知识发现能力和辅助决策能力。

6. *形成大数据产品体系*。围绕数据采集、整理、分析、发掘、展现、应用等环节，支持大型通用海量数据存储与管理软件、大数据分析发掘软件、数据可视化软件等软件产品和海量数据存储设备、大数据一体机等硬件产品发展，带动芯片、操作系统等信息技术核心基础产品发展，打造较为健全的大数据产品体系。大力发展与重点行业领域业务流程及数据应用需求深度融合的大数据解决方案。

专栏8　大数据关键技术及产品研发与产业化工程

通过优化整合后的国家科技计划（专项、基金等），支持符合条件的大数据关键技术研发。

加强大数据基础研究。融合数理科学、计算机科学、社会科学及其他应用学科，以研究相关性和复杂网络为主，探讨建立数据科学的学科体系；研究面向大数据计算的新体系和大数据分析理论，突破大数据认知与处理的技术瓶颈；面向网络、安全、金融、生物组学、健康医疗等重点需求，探索建立数据科学驱动行业应用的模型。

大数据技术产品研发。加大投入力度，加强数据存储、整理、分析处理、可视化、信息安全与隐私保护等领域技术产品的研发，突破关键环节技术瓶颈。到2020年，形成一批具有国际竞争力的大数据处理、分析、可视化软件和硬件支撑平台等产品。

提升大数据技术服务能力。促进大数据与各行业应用的深度融合，形成一批代表性应用案例，以应用带动大数据技术和产品研发，形成面向各行业的成熟的大数据解决方案。

---

7. *完善大数据产业链*。支持企业开展基于大数据的第三方数据分析发掘服务、技术外包服务和知识流程外包服务。鼓励企业根据数据资源基础和业务特色，积极发展互联网金融和移动金融等新业态。推动大数据与移动互联网、物联网、云计算的深度融合，深化大数据在各行业的创新应用，积极探索创新协作共赢的应用模式和商业模式。加强大数据应用创新能力建设，建立政产学研用联动、大中小企业协调发展的大数据产业体系。建立和完善大数据产业公共服务支撑体系，组建大数据开源社区和产业联盟，促进协同创新，加快计量、标准化、检验检测和认证认可等大数据产业质量技术基础建设，加速大数据应用普及。

> **专栏9　大数据产业支撑能力提升工程**
>
> 　　培育骨干企业。完善政策体系，着力营造服务环境优、要素成本低的良好氛围，加速培育大数据龙头骨干企业。充分发挥骨干企业的带动作用，形成大中小企业相互支撑、协同合作的大数据产业生态体系。到2020年，培育10家国际领先的大数据核心龙头企业，500家大数据应用、服务和产品制造企业。
>
> 　　大数据产业公共服务。整合优质公共服务资源，汇聚海量数据资源，形成面向大数据相关领域的公共服务平台，为企业和用户提供研发设计、技术产业化、人力资源、市场推广、评估评价、认证认可、检验检测、宣传展示、应用推广、行业咨询、投融资、教育培训等公共服务。
>
> 　　中小微企业公共服务大数据。整合现有中小微企业公共服务系统与数据资源，链接各省（区、市）建成的中小微企业公共服务线上管理系统，形成全国统一的中小微企业公共服务大数据平台，为中小微企业提供科技服务、综合服务、商贸服务等各类公共服务。

（三）强化安全保障，提高管理水平，促进健康发展

1. 健全大数据安全保障体系。加强大数据环境下的网络安全问题研究和基于大数据的网络安全技术研究，落实信息安全等级保护、风险评估等网络安全制度，建立健全大数据安全保障体系。建立大数据安全评估体系。切实加强关键信息基础设施安全防护，做好大数据平台及服务商的可靠性及安全性评测、应用安全评测、监测预警和风险评估。明确数据采集、传输、存储、使用、开放等各环节保障网络安全的范围边界、责任主体和具体要求，切实加强对涉及国家利益、公共安全、商业秘密、个人隐私、军工科研生产等信息的保护。妥善处理发展创新与保障安全的关系，审慎监管，保护创新，探索完善安全保密管理规范措施，切实保障数据安全。

2. 强化安全支撑。采用安全可信产品和服务，提升基础设施关键设备安全可靠水平。建设国家网络安全信息汇聚共享和关联分析平台，促进网络安全相关数据融合和资源合理分配，提升重大网络安全事件应急处理能力；深化网络安全防护体系和态势感知能力建设，增强网络空间安全防护和安全事件识别能力。开展安全监测和预警通

报工作,加强大数据环境下防攻击、防泄露、防窃取的监测、预警、控制和应急处置能力建设。

专栏 10　网络和大数据安全保障工程

网络和大数据安全支撑体系建设。在涉及国家安全稳定的领域采用安全可靠的产品和服务,到 2020 年,实现关键部门的关键设备安全可靠。完善网络安全保密防护体系。

大数据安全保障体系建设。明确数据采集、传输、存储、使用、开放等各环节保障网络安全的范围边界、责任主体和具体要求,建设完善金融、能源、交通、电信、统计、广电、公共安全、公共事业等重要数据资源和信息系统的安全保密防护体系。

网络安全信息共享和重大风险识别大数据支撑体系建设。通过对网络安全威胁特征、方法、模式的追踪、分析,实现对网络安全威胁新技术、新方法的及时识别与有效防护。强化资源整合与信息共享,建立网络安全信息共享机制,推动政府、行业、企业间的网络风险信息共享,通过大数据分析,对网络安全重大事件进行预警、研判和应对指挥。

四　政策机制

(一)完善组织实施机制。建立国家大数据发展和应用统筹协调机制,推动形成职责明晰、协同推进的工作格局。加强大数据重大问题研究,加快制定出台配套政策,强化国家数据资源统筹管理。加强大数据与物联网、智慧城市、云计算等相关政策、规划的协同。加强中央与地方协调,引导地方各级政府结合自身条件合理定位、科学谋划,将大数据发展纳入本地区经济社会和城镇化发展规划,制定出台促进大数据产业发展的政策措施,突出区域特色和分工,抓好措施落实,实现科学有序发展。设立大数据专家咨询委员会,为大数据发展应用及相关工程实施提供决策咨询。各有关部门要进一步统一思想,认真落实本行动纲要提出的各项任务,共同推动形成公共信息资源共享共用和大数据产业健康安全发展的良好格局。

(二)加快法规制度建设。修订政府信息公开条例。积极研究数据开放、保护等方面制度，实现对数据资源采集、传输、存储、利用、开放的规范管理，促进政府数据在风险可控原则下最大程度开放，明确政府统筹利用市场主体大数据的权限及范围。制定政府信息资源管理办法，建立政府部门数据资源统筹管理和共享复用制度。研究推动网上个人信息保护立法工作，界定个人信息采集应用的范围和方式，明确相关主体的权利、责任和义务，加强对数据滥用、侵犯个人隐私等行为的管理和惩戒。推动出台相关法律法规，加强对基础信息网络和关键行业领域重要信息系统的安全保护，保障网络数据安全。研究推动数据资源权益相关立法工作。

（三）健全市场发展机制。建立市场化的数据应用机制，在保障公平竞争的前提下，支持社会资本参与公共服务建设。鼓励政府与企业、社会机构开展合作，通过政府采购、服务外包、社会众包等多种方式，依托专业企业开展政府大数据应用，降低社会管理成本。引导培育大数据交易市场，开展面向应用的数据交易市场试点，探索开展大数据衍生产品交易，鼓励产业链各环节市场主体进行数据交换和交易，促进数据资源流通，建立健全数据资源交易机制和定价机制，规范交易行为。

（四）建立标准规范体系。推进大数据产业标准体系建设，加快建立政府部门、事业单位等公共机构的数据标准和统计标准体系，推进数据采集、政府数据开放、指标口径、分类目录、交换接口、访问接口、数据质量、数据交易、技术产品、安全保密等关键共性标准的制定和实施。加快建立大数据市场交易标准体系。开展标准验证和应用试点示范，建立标准符合性评估体系，充分发挥标准在培育服务市场、提升服务能力、支撑行业管理等方面的作用。积极参与相关国际标准制定工作。

（五）加大财政金融支持。强化中央财政资金引导，集中力量支持大数据核心关键技术攻关、产业链构建、重大应用示范和公共服务平台建设等。利用现有资金渠道，推动建设一批国际领先的重大示范工程。完善政府采购大数据服务的配套政策，加大对政府部门和企业合作开发大数据的支持力度。鼓励金融机构加强和改进金融服务，加大对大数据企业的支持力度。鼓励大数据企业进入资本市场融资，努力为企业重组并购创造更加宽松的金融政策环境。引导创业投资基金投向大数据产业，鼓励设立一批投资于大数据产业领域的创业投资基金。

（六）加强专业人才培养。创新人才培养模式，建立健全多层次、多类型的大数据人才培养体系。鼓励高校设立数据科学和数据工程相关专业，重点培养专业化数据工程师等大数据专业人才。鼓励采取跨校联合培养等方式开展跨学科大数据综合型人才培养，大力培养具有统计分析、计算机技术、经济管理等多学科知识的跨界复合型人才。鼓励高等院校、职业院校和企业合作，加强职业技能人才实践培养，积极培育大数据技术和应用创新型人才。依托社会化教育资源，开展大数据知识普及和教育培训，提高社会整体认知和应用水平。

（七）促进国际交流合作。坚持平等合作、互利共赢的原则，建立完善国际合作机制，积极推进大数据技术交流与合作，充分利用国际创新资源，促进大数据相关技术发展。结合大数据应用创新需要，积极引进大数据高层次人才和领军人才，完善配套措施，鼓励海外高端人才回国就业创业。引导国内企业与国际优势企业加强大数据关键技术、产品的研发合作，支持国内企业参与全球市场竞争，积极开拓国际市场，形成若干具有国际竞争力的大数据企业和产品。

三 关于推动新闻出版业数字化转型升级的指导意见

新广出发〔2014〕52号

各省、自治区、直辖市新闻出版广电局、财政厅（局），各计划单列市新闻出版广电局、财政厅（局），新疆生产建设兵团新闻出版广电局、财务局：

面对数字化与信息化带来的挑战与机遇，传统新闻出版业只有主动开展数字化转型升级，才能实现跨越与发展。开展数字化转型升级是进一步巩固新闻出版业作为文化主阵地主力军地位的客观需要，是抢占未来发展制高点、参与国际竞争的重要途径。经过几年的探索和积累，目前新闻出版业已经具备了实现整体转型升级的思想基础、技术基础、组织基础和工作基础，但还存在资源聚集度不高、行业信息数据体系不健全、技术装备配置水平较低、对新技术与新标准的应用不充分、市场模式不清晰、人才不足等问题。为贯彻党的十八大关于加快文化与科技融合的精神，落实《国家"十二五"时期文化改革发展规划纲要》关于"出版业要推动产业结构调整和升级，加快从主要依赖传统纸介质出版物向多种介质形态出版物的数字出版产业转型"的要求，推动新闻出版业健康快速发展，特制定本意见。

一 总体要求

（一）指导思想

深入贯彻落实党的十八大、十八届三中全会精神，充分发挥市场机制作用，通过政府引导、以企业为主体，加速新闻出版与科技融合，推动传统新闻出版业转型升级，提高新闻出版业在数字时代的生产力、传播力和影响力，为人民群众的知识学习、信息消费提供服务，为国民经济其他领域的产业发展提供知识支撑，更好更多地提供生活性服务与生产性服务，推动新闻出版业成为文化产业的中坚和骨干，为把文化产业打造成国民经济支柱性产业做出积极贡献。

（二）主要目标

通过三年时间，支持一批新闻出版企业、实施一批转型升级项目，带动和加快新闻出版业整体转型升级步伐。基本完成优质、有效内容的高度聚合，盘活出版资源；再造数字出版流程、丰富产品表现形式，提升新闻出版企业的技术应用水平；实现行业信息数据共享，构建数字出版产业链，初步建立起一整套数字化内容生产、传播、服务的标准体系和规范；促进新闻出版业建立全新的服务模式，实现经营模式和服务方式的有效转变。

（三）基本原则

改革先行、扶优助强、鼓励创新、示范推广。优先扶持已完成出版体制改革、具备一定数字化转型升级工作基础的新闻出版企业，鼓励新闻出版企业在数字化转型升级进程中大胆创新，探索新产品形态、新服务方式、新市场模式，形成示范项目并进行推广。

分步启动、并行实施、迭加推进、市场调节。优先支持已经先行启动转型升级项目的企业，对不同支持方向的转型升级项目并行推进，正确处理政府与市场关系，充分发挥财政资金引导示范作用，培养企业市场风险意识，提高企业市场应对能力。

二 主要任务

（一）开展数字化转型升级标准化工作

支持企业对《中国出版物在线信息交换（CNONIX）》国家标准开展应用。重点支持图书出版和发行集团。包括：支持企业研制企业级应用标准；采购基于CNONIX标准的数据录入、采集、整理、分析、符合性测试软件工具，开展出版端系统改造与数据规范化采集示范；搭建出版、发行数据交换小型试验系统，实现出版与发行环节的数据交换；开展实体书店、电子商务（网店）、物流各应用角度基于CNONIX标准的数据采集、市场分析、对出版端反馈的应用示范。

支持企业对《多媒体印刷读物（MPR）》国家标准开展应用。重点支持教育、少儿、少数民族语言等出版单位，推动企业从单一产品形态向多媒体、复合出版产品形态，从产品提供向内容服务的数字化转型升级。包括：研制企业级应用标准；部署相应软件系统；完成选题策划、资源采集，研发教材教辅产品、少儿、少数民族文字阅读产品；开展底层技术兼容性研究与应用；建设MPR出版资源数据库；创新产品销售体系，构建从实体店到电子商务的立体销售体系。

支持企业面向数字化转型升级开展企业标准研制。支持出版企业研制企业标准，以及开展国家标准、行业标准的应用研究；支持、鼓励相关技术企业研制基于自主知识产权技术的企业标准；支持以企业标准为基础申报行业标准、国家标准乃至国际标准。

（二）提升数字化转型升级技术装备水平

支持企业采购用于出版资源深度加工的设备及软件系统。以实现出版资源的知识结构化、信息碎片化、呈现精细化为目标，支持企业采购出版资源专业化的深度加工服务；支持部分专业出版单位采购专用的扫描设备、识别软件等资源录入设备及软件。

支持企业采购用于出版业务流程改造、复合出版产品生产与投送的软件及系统。以数字环境下出版业务流程再造、实现出版业务流程完整性为目标，支持采购出版内容资源数字化加工软件、内容资源管理系统、编辑加工系统、产品发布系统等软件及系统；以实现出版产品表现形式完整性为目标，支持采购关联标识符编码嵌入软件、复合出版物生产和投送系统等软件及系统。

支持企业采购版权资产管理工具与系统。以支撑新闻出版企业版权运营多元化为目标，为全面开展版权运营奠定基础，支持采购版权资产管理工具与系统，包括：

自有版权资产与外购版权资产数据输入模块，以控制版权资产的规范化输入；授权管理模块，以控制版权资产的规范化输出；版权管理模块和业务支撑管理模块，以记录版权资产状况、控制版权运营策略；与出版企业其他生产业务流程系统进行对接，以实现对版权资产的精细化管理，对存量版权资产的清查和增量版权资产的管控。

（三）加强数字出版人才队伍建设

支持出版企业与高校、研究机构联合开展基础人才培养，开展定向培养。支持、鼓励高校设立专业课程，联合研究机构，培养面向出版企业数字化转型升级的专业人才，定向输送出版与科技专业知识相融合的基础性人才。

支持相关技术企业与高校、研究机构联合开展数字出版业务高级人才培养。支持、鼓励技术企业提供技术支撑，参与高校、研究机构的高级人才培养计划，开展面向出版企业在岗高级数字出版人才的培养。

（四）探索数字化转型升级新模式

支持教育出版转型升级模式探索。重点支持部分以教育出版为主的出版企业开展电子书包应用服务项目。包括：研制电子书包（数字出版教育应用服务）系列标准；以课程标准和完整的教材教辅内容框架为基础，整合内容资源，开发富媒体、网络化数字教材，开展立体化的教育出版内容资源数字化开发，打造数字资源库，为电子书包试验的顺利推进奠定内容基础；构建对教育出版内容的价值评测、质量评测的完整评测系统；研发包括下载与推送、使用统计等功能的教育出版内容资源服务系统；构建包括教学策略服务、过程性评测、个性化内容推送、内容互动服务等教学应用服务支撑体系，并开展入校落地试验；基于用户数据分析技术开展个性化定向投送平台建设（B2C 模式），基于集团化学习的出版资源投送平台建设（B2B 模式）。

支持专业出版转型升级模式探索。重点支持部分专业出版企业按服务领域划分、联合开展专业数字内容资源知识服务模式探索。包括：开展知识挖掘、语义分析等知识服务领域关键技术的应用，基于专业内容的知识服务标准研制，基于专业出版内容的知识资源数据库建设，基于知识资源数据库的知识服务平台建设。

支持大众出版转型升级模式探索。重点支持出版企业在关注阅读者需求、引导大众阅读方向的模式创新。包括：建设作者资源管理系统，选题热点推荐与评估系统；开展生产与消费互动的定制化服务模式探索，形成线上与线下互动（O2O）的出版内容投送新模式；建设经典阅读、精品阅读产品投送平台。

三　保障措施

（一）加大财政扶持

加大财政对新闻出版业数字化转型升级的支持力度，将新闻出版业数字化转型升级项目作为重大项目纳入中央文化产业发展专项资金扶持范围，分步实施、逐年推进。发挥财政资金杠杆作用，推动重点企业的转型升级工作，引导企业实施转型升级项目。

（二）充分利用新闻出版改革与发展项目库

进一步完善新闻出版改革与发展项目库建设，征集符合本指导意见并具有较强示范带动效应的新闻出版业数字化转型升级项目，加强对重点项目的组织、管理、协调、支持和服务。

（三）加强组织实施

各级新闻出版广电行政部门、财政部门要按照本意见要求，在党委、政府的领导下，结合本地区实际，切实加强新闻出版业数字化转型升级工作的组织领导，同时加强跨地区、跨部门协作，确保各项任务的执行和落实。

国家新闻出版广电总局　财政部
2014 年 4 月 24 日

四　大数据产业发展规划（2016~2020 年）

数据是国家基础性战略资源，是 21 世纪的"钻石矿"。党中央、国务院高度重视大数据在经济社会发展中的作用，党的十八届五中全会提出"实施国家大数据战略"，国务院印发《促进大数据发展行动纲要》，全面推进大数据发展，加快建设数据强国。

"十三五"时期是我国全面建成小康社会的决胜阶段,是新旧动能接续转换的关键时期,全球新一代信息产业处于加速变革期,大数据技术和应用处于创新突破期,国内市场需求处于爆发期,我国大数据产业面临重要的发展机遇。抢抓机遇,推动大数据产业发展,对提升政府治理能力、优化民生公共服务、促进经济转型和创新发展有重大意义。为推动我国大数据产业持续健康发展,深入贯彻十八届五中全会精神,实施国家大数据战略,落实国务院《促进大数据发展行动纲要》,按照《国民经济和社会发展第十三个五年规划纲要》的总体部署,编制本规划。

一 我国发展大数据产业的基础

大数据产业指以数据生产、采集、存储、加工、分析、服务为主的相关经济活动,包括数据资源建设、大数据软硬件产品的开发、销售和租赁活动,以及相关信息技术服务。

"十二五"期间,我国信息产业迅速壮大,信息技术快速发展,互联网经济日益繁荣,积累了丰富的数据资源,技术创新取得了明显突破,应用势头良好,为"十三五"时期我国大数据产业加快发展奠定了坚实基础。

信息化积累了丰富的数据资源。我国信息化发展水平日益提高,对数据资源的采集、挖掘和应用水平不断深化。政务信息化水平不断提升,全国面向公众的政府网站达8.4万个。智慧城市建设全面展开,"十二五"期间近300个城市进行了智慧城市试点。两化融合发展进程不断深入,正进入向纵深发展的新阶段。信息消费蓬勃发展,网民数量超过7亿,移动电话用户规模已经突破13亿,均居世界第一。月度户均移动互联网接入流量达835M。政府部门、互联网企业、大型集团企业积累沉淀了大量的数据资源。我国已成为产生和积累数据量最大、数据类型最丰富的国家之一。

大数据技术创新取得明显突破。在软硬件方面,国内骨干软硬件企业陆续推出自主研发的大数据基础平台产品,一批信息服务企业面向特定领域研发数据分析工具,提供创新型数据服务。在平台建设方面,互联网龙头企业服务器单集群规模达到上万台,具备建设和运维超大规模大数据平台的技术实力。在智能分析方面,部分企业积极布局深度学习等人工智能前沿技术,在语音识别、图像理解、文本挖掘等方面抢占技术制高点。在开源技术方面,我国对国际大数据开源软件社区的贡献不断增大。

大数据应用推进势头良好。大数据在互联网服务中得到广泛应用，大幅度提升网络社交、电商、广告、搜索等服务的个性化和智能化水平，催生共享经济等数据驱动的新兴业态。大数据加速向传统产业渗透，驱动生产方式和管理模式变革，推动制造业向网络化、数字化和智能化方向发展。电信、金融、交通等行业利用已积累的丰富数据资源，积极探索客户细分、风险防控、信用评价等应用，加快服务优化、业务创新和产业升级步伐。

大数据产业体系初具雏形。2015年，我国信息产业收入达到17.1万亿元，比2010年进入"十二五"前翻了一番。其中软件和信息技术服务业实现软件业务收入4.3万亿元，同比增长15.7%。大型数据中心向绿色化、集约化发展，跨地区经营互联网数据中心（IDC）业务的企业达到295家。云计算服务逐渐成熟，主要云计算平台的数据处理规模已跻身世界前列，为大数据提供强大的计算存储能力并促进数据集聚。在大数据资源建设、大数据技术、大数据应用领域涌现出一批新模式和新业态。龙头企业引领，上下游企业互动的产业格局初步形成。基于大数据的创新创业日趋活跃，大数据技术、产业与服务成为社会资本投入的热点。

大数据产业支撑能力日益增强。形成了大数据标准化工作机制，大数据标准体系初步形成，开展了大数据技术、交易、开放共享、工业大数据等国家标准的研制工作，部分标准在北京、上海、贵阳开展了试点示范。一批大数据技术研发实验室、工程中心、企业技术中心、产业创新平台、产业联盟、投资基金等形式的产业支撑平台相继建成。大数据安全保障体系和法律法规不断完善。

二 "十三五"时期面临的形势

大数据成为塑造国家竞争力的战略制高点之一，国家竞争日趋激烈。一个国家掌握和运用大数据的能力成为国家竞争力的重要体现，各国纷纷将大数据作为国家发展战略，将产业发展作为大数据发展的核心。美国高度重视大数据研发和应用，2012年3月推出"大数据研究与发展倡议"，将大数据作为国家重要的战略资源进行管理和应用，2016年5月进一步发布"联邦大数据研究与开发计划"，不断加强在大数据研发和应用方面的布局。欧盟2014年推出了"数据驱动的经济"战略，倡导欧洲各国抢抓大数据发展机遇。此外，英国、日本、澳大利亚等国也出台了类似政策，推动大数据应用，拉动产业发展。

大数据驱动信息产业格局加速变革，创新发展面临难得机遇。当今世界，新一轮科技革命和产业变革正在孕育兴起，信息产业格局面临巨大变革。大数据推动下，信息技术正处于新旧轨道切换的过程中，分布式系统架构、多元异构数据管理技术等新技术、新模式快速发展，产业格局正处在创新变革的关键时期，我国面临加快发展重大机遇。

我国经济社会发展对信息化提出了更高要求，发展大数据具有强大的内生动力。推动大数据应用，加快传统产业数字化、智能化，做大做强数字经济，能够为我国经济转型发展提供新动力，为重塑国家竞争优势创造新机遇，为提升政府治理能力开辟新途径，是支撑国家战略的重要抓手。当前我国正在推进供给侧结构性改革和服务型政府建设，加快实施"互联网+"行动计划和中国制造2025战略，建设公平普惠、便捷高效的民生服务体系，为大数据产业创造了广阔的市场空间，是我国大数据产业发展的强大内生动力。

我国大数据产业具备了良好基础，面临难得的发展机遇，但仍然存在一些困难和问题。一是数据资源开放共享程度低。数据质量不高，数据资源流通不畅，管理能力弱，数据价值难以被有效挖掘利用。二是技术创新与支撑能力不强。我国在新型计算平台、分布式计算架构、大数据处理、分析和呈现方面与国外仍存在较大差距，对开源技术和相关生态系统影响力弱。三是大数据应用水平不高。我国发展大数据具有强劲的应用市场优势，但是目前还存在应用领域不广泛、应用程度不深、认识不到位等问题。四是大数据产业支撑体系尚不完善。数据所有权、隐私权等相关法律法规和信息安全、开放共享等标准规范不健全，尚未建立起兼顾安全与发展的数据开放、管理和信息安全保障体系。五是人才队伍建设亟需加强。大数据基础研究、产品研发和业务应用等各类人才短缺，难以满足发展需要。

"十三五"时期是我国全面建成小康社会决胜阶段，是实施国家大数据战略的起步期，是大数据产业崛起的重要窗口期，必须抓住机遇加快发展，实现从数据大国向数据强国转变。

三 指导思想和发展目标

（一）指导思想

全面贯彻党的十八大和十八届三中、四中、五中、六中全会精神，坚持创新、协调、绿色、开放、共享的发展理念，围绕实施国家大数据战略，以强化大数据产业创新发展能力为核心，以推动数据开放与共享、加强技术产品研发、深化应用创新为重点，以完善发展环境和提升安全保障能力为支撑，打造数据、技术、应用与安全协同发展的自主产业生态体系，全面提升我国大数据的资源掌控能力、技术支撑能力和价值挖掘能力，加快建设数据强国，有力支撑制造强国和网络强国建设。

（二）发展原则

创新驱动。瞄准大数据技术发展前沿领域，强化创新能力，提高创新层次，以企业为主体集中攻克大数据关键技术，加快产品研发，发展壮大新兴大数据服务业态，加强大数据技术、应用和商业模式的协同创新，培育市场化、网络化的创新生态。

应用引领。发挥我国市场规模大、应用需求旺的优势，以国家战略、人民需要、市场需求为牵引，加快大数据技术产品研发和在各行业、各领域的应用，促进跨行业、跨领域、跨地域大数据应用，形成良性互动的产业发展格局。

开放共享。汇聚全球大数据技术、人才和资金等要素资源，坚持自主创新和开放合作相结合，走开放式的大数据产业发展道路。树立数据开放共享理念，完善相关制度，推动数据资源开放共享与信息流通。

统筹协调。发挥企业在大数据产业创新中的主体作用，加大政府政策支持和引导力度，营造良好的政策法规环境，形成政产学研用统筹推进的机制。加强中央、部门、地方大数据发展政策衔接，优化产业布局，形成协同发展合力。

安全规范。安全是发展的前提，发展是安全的保障，坚持发展与安全并重，增强信息安全技术保障能力，建立健全安全防护体系，保障信息安全和个人隐私。加强行业自律，完善行业监管，促进数据资源有序流动与规范利用。

（三）发展目标

到 2020 年，技术先进、应用繁荣、保障有力的大数据产业体系基本形成。大数据相关产品和服务业务收入突破1万亿元,[①] 年均复合增长率保持30%左右,加快建设数据强国,为实现制造强国和网络强国提供强大的产业支撑。

——技术产品先进可控。在大数据基础软硬件方面形成安全可控技术产品,在大数据获取、存储管理和处理平台技术领域达到国际先进水平,在数据挖掘、分析与应用等算法和工具方面处于领先地位,形成一批自主创新、技术先进,满足重大应用需求的产品、解决方案和服务。

——应用能力显著增强。工业大数据应用全面支撑智能制造和工业转型升级,大数据在创新创业、政府管理和民生服务等方面广泛深入应用,技术融合、业务融合和数据融合能力显著提升,实现跨层级、跨地域、跨系统、跨部门、跨业务的协同管理和服务,形成数据驱动创新发展的新模式。

——生态体系繁荣发展。形成若干创新能力突出的大数据骨干企业,培育一批专业化数据服务创新型中小企业,培育10家国际领先的大数据核心龙头企业和500家大数据应用及服务企业。形成比较完善的大数据产业链,大数据产业体系初步形成。建设10~15个大数据综合试验区,创建一批大数据产业集聚区,形成若干大数据新型工业化产业示范基地。

——支撑能力不断增强。建立健全覆盖技术、产品和管理等方面的大数据标准体系。建立一批区域性、行业性大数据产业和应用联盟及行业组织。培育一批大数据咨询研究、测试评估、技术和知识产权、投融资等专业化服务机构。建设1~2个运营规范、具有一定国际影响力的开源社区。

——数据安全保障有力。数据安全技术达到国际先进水平。国家数据安全保护体系基本建成。数据安全技术保障能力和保障体系基本满足国家战略和市场应用需求。数据安全和个人隐私保护的法规制度较为完善。

四 重点任务和重大工程

(一)强化大数据技术产品研发

以应用为导向,突破大数据关键技术,推动产品和解决方案研发及产业化,创新

---

① 基于现有电子信息产业统计数据及行业抽样估计,2015年我国大数据产业业务收入2800亿元左右。

技术服务模式，形成技术先进、生态完备的技术产品体系。

加快大数据关键技术研发。围绕数据科学理论体系、大数据计算系统与分析、大数据应用模型等领域进行前瞻布局，加强大数据基础研究。发挥企业创新主体作用，整合产学研用资源优势联合攻关，研发大数据采集、传输、存储、管理、处理、分析、应用、可视化和安全等关键技术。突破大规模异构数据融合、集群资源调度、分布式文件系统等大数据基础技术，面向多任务的通用计算框架技术，以及流计算、图计算等计算引擎技术。支持深度学习、类脑计算、认知计算、区块链、虚拟现实等前沿技术创新，提升数据分析处理和知识发现能力。结合行业应用，研发大数据分析、理解、预测及决策支持与知识服务等智能数据应用技术。突破面向大数据的新型计算、存储、传感、通信等芯片及融合架构、内存计算、亿级并发、EB级存储、绿色计算等技术，推动软硬件协同发展。

培育安全可控的大数据产品体系。以应用为牵引，自主研发和引进吸收并重，加快形成安全可控的大数据产品体系。重点突破面向大数据应用基础设施的核心信息技术设备、信息安全产品以及面向事务的新型关系数据库、列式数据库、NoSQL数据库、大规模图数据库和新一代分布式计算平台等基础产品。加快研发新一代商业智能、数据挖掘、数据可视化、语义搜索等软件产品。结合数据生命周期管理需求，培育大数据采集与集成、大数据分析与挖掘、大数据交互感知、基于语义理解的数据资源管理等平台产品。面向重点行业应用需求，研发具有行业特征的大数据检索、分析、展示等技术产品，形成垂直领域成熟的大数据解决方案及服务。

创新大数据技术服务模式。加快大数据服务模式创新，培育数据即服务新模式和新业态，提升大数据服务能力，降低大数据应用门槛和成本。围绕数据全生命周期各阶段需求，发展数据采集、清洗、分析、交易、安全防护等技术服务。推进大数据与云计算服务模式融合，促进海量数据、大规模分布式计算和智能数据分析等公共云计算服务发展，提升第三方大数据技术服务能力。推动大数据技术服务与行业深度结合，培育面向垂直领域的大数据服务模式。

> **专栏1　大数据关键技术及产品研发与产业化工程**
>
> 　　突破技术。支持大数据共性关键技术研究，实施云计算和大数据重点专项等重大项目。着力突破服务器新型架构和绿色节能技术、海量多源异构数据的存储和管理技术、可信数据分析技术、面向大数据处理的多种计算模型及其编程框架等关键技术。
>
> 　　打造产品。以应用为导向，支持大数据产品研发，建立完善的大数据工具型、平台型和系统型产品体系，形成面向各行业的成熟大数据解决方案，推动大数据产品和解决方案研发及产业化。
>
> 　　树立品牌。支持我国大数据企业建设自主品牌，提升市场竞争力。引导企业加强产品质量管控，提高创新能力，鼓励企业加强战略合作。加强知识产权保护，推动自主知识产权标准产业化和国际化应用。培育一批国际知名的大数据产品和服务公司。

> **专栏2　大数据服务能力提升工程**
>
> 　　培育数据即服务模式。发展数据资源服务、在线数据服务、大数据平台服务等模式，支持企业充分整合、挖掘、利用自有数据或公共数据资源，面向具体需求和行业领域，开展数据分析、数据咨询等服务，形成按需提供数据服务的新模式。
>
> 　　支持第三方大数据服务。鼓励企业探索数据采集、数据清洗、数据交换等新商业模式，培育一批开展数据服务的新业态。支持弹性分布式计算、数据存储等基础数据处理云服务发展。加快发展面向大数据分析的在线机器学习、自然语言处理、图像理解、语音识别、空间分析、基因分析和大数据可视化等数据分析服务。开展第三方数据交易平台建设试点示范。

（二）深化工业大数据创新应用

　　加强工业大数据基础设施建设规划与布局，推动大数据在产品全生命周期和全产业链的应用，推进工业大数据与自动控制和感知硬件、工业核心软件、工业互联网、工业云和智能服务平台融合发展，形成数据驱动的工业发展新模式，支撑中国制造2025战略，探索建立工业大数据中心。

加快工业大数据基础设施建设。加快建设面向智能制造单元、智能工厂及物联网应用的低延时、高可靠、广覆盖的工业互联网，提升工业网络基础设施服务能力。加快工业传感器、射频识别（RFID）、光通信器件等数据采集设备的部署和应用，促进工业物联网标准体系建设，推动工业控制系统的升级改造，汇聚传感、控制、管理、运营等多源数据，提升产品、装备、企业的网络化、数字化和智能化水平。

推进工业大数据全流程应用。支持建设工业大数据平台，推动大数据在重点工业领域各环节应用，提升信息化和工业化深度融合发展水平，助推工业转型升级。加强研发设计大数据应用能力，利用大数据精准感知用户需求，促进基于数据和知识的创新设计，提升研发效率。加快生产制造大数据应用，通过大数据监控优化流水线作业，强化故障预测与健康管理，优化产品质量，降低能源消耗。提升经营管理大数据应用水平，提高人力、财务、生产制造、采购等关键经营环节业务集成水平，提升管理效率和决策水平，实现经营活动的智能化。推动客户服务大数据深度应用，促进大数据在售前、售中、售后服务中的创新应用。促进数据资源整合，打通各个环节数据链条，形成全流程的数据闭环。

培育数据驱动的制造业新模式。深化制造业与互联网融合发展，坚持创新驱动，加快工业大数据与物联网、云计算、信息物理系统等新兴技术在制造业领域的深度集成与应用，构建制造业企业大数据"双创"平台，培育新技术、新业态和新模式。利用大数据，推动"专精特新"中小企业参与产业链，与中国制造2025、军民融合项目对接，促进协同设计和协同制造。大力发展基于大数据的个性化定制，推动发展顾客对工厂（C2M）等制造模式，提升制造过程智能化和柔性化程度。利用大数据加快发展制造即服务模式，促进生产型制造向服务型制造转变。

专栏3　工业大数据创新发展工程
加强工业大数据关键技术研发及应用。加快大数据获取、存储、分析、挖掘、应用等关键技术在工业领域的应用，重点研究可编程逻辑控制器、高通量计算引擎、数据采集与监控等工控系统，开发新型工业大数据分析建模工具，开展工业大数据优秀产品、服务及应用案例的征集与宣传推广。

> 建设工业大数据公共服务平台，提升中小企业大数据运用能力。支持面向典型行业中小企业的工业大数据服务平台建设，实现行业数据资源的共享交换以及对产品、市场和经济运行的动态监控、预测预警，提升对中小企业的服务能力。
>
> 重点领域大数据平台建设及应用示范。支持面向航空航天装备、海洋工程装备及高技术船舶、先进轨道交通装备、节能与新能源汽车等离散制造企业，以及石油、化工、电力等流程制造企业集团的工业大数据平台开发和应用示范，整合集团数据资源，提升集团企业协同研发能力和集中管控水平。
>
> 探索工业大数据创新模式。支持建设一批工业大数据创新中心，推进企业、高校和科研院所共同探索工业大数据创新的新模式和新机制，推进工业大数据核心技术突破、产业标准建立、应用示范推广和专业人才培养引进，促进研究成果转化。

（三）促进行业大数据应用发展

加强大数据在重点行业领域的深入应用，促进跨行业大数据融合创新，在政府治理和民生服务中提升大数据运用能力，推动大数据与各行业领域的融合发展。

推动重点行业大数据应用。推动电信、能源、金融、商贸、农业、食品、文化创意、公共安全等行业领域大数据应用，推进行业数据资源的采集、整合、共享和利用，充分释放大数据在产业发展中的变革作用，加速传统行业经营管理方式变革、服务模式和商业模式创新及产业价值链体系重构。

促进跨行业大数据融合创新。打破体制机制障碍，打通数据孤岛，创新合作模式，培育交叉融合的大数据应用新业态。支持电信、互联网、工业、金融、健康、交通等信息化基础好的领域率先开展跨领域、跨行业的大数据应用，培育大数据应用新模式。支持大数据相关企业与传统行业加强技术和资源对接，共同探索多元化合作运营模式，推动大数据融合应用。

强化社会治理和公共服务大数据应用。以民生需求为导向，以电子政务和智慧城市建设为抓手，以数据集中和共享为途径，推动全国一体化的国家大数据中心建设，推进技术融合、业务融合、数据融合，实现跨层级、跨地域、跨系统、跨部门、跨业务的协同管理和服务。促进大数据在政务、交通、教育、健康、社保、就业等民生领域的应用，探索大众参与的数据治理模式，提升社会治理和城市管理能力，为群众提供智能、精准、高效、便捷的公共服务。促进大数据在市场主体监管与服务领域应用，建设基于大数据的重点行业运行分析服务平台，加强重点行业、骨干企业经济运行情况监测，提高行业运行监管和服务的时效性、精准性和前瞻性。促进政府数据和企业数据融合，为企业创新发展和社会治理提供有力支撑。

专栏4　跨行业大数据应用推进工程

开展跨行业大数据试点示范。选择电信、互联网、工业、金融、交通、健康等数据资源丰富、信息化基础较好、应用需求迫切的重点行业领域，建设跨行业跨领域大数据平台。基于平台探索跨行业数据整合共享机制、数据共享范围、数据整合对接标准，研发数据及信息系统互操作技术，推动跨行业的数据资源整合集聚，开展跨行业大数据应用，选择应用范围广、应用效果良好的领域开展试点示范。

成立跨行业大数据推进组织。支持成立跨部门、跨行业、跨地域的大数据应用推进组织，联合开展政策、法律法规、技术和标准研究，加强跨行业大数据合作交流。

建设大数据融合应用试验床。建设跨行业大数据融合应用试验床，汇聚测试数据、分析软件和建模工具，为研发机构、大数据企业开展跨界联合研发提供环境。

（四）加快大数据产业主体培育

引导区域大数据发展布局，促进基于大数据的创新创业，培育一批大数据龙头企业和创新型中小企业，形成多层次、梯队化的创新主体和合理的产业布局，繁荣大数据生态。

利用大数据助推创新创业。鼓励资源丰富、技术先进的大数据领先企业建设大数据平台，开放平台数据、计算能力、开发环境等基础资源，降低创新创业成本。鼓励大型企业依托互联网"双创"平台，提供基于大数据的创新创业服务。组织开展算法大赛、应用创新大赛、众包众筹等活动，激发创新创业活力。支持大数据企业与科研机构深度合作,打通科技创新和产业化之间的通道,形成数据驱动的科研创新模式。

构建企业协同发展格局。支持龙头企业整合利用国内外技术、人才和专利等资源,加快大数据技术研发和产品创新,提高产品和服务的国际市场占有率和品牌影响力,形成一批具有国际竞争力的综合型和专业型龙头企业。支持中小企业深耕细分市场,加快服务模式创新和商业模式创新,提高中小企业的创新能力。鼓励生态链各环节企业加强合作,构建多方协作、互利共赢的产业生态,形成大中小企业协同发展的良好局面。

优化大数据产业区域布局。引导地方结合自身条件,突出区域特色优势,明确重点发展方向,深化大数据应用,合理定位,科学谋划,形成科学有序的产业分工和区域布局。在全国建设若干国家大数据综合试验区,在大数据制度创新、公共数据开放共享、大数据创新应用、大数据产业集聚、数据要素流通、数据中心整合、大数据国际交流合作等方面开展系统性探索试验,为全国大数据发展和应用积累经验。在大数据产业特色优势明显的地区建设一批大数据产业集聚区,创建大数据新型工业化产业示范基地,发挥产业集聚和协同作用,以点带面,引领全国大数据发展。统筹规划大数据跨区域布局,利用大数据推动信息共享、信息消费、资源对接、优势互补,促进区域经济社会协调发展。

专栏5　大数据产业集聚区创建工程

建设一批大数据产业集聚区。支持地方根据自身特点和产业基础,突出优势,合理定位,创建一批大数据产业集聚区,形成若干大数据新型工业化产业示范基地。加强基础设施统筹整合,助推大数据创新创业,培育大数据骨干企业和中小企业,强化服务与应用,完善配套措施,构建良好产业生态。在大数据技术研发、行业应用、教育培训、政策保障等方面积极创新,培育壮大大数据产业,带动区域经济社会转型发展,形成科学有序的产业分工和区域布局。建立集聚区评价指标体系,开展定期评估。

(五)推进大数据标准体系建设

加强大数据标准化顶层设计,逐步完善标准体系,发挥标准化对产业发展的重要支撑作用。

加快大数据重点标准研制与推广。结合大数据产业发展需求,建立并不断完善涵盖基础、数据、技术、平台/工具、管理、安全和应用的大数据标准体系。加快基础通用国家标准和重点应用领域行业标准的研制。选择重点行业、领域、地区开展标准试验验证和试点示范,加强宣贯和实施。建立标准符合性评估体系,强化标准对市场培育、服务能力提升和行业管理的支撑作用。加强国家标准、行业标准和团体标准等各类标准之间的衔接配套。

积极参与大数据国际标准化工作。加强我国大数据标准化组织与相关国际组织的交流合作。组织我国产学研用资源,加快国际标准提案的推进工作。支持相关单位参与国际标准化工作并承担相关职务,承办国际标准化活动,扩大国际影响。

专栏6　大数据重点标准研制及应用示范工程

加快研制重点国家标准。围绕大数据标准化的重大需求,开展数据资源分类、开放共享、交易、标识、统计、产品评价、数据能力、数据安全等基础通用标准以及工业大数据等重点应用领域相关国家标准的研制。

建立验证检测平台。建立标准试验验证和符合性检测平台,重点开展数据开放共享、产品评价、数据能力成熟度、数据质量、数据安全等关键标准的试验验证和符合性检测。

开展标准应用示范。优先支持大数据综合试验区和大数据产业集聚区建立标准示范基地,开展重点标准的应用示范工作。

(六)完善大数据产业支撑体系

统筹布局大数据基础设施,建设大数据产业发展创新服务平台,建立大数据统计及发展评估体系,创造良好的产业发展环境。

合理布局大数据基础设施建设。引导地方政府和有关企业统筹布局数据中心建设，充分利用政府和社会现有数据中心资源，整合改造规模小、效率低、能耗高的分散数据中心，避免资源和空间的浪费。鼓励在大数据基础设施建设中广泛推广可再生能源、废弃设备回收等低碳环保方式，引导大数据基础设施体系向绿色集约、布局合理、规模适度、高速互联方向发展。加快网络基础设施建设升级，优化网络结构，提升互联互通质量。

构建大数据产业发展公共服务平台。充分利用和整合现有创新资源，形成一批大数据测试认证及公共服务平台。支持建立大数据相关开源社区等公共技术创新平台，鼓励开发者、企业、研究机构积极参与大数据开源项目，增强在开源社区的影响力，提升创新能力。

建立大数据发展评估体系。研究建立大数据产业发展评估体系，对我国及各地大数据资源建设状况、开放共享程度、产业发展能力、应用水平等进行监测、分析和评估，编制发布大数据产业发展指数，引导和评估全国大数据发展。

专栏7　大数据公共服务体系建设工程

建立大数据产业公共服务平台。提供政策咨询、共性技术支持、知识产权、投融资对接、品牌推广、人才培训、创业孵化等服务，推动大数据企业快速成长。

支持第三方机构建立测试认证平台。开展大数据可用性、可靠性、安全性和规模质量等方面的测试测评、认证评估等服务。

建立大数据开源社区。以自主创新技术为核心，孵化培育本土大数据开源社区和开源项目，构建大数据产业生态。

（七）提升大数据安全保障能力

针对网络信息安全新形势，加强大数据安全技术产品研发，利用大数据完善安全管理机制，构建强有力的大数据安全保障体系。

加强大数据安全技术产品研发。重点研究大数据环境下的统一账号、认证、授权和审计体系及大数据加密和密级管理体系，突破差分隐私技术、多方安全计算、数据流动监控与追溯等关键技术。推广防泄露、防窃取、匿名化等大数据保护技术，研发大数据安全保护产品和解决方案。加强云平台虚拟机安全技术、虚拟化网络安全技术、云安全审计技术、云平台安全统一管理技术等大数据安全支撑技术研发及产业化，加强云计算、大数据基础软件系统漏洞挖掘和加固。

提升大数据对网络信息安全的支撑能力。综合运用多源数据，加强大数据挖掘分析，增强网络信息安全风险感知、预警和处置能力。加强基于大数据的新型信息安全产品研发，推动大数据技术在关键信息基础设施安全防护中的应用，保障金融、能源、电力、通信、交通等重要信息系统安全。建设网络信息安全态势感知大数据平台和国家工业控制系统安全监测与预警平台，促进网络信息安全威胁数据采集与共享，建立统一高效、协同联动的网络安全风险报告、情报共享和研判处置体系。

专栏8　大数据安全保障工程
开展大数据安全产品研发与应用示范。支持相关企业、科研院所开展大数据全生命周期安全研究，研发数据来源可信、多源融合安全数据分析等新型安全技术，推动数据安全态势感知、安全事件预警预测等新型安全产品研发和应用。 支持建设一批大数据安全攻防仿真实验室。研究建立软硬一体化的模拟环境，支持工业、能源、金融、电信、互联网等重点行业开展数据入侵、反入侵和网络攻防演练，提升数据安全防护水平和应急处置能力。

五　保障措施

（一）推进体制机制创新

在促进大数据发展部际联席会议制度下，建立完善中央和地方联动的大数据发展协调机制，形成以应用带动产业、以产业支撑应用的良性格局，协同推进大数据产业和应用的发展。加强资源共享和沟通协作，协调制定政策措施和行动计划，解决大数据产业发展过程中的重大问题。建立大数据发展部省协调机制，加强地方与中央大数据产业相关政策、措施、规划等政策的衔接，通过联合开展产业规划等措施促进区域间大数据政策协调。组织开展大数据发展评估检查工作，确保重点工作有序推进。充分发挥地方政府大数据发展统筹机构或协调机制的作用，将大数据产业发展纳入本地区经济社会发展规划，加强大数据产业发展的组织保障。

（二）健全相关政策法规制度

推动制定公共信息资源保护和开放的制度性文件，以及政府信息资源管理办法，逐步扩大开放数据的范围，提高开放数据质量。加强数据统筹管理及行业自律，强化大数据知识产权保护，鼓励企业设立专门的数据保护职位。研究制定数据流通交易规则，推进流通环节的风险评估，探索建立信息披露制度，支持第三方机构进行数据合规应用的监督和审计，保障相关主体合法权益。推动完善个人信息保护立法，建立个人信息泄露报告制度，健全网络数据和用户信息的防泄露、防篡改和数据备份等安全防护措施及相关的管理机制，加强对数据滥用、侵犯个人隐私等行为的管理和惩戒力度。强化关键信息基础设施安全保护，推动建立数据跨境流动的法律体系和管理机制，加强重要敏感数据跨境流动的管理。推动大数据相关立法进程，支持地方先行先试，研究制定地方性大数据相关法规。

（三）加大政策扶持力度

结合《促进大数据发展行动纲要》、中国制造2025、"互联网+"行动计划、培育发展战略性新兴产业的决定等战略文件，制定面向大数据产业发展的金融、政府采购等政策措施，落实相关税收政策。充分发挥国家科技计划（专项、基金等）资金扶持政策的作用，鼓励有条件的地方设立大数据发展专项基金，支持大数据基础技术、重点产品、服务和应用的发展。鼓励产业投资机构和担保机构加大对大数据企业的支持力度，引导金融机构对技术先进、带动力强、惠及面广的大数据项目优先予以信贷支持，鼓励大数据企业进入资本市场融资，为企业重组并购创造更加宽松的市场环境。支持符合条件的大数据企业享受相应优惠政策。

（四）建设多层次人才队伍

建立适应大数据发展需求的人才培养和评价机制。加强大数据人才培养，整合高校、企业、社会资源，推动建立创新人才培养模式，建立健全多层次、多类型的大数据人才培养体系。鼓励高校探索建立培养大数据领域专业型人才和跨界复合型人才机制。支持高校与企业联合建立实习培训机制，加强大数据人才职业实践技能培养。鼓励企业开展在职人员大数据技能培训，积极培育大数据技术和应用创新型人才。依托社会化教育资源，开展大数据知识普及和教育培训，提高社会整体认知和应用水平。鼓励行业组织探索建立大数据人才能力评价体系。完善配套措施，培养大数据领域创新型领军人才，吸引海外大数据高层次人才来华就业、创业。

（五）推动国际化发展

按照网络强国建设的总体要求，结合"一带一路"等国家重大战略，加快开拓国际市场，输出优势技术和服务，形成一批具有国际竞争力的大数据企业和产品。充分利用国际合作交流机制和平台，加强在大数据关键技术研究、产品研发、数据开放共享、标准规范、人才培养等方面的交流与合作。坚持网络主权原则，积极参与数据安全、数据跨境流动等国际规则体系建设，促进开放合作，构建良好秩序。

附录B：数字出版转型示范单位名单

一 2013年第一批数字出版转型示范单位名单

为深入贯彻落实党的十八大精神，培育和壮大数字出版产业，加快新闻出版业发展方式转变，2012年9月，原新闻出版总署在新闻出版行业开展了传统出版单位数字出版转型示范工作。此次活动经广泛征求业界意见和严格评审，确定了首批数字出版转型示范单位名单。具体名单见表B-1~B-5。

表B-1 数字出版转型示范单位名单——出版集团

序号	单位名称	序号	单位名称
1	浙江出版联合集团有限公司	7	人民军医出版社
2	时代出版传媒股份有限公司	8	华东师范大学出版社有限公司
3	海峡出版发行集团	9	浙江大学出版社有限责任公司
4	中南出版传媒集团股份有限公司	10	二十一世纪出版社有限责任公司
5	新华文轩出版传媒股份有限公司	11	青岛出版社有限公司
6	知识产权出版社	12	云南教育出版社有限责任公司

资料来源：国家新闻出版广电总局官网。

表B-2 数字出版转型示范单位名单——报业集团

序号	单位名称	序号	单位名称
1	重庆日报报业集团	4	合肥报业传媒集团
2	辽宁报业传媒集团	5	南方报业传媒集团
3	浙江日报报业集团		

资料来源：国家新闻出版广电总局官网。

表 B-3 数字出版转型示范单位名单——报纸出版单位

序号	单位名称	序号	单位名称
1	人民日报社	11	家庭医生报传媒有限公司
2	中国科学报社	12	齐鲁晚报
3	证券日报社	13	大河报社
4	北京青年报社	14	潇湘晨报传媒经营有限公司
5	京华时报社	15	今日女报社
6	上海第一财经报业有限公司	16	广州日报社
7	上海日报社	17	中山日报社
8	《语文报》社有限责任公司	18	佛山市陶城报社出版有限公司
9	内蒙古日报社	19	成都商报社
10	延边晨报社	20	新疆经济报社

资料来源：国家新闻出版广电总局官网。

表 B-4 数字出版转型示范单位名单——期刊出版单位

序号	单位名称	序号	单位名称
1	北京卓众出版有限公司	11	《课堂内外》杂志社
2	《青年文摘》杂志社	12	《新课程》杂志社有限责任公司
3	《人民论坛》杂志社	13	《中国组织工程研究》杂志社
4	《中华医学杂志》社有限责任公司	14	《大众汽车》杂志有限公司
5	《中国激光》杂志社有限公司	15	新青年期刊出版总社
6	《中国国家地理》杂志社	16	《董事会》杂志社
7	《前线》杂志社	17	《小樱桃》杂志社有限公司
8	《第一财经周刊》杂志社	18	湖南教育报刊社
9	故事会文化传媒有限公司	19	《中国家庭医生》杂志社有限公司
10	上海教育报刊总社	20	当代贵州期刊传媒集团有限公司

资料来源：国家新闻出版广电总局官网。

表 B-5　数字出版转型示范单位名单——图书出版单位

序号	单位名称	序号	单位名称
1	北京师范大学出版社	8	中国质检出版社
2	北京语言大学出版社有限公司	9	中国地图出版社
3	电子工业出版社	10	中国建筑工业出版社
4	法律出版社	11	中国轻工业出版社
5	人民交通出版社	12	中国少年儿童新闻出版总社
6	人民邮电出版社	13	中国大百科全书出版
7	外语教学与研究出版社有限责任公司		

资料来源：国家新闻出版广电总局官网。

二　2015年第二批数字出版转型示范单位名单

为推动传统出版单位数字出版转型升级工作向更大范围、更高层次发展，2015年2月，国家新闻出版广电总局下发《关于开展第二批数字出版转型示范单位评估工作的通知》，在2014年开展省一级转型示范评估的基础上，启动第二批数字出版转型示范单位评估工作。根据申报要求，共有107家报纸单位、68家期刊单位、139家图书单位符合参评条件。4月至5月，总局对申报单位进行资格审核，对申报材料进行数据采集、资料转换、统计汇总，并于5月底召开由管理部门代表、业内专家、研究人员、一线从业者参加的专家评估会议进行专题评审。在遵循评估标准同时适当兼顾区域性差异的基础上，总局最终确定了第二批数字出版转型示范单位名单。具体名单见表B-6~B-10。

表 B-6　第二批数字出版转型示范单位名单——报业集团

序号	单位名称	序号	单位名称
1	北京日报报业集团	6	湖北日报传媒集团
2	广西日报传媒集团	7	湖南日报报业集团
3	贵阳日报传媒集团	8	江西日报传媒集团有限公司
4	杭州日报报业集团	9	新华报业传媒集团
5	河北日报报业集团	10	羊城晚报报业集团

资料来源：中国信息出版网。

表 B-7　第二批数字出版转型示范单位名单——出版集团

序号	单位名称	序号	单位名称
1	长江出版传媒股份有限公司	4	陕西新华出版传媒集团有限责任公司
2	重庆出版集团公司	5	中文天地出版传媒股份有限公司
3	江苏凤凰出版传媒集团有限公司		

资料来源：中国信息出版网。

表 B-8　第二批数字出版转型示范单位名单——报纸出版单位

序号	单位名称	序号	单位名称
1	半岛都市报社	16	苏州日报社
2	重庆时报社	17	绥化日报社
3	亳州晚报社	18	温州日报社
4	东亚经贸新闻报社	19	新安晚报
5	桂林日报社	20	新民晚报
6	海南日报社	21	银川日报社
7	河池日报社	22	《英语周报》社有限公司
8	《华商报》社	23	湛江日报社
9	江门日报社	24	浙江《体坛报》社有限责任公司
10	钦州日报社	25	郑州晚报社
11	青年报社	26	中国保险报业股份有限公司
12	衢州日报社	27	中国妇女报社
13	三峡日报社	28	中国改革报社
14	十堰日报社	29	中国青年报社
15	市场星报社	30	珠海特区报社

资料来源：中国信息出版网。

表 B-9　第二批数字出版转型示范单位名单——期刊出版单位

序号	单位名称	序号	单位名称
1	安徽恋爱婚姻家庭传媒有限公司	16	农村百事通杂志社
2	安徽少年博览杂志社	17	女友传媒发展有限公司
3	北京承启文化传播有限公司	18	山西科技新闻出版社传媒集团有限责任公司
4	当代党员杂志社	19	商界杂志社
5	读者出版传媒股份有限公司	20	时代传媒有限公司
6	风机技术杂志	21	《四川党的建设》杂志社
7	河北教育报刊社	22	糖烟酒周刊
8	河南销售与市场杂志社有限公司	23	稀有金属材料与工程杂志社
9	家庭期刊集团有限公司	24	云岭先锋杂志社
10	《建设机械技术与管理》杂志社	25	云南画报社有限责任公司
11	建筑技术杂志社	26	职业技术教育杂志社
12	江苏教育报刊总社	27	《职业女性》杂志社
13	江苏农村经济杂志社	28	中国报道杂志社
14	今古传奇传媒集团有限公司	29	《中外医疗》杂志社有限公司
15	《科技资讯》杂志社有限公司		

资料来源：中国信息出版网。

表 B-10　第二批数字出版转型示范单位名单——图书出版单位（含音像电子）

序号	单位名称	序号	单位名称
1	北京希望电子出版社	14	人民教育出版社有限公司
2	重庆大学出版社有限公司	15	人民卫生出版社
3	大连理工大学出版社有限公司	16	山西春秋电子音像出版社
4	方圆电子音像出版社有限责任公司	17	上海外语教育出版社有限公司
5	高等教育出版社有限公司	18	社会科学文献出版社
6	广西师范大学出版社集团有限公司	19	天津大学出版社有限责任公司
7	哈尔滨出版社股份有限公司	20	武汉大学出版社有限责任公司
8	河南电子音像出版社有限公司	21	新疆电子音像出版社
9	河南科学技术出版社有限公司	22	中国青年出版社
10	黑龙江教育出版社有限公司	23	中国水利水电出版社
11	化学工业出版社	24	中国铁道出版社
12	清华大学出版社有限公司	25	《中国学术期刊（光盘版）》电子杂志社有限公司
13	人民法院出版社	26	中央广播电视大学出版社有限公司

资料来源：中国信息出版网。

附录C：大数据词典

A

聚合（Aggregation）：搜索、合并、显示数据的过程。

算法（Algorithms）：可以完成某种数据分析的数学公式。

分析法（Analytics）：用于发现数据的内在含义。

异常检测（Anomaly Detection）：在数据集中搜索与预期模式或行为不匹配的数据项。除了"Anomalies"，用来表示异常的词还有Outliers、Exceptions、Surprises、Contaminants。异常检测通常可提供关键的可执行信息。

匿名化（Anonymization）：使数据匿名，即移除所有与个人隐私相关的数据。

应用（Application）：实现某种特定功能的计算机软件。

人工智能（Artificial Intelligence）：研发智能机器和智能软件，这些智能设备能够感知周遭的环境，并根据要求做出相应的反应，甚至能自我学习。

B

行为分析法（Behavioural Analytics）：这种分析法是根据用户的行为如"怎么做""为什么这么做""做了什么"等来得出结论，而不是仅仅针对人物和时间的一门分析学科，它着眼于数据中的人性化模式。

大数据科学家（Big Data Scientist）：能够设计大数据算法使大数据变得有用的人。

大数据创业公司（Big Data Startup）：指研发最新大数据技术的新兴公司。

生物测定术（Biometrics）：根据个人的特征进行身份识别的技术。

商业智能（Business Intelligence）：是一系列理论、方法学和过程，使得数据更容易被理解。

C

分类分析（Classification Analysis）：从数据中获得重要相关性信息的系统化过程。

云计算（Cloud Computing）：构建在网络上的分布式计算系统，数据是存储于机房外的（即云端）。

聚类分析（Clustering Analysis）：它是将相似的对象聚合在一起，每类相似的对象组合成一个聚类（簇）的过程。这种分析方法的目的在于分析数据间的差异和相似性。

冷数据存储（Cold Data Storage）：在低功耗服务器上存储那些几乎不被使用的旧数据。但这些数据检索起来将会很耗时。

对比分析（Comparative Analysis）：在非常大的数据集中进行模式匹配，通过一步步的对比和计算过程得到分析结果。

复杂结构的数据（Complex Structured Data）：由两个或多个复杂而相互关联部分组成的数据，这类数据不能简单地由结构化查询语言或工具（如SQL）解析。

计算机产生的数据（Computer Generated Data）：指日志文件这类由计算机生成的数据。

并发（Concurrency）：同时执行多个任务或运行多个进程。

相关性分析（Correlation Analysis）：一种数据分析方法，用于分析变量之间是否存在正相关或者负相关关系。

客户关系管理（Customer Relationship Management）：用于管理销售、业务过程的一种技术，大数据将影响公司的客户关系管理策略。

D

仪表板（Dashboard）：展示数据分析结果的一种形式。

数据聚合工具（Data Aggregation Tools）：将分散于众多数据源的数据转化成一个全新数据源的过程。

数据分析师（Data Analyst）：从事数据分析、建模、清洗、处理的专业人员。

数据库（Database）：一个以某种特定的技术来存储数据集合的仓库。

数据库即服务（Database-as-a-Service，DaaS）：部署在云端的数据库，即用即付，例如亚马逊云服务（Amazon Web Services, AWS）。

数据库管理系统（Database Management System）：收集、存储数据，并提供数据的访问的系统。

数据中心（Data Centre）：一个实体地点，放置了用来存储数据的服务器。

数据清洗（Data Cleansing）：对数据进行重新审查和校验的过程，目的在于删除重复信息、纠正存在的错误，并提供数据一致性。

数据管理员（Data Custodian）：负责维护数据存储所需技术环境的专业技术人员。

数据道德准则（Data Ethical Guidelines）：有助于组织机构使其数据透明化，保证数据的简洁、安全及隐私的准则。

数据订阅（Data Feed）：一种数据流，例如 Twitter 订阅和 RSS。

数据集市（Data Marketplace）：进行数据集买卖的在线交易场所。

数据挖掘（Data Mining）：从数据集中发掘特定模式或信息的过程。

数据建模（Data Modelling）：使用数据建模技术来分析数据对象，以此洞悉数据的内在含义。

数据集（Data Set）：大量数据的集合。

数据虚拟化（Data Virtualization）：数据整合的过程，以此获得更多的数据信息，这个过程通常会引入其他技术，例如数据库、应用程序、文件系统、网页技术、大数据技术等。

去身份识别（De-identification）：也称为匿名化（Anonymization），用于确保个人不会通过数据被识别。

判别分析（Discriminant Analysis）：是一种统计分析法，可以对数据中某些群组或集群的已知信息进行分析，并从中获取分类规则。

分布式文件系统（Distributed File System）：提供简化、高可用的方式来存储、分析、处理数据的系统。

文件存储数据库（Document Store Databases）：又称为文档数据库（Document-oriented Database），为存储、管理、恢复文档数据而专门设计的数据库，这类文档数据也称为半结构化数据。

E

探索性分析（Exploratory Analysis）：在没有标准的流程或方法的情况下从数据中发掘信息模式，是一种发掘数据和数据集主要特性的方法。

E 字节（Exabytes）：约等于 1000PB（Petabytes），约等于 1000000GB。如今全球每天制造的新信息量大约为 1EB。

提取—转换—加载（Extract, Transform and Load）：是一种用于数据库或数据仓库的处理过程。即从各种不同的数据源提取数据，并转换成能满足业务需要的数据，最后将其加载到数据库。

F

故障切换（Failover）：当系统中某个服务器发生故障时，能自动地将运行任务切换到另一个可用服务器或节点上。

容错设计（Fault-Tolerant Design）：一个支持容错设计的系统应该能够做到当某一部分出现故障也能继续运行。

G

游戏化（Gamification）：即在其他非游戏领域中运用游戏的思维和机制，这种方法可以以一种十分友好的方式进行数据的创建和侦测，非常有效。

图形数据库（Graph Databases）：运用图形结构（如一组有限的有序对或某种实体）来存储数据，图形存储结构包括边缘、属性和节点。它提供了相邻节点间的自由索引功能，也就是说，数据库中每个元素间都与其他相邻元素直接关联。

网格计算（Grid Computing）：将许多分布在不同地点的计算机连接在一起，用以处理某个特定问题，通常通过云将计算机相连在一起。

H

Hadoop：一个开源的分布式系统基础框架，可用于开发分布式程序进行大数据的运算与存储。

Hadoop 数据库（HBase）：一个开源、非关系型、分布式的数据库，与 Hadoop 框架共同使用。

HDFS‑Hadoop 分布式文件系统（Hadoop Distributed File System）：是一个被设计成适合运行在通用硬件（Commodity Hardware）上的分布式文件系统。

高性能计算（High Performance Computing）：使用超级计算机来解决极其复杂的计算问题。

I

内存数据库（In-Memory Databases）：一种数据库管理系统，与普通数据库管理系统的不同之处在于它用主存来存储数据，而非硬盘；其特点在于能高速地进行数据的处理和存取。

物联网（Internet of Things）：在普通的设备中装上传感器，使这些设备能够在任何时间任何地点与网络相连。

J

法律上的数据一致性（Juridical Data Compliance）：当使用云计算解决方案将数据存储于不同国家或不同地区时，就会涉及这个概念，你需要留意这些存储在不同国家的数据是否符合当地的法律。

K

键值数据库（Key-Value Databases）：数据的存储方式使用一个特定的键、指向一个特定的数据记录，这种方式使得数据的查找更加方便快捷。键值数据库中所存的数据通常为编程语言中基本数据类型的数据。

L

延迟（Latency）：表示系统时间的延迟。

遗留系统（Legacy System）：旧的应用程序、技术，或是旧的计算系统，现在已经不再支持了。

负载均衡（Load Balancing）：将工作量分配到多台电脑或服务器上，以获得最优结果和最大的系统利用率。

位置信息（Location Data）：GPS信息，即地理位置信息。

日志文件（Log File）：由计算机系统自动生成的文件，记录系统的运行过程。

M

M2M数据（Machine to Machine Data）：两台或多台机器间交流与传输的内容。

机器数据（Machine Data）：由传感器或算法在机器上产生的数据。

机器学习（Machine Learning）：人工智能的一部分，指机器能够从它们所完成的任务中进行自我学习，通过长期的累积实现自我改进。

MapReduce：处理大规模数据的一种软件框架（Map：映射，Reduce：归纳）。

大规模并行处理（Massively Parallel Processing）：同时使用多个处理器（或多台计算机）处理同一个计算任务。

元数据（Metadata）：被称为描述数据的数据，即描述数据属性（数据是什么）

的信息。

MongoDB：一种开源的非关系型数据库。

多维数据库（Multi-Dimensional Databases）：用于优化数据联机分析处理（OLAP）和数据仓库的一种数据库。

多值数据库（Multi-Value Databases）：一种非关系型数据库，一种特殊的多维数据库，能处理 3 个维度的数据；擅于处理非常长的字符串，能够完美地处理 HTML 和 XML 中的字串。

N

自然语言处理（Natural Language Processing）：计算机科学的一个分支领域，它研究如何实现计算机与人类语言之间的交互。

网络分析（Network Analysis）：分析网络或图论中节点间的关系，即分析网络中节点间的连接和强度关系。

NewSQL：一个定义良好的数据库系统，是比 SQL 更易学习和使用、比 NoSQL 更晚提出的新型数据库。

NoSQL：顾名思义，就是"不使用 SQL"的数据库。这类数据库泛指传统关系型数据库以外的其他类型数据库。这类数据库有更强的一致性，能处理超大规模和高并发的数据。

O

对象数据库（Object Databases）：也称为面向对象数据库，以对象的形式存储数据，用于面向对象编程。它不同于关系型数据库和图形数据库，大部分对象数据库都提供一种查询语言，允许使用声明式编程（Declarative Programming）访问对象。

基于对象图像分析（Object-based Image Analysis）：数字图像分析方法是对每一个像素的数据进行分析，而基于对象的图像分析方法则只分析相关像素的数据，这些相关像素被称为对象或图像对象。

操作型数据库（Operational Databases）：这类数据库可以完成一个组织机构的常规操作，对商业运营非常重要，一般用于在线事务处理，允许用户访问、收集、检索公司内部的具体信息。

优化分析（Optimization Analysis）：在产品设计周期依靠算法来实现优化的过程，

在这一过程中，公司可以设计各种各样的产品并测试这些产品是否满足预设值。

本体论（Ontology）：表示知识本体，用于定义一个领域中的概念集及概念之间的关系的一种哲学思想。

异常值检测（Outlier Detection）：异常值是指严重偏离一个数据集或一个数据组合总平均值的对象，该对象与数据集中的其他对象相去甚远。因此，异常值的出现意味着系统发生问题，需要对此另加分析。

P

模式识别（Pattern Recognition）：通过算法来识别数据中的模式，并对同一数据源中的新数据做出预测。

P 字节（Petabytes）：约等于 1000TB（Terabytes），约等于 1000000GB（Gigabytes）。欧洲核子研究中心（CERN）大型强子对撞机每秒产生的粒子个数就约为 1PB。

平台即服务（Platform-as-a-Service，PaaS）：为云计算解决方案提供所有必需的基础平台的一种服务。

预测分析（Predictive Analysis）：大数据分析方法中最有价值的分析方法之一，这种方法有助于预测个人未来（近期）的行为，例如某人很可能会买某些商品、可能会访问某些网站、做某些事情或者产生某种行为。通过使用各种不同的数据集，如历史数据、事务数据、社交数据，或者客户的个人信息数据等，来识别风险和机遇。

隐私（Privacy）：把可识别出个人信息的数据与其他数据分离开，以确保用户隐私。

公共数据（Public Data）：由公共基金创建的公共信息或公共数据集。

Q

数字化自我（Quantified Self）：使用应用程序跟踪用户一天的一举一动，从而更好地理解其相关行为。

查询（Query）：查找某个问题答案的相关信息。

R

再识别（Re-identification）：将多个数据集合并在一起，从匿名化的数据中识别出个人信息。

回归分析（Regression Analysis）：用于确定两个变量间的依赖关系，这种方法假设两个变量之间存在单向的因果关系。

射频识别（Radio Frequency Identification）：使用一种无线非接触式射频电磁场传感器来传输数据的识别技术。

实时数据（Real-Time Data）：指在几毫秒内被创建、处理、存储、分析并显示的数据。

推荐引擎（Recommendation Engine）：根据用户之前的购买行为或其他购买行为向用户推荐某种产品的工具。

路径分析（Routing Analysis）：针对某种目的通过使用多种不同的变量分析从而找到一条最优路径，以达到降低成本提高效率的目的。

S

半结构化数据（Semi-Structured Data）：不具有结构化数据严格的存储结构，但它可以使用标签或其他形式的标记以保证数据的层次结构。

情感分析（Sentiment Analysis）：指通过算法分析出人们是如何看待某些话题的。

信号分析（Signal Analysis）：指通过度量随时间或空间变化的物理量来分析产品的性能，特别是传感器数据。

相似性搜索（Similarity Searches）：在数据库中查询最相似的对象，这里所说的数据对象可以是任意类型的数据。

仿真分析（Simulation Analysis）：指模拟真实环境中进程或系统的操作。仿真分析可以在仿真时考虑多种不同的变量，确保产品性能达到最优。

智能网格（Smart Grid）：指在能源网中使用传感器实时监控其运行状态的技术，有助于提高效率。

软件即服务（Software-as-a-Service, SaaS）：基于 Web 的通过浏览器使用的一种应用软件。

空间分析（Spatial Analysis）：用于分析地理信息或拓扑信息这类空间数据，可得出分布在地理空间中的数据的模式和规律。

SQL：在关系型数据库中，用于检索数据的一种编程语言。

结构化数据（Structured Data）：可以组织成行列结构、可识别的数据。这类数据通常是一条记录、一个文件，或者被正确标记过的数据中的某一个字段，并且可以被精确地定位到。

T

T 字节（Terabytes）：约等于 1000GB（Gigabytes）。1TB 容量可以存储约 300 个小时的高清视频。

时序分析（Time Series Analysis）：分析在重复测量时间里获得的定义良好的数据。分析的数据必须是良好定义的，并且要取自相同时间间隔的连续时间点。

拓扑数据分析（Topological Data Analysis）：主要关注复合数据模型、集群的识别以及数据的统计学意义。

交易数据（Transactional Data）：随时间变化的动态数据。

透明性（Transparency）：消费者想要知道他们的数据有什么作用、被做何处理，而组织机构则把这些信息都透明化了。

U

非结构化数据（Un-Structured Data）：一般被认为是大量纯文本数据，其中还可能包含日期、数字和实例。

V

价值（Value）：大数据 4V 特点之一，所有可用的数据都能为组织机构、社会、消费者创造巨大的价值。这意味着各大企业及整个产业都将从大数据中获益。

可变性（Variability）：即数据的含义总是在变化的。例如，一个词在相同的推文中可以有完全不同的意思。

多样（Variety）：大数据 4V 特点之一，指数据总是以各种不同的形式呈现，如结构化数据、半结构化数据、非结构化数据，甚至还有复杂结构化数据。

高速（Velocity）：大数据 4V 特点之一，在大数据时代，数据的创建、存储、分析、虚拟化都要求被高速处理。

真实性（Veracity）：组织机构只有确保数据的真实性，才能保证数据分析的正确性。因此，真实性是指数据的正确性。

可视化（Visualization）：只有正确地可视化，原始数据才可被投入使用。这里的"可视化"并非普通的图形，可视化指的是复杂的图表，图表中包含大量的数据信息，但可以被很容易地理解和阅读。

大量（Volume）：大数据 4V 特点之一，指数据量范围十分巨大。

W

天气数据（Weather Data）：是一种重要的开放公共数据来源，如果与其他数据来源合在一起，可以为相关组织机构提供深入分析的依据。

X

XML 数据库（XML Databases）：是一种以 XML 格式存储数据的数据库，通常与面向文档型数据库相关联，开发人员可以对 XML 数据库的数据进行查询、导出以及按指定的格式序列化。

Y

Y 字节（Yottabytes）：约等于 1000ZB（Zettabytes），约等于 250 万亿张 DVD 的数据容量。现今整个数字化宇宙的数据量为 1YB，并且将每 18 年翻一番。

Z

Z 字节（Zettabytes）：约等于 1000EB（Exabytes），约等于 1000000TB。据预测，到 2016 年全球范围内每天网络上通过的信息大约能达到 1ZB。

附录 D：新闻报道等相关信息索引

以下是著者收集的相关知识索引表，供参考阅读。

【1】《大数据时代的学术出版》
  来　源：订阅号"中国编辑"
  摘　要：主要阐述的内容有传统学术出版的发展困境、学术出版生态的悄然改变、大数据开启学术出版的美好时代，以及传统学术出版单位该如何拥抱大数据时代。

【2】《得大数据者得天下》
  来　源：订阅号"全中看传媒"
  摘　要：主要介绍了传统媒体在数据化转型方面的新尝试，以及传统媒体如何结合自身的实际情况、采取哪些模式来布局大数据。

【3】《大数据的本质是什么》
  来　源：艾瑞网
  摘　要：具体介绍了大数据到底是什么，怎么做才能真正挖掘出大数据的价值。

【4】《数据、大数据及其本质是什么？》
  来　源：爱数据网
  摘　要：具体介绍了数据与大数据、数据与认识、数据与本体等。

【5】《解读 | 中国大数据产业的现状与前景》
  来　源："订阅号移动在线"
  摘　要：具体介绍了中国大数据产业的现状与前景，从以下几点展开阐述：发展现状、存在问题、面临形势以及"十三五"时期的发展方向及重点。

【6】《张宏森：推进转型升级，力促创新发展》
  来　源：订阅号"出版人杂志"
  摘　要：具体介绍"十二五"时期新闻出版业数字化转型升级发展概况以及所取得的经验，从政策引导、项目带动、财政资金保障和创新驱动四方面阐述。

【7】《冯宏声：新闻出版业"十三五"时期的科技工作思考》

　　来　源：订阅号"数字出版在线"

　　摘　要：具体阐述了对出版的基本认识：出版业的定位、出版业科技体系建设、全面支撑与五个任务、"十二五"期间出版业科技工作的成果回顾以及"十三五"科技发展展望。

【8】《冯宏声：大数据时代，新闻出版业如何改进》

　　来　源：第一中国出版传媒网

　　摘　要：具体介绍在"十三五"时期新闻出版行业构建自身大数据体系的必要性及总体发展思路。

【9】《浅谈大数据在出版业的应用》

　　来　源：今传媒

　　摘　要：随着当今世界互联网、移动互联网技术的高速发展，大数据也逐渐被诸多行业应用。中国新闻出版研究院 2013 年发布的《2012～2013 中国数字出版产业年度报告》中认为，大数据分析与挖掘将走进数字出版，是未来出版行业的发展趋势。对于出版行业来讲，这既是挑战更是难得的机遇。该文着重分析了大数据对出版业的作用及大数据在出版界的应用前景。

【10】《出版业"大数据"时代已来临》

　　来　源：出版头条

　　摘　要：具体介绍了何谓"出版业大数据"，大数据对传统出版业的影响，国际出版业的实践以及大数据对出版业的真正意义。

【11】《我们研究了 28 家平台，为你揭开知识付费的现状与未来》

　　来　源：36 氪知识新经济报告

　　摘　要：具体介绍了"知识付费"概念的兴起、发展过程及其主要商业模式，知识付费领域目前的主要平台及各自的发展方向，知识付费目前的关键问题。

【12】《如何利用大数据进行创新》

　　来　源：清华网商学堂

摘　要：当我们进入了大数据时代，数据的采集、传输、存储的成本都大幅度下降。因此收集大量数据就具有了可行性，而且这些数据具备了规模大、多种维度、时效性高的特点，针对这样的数据基础，我们就可以开展各种创新，从而提升运行效率和核心竞争力，创造更大价值和社会影响力。而创新针对不同的主体，其对象也是不同的。该文对于不同的创新对象，从理论角度进行抽象，不探讨其具象，而是希望确立一系列的通用方式方法，使各种主体可以利用这些方式方法进行创新。文章主要从基于数据进行创新、基于业务进行创新、数据本身创新以及数据对创新过程的促进作用四个方面进行探讨。

【13】《研究发现｜大数据在我国出版业的实现条件并不成熟》

　　　　来　源：36大数据网

　　　　摘　要：具体介绍了大数据是一种思维，大数据对传统出版业的影响以及大数据给传统出版带来的挑战。

【14】《大数据出版》

　　　　来　源：订阅号"出版科学"

　　　　摘　要：文章旨在说明一个简单的问题，即"大数据可能会对出版行业产生怎样的影响"。不可否认，内容可能是出版行业最有价值的部分，但在未来数据将会驱动行业的方方面面。现如今，各行各业的数据容量、速度、种类都在飞速增长。毫无疑问，出版行业也将加入且必须加入大数据的行列中。出版行业的先行军，诸如销售、市场和宣传等相关工作早已涉足大数据领域；相应地，可发现性和可访问性随之受到影响；最重要的编辑功能是大数据会产生直接影响的第三个方面；从更广泛的角度来看，出版社的组织设计可能是第四个需要重点关注的问题。最后，在此基础上，该文讨论了大数据背景下出版行业商业模式的构建。

【15】《国务院副秘书长江小涓：传统经济学理论遭遇挑战与互联网相关的经济学理论亟需学者们研究》

　　　　来　源：订阅号"经济学家圈"

摘　要：该文的分析表明，现代技术特别是网络技术的发展正在改变服务业的基本性质，引起了广泛的资源重组与聚合，对传统服务经济理论提出根本挑战，如服务业生产率低的假设不再成立，新古典价格理论很难解释服务价格的形成，人们的消费理性发生了变化。同时，与互联网相关的经济学问题如互联网经济学、平台经济学、信息产品定价等问题也亟待研究。未来需要理论层面的分析、权衡和选择，如互联网带来的"隐私保护与数据利用效率"两难选择和"精神与心理消费"的复杂性等问题，迫切需要理论研究和创新。

【16】《大数据平台架构技术选型与场景应用》

来　源：今日头条

摘　要：文章从数据来源、数据源结构、数据变化程度和数据规模4个维度对数据源进行分类，数据源分类维度的不同决定了最后的技术选型。同时，文章详细界定了对各类数据源的定义及选型方式，最终联系到大数据的应用场景。

【17】《从2017数字图书世界大会看美国数字图书出版现状和趋势》

来　源：订阅号"出版参考"

摘　要：该文从2017年数字图书世界大会的议题出发，综合各方数据，浅析了美国数字图书出版的真实状况以及2017年值得关注的发展趋势。在新的出版形态、技术形式和传播机制下，电子书发展终将摆脱困境，迎来日新月异的变化。

【18】《战略｜新闻出版业大数据应用的思考与展望》

来　源：订阅号"科技与出版"

摘　要：新闻出版业的大数据应用，首先要厘清概念误区，明确区分大数据和"数据大""统计分析"的逻辑关系；然后需要梳理新闻出版业的数据价值体系；同时需结合新闻出版业条数据和块数据同时并存、各有千秋的数据特点与规律，以数据为生产要素，重塑新闻出版数据的采集、存储、标引、计算、建模和服务体系，进而在专业出版、数字教育和政府管理等领域做出若干大数据应用示范案例，或者在政府大数据、行业大数据和企业大数据层面开展若干试点工作，这样方可尽快推动新闻出版业应用大数据技术的进程和步伐。与此同时，要充分考虑隐私权威胁和数据过分依赖两个负面问题，通过感性决策因素的积极发挥和数据安全防护策略来最大限度地防止大数据黑暗面的出现。

【19】《大数据如何改变出版业？》

  来　　源：订阅号"中国出版传媒商报"

  摘　　要：具体介绍了大数据如何改变出版内容以及大数据如何改变精准营销。

【20】《解析 | 大数据时代的数据拥有者——专业出版视角的数据类型与价值分析》

  来　　源：订阅号"科技与出版"

  摘　　要：在大数据时代，出版条数据资源的汇聚，有利于建设资源驱动型的新型出版传媒集团；出版块数据资源的整合，有助于地方性传媒集团的经营和发展。作为专业内容资源数据的拥有者，专业出版社要致力于用户数据、内容数据和交互数据的建设，在遵循标准化、全面性和创新性原则的基础上，逐步形成适应数字化、信息化时代发展需要的客户关系管理系统、数字内容资产系统和营销决策分析系统。

【21】《大数据分析：出版业转型升级的新助力》

  来　　源：订阅号"现代出版"

  摘　　要：大数据分析正在改变出版企业的运营方式，出版业对内容的搜集、储存与传播方式也将因大数据分析的出现而发生深刻变化，大数据分析将促进出版业深度信息化。

【22】《论出版业的数据化生存》

  来　　源：订阅号"出版商务周报"

  摘　　要：具体介绍了数据在出版经营微观领域的应用以及大数据在出版业宏观方面的影响。

【23】《大数据如何改变出版行业》

  来　　源：订阅号"国际出版周刊"

摘　要：随着互联网、移动互联网技术的发展，挖掘信息社会的大数据，利用大数据精准分析行业现状、服务行业发展，成为各行各业的普遍共识。当前，国际出版商纷纷借助大数据技术提升自身的服务水平和能力，使出版各环节以及出版之外数据的获取、分析成为可能。这些数据为出版商打开了认识真实世界的窗口，提供了重塑自我的可能。文章给出了多个案例，来说明此现象。

【24】《出版大数据：最大的困惑最多的机会》

来　源：订阅号"国际出版周刊"

摘　要：这是一个数据爆发、被数据包围的时代。就连你买个外卖，背后可能都有一台服务器在统计你每天具体几点几分几秒下了单、吃了什么、口味如何、距离远近……但出版业似乎天生与这些时髦的技术没有太大的缘分，用"反应迟缓"来形容也不为过。当我们在思考如何为读者提供更好、更个性化的出版服务时，我们本应对大数据有更多的接触和运用，但事实恰恰相反。文章具体介绍了出版大数据究竟在哪里、出版业为何没有大数据、大数据会带来哪些矛盾以及出版大数据该往哪里去。

【25】《大数据时代数字出版企业的价值共创研究》

来　源：订阅号"出版科学"

摘　要：在阐述数字出版企业价值共创的理论基础上，重新审视大数据时代数字出版企业价值共创的价值导向、组织形式、共创流程、消费者体验等基础要素，提出大数据时代数字出版企业价值共创的具体实现途径。

【26】《"大数据出版"的理念、方法及发展路径》

来　源：订阅号"北京中科公司"

摘　要：文章从"数字出版"和"大数据出版"的概念辨析入手，指出两者最大的差异是后者能够通过对信息的数据化（结构化）处理来实现出版资源的重新整合与最大化利用；以自然灾害类历史典籍为例，说明"大数据出版"能通过建设专题数据库的途径实现对出版物资源的数据采集、存储和检索，并在数据库平台上进行数据挖掘和可视化呈现，以生产新的知识和产生新的价值；最后总结了"大数据出版"给出版行业重塑自身的核心竞争力、资源整合与服务方式、版权保护与交易方式带来的新契机。

【27】《出版产业大数据的价值与运营途径探索》

  来 源：订阅号"现代出版"

  摘 要：出版产业大数据有助于指导出版企业的生产、经营、管理、服务等决策与行动；利用大数据技术可打通企业内部数据链，全面提升企业信息化水平，创新管理模式，打造服务平台型公司，寻求与渠道商的深度合作以促进策划与营销的融合；各出版企业应该选择合适的伙伴自发联合、加强合作，实现大数据化运营。文章具体介绍了出版产业大数据的内涵，出版产业应用大数据的意义以及出版企业运营大数据的途径与策略。

【28】《媒介融合时代传统出版业数字化发展的路径选择》

  来 源：订阅号"科技与出版"

  摘 要：在媒介不断融合的大背景下，推动传统出版与数字出版的融合发展成为出版业未来发展的必然趋势。近年来，我国数字出版产业规模一直保持着强劲的增长势头，而传统出版业对数字出版总收入的贡献却很小，数字化水平相对较低。文章通过与国外传统出版业数字化的比较，对目前我国传统出版业的数字化进展情况进行分析，在此基础上，探讨媒体不断融合背景下传统出版业数字化发展的思路。

【29】《出版业有"大数据"吗?》

  来 源：订阅号"数字出版在线"、《出版人》

  摘 要：出版业的内容数据虽具有数据真实性属性，但离海量的数据规模尚有差距，短期内也不大可能向快速的数据流转、多样的数据类型、价值密度低转型。文章以互联网上的讹传为出发点，介绍出版物的内容数据以及其他相关数据，首次针对出版物的内容数量进行了统计，引出出版业是否有"大数据"的深入思考，并给出了个人观点。

附录 E：出版业有"大数据"吗？*

2015 年 9 月，国务院印发《促进大数据发展行动纲要》，明确提出要发展大数据在工业、新兴产业、农业农村等行业领域应用，推动大数据发展与科研创新有机结合，推进基础研究和核心技术攻关，形成大数据产品体系，完善大数据产业链。

在国务院的部署与推动下，各行各业都在谋划自己的大数据中心和大数据产业，出版业也不例外。

其实，人们对"大数据"的膜拜，再早可以追溯到《大数据时代》这本风靡一时的书，随着美国影视作品《纸牌屋》的播出和热评，使"大数据"又有了形象化的宣传效果。

当人们热议"大数据"的时候，我一直想了解：出版业有"大数据"吗？具体到某一家出版单位，也会有"大数据"吗？

一 互联网上的讹传

一种在互联网上广泛流传的说法是：互联网上一天所产生的数据可以刻满 1.68 亿张 DVD；发出的邮件有 2940 亿封之多（相当于美国两年的纸质信件数量）；发出的社区帖子达 200 万个（相当于《时代》杂志 770 年的文字量）；卖出的手机为 37.8 万台，高于全球每天出生的婴儿数量 37.1 万。截止到 2014 年，数据量已经从 TB 级别跃升到 PB、EB 乃至 ZB 级别。

这一组数据的潜台词似乎在告诉我们：传统出版业的数据量其实是非常有限的。那么传统出版业的数据量究竟有多大？是否够得上"大数据"？

2013 年 3 月 20 日在"中国 IDC 圈"网站上发表了这样一篇文章：《印象：人类生产的印刷材料数据量达 200PB》。文中是这样表述的："随着信息技术的发展，互联网已进入到人类生活的方方面面，随之而产生的数据也呈现爆发性增长，有数据显示，到 2012 年为止，人类生产的所有印刷材料的数据量是 200PB，而过去两年产生的数

---

* 作者张立，载于《出版人》2016 年第 8 期，文章刊发时有删节，此处保留了全部内容。

据占人类历史数据总量的 90%，并且预计到 2020 年，人类所产生的数据量当达到今天的 44 倍。"。

这篇文章告诉我们，人类从印刷术发明以来，全部印刷品的内容数据量是 PB 级别，至于传统出版业的内容数据量，肯定少于这个数字，因为印刷品不一定都是出版物。但遗憾的是，这篇文章在提到"200PB"时，并未说明计算方法，亦未注明数据来源。

另一篇提到"200PB"的文章是 2015 年 4 月 21 日发表于"36 大数据"网站上的《报告：数据大爆炸，"互联网 +"基础设施数据中心大发展（上）》。该文写道："国际数据公司 IDC 的研究结果表明，2008 年全球产生的数据量为 0.49ZB，2009 年的数据量为 0.8ZB，2010 年增长为 1.2ZB，2011 年的数量更是高达 1.82ZB，相当于全球每人每年产生 200GB 以上的数据。而到 2012 年为止，人类生产的所有印刷材料的数据量是 200PB，全人类历史上说过的所有话的数据量大约是 5EB。"该文提到了国际数据公司 IDC，且明确说明"200PB"数据是摘自中信证券分析师陈剑、李伟和王浩冰的《云计算 /IDC 行业专题研究报告——数据大爆炸，数据中心大发展—"互联网 +"基础设施之二》一文。

为此，笔者购买了中信证券的报告。

中信证券的报告是这样表述的："国际数据公司（IDC）的研究结果表明，2008 年全球产生的数据量为 0.49ZB，2009 年的数据量为 0.8ZB，2010 年增长为 1.2ZB，2011 年的数量更是高达 1.82ZB，相当于全球每人每年产生 200GB 以上的数据。而到 2012 年为止，人类生产的所有印刷材料的数据量是 200PB，全人类历史上说过的所有话的数据量大约是 5EB。"

从中信报告的表述中，明显让人感觉所谓的"200PB"应该是从 IDC 报告中引用的。但仔细推敲，又会疑惑，因为中信报告中的"而到 2012 年为止，人类生产的所有印刷材料的数据量是 200PB……"与前面一句话同在一个段落，虽用句号断开，但整段未标引号。因此，究竟"200PB"是不是 IDC 说的看不出来。好像怎么理解都对。

从网上的文献也可以看出，目前多数关于"大数据"的中文文章，常默认"200PB"为 IDC 的数据，且将其当成论文的背景予以介绍，也就是说，该数据已被当成公认正确的结论予以引用，甚至它已经成为绝大多数论文立意谋篇的基本依据了。几乎无人质疑过其真实性和出处。多数论文在引用时通常冠以"有数据显示"或"国际数据公司（IDC）的研究结果表明"，以此来指明出处，并暗示其权威性。

为进一步了解情况，笔者又查阅了英文网站上的一些相关文章。

一篇发表在 highscalability.com 网站的 "How Big Is A Petabyte, Exabyte, Zettabyte, Or A Yottabyte?" 文章。文中是这样表述的："200 Petabytes: All printed material OR Production of digital magnetic tape in 1995."。显然，该文中"200PB"指的是 1995 年当年全部印刷品或数字磁带的数据量，而非截至 2012 年为止的人类全部印刷品的内容数据量。

另一篇发表于 2011 年 2 月 14 日 IBM 网站上的 "what's in that 1TB?" 一文，该文作者是 Tony Pearson，IBM 系统存储产品首席发明家和高级 IT 专家，就职于 IBM Executive Briefing Center。文中关于"200PB"是这样表述的："A Petabyte is thousand TB, or a quadrillion bytes. It is estimated that all printed materials on Earth would represent approximately 200 PB of information."。

从查到的两篇英文文献看，所谓"200PB"均为其各自独立提到，并未明确指出或含混暗示该数据与 IDC 有任何关系，且从上下文看，第二篇文章中的"200PB"似乎是为了说明 PB 的数据量级而举的例子，作者举例时还特地使用了"estimated"一词，说明不是严谨的科学统计。

与此同时，笔者又查阅了 IDC 历年公开发布的报告，也未发现有此说法。

根据以上简单的查询，虽未找到"200PB"的统计方法，但至少证明了一点，它肯定不是 IDC 的数据。

但不管"200PB"具体出自何处，也不管它是如何被统计出来的，此数据被广泛引用至今，至少说明了一点：传统出版业的数据量不大，这种判断与人们的感觉似乎也颇为一致，因此几乎所有人都愿意相信其真实性。如果结合"过去两年产生的数据占人类历史数据总量的 90%"的说法，传统出版业的整体数据量在比较中显得更小；如果再减去非出版物印刷品的数据量，传统出版业的数据量则微乎其微，至于单独一家出版单位，其数据量就微不足道了。

这是互联网上关于传统出版业的数据给我的初步印象，这种印象的结果似乎在暗示，"大数据"与传统出版业关系不大。

二　什么是"大数据"[①]

关于"大数据"有太多有识之士给它下过定义了，有些定义大同小异，有些则表达角度不同。本文采用麦肯锡的定义，即一种规模大到在获取、存储、管理、分析方面大大超出了传统数据库软件工具能力范围的数据集合，它具有海量的数据规模（Volume）、快速的数据流转（Velocity）、多样的数据类型（Variety）、价值密度低（Value）、数据真实性（Veracity）五大特征（5V）。本质上，它为我们观察世界提供了一种全新思维。

下面我们拿 5V 来说说吧。

1. 什么叫 Volume？

笔者想了想，大数据的"大"是否可以理解为是名词，而非形容词，它代表一个数据级别，而非简单形容数据之多。也就是说只有到一定级别的数据才能称之为"大数据"，如 PB、EB 等？

另外，从上述统计看，出版业虽然每年都在生产一定量的数据，但这些数据是完全按印刷品上的内容量来统计的，首先它不是基于互联网上的实时交易数据，其次它也不是实时的用户行为数据，它与今天我们多数人认知的基于互联网上的大数据截然不同，出版业的内容数据更多是文本类数据，这类数据是否适合运用目前流行的大数据工具来处理，值得讨论。

2. 什么叫 Velocity？

它是指数据的实时快速生成、更新与累积，如互联网公司服务器上的实时生成的日志、社交网站上实时生成的用户信息、传感器数据和监视数据等。所以有人提出 1 秒定律，来形容其数据更新的快速性。

也就是说它指的不是出版物上的静态数据，而是基于联机交互、实时更新的动态数据，大数据是活水，不断的会有新的数据注入进来。

3. 什么叫 Variety？

它是指数据类型非常多，包括结构化数据、非结构化数据、富媒体数据、不连贯

[①]　原文中第二部分"出版物的内容数据"与第三部分"出版物其他相关数据"在本书第一章中已重新采样（数据更新至 2016 年）、计算，故在此不再赘述。

语法语义数据等，以及这些数据的超大规模激增。

而出版物内容数据类型相对简单、内容表现形式相对统一，迥异于互联网上繁杂的数据。

4. 什么叫Value？

即价值密度的高低与数据总量大小成反比，数据量越大，有价值的数据越难荟萃，越需要通过强大的机器算法和工具软件来实现，因此有人认为价值"提纯"是大数据的特点之一。

换句话说，完全面对需求的严谨的、干净的结构化数据，还需要挖掘吗？挖掘的本意不就是沙里淘金吗？

5. 什么叫Veracity？

即数据的真实性。数据的重要性就在于对决策的支持，数据的规模并不能决定其能否为决策提供帮助，数据的真实性和质量才是获得真知和思路最重要的因素，是制定成功决策最坚实的基础。获取真实可靠的数据是保证分析结果准确、有效的前提。只有真实而准确的数据才能获取有意义的结果。

除了以上5V外，"大数据"还有一些特点，比如分布式，即Distributed，也就是说这么大规模的数据量，只能通过分布式存储、分布式读取、分布式利用来实现；复杂性，即Complexity，是说数据量巨大，数据来源多渠道，包括传统数据、交易事务型数据，而互联网和物联网的发展，则带来了微博、社交网络、传感器等多种数据来源。

下面我们来看看出版业的数据特征。如果按上述标准来看，出版业的内容数据虽具有Veracity属性，但离Volume尚有差距，按照目前的数据生成和利用模式看，短期内也不大可能向其他3个V转型。这是因为，出版业是精英生产内容的模式，与互联网上的草根生产内容或用户生产内容模式不同。精英生产内容有以下特点。第一，严格的内容评价与筛选机制，如"三审制"等，非经过"三审"的稿件是无法得以出版的，而互联网上则通常都是通过敏感词过滤软件来实现内容的筛选，显然在内容质量上不是一个量级。第二，正是这种精英式的内容生产机制，使内容产出物是按一定标准制定出来的，即其数据结构完整统一，内容表达符合语法规范，基本不存在异构和混乱的数据。第三，也正是这种严格的内容审查与编辑机制，使传统出版物具有较高的价值含量，具有较集中的知识属性，这与互联网上的口水性内容不可同日而语。第四，同时，传统出版的内容生产流程复杂、周期过长，属于非实时性数据，所以不具有高速生成性，高速更新的特点。第五，传统出版在内容形成产品发布之前，基本也不是分布式存储、读取和利用的过程。第六，传统出版物的数据是内容数据，而非实时交易数据或用户行为数据。什么叫用户行为数据？它是指对用户访问网站的有关数据进行统计、分析，从中发现用户访问网站的规律，包括：用户来源地区、来路域名和页面；在网站停留时间、跳出率、回访次数；使用搜索引擎、关键词、关联关键词和站内关键字；在不同时段的访问量情况等。

相比较而言，传统出版中的报刊，除自办发行的报刊外，绝大多数发行量大的报刊都是通过邮局订阅发行的，通过邮局订阅的用户，其信息内容过于简单，而且即使如此简单的用户数据，报刊社也不掌握，更谈不上进行用户行为分析了。另外，即使是报刊社自办发行的用户数据，由于其用户数量相对有限，所有信息都是非常明确、非实时产生的，因此是否需要用"大数据"工具进行挖掘分析值得研究。

图书则主要是通过新华书店和二渠道书商发行，其终端用户的行为数据也无法掌握。

当然，如果出版单位想要进行选题策划，以"大数据"的方式分析市场需求和潜在用户，那到不妨用"大数据"工具试试；或者出版单位转型互联网平台，真正产生规模庞大的用户行为数据，"大数据"工具也可能是一种不错的选择。

三 "大数据"软件都有哪些典型应用

从百度上简单搜一搜，我们就会发现，"大数据"软件非常多，既有站点管理系统，也有数据仓库，还有挖掘与分析工具。在所有软件中，目前名声最大的当属Hadoop了。

登陆Apache（http://hadoop.apache.org），首先是下面这几句英文：

The Apache? Hadoop? project develops open-source software for reliable, scalable, distributed computing.

The Apache Hadoop software library is a framework that allows for the distributed processing of large data sets across clusters of computers using simple programming models.

It is designed to scale up from single servers to thousands of machines, each offering local computation and storage.

英文中的 scalable, distributed computing, large data sets, clusters of computers, thousands of machines 等，指的是可扩展、集群、分布式，这正是大数据软件的特点之一，也是大数据软件所擅长的部分。换句话说，单机、数据规模较小的情况下，部署 Hadoop 这类软件可能就未必合适了。

当然，"大数据"软件并没有一个明确的定义，在实际应用中，它有一个承前启后的过程。早期可以追溯到 IBM、Oracle、HP 等老牌 IT 公司的数据仓库解决方案。

随着 Google、Amazon、百度、阿里等互联网公司的崛起，以及这些公司基于互联网上的实时的、分布式的、庞大的数据业务，Hadoop 等大数据软件应运而生。Hadoop 是一款开源软件，它包括大数据的存储（HDFS）、计算（MapReduce）、数据仓库（Hive）等组件。

从大数据平台的数据处理过程来看，我们可以将大数据相关技术分为数据采集、数据传输、数据清洗、数据建模、数据存储、数据查询、数据挖掘/统计分析、数据展示几个常见组件。下面简单予以介绍。

第一，数据采集/数据传输。常用软件有 Kafka、Sqoop 等。Kafka 可以将分布式环境中的数据进行收集和传输到数据平台，用于后续的处理。Sqoop 可以将关系型数据库中的数据收集至 HDFS、Hive 中。

第二，数据清洗。常用软件有 Kettle 等。Kettle 是 ETL 工具集，可以管理来自不同数据库的数据，提供图形化界面配置实现 ETL 过程。

第三，数据建模/数据存储。常用软件有 HDFS、Hbase 等。HDFS 是 Hadoop 的最底层的文件系统。Hbase 是一个非结构化数据存储方案。

第四，数据查询。常用软件有 Impala、Hive 等。Hive 提供 SQL 接口，是现在的最常用数据仓库组件之一，Impala 可以查询 HDFS、Hbase 的数据，相比 Hive 查询性能更好，但对计算机的硬件也有较高要求。

第五，数据挖掘/统计分析。常用软件有 R、Mahout 等。R 是用于统计分析、绘图的语言和操作环境。Mahout 提供一些可扩展的机器学习领域经典算法的实现，包括聚类、分类、推荐过滤、频繁子项挖掘。使用 Apache Hadoop 库，数据挖掘工程师可以快速实现在大数据方案中的应用。

第六，数据展示。常用软件有 Tableau 等。Tableau 是目前公认的在数据可视化方面最优秀的厂商，提供了丰富的商业智能数据所需的可视化组件。

目前，大数据软件最擅长处理的是以下类型的数据，这些数据多产生于互联网。

第一，用户行为数据。企业可以通过对这些数据的处理，进行精准广告投放、内容推荐、行为习惯和喜好分析、产品优化等。如当用户在进入网站后的所有操作，都会被网站记录下来，会分析用户是从哪些入口（如搜索引擎、微信等）进入该网站的哪个网页？他们在各个网页的行为路径，最后在哪个网页离开去了哪里等，最终实现产品优化，降低用户跳出率，提高用户转化率。

第二，用户消费数据。企业可以通过对这些数据的处理，进行精准营销、信用记录分析、活动促销、理财等。如用户在电子商务网站上有了购买行为之后，就从潜在客户变成了网站的价值客户。电子商务网站一般会将用户的交易信息，包括购买时间、购买商品、购买量、支付金额等信息保存在数据库中，所以对于这些用户，可以基于网站的运营数据对他们的交易行为进行分析，以估计每位用户的价值，并针对每位用户进行精准营销。

第三，用户地理位置数据。企业可以通过对这些数据的处理，进行 O2O 推广，商家推荐，交友推荐等方面的服务。如手机用户在实用短信业务、通话业务、正常位置更新、周期位置更新和切入呼叫、应用 APP 时均会产生定位数据。用户在购物和吃饭时，通过透露自己的位置信息，以便了解周围的商家优惠信息。

第四，互联网金融数据。企业可以通过对这些数据的处理，开展 P2P、小额贷款、支付、信用、供应链金融等方面业务。如当用户需要小额短期资金周转，不必再劳时费力去银行或小贷公司申请了，只需靠自己常年累月积攒的信用，凭借第三方征信公司提供的信用分，就可以在金融平台上贷款了。目前，最快的贷款速度可以达到 10 分钟审批、24 小时放款。

第五，用户社交等 UGC 数据。企业可以通过对这些数据的处理，进行趋势、流行元素、受欢迎程度、舆论监控、生活行为、社会问题等分析，从中挖掘出政治、社会、文化、商业、健康等有用信息。

从上述类型的数据看，多不属于内容数据，而内容数据的分析涉及到的是自然语言处理、文本挖掘、自动标注、知识图谱等。由于大数据软件目前尚无统一界定，自然语言处理技术算不算大数据软件也不好说，但从功能上看，至少可以分为擅长数据分析的软件和擅长内容挖掘的软件。擅长数据分析的软件多用于金融服务、天气预报监测等领域。擅长内容挖掘的软件多用于智能机器人问答、语音识别等领域。目前，我们的出版业除出版单位自建或合建的基于互联网或移动互联网的业务平台所产生的数据外，更多的是传统出版物的内容数据，这些内容数据基本不适用于流行的数据分析类软件处理，而擅长内容挖掘的软件在出版物内容的智能化处理，特别是知识检索和知识服务方面，更多还处于探索阶段，尚未形成普遍成熟的应用。

同时，即使是内容数据，也还可以再细分为出版物内容数据和基于互联网的实时原创内容数据。今年大获成功的基于个性化推荐的新闻资讯类内容数据便是基于互联网实时原创的内容数据。关于内容数据的挖掘与利用，或许是另一篇文章所要探讨的问题了。

四 "大数据"平台建设需要多少成本

关于大数据平台建设的成本，笔者查找和咨询了相关公司，归纳整理如下。

对一个企业来说，建设大数据平台有两种方案可供选择：一种是自建，一种是采购第三方成熟产品。自建的成本，主要包括三部分：硬件投入，即服务器、网络设备等的采购；软件投入，即建设大数据平台所需要的各种商业软件的采购；人力投入，即软件工程师和数据分析师的雇佣。采购第三方成熟产品，可从满足企业实际数据量和满足企业业务需求处理的大数据组件等进行成本核定，如采用亚马逊 AWS 的大数据解决方案，常见的可能需要核定存储成本、数据预处理成本、数据查询系统成本等。

总而言之，大数据平台建设的成本与企业实际数据量和业务复杂度强相关。举例说，如果某企业一年积累 3T 数据量，该企业计划自建大数据平台，同时常用的查询数据集中在最近一年内，更早的数据可以作为冷数据进行廉价存储备份。如果选用目前主流的云计算平台的 IaaS，可选的主流高配机型（16 核 32G 内存，1TSSD 磁盘）租金约 3 万元 / 年，约需要 10 台同样配置的机器，即硬件成本约 30 万元。如果采用开源的 Hadoop 组件进行开发，则主要成本基本就是技术人员的投入。要达到企业主要业务数据入库、可查、具有基础的大数据应用的要求，一般需要 24-36 人 / 月，以市场主流的具备这类开发能力的两个软件工程师（成本 30 万元／年／人）、数据分析师（成本 20 万元／年）计算，这部分的费用约在 80-110 万元之间。一个基础的大数据应用平台的建设约需 130 万元左右的初期投入，后续的日常维护主要是硬件租赁成本和基本的技术人员投入，预计会在 60 万元／年左右。在实际实施过程中，各企业的投入主要与企业的应用场景和业务复杂程度密切相关，其差距可能会相当大。

而企业如果采用第三方成熟产品，这部分成本核算将比较复杂，需要根据业务情况具体分析来定。比如，如果选择传统老牌厂商的解决方案，大多数软件系统也需要百万级别，如果是软硬件一体的方案，可能达到数百万元。而如果采用新兴的互联网云计算、大数据厂商的方案，成本可能相对低一些。比如，一些 SaaS 厂商的报价，以上述 3T／年的用户行为数据为例的话，每年的成本可能只有 30-50 万元左右。

上述估价只是针对一般中小型企业而言，大型企业或国家级工程项目，其价格标准不在本文讨论的范围内。其实，一个大数据平台建设需要考虑的因素是多方面的，企业发展所处的阶段，企业的数据规模、数据类型、数据应用场景，企业的 IT 人员情况，企业内使用数据的情况等，更重要的是企业的战略目标，如果企业根本性的转型，上述费用标准可能相差很远。因此，企业的实际需求和目标，才是费用评估的最重要的依据。就目前工业界可选的方案来看，没有标品，更没有明确、统一的预算评估办法可供选择。

同时，大数据平台的建设往往难以一步到位，通常是一个迭代开发的过程。真正能够使用起来的系统也多是进化而来的。从资金投入角度看，大数据平台建设的花费很可能是一个持续的过程。这一点企业应有清醒的认识。

五　明确需求，量体裁衣

举个例子吧。一个只有 10 名员工的公司，要统计每个人中午吃什么，直接向每个人问一下，脑子就记住了；一个有 100 名员工的公司，要统计每个人中午吃什么，可能就得借助纸和笔这样的工具了；一个有 1000 名员工的公司，要统计每个人中午吃什么，说不定得拿 EXCEL 表汇总一下了；假如要想实时了解互联网上的用户中午用餐行为，EXCEL 表恐怕也未必管用了。此时，"大数据"粉墨登场。

再举一例子。如果求一个正方形面积，长乘宽就够了，何必非要使用微积分呢？

是说我们进入了一个"极限时代"吗?极限思想肯定是人类认识史上的巨大飞跃,其伟大之处是面对复杂问题有了特殊的解法。但如果问题简单到像求正方形面积一样,使用微积分就未必合适了。

上述两个例子是想说明,"大数据"既意味着一种数据的量级,也意味着数据的复杂程度,这正是"大数据"的两大主要特点。

英国剑桥大学微软研究院在 2013 年的一份技术报告中指出,Hadoop 适合处理 TB 或 PB 级数据,而大多数计算任务处理的输入数据在 100GB 以下。对如此规模的数据量,纵向扩展的解决方案在性能上往往优于横向扩展。也就是说,微软在 2013 年就已认识到,100G 左右的数据基本无需考虑大数据。根据摩尔定律(运算能力 18 个月翻一番),到 2016 年,现在的服务器不需要大数据系统可处理的数据量就应该是 400G(100G×2×2),这意味着企业只有在数据量接近 400G 时才值得考虑大数据平台的建立。

再来说说财政资金的申请与使用吧!

经常看到出版单位在申请财政资金支持时,动辄就是"大数据"、"云出版"、"知识库",冠上这些名称是挺时髦的,也挺高大上的,但问题是出版单位现有的数据规模和数据特点是否算得上"大数据"?是否需要建设"大数据"平台来进行数据分析,并通过数据分析指导出版单位的运营?另一方面,即使出版单位没有存量的大数据,只是希望通过建设"大数据"平台来探索新的内容生产与内容服务模式。如果是这一种情况,应该说这样的想法本身是非常值得肯定的,在数字化的今天也是非常必要的。但这里也有一个问题,就是出版单位建设大数据平台是从人云亦云的概念出发,还是从企业转型和业务实际出发。这里至少涉及到"大数据"平台建设的业务模型、技术细节、应用过程、人员结构、投入产出、用户需求、体制风险等。只有这些都进行了认真的论证,才能降低"大数据"平台建设的风险。

不过,从我接触到的一些实际情况来看,出版单位的大数据平台建设,似乎概念大于具体应用,其立项申请也常常缺乏操作层面的描述和以用户为导向的需求调研。某些出版单位的申报书就是一批新词的堆砌,看不到思想的变化和服务模式的探索,看不到为此准备在体制、机制、结构和商业模式上进行的改变。甚至有时候,某些出版单位的申报书干脆就是技术公司帮助起草的,技术公司也不一定了解出版单位的业务需求，出版单位也不一定懂得那些专有名词的真正含义。最后，开发完成的项目，很可能既不是"大数据"平台，也无法与出版单位已有系统对接，成为新的信息孤岛。这与中央提出媒体融合的精神，与总局转型升级的初衷，都相去甚远。

大数据平台的建设本身不是目的，其目的是要建立数字化时代的新的商业运营模式，通过直接或间接的方法为企业创造利润，同时增加企业的影响力和话语权。大数据平台的使用，一定要与实际需求挂钩。离开了实际需求，空谈大数据没有意义。就像一定要让线装书局转型去出版电子书一样，有点儿为转型而转型了。同时，如果不考虑大数据的特点，一味从概念出发强行上马，最后很可能就是一场筷子夹汤的愿望，永远也走不到真正的应用。

六 坚守和变革都是一种情怀

通过以上研究，初步结论如下。

1. "大数据"是信息技术和信息产业发展到一定阶段的产物，它的前身与数据挖掘息息相关，如果用宽泛的概念进行界定，目前相当多的数据分析工作都可能归属其中。也就是说，"大数据"本身，代表着一个承上启下的过程，它无法割断历史，但又有新的含义。

2. 这些新含义表现在：它的数据规模应该足够大，它具有分布式、异构性、实时性、低价值密度等特点。也就是说，不是简单做点数据分析就可以归为"大数据"了。

3. 传统出版业作为内容产业的一部分，其整体内容的数据量也仅TB级别，由于生产方式的限制，目前尚不具备"大数据"的全部特点。至于单个出版单位，也许离"大数据"还相当遥远。

4. "大数据"不仅是概念，还是具体的应用。出版单位在提"大数据"时，应首先想清楚是否会真正用到这些系统去改变现有的内容生产模式。如果有一天，出版业移师互联网，我相信"大数据"工具一定能很好地派上用场。因为"大数据"工具在对实时产生的数据分析时，会有相当不错的表现，而这些实时产生的数据往往是基于互联网的在线交易数据或用户行为数据。传统出版业基本上是一个埋头于内容加工的行业，它不太关心或者也无法关心用户的行为，即使内容本身的数据也静态得可怕。如果依然是这种内容生产模式，"大数据"也基本与出版业无关了。

5. "大数据"在研发、部署、应用、维护过程中，需要一定的成本（硬件、软件、人力等），有些成本甚至需要持续投入。因此，出版单位在上马"大数据"系统时，最好能进行投入产出的测算，因为一旦进入应用，它就不再是一个简单的概念了，它是需要花很多钱的。因此，实事求是，量体裁衣可能是最佳选择。

6. 同时，还要相信，人脑进化了几千年甚至上万年，我们每天往嘴里塞口馒头、喝口菜汤，就能输出无与伦比的智慧，人脑的创新绝不是简单的数据分析就能替代的。目前的数据分析工具，至少在出版界，更多的还是辅助人脑判断的手段。当然，人工智能也在不断挑战人类智慧的极限，这也是事实。

7. 无论如何，"大数据"已经成为我们这个时代的背景了，即使不使用"大数据"工具，也会被裹胁其下，无法"独善其身"。坚守与变革都是一种情怀，就看我们出版单位的掌门人怎么理解了。

（注：此文写作过程中，中国新闻出版研究院数字出版实验室副主任介晶及我的上海理工大学研究生王之龙帮我查阅了相关资料，院工程研发中心技术专员张志鹏帮我安装了 Hadoop 等软件，原新浪和百度工程师刘耀洲帮我试用了其新款大数据分析软件，院统计处主任张晓斌对我的文章进行了最后的审阅。在此一并致谢！）

附录 F：追求变革不失沉着，追求品质不失灵动 *

非常抱歉，去年的一篇《出版业有"大数据"吗？》，在业界搅动了一点儿波纹。波纹渐渐散去，连同我的计算与分析，连同我的观点，连同我想说而没说出的话。《传媒》杂志第 9 期即将面市，约我写个卷首语，并给我定了写作方向：大数据背景下的媒体创新。把大数据与媒体创新联系在一起，也许本来就是我那句想说而没说出的话。借《传媒》杂志一吐余声，全当卷首语吧。

去年那篇文章，我一直觉得改一下题目可能会更为准确，或更为易于理解，即把《出版业有大数据吗？》改为《传统出版业没有转型升级与融合发展哪儿来大数据？》。这也正是我当时的真实想法。换句话说，如果我们的新闻出版业，仍然固守原有纸质出版模式，仍然以线下服务为主，仍然是分散的零星的经营，仍然不直接面向每一位消费者——没错，就是"每一位"，即如果我们不依托互联网或移动互联网做 B toC 的事，不直接追踪和采集每一位用户行为，甚至不思考如何把内容提供阅读的同时，也能提供服务，应该说基本上与大数据无关了。

大数据是什么？2015 年 9 月，国务院印发《促进大数据发展行动纲要》，对大数据给出了界定："大数据是以容量大、类型多、存取速度快、应用价值高为主要特征的数据集合，正快速发展为对数量巨大、来源分散、格式多样的数据进行采集、存储和关联分析，从中发现新知识、创造新价值、提升新能力的新一代信息技术和服务业态。"这里不用说"容量大""存取速度快""来源分散""格式多样"，更不用说"关联分析""发现新知识"，仅仅"数据集合"、"新一代服务业态"，可以肯定它们都不属于传统新闻出版业的内容生产与服务模式。它告诉我们，传统的新闻出版业要想走进大数据时代，墨守成规没有出路，创新是唯一选择。

关于传统新闻出版业的创新之路，早在 2014 年 8 月中央《关于推动传统媒体和新兴媒体融合发展的指导意见》上已给出了答案。习总书记强调，推动传统媒体和新兴媒体融合发展要遵循新闻传播规律和新兴媒体发展规律，强化互联网思维。个人理解：

---

* 作者张立，载于《传媒》2017 年第 9 期刊首语。

这里的"互联网思维"强调的是"先进技术为支撑"，遵循"新闻传播规律和新兴媒体发展规律"，强调的是坚守与变革的关系，目的是"打造一批形态多样、手段先进、具有竞争力的新型主流媒体"，并最终"形成立体多样、融合发展的现代传播体系"。

主流媒体！对，就是这个词，不正是我们一直引以为豪的身份吗！我们的新闻出版业，在人类现代历史进程中，特别是在那个带着火热印迹的年代里，曾汇聚精英，指点江山，弄潮造势，对社会的进步起到了极大的推动作用，也在整个人类传播史上写下了可歌可泣的一页。是绝对的主流媒体。但互联网的袭来，不仅对新闻出版业，对整个人类文明带来了难以想像的冲击，而且冲击之猛，影响之大，似乎才刚刚开始。现在能下这样的判断吗：在互联网的冲击下，我们传统新闻出版业的经营模式渐渐落伍，我们的影响力渐渐减弱，我们的精英队伍渐渐流失，我们的传播能力与我们作为国家主流媒体的身份开始出现不符？相比较而言，基于互联网或移动互联网的新兴媒体蜂拥而来，它们以资本为纽带，以集约化经营为手段，以面对每一位消费者的个性化推送服务为目标，用高薪吸引了现代青年人中的精英，逐渐建立起一套适应大数据与新技术的新型的内容传播模式。

当然，我们只能说它是一种模式，还不能说它是一种体系，因为这个模式还有缺陷，还不够健全。它的最大问题是：缺乏可信的有品质的内容，缺乏正规的高效的内容审核机制，低俗的娱乐多于严肃的知识，为利益而迎合消费大于为真知而引导阅读，放纵大于管理，随意大于严谨。这也许正给我们传统新闻出版人一个机会，只要我们求变，我们就可能补上这些缺陷，发挥我们的优势，形成现代传播体系。

最后，我想多说一句：数字化之后来了云计算，云计算之后来了大数据，大数据之后来了区块链……互联网＋之后来了共享经济，共享经济之后来了众智平台，众智平台之后来了知识服务……在如今这个新技术、新业态、新模式乃至新概念层出不穷，新商机、新诱惑瞬息万变的时代，我们传统的新闻出版人如何才能做到气定神闲，在追求变革时，不失沉着；在追求品质时，不失灵动？

这真是一个值得思考的问题。我们能够在坚守与变革中找到平衡点吗？我们究竟应该坚守什么——内容产品的质量？精耕细做的匠心？我们又应该创新什么——服务大众的模式？高品质的内容与与时俱进的技术的完美结合？这也许是我们每一个新闻出版人都值得认真思考和不断追问的问题。

后　记
学术著作与学术尊严

严格说，本书算不上什么学术著作，更不敢侈言智库，说智库，纯属凑热闹，敬请读者原谅。这年头儿，做学术是一件多难坚持的事情啊！但本书也绝非一无是处，至少第一次创造性地计算了传统出版业内容数据量，总算盘点了一下家底儿。信不信由你，反正没人认真盘点过，我说多少，也就是多少了。

也许会有人用传统出版物的内容价值或知识价值或传统出版业对人类社会贡献的意义质疑我们的计算。但内容的价值或知识的价值或意义，公认的衡量尺度不是还没发明出来吗？况且我们这里说的不是大数据吗？只能用大数据的标准计算了。很希望有人用更好的方法，计算出跟我们不一样的结果。更希望有人能把出版物的知识价值和社会意义计算出来，那也是我们希望了解的。

西方也有人盘点过这个家底儿，也试着给过一些数据，如书中提到的截至2012年"人类生产的所有印刷材料的数据量是200PB"的说法。只是西方人盘点的家底儿跟我们一样并不殷实。即使如此，那也仅是非权威人士的估算，至今还没查到一个稍微靠点儿谱的计算。也可能是我们学识的局限和孤陋寡闻，有而未见，期待提供！

书的另一个看点是我们比较了传统出版业与互联网企业之间在大数据理解上的差异。在比较之后我们提出了"内容数据"的概念。潜在的意思是，我们传统出版人所说的大数据与互联网企业说的大数据不是一码子事儿。非常遗憾，把普通的行业数据也说成大数据的情况仍很盛行。如果这样的话，人类几千年前似乎就有大数据了。

书中的一些案例，因担心涉及商业或技术机密，欲言又止，恳请谅解。

书的最后一章我们提出了一些初步的建议，这些建议我们都认真讨论过，对与不对至少发自内心。

最后，说几句关于学术尊严的话——虽然与本书的内容有点儿不搭界，但一直想说，就借这个后记冒一下泡儿吧。

啥叫学术尊严？说真话算是学术尊严吗？少一点儿抄袭，多一点引证，把别人的著作权当回事儿算是学术尊严吗？少一点夸张的新词儿，讲究点儿严谨的态度和实证的方法，避免点儿想当然和大嘴巴算是学术尊严吗？保持点儿思想创新，容忍点儿不同声音能维护学术尊严吗？勿将商业活动包装成学术论坛，是在给学术尊严加分吗？

互联网时代，稍不留神，学术研究很有可能就是这个样子了：新词和热词代替学术观点，学术写作与学术活动越来越泛媒体化和泛娱乐化，Ctrl+C、Ctrl+V 横行……连我那篇《出版业有"大数据"吗？》都被人删去姓名，以"深度好文"之类的推荐语广泛传播，不知道应该感谢呢还是有点无奈。

想说的话也就这些了。

张　立

2018 年 2 月 12 日

图书在版编目(CIP)数据

坚守与变革？遭遇大数据时代的传统出版业 / 张立等著. -- 北京：社会科学文献出版社, 2018.3（2019.8重印）
 ISBN 978-7-5201-1831-6

Ⅰ.①坚… Ⅱ.①张… Ⅲ.①出版工作-研究-中国 Ⅳ.①G239.2

中国版本图书馆CIP数据核字（2017）第289818号

坚守与变革？遭遇大数据时代的传统出版业

| 著　　者 / 张　立　介　晶　梁楠楠　李大美　陆希宇　等
| 出 版 人 / 谢寿光
| 项目统筹 / 胡　涛
| 责任编辑 / 胡　涛

| 出　　版 / 社会科学文献出版社·数字出版分社（010）59366434
| 地址：北京市北三环中路甲29号院华龙大厦　邮编：100029
| 网址：www.ssap.com.cn
| 发　　行 / 市场营销中心（010）59367081　59367083
| 印　　装 / 三河市尚艺印装有限公司

| 规　　格 / 开　本：787mm×1092mm 1/16
| 印　张：26.75　字　数：446千字
| 版　　次 / 2018年3月第1版　2019年8月第3次印刷
| 书　　号 / ISBN 978-7-5201-1831-6
| 定　　价 / 89.00元

本书如有印装质量问题，请与读者服务中心（010-59367028）联系

版权所有 翻印必究